本书出版获教育部人文社会科学研究一般项目基金资助

惠州学院出版基金资助

鼓楼史学丛书·区域与社会研究系列

灾难·屈辱·倒退和抗争

——抗日战争时期湖北沦陷区历史研究

徐旭阳 ○ 著

Catastrophe·Humiliation·Retrogression·Resistance
—A Study on the History of Occupied Areas
in Hubei during the Anti Japanese War

中国社会科学出版社

图书在版编目（CIP）数据

灾难·屈辱·倒退和抗争：抗日战争时期湖北沦陷区历史研究／徐旭阳著.
—北京：中国社会科学出版社，2016.6
ISBN 978 - 7 - 5161 - 7943 - 7

Ⅰ.①灾…　Ⅱ.①徐…　Ⅲ.①抗日战争—研究—湖北省
Ⅳ.①K265.07

中国版本图书馆 CIP 数据核字（2016）第 070437 号

出 版 人	赵剑英
责任编辑	宋燕鹏
责任校对	张依婧
责任印制	李寡寡

出　　版	中国社会科学出版社
社　　址	北京鼓楼西大街甲 158 号
邮　　编	100720
网　　址	http://www.csspw.cn
发 行 部	010 - 84083685
门 市 部	010 - 84029450
经　　销	新华书店及其他书店

印　　刷	北京明恒达印务有限公司
装　　订	廊坊市广阳区广增装订厂
版　　次	2016 年 6 月第 1 版
印　　次	2016 年 6 月第 1 次印刷

开　　本	710×1000　1/16
印　　张	25.25
字　　数	428 千字
定　　价	86.00 元

目　　录

第一章　抗战全面爆发前的湖北省及湖北沦陷区的形成

抗战爆发前的湖北，是一个地处长江中游、华中腹地的内陆省份，其经济发展处于全国中游、内陆先进水平。抗战爆发以后，特别是武汉失守以后，鄂东、鄂南、鄂中和鄂北相继陷落，襄樊—荆门—宜昌一线以东成为沦陷区。整个湖北也因为地处敌我争夺的交接地带，而在全国抗战中占有特殊的战略地位。

第一节　抗日战争全面爆发前的湖北省

自古以来，因优越的地理和气候条件，湖北农业一向比较发达，是全国著名的鱼米之乡；工业方面，自近代张之洞设立汉阳铁厂和开发大冶铁矿以后，也进步很快，武汉成为内地最主要的工业中心、交通枢纽和商业中心。到抗战爆发前夕，湖北的近代化进程走在全国内地省份前列。政治和军事方面，1932 年以后，由于反围剿的失败，红四方面军和红二方面军撤出鄂豫皖苏区和湘鄂西苏区，国民党基本实现了在湖北的一统天下。

一　面积、人口和政制

湖北地处华中腹地，古称荆楚。康熙六年（1667），清政府将原湖广行省左布政使司改为湖南省，右布政使司改为湖北省，湖北省自此建立。清朝一代和民国初期，湖北区域及下设区划少有变动。至 1936 年，全省面积 18636 平方公里，占当时全中国（不含当时半独立的外蒙古）总面积的 1.93%[①]。下设汉口市和 70 县，共 71 个行政单位，省县之间

---

① 　湖北省民政厅统计室编印：《湖北省年鉴》（第一回），1937 年 6 月，第 9 页。

另设 8 个行政督察区，作为省政府的辅助机关，分别督导各县。全省人口 2552 万，主要分布在自然条件比较优越的中部江汉平原和鄂东地区（人口密度超过每平方公里 170 人），而属山区的鄂西北和鄂西南人口密度仅在每平方公里 60 人左右。作为省会的汉口市有人口 80 万，人口密度为每平方公里 5970 人①。

辛亥革命时期，湖北成为首义之区。武昌起义推翻了清王朝所设的湖广总督署及所属的司、道、府、县衙门，建立了湖北军政府，实行都督制。北洋政府时期，省级政府先后改行将军制、督军制、督办制。1916 年 7 月，段祺瑞将原掌民政的巡按使改为省长，建立省长公署，至此，以省长为首的湖北省地方民政建制基本确立。这一时期政制、官制的变化，虽然不能改变武人专制或地方官僚主政的基本事实，但总体上还是给政体赋予了民主的形式。同时，民国成立后，工商业者和金融资产阶级、买办的实力大为增强，这些新的政治力量在权力的分配、政治影响力等方面均发挥了相当重要的作用。在政治生活方面，湖北省也开始尝试实行议会政治和政党政治，尽管在"训政"的旗号下最终出现了实质上的国民党一党专政，与人们对民主政治的期待相去甚远，但政治民主化的进程并未完全中止，只是步履艰难地蹒跚而行。

大革命时期，湖北省一度成了全国的革命中心地区之一。土地革命时期，中国共产党曾领导湖北人民及周边各省民众先后建立了鄂豫皖、湘鄂西和湘鄂川黔革命根据地及鄂东南和其他小块苏区。国民党蒋介石政权对湖北省苏区进行了大规模的军事"围剿"。至 1935 年 11 月，湖北境内除鄂东北的红 28 军及鄂东南红 16 师等少量游击部队以外，主力红军全部退出湖北，被迫进行长征，湖北全境基本上处于南京国民政府统治之下。

南京国民政府统一全国后，湖北省各级政权体制进行了一系列的重大变更。1934 年 9 月，开始实行省政府合署办公。从行政学的角度看，这种合议制与独任制的混合体制，初步奠定了现代行政管理制度的基础；同时，从实际运作来看，减少了行政层级，提高了工作效率，也有利于省政府的权力趋于统一和民主。在基层政权机关方面，南京国民政

---

① 全省人口数字见《湖北省年鉴》（第一回），1937 年 6 月，第 106 页，人口密度根据该资料第 106—109 页计算。

府成立初期，地方行政采取省、县两级制。但由于省区辖境较大，辖县较多，省政府往往难以对县政府进行有效与及时的监督和指挥。经过一段时期的探索和试行，1932 年 9 月，湖北省开始划分行政督察区。南京国民政府行政院 1936 年 3 月公布的《行政督察专员公署组织暂行条例》规定，行政督察专员公署为"省政府之辅助机关"，并非在省与县之间增设的一级政府。但实际运作的结果，行政督察专员公署逐渐演变为权力实体。行政督察专员公署的设置加强了省政府对各县的指挥和监督。湖北省政府也十分重视县政建设。据 1930 年 11 月《湖北省县长任用暂行办法》规定及 1933 年"豫鄂皖三省剿匪总司令部"训令，这一时期的县长任用，不仅对政治态度、任职经历有特定的要求，而且对学历的要求也相当严格。据统计，1937 年 6 月在任的县长总计 70 名，其中具有大学本科学历（含国内外大学、国内外军校毕业）的有 42 名，具有专科学历（含国内外专科学校毕业）的有 27 名，其他 1 名[①]。1935 年年底，《湖北省县政府分科职掌暂行规程草案》规定：各县裁局改科，提高县长的地位，加强了县政府的权力，同时，也精简了行政人员，减少了行政经费的开支。1935 年 4 月 8 日，湖北省政府制定《湖北省各县分区设署办法大纲》，规定全省各县分区设署，分期次第办理。分区设署制度的实施，大大强化了湖北省基层政权的职能。在分区设署制度实行前后，湖北省基层政权体制的又一项重大变更是推行保甲制度，取代此前的闾邻制度。南京国民政府总结了江西"剿共"内战过程中的保甲制经验，决定在全国推广。1932 年 9 月，湖北省开始编组保甲，1935 年全省完成。1936 年，又用联保完全取代了乡镇。保甲虽然不是南京国民政府地方政权的独立层级，却是其基层政权最核心、最本质的内容。保甲制度的实施，实际上带动了湖北省地方基层政治体制全面、深刻的变更，极大地强化了湖北省政府对广大乡村的统治。至此，绝对威权的皇权高踞整个社会之上、官僚阶级合法地垄断县以上全部政治资源、社会基层实际上由本地士绅治理这种高度集权与严重分裂"和谐"共存的封建政体逐渐向近代政治体制演变。

辛亥革命后，湖北军政府继续推进了清末新政肇始的法制改革。它仿照近代西方的三级三审制建立起一套司法行政体系；废除了清代野蛮

---

①　湖北省民政厅统计室编印：《湖北省年鉴》（第一回），1937 年 6 月，第 750 页。

的司法制度，使司法从行政的管辖范围析离出来，由从属行政走向相对独立；司法审议从主观、武断到依据法律原则，采取民主合议审理方式。不过，民国初期尽管司法建设不无成绩，但在军阀专权时期，司法条令往往流于一纸空文，当权者完全凭自己的喜好行事，根本无视法律。南京国民政府标榜"五权分立"，司法独立在形式上和实践中还是取得了一定程度的进展。1927年后，湖北省未设地方法院的各县经历了设立县司法公署、县政府兼理司法、设立司法处3个阶段。1932年，南京国民政府公布《法院组织法》，审级改为两级。据此，湖北省成立了省高等法院。1935年7月，6所地方法院一律由二审法院改为一审（初审）法院。同时各地方法院的分院也改为地方法院，全省共有地方法院17所。1936年4月，国民政府颁布《县司法组织暂行条例》，其后，湖北50多个未设立地方法院的县相继设立司法处独立行使职权，不再由县政府兼理司法。律师制度日渐完备，律师人数大大增加，社会地位有所提高。

二 战前经济发展状况

就经济状况而言，南京国民政府建立后10年，中国社会经济在艰难曲折的道路上得到了相当程度的发展，这是不争的事实。而同一历史时期的湖北省社会经济也与全国同步，取得了不俗的成绩。

湖北省历来是一个农业大省，有着比较优越的农业生产条件。湖北省中部的江汉平原地势平坦，雨量充足，灌溉便利，自古以来是中国最重要的水稻产区之一。鄂北丘陵山地，最适宜种植小麦和棉花，是华中夏粮和棉花主产区。而鄂西南和鄂西北地区，虽山多田少，气候寒冷，不太适宜水稻、小麦及棉花等粮食和经济作物的生产栽培，但可以种植玉米、红薯、土豆等耐寒粮食作物，特别适宜种植木耳、茶叶、生漆、桐油、药材等山区特产经济作物，是湖北最重要的林业经济特产区。虽然湖北省政府早就意识到"复兴湖北，首在恢复农业"，但在南京国民政府建立初期，由于内战频仍，湖北省农业经济始终处于滑坡状态，并在1931年跌入谷底。1932年10月红军主力退出鄂境后，湖北省政府开始采取一系列措施恢复和发展农业经济：整理田赋，调节农民负担；兴修水利，防治水患；发放农业贷款，扶持农业经济复兴；推广良种，改良农产。从1932年起，全省主要农作物产量开始回升，并呈基本平稳状态。到 1936 年，全省耕地面积达 6432 万亩，其中水田和旱地比大致为 4.5∶5.5，耕地面积占全国耕地总面积 12.235 亿亩的 5.2%[①]。农作物产量方面，水稻、小麦和棉花都在全国占有重要的地位，单产也都略高于全国平均水平。1936 年，湖北省稻谷产量为 79552000 担，较 1931 年增加了 11978000 担；小麦产量为 30122000 担，较 1931 年增加了 3819000 担；棉花产量为 3135911 担，较 1931 年增加了 2014911 担，居全国产棉省的第一位[②]。农业经济的复兴，为工业的发展提供了大量的商品粮和原料，也给整个国民经济的发展创造了必要条件。

湖北省矿藏丰富，交通便利，市场空间广阔，发展近代工业的条件较好。自洋务运动以来，近代工矿业得到了一定程度的发展。钢铁、兵器、煤炭、纺织、面粉、五金、制盐和水泥建材等行业发展较快，并且成长了一批名震全国的大企业：如汉阳铁厂、大冶铁矿、汉阳兵工厂、汉阳火药厂、申新四厂、福新五厂、裕华纱厂、震寰纱厂、复兴纱厂以及华记水泥厂等。到 30 年代中期，湖北已经发展成为华中地区工业实力最强的省份，并且位居全国前列，武汉成为全国重要的工业中心。虽然因为受 1929—1933 年世界经济危机和 1931 年特大水灾的严重打击，1931—1934 年，湖北省各类工业生产急剧倒退，但湖北省政府于 1930 年前后，根据南京国民政府制定的相关法规，先后出台了减轻税收、提倡国货、鼓励公私企业发展等政策，以扶助工业摆脱困境。同时，从 1932 年起，全省农业经济开始复兴，为工业发展提供了相应的原料。因而，从 1935 年下半年起，全省工业逐步回升、发展乃至繁荣。根据国民政府经济部对原实业部 1931—1936 年的工厂登记的统计，1936 年度全国（不包括东北三省）符合工厂登记法（即使用动力，或工人在 30 人以上、资本在 1 万元以上者）的厂矿有 3935 家，资本总额 3.78 亿元，工人总数 45.71 万。其中，湖北省有工厂 206 家，资本 2000 万元，工人 3 万，分别占全国总数的 5.24%、5.47% 和 6.58%，这三项指标，前两项位居全国第

---

①　根据《湖北省志·农业》（上）第 19 页和《湖北省年鉴》（第一回）第 143 页数据统计。《湖北省志·农业》，湖北人民出版社 1994 年版。

②　湖北省民政厅统计室编印：《湖北省年鉴》（第一回），1937 年 6 月，第 166、200 页。

五，而工人人数则居第四位①。若将不符合工厂登记法的小厂统计在内，1936年年底湖北省共有工厂548家，资本5136.5万元，工人46563人，年产值203231737元②。另据1936年年底国民政府工商部统计，湖北省主要工业市县的汉口、武昌、大冶三地，共有产业工人197902人，占全国主要工业城市工人总数的16.35%，仅次于上海和广东，居全国第三位③。此外，湖北地区的矿业也有可观的发展。大型矿业中，主要有大冶铁山的铁矿、大冶源华的煤矿、阳新的锰矿和应城的石膏矿。其中，应城的石膏和大冶的铁矿在全国占有重要的地位，大冶源华煤矿，年产煤炭30万吨，居全国第八位。这些矿产的开发，不仅成为湖北工业经济的重要组成部分，而且还带动了一些相关的下游产业，为湖北省整个工业的发展提供了动力和助力。

　　湖北省为长江、汉水交汇之地。南京国民政府时期，湖北省政府采取了强化航政管理机构、建立和发展省营航运业、加强对商营轮船的统一管理等措施，使省营航运业逐渐发展，"高峰时拥有营运轮船469艘，航线延至7000多公里"④。抗战前夕，在汉口经营的各种轮驳共321艘，航线68条。其中上江航线21条，下江航线22条，汉江航线16条，汉湘航线9条，武汉三镇轮渡航线9条⑤。据1937年南京国民政府交通部长江航政局的调查，汉口、宜昌、沙市三港共有载重200担以上木帆船7711艘，总载重量364.4万担；汉江航线有200担以上木帆船1072艘，载重量37.9万担⑥。此外，湖北省境内内河航线上还有大量外埠轮船公司、外国轮船公司的船只和船队营运。这一时期，湖北省的公路建设成绩更为显著。1928年6月，湖北省政府编制了《湖北省修建省道计划大纲》，成立省道测量队，勘测汉宜、鄂北、鄂东省道，开

---

　　①　国民政府经济部：《民国21—26年工厂登记统计》，载陈真《中国近代工业史资料》第四辑，生活·读书·新知三联书店1961年版，第92页。

　　②　湖北省民政厅统计室编印：《湖北省年鉴》（第一回），1937年6月，第293页。

　　③　国民政府经济部档案，转引自彭明《中国现代史资料选辑》第3册，中国人民大学出版社1989年版，第192页。

　　④　湖北省地方志编纂委员会：《湖北省志·交通邮电》，湖北人民出版社1995年版，第24页。

　　⑤　皮明庥主编：《近代武汉城市史》，中国社会科学出版社1993年版，第432页。

　　⑥　湖北省地方志编纂委员会：《湖北省志·交通邮电》，湖北人民出版社1995年版，第31页。

始筹措资金，招聘、培训土木工程人员，将私营长途汽车公司收归省管。次年，湖北省公路建设工程正式启动。1932 年 11 月，国民政府军事委员会和"鄂豫皖三省剿匪总司令部"在汉口召开鄂、豫、皖、赣、苏、浙、湘七省公路会议。之后，湖北省加大了公路建设的投资，加快了公路建设的进度。据统计，1933—1935 年，湖北省政府公路建设的投资达 8056105 元。至 1936 年 10 月，共完成干线、支线 4002.74 公里，正在修建的有 382.4 公里。同时，全省还修建县道 14 条，计457.32 公里①。铁路方面，1936 年 6 月，粤汉铁路全线通车。1937 年 3月，汉口江岸至武昌徐家棚间铁路轮渡设施竣工，平汉铁路与粤汉铁路即开办铁路车辆过江轮渡，计有过轨船 2 艘，拖轮 2 艘。民用航空方面，1929 年 10 月 21 日，上海—南京—汉口航线开通，营运至 1930 年2 月。1930 年 8 月，重组后的中国航空公司在汉口开办航空事务所，并着手开辟新航线。1931 年 3 月，开辟汉口—宜昌航线；10 月，延至重庆；1933 年 6 月，延至成都。1931 年 2 月成立的欧亚航空公司也先后开辟过北平—太原—洛阳—汉口—长沙—广州、北平—郑州—汉口、汉口—香港、汉口—西安等航线。同时，湖北省先后修建了一批机场，包括长江江面上的水上机场，陆地机场则有汉口王家墩机场、武昌南湖机场、恩施机场、老河口机场等。

自 1931 年起，由于国民政府裁撤厘金，湖北省财政状况一度急剧恶化，收支不敷甚巨。为改善财政状况，增加财政收入，从 1932 年 2月开始，湖北省财政厅采取了下列一系列措施：健全县级财政机构，着力开拓财政来源（包括整理田赋、改订营业税率、并汉口为湖北省财政范围、争取中央政府财政补助等），严格控制财政支出。这样，从 1933年起，湖北省大体实现了财政平衡。财政收支 1933 年尚有 155545 元赤字，1934 年则有结余 151261 元，1935 年结余 143579 元，1936 年收支平衡②。同期，湖北省金融业也呈现出初步平稳和繁荣的景象：1935年，在湖北省境内营业的银行发展到 76 户；其中本国银行 66 户，外国银行 10 户。1933 年 4 月 5 日，南京国民政府财政部发布公告，将废两

---

①　国民政府实业部统计处印行：《各省市经济建设一览》，1937 年，第 75 页。

②　贾士毅：《湖北财政史略》，1937 年，转引自田子渝、黄华文《湖北通史·民国卷》，华中师范大学出版社 1999 年版，第 306 页。

改元推向全国。1935 年 11 月 3 日，南京国民政府公布法币政策，废两改元和法币政策在湖北省都得到了顺利实施，使湖北省的货币完成了统一，有利于经济的发展和社会的稳定。

湖北省水陆交通素来堪称便利，武汉更有"九省通衢"之美称，故武汉、沙市、宜昌、襄樊早就是重要的商贸中心。到了近代，在外国资本帝国主义的逼迫下，汉口、沙市分别于 1860 年、1895 年被辟为对外通商口岸，湖北省的内外贸易也就都比较发达。不过，由于受1929 年世界经济危机的冲击和 1931 年大水灾的打击，1930 年后，湖北省原本活跃繁荣的商业贸易急骤转入萧条呆滞。随着经济形势的好转，这种局面从 1935 年下半年开始，终于有了转机，商业贸易出现了新的活跃、繁荣景象。全省各商市登记开业的商户、营业额以及从业人员都明显回升，接近甚至超过 1929 年的水平。据统计，1935 年全省主要商市的商户数为 22615 户，营业总额为 385358466 元[1]。这年汉口的商业从业人员为 163606 人[2]。1936 年，汉口一地有商店12234 家，年营业额 3.358 亿元。到 1937 年，武汉的商店数目增加到 2.8 万多家，年营业额也有较大增长[3]。而且，商业领域行业分工更加专业化，经营规模更加扩大。1935 年，全省 12234 户商店分布在几十个大行业和近 200 个小行业中。在此基础上，出现了汉口的国货陈列馆、中国国货联合公司汉口公司等大型企业。商业内部管理方式和经营方式也出现了引人注目的变革：新设商店和一些规模较大的传统商店，均逐渐把旧式店东老板制改为新式的经理制，把旧的"家店不分"的财产管理制改为财务会计制，把旧式盈利分配制改为新式的工资制，把旧的亲族和人身依附为主的伙计学徒制改为雇佣关系制。在经营方法上，开始注重讲究服务质量，要求营业员服装整洁，尊重顾客，各种商品明码实价，商品出售予以包扎等。这些都是湖北省商业近代化的重要标志。在对外贸易方面，1936 年对外贸易值回升至

---

[1]　湖北省民政厅统计室编印：《湖北省年鉴》（第一回），1937 年 6 月，第 342 页。

[2]　武汉地方志编纂委员会：《武汉市志·商业志》，武汉大学出版社 1989 年版，第 60页。

[3]　湖北省地方志编纂委员会：《湖北省志·经济综述》，湖北人民出版社 1992 年版，第 68 页。

34784万元，比1935年的26554万元增加了31%①。湖北主要的对外贸易口岸有汉口、宜昌和沙市。其中，汉口的地位最重要，是华中地区最大的贸易口岸，也是全国重要的外贸口岸，华中地区绝大部分进出口货物都由这里转口。1935年，汉口口岸进出口货值4581.6万元，占全国进出口额的3.05%，居全国第四位，1936年4643.3万元，占全国总数的2.81%，仍居第四位②。

三　战前文化教育和医疗卫生状况

与社会经济运作的过程不同，1927—1937年湖北省文化教育卫生事业的发展，并没有明显的跌宕起伏，而是在平静的过程中逐渐发展。期间，文化建设以报刊、出版、文艺较为活跃，教育建设上各级各类学校教育颇有建树，医疗卫生事业的改善则体现在医院、诊所的不断增设。

湖北省的报刊业自清末以来一直都比较活跃。南京国民政府建立后，其势有增无减。据统计，1933年，仅武汉市即有报刊75家，随后又不断有所增加。1933年，由中国人自办的通讯社有49家，随后又有所增加③。这一时期，出版机构和出版发行量也有了明显的增加。全省先后设立了100多家书局、书店，并形成了汉口交通路"书店街""汉口统一街图书市场"和武昌横街头古旧图书市场等大型专门图书市场。随着图书出版业的兴旺，以及这一时期教育的发展和学术研究的活跃，湖北省的公共图书馆业也得到相应的发展。其中，1936年新扩建的湖北省图书馆（始建于1904年8月）和武汉大学图书馆（由原武昌中山大学图书馆1928年7月改名）已颇具规模：前者共藏书131000册，后者共藏书14万册④。湖北省这一时期的文艺活动尤其是城市文艺活动亦比较活跃，各种戏剧团体相继建立，并上演了一大批新剧目和涌现出一批有影响的戏剧演员，在一定程度上满足了广

---

①　湖北省民政厅统计室编印：《湖北省年鉴》（第一回），1937年6月，第357页。

②　武汉地方志编纂委员会：《武汉市志·对外经济贸易志》，武汉大学出版社1996年版，第89页。

③　《武汉指南》，汉口广益书局1933年版，第1页。

④　湖北省图书馆编印：《湖北省图书馆建馆八十周年》，1984年，第2、3页；吴怡谷主编：《武汉大学校史》（1893—1993），武汉大学出版社1993年版，第121页。

大市民的精神需求。

　　南京国民政府对教育事业也比较重视。1929—1933 年先后颁布了《中学法》、《大学组织法》和《小学法》等各级学校教育法和学校规程。在这些法规的指导下，这一时期湖北省的各类教育都有所发展。1929 年湖北省政府在全国首创省级财政开办小学先例，全省部分县份开办初级小学 100 所，武昌开办省立小学 60 所，从而形成了省立、县立和私立多种形式的办学格局，推动了初等教育的发展。同年 8 月，湖北省政府成立义务教育委员会，制订了《湖北省全省义务教育第一期实施计划》《全省短期义务教育实施计划》，决定实施四年制义务教育，用 20 年完成①。1935 年，南京国民政府又重订《义务教育暂行办法》，湖北省被列为 30 个试点单位之一。经过几年的努力，湖北初等教育得到了较快的发展，各县普遍设立了联保小学。各所小学分属省立、市县立和私立，其经费分别来自中央政府补助、省款、市县款和私人款。省立小学多集中在省会，市县立小学分立在各该市县，私立小学则分布全省城乡。从 1928 年到 1937 年，全省初级小学由 3531 所增加到 6004 所，在校学生由 13.4 万人增加到 26.1 万人。高小（包括完小）由 274 所增加到 519 所，同期学生由 3 万人增加到 11.1 万人②。若按《湖北省年鉴·第一回》统计，截至 1935 年年底，全省共有各类小学及幼稚园 7822 所，学生 400666 人，包括完全小学 436 所，初级小学 3418 所，短期小学 646 所，简易小学 124 所，联保小学 3162 所，幼稚园 36 所。其中，省立 718 所，学生 59814 人；私立 958 所，学生 63026 人③。私塾更多，据 1936 年 38 个县统计，即有 7137 所，学生 144900 人④。1930 年湖北省政府颁布《湖北省立小学附属幼稚园暂行通则》，是湖北历史上第一个学前教育的法规。1932 年，全省注册幼稚园 21 所，在园幼儿 1110 人，教职员 43 人。其中，省立

---

　　① 熊贤君主编：《湖北教育史》上卷，湖北教育出版社 1999 年版，第 389 页。
　　② 湖北省地方志编纂委员会：《湖北省志·教育》，湖北人民出版社 1993 年版，第 113、114 页。
　　③ 湖北省民政厅统计室编印：《湖北省年鉴》（第一回），1937 年 6 月，第 529、541 页。
　　④ 湖北省地方志编纂委员会：《湖北省志·教育》，湖北人民出版社 1993 年版，第 113、114 页。

小学附设 11 所，县立小学附设 4 所，私立小学附设 6 所。其地域多在武昌和汉口，此外，汉阳、武穴和襄阳也有少量设置。到 1937 年抗战爆发时，全省幼稚园数量增至 29 所，在园幼儿 1408 人，教职员 67 人①。湖北近代新式中学起源于外国教会、清政府及民间学人设立的各种新式学堂。1912 年，湖北省政府取消全省各类旧式中等学堂，改设中等学校。到该年年底，全省共有各类中学 32 所，学生 2864 人（不包括未立案的私立学校）。南京国民政府时期，湖北省各类学校数目和在校学生人数都有快速增长，教学科目和教学内容逐渐摆脱了旧式教育的影响，完全融入近代教育体系。到 1933 年，全省各类中学增加到 76 所，学生 16421 人，其中，普通中学 64 所，学生 14293 人，师范学校 5 所，学生 1096 人，职业学校 7 所，学生 1032 人。这些学校主要分布在武汉和其他重要市镇，其中，仅武汉就占了 52 所②。1935 年年底，全省各类中等学校有 102 所，教职员 2464 人，学生 22877 人，其中，普通中学 76 所，学生 18543 人，师范学校 7 所，学生 1792 人，职业学校 19 所，学生 2542 人。若按主办性质分，省立 27 所，学生 8938 人，县市立 14 所，学生 2177 人，私立 61 所，学生 11762 人。在地域分布上，武汉三镇 61 所，宜昌 6 所，襄阳 5 所，蕲春、江陵各 3 所，黄冈、孝感、应城、随县、钟祥各 2 所，蒲圻、通城、阳新、大冶、浠水、广济、黄梅、黄陂、松滋、荆门、光化（今老河口市）、恩施、郧县各一所，仍呈分布不均之局面，全省 45 县没有设立任何形式的中等学校，特别是地域广大的鄂西和鄂西北第七、第八两区 14 县，仅有两所初中，学生共计 553 人③。在高等教育方面，湖北的近代大学也诞生于清末中国新式教育的发轫之时。由于早期的大学都是现代高等教育的萌芽形态，很不完善，不是现代意义上的大学。湖北地区现代意义上的大学始于民国。1912 年 5 月 13 日，湖北第一所也是全国最早完全由中国私人力量自主建立的私立大学——中华大学在武昌成立，

① 湖北省地方志编纂委员会：《湖北省志·教育》，湖北人民出版社 1993 年版，第 113—114 页。
② 同上书，第 115 页。
③ 湖北省民政厅统计室编印：《湖北省年鉴》（第一回），1937 年 6 月，第 522—544 页。

1913 年 9 月，武昌高等师范学校在武昌东厂口原武昌军官学校校址正式建立，教师 27 人，首次招收新生 124 人①。其后几年间，湖北的高等教育有所发展，成为全国几个重要的高等教育中心之一。到 1925 年，武汉三镇共有高等学校 16 所，其中，公立大学和私立大学各占 8 所。翌年，教育部确定武昌为全国七大学区之一，湖北为全国六大高师学区之一②。1928 年，南京国民政府颁布《大学组织法》和《专科学校组织法》，1929 年又颁布了《大学组织规程》，湖北省的高等教育进入一个调整和提高时期。到 1935 年年底，全省共有高等学校 6 所，学生 1569 人，教职员 410 人③。这 6 所学校分别是国立武汉大学、私立武昌中华大学、华中大学、文华图书馆专科学校、武昌艺术专科学校、省立教育学院。1936 年 7 月省立教育学院因学潮停办，次年 11 月，湖北省政府又在原址创办省立农业高等专科学校。因此，到湖北抗战爆发前夕，湖北全省高等学校总数仍是 6 所，占全国注册登记高校总数 91 所的 6.59%。1928 年，《湖北省政府教育厅派遣公费留学生规定》颁布，1927—1937 年，湖北省每年公费留学生及奖学金名额为 68 名上下，年经费 22 万元左右④。

南京国民政府建立后，湖北省从加强医疗卫生的行政管理和筹设医院着手，促进医疗卫生事业的改善和发展。至 1936 年，全省共有医院、诊所 308 所，病床 3622 张，医护人员 1603 人，分布在汉口市、各行政督察区以及大部分县⑤。应该说，这一时期湖北省的医疗事业较之以前有了明显的改善和发展，局部地改变了湖北社会长期以来缺医少药的状况，并初步形成了近代医疗管理的体系。这一时期，湖北省环境卫生业的改善集中体现在武汉三镇。据省卫生局统计，1929 年 10 月，武汉三镇共有清道夫 789 名，其中汉口 520 名，武昌

---

① 武汉大学校史编辑研究室：《武汉大学校史简编》（1913—1949），内部发行，武汉大学图书馆藏，第 2 页。

② 武汉地方志编纂委员会：《武汉市志·教育志》，武汉大学出版社 1991 年版，第 269 页。

③ 湖北省民政厅统计室编印：《湖北省年鉴》（第一回），1937 年 6 月，第 534、540 页。

④ 同上书，第 521 页。

⑤ 同上书，第 780—789 页。

220 名，汉阳 49 名①。随着省、市政府的重视和清道人员的增加，1928—1929 年，武汉三镇主要街道市容卫生有所改观。

四　社会生活和城市发展状况

20 世纪湖北省在现代化过程中的进步，尤其突出地表现在武汉市的发展变化中。民国时期武汉城市的转型发展首先表现在经济政治方面，同时也表现在社会结构方面，即在人口结构、职业结构、阶层结构、生活方式、价值取向等方面，都发生了深刻而全面的变化。随之而来的是：作为城市文化深层结构的社会价值体系也发生相应的变化。同时，武汉社会经济与社会生活也朝着国际化的方向趋进。20 世纪初的武汉，在不少外国观察家的眼里是中国内陆最开放、最国际化的中心城市。1905 年，驻汉日本领事小野幸吉在《汉口》一文中写道："汉口今为清国要港之第二……使视察者艳称为东洋之芝加哥。"同时，因分别兴办铁厂和纺织厂的汉阳和武昌，也对应地被称为"东方匹兹堡"和"东方曼彻斯特"。同一时期，德国记者王安娜评价说："进入 19 世纪以后，汉口被列强视为重要的商业中心而加以建设，现代化的大厦与银行，巨大的仓库，那些有美丽花园的别墅和高级旅馆，都是汉口有代表性的建筑物。不管什么时候看上去，汉口给人的印象与其说是中国城市，不如说是国际性的都会。"②民国时期，武汉市的市政设施也进一步向现代化迈进，在交通、道路、水电设备、邮政资讯、环境卫生等方面均取得了明显的进步，初步焕发出一个近代化的开放型城市的风采。可以说，到抗战爆发前，武汉已发展成为中国内地最重要的中心城市。据统计，到 20 世纪 30 年代中期，仅汉口市（含汉口、汉阳，不含武昌城区）城区建成面积，除江河所占面积 15 平方公里之外，陆地面积就达 120 平方公里。③三镇人口 1935 年达 128.73 万人④。1936 年，三镇工厂总数 528 家，工人 4.38 万，资本总额 5148 万元，年总产值 1.9

---

① 田子渝、黄华文：《湖北通史·民国卷》，华中师范大学出版社 1999 年版，第 328 页。

② 罗时汉：《城市英雄——武昌首义世纪读本》，长江文艺出版社 2010 年版，第 27、29 页。

③ 武汉地方志编纂委员会：《武汉市志·总类志》，武汉大学出版社 1998 年版，第 106 页。

④ 同上书，第 125 页。

亿—2 亿元。纱厂纱锭数仅次于上海，整体工业上，在上海、天津、南京、青岛、无锡、汉口六城市比较中，工人数、劳动力数均居第 4 位，次于上海、天津和无锡，资金额和年总产值居第 5 位①。

其他市镇的发展，据《中华归主：中国基督教事业统计 1901—1920》的统计，截至 1920 年，除汉口市外，湖北省还有 10 万人以上的城市 3 个：武昌、汉阳、老河口；5 万—10 万人的城市 5 个：沙市、宜昌、荆州、武穴、樊城；2 万—5 万人的城市 16 个②。可见，与 20 世纪之前基本上是一个农业社会的省情相比，战前湖北省的近代城市不论在数量上还是在质量上，都有了长足的进步。

社会生活方面，1911 年 3 月 2 日，孙中山以大总统名义发布禁烟令。在南京临时政府的推动和支持下，湖北军政府都督黎元洪"迭饬各司处妥筹办法，种、贩、卖、吸四者一律严加取缔"③，军政府并勒令武昌的土栈烟馆在 12 月 1 日前必须关门停业④。1914 年中国、英国双方派员会勘，确认湖北与福建、浙江、河南四省的鸦片烟苗已全部肃清，"决定自当年 6 月 15 日之后外国鸦片不再运入上述四省"⑤。北洋军阀统治湖北时期，烟毒再度泛滥。"1916 年王占元督鄂后与孙传芳商定，以地方协助军饷为名，准许武汉福记、福康隆、同康等 8家公司领照开设土栈。"⑥ 1922 年吴佩孚批准设立济宜办事处，"在济宜办事处的纵容下，宜昌土税号从开始的七八家增加到 18 家，而且还有大小烟馆 100 余家"，"1923 年宜昌军事当局公开允许鸦片公卖"⑦。"肖耀南于 1924 年春在汉口公开设立鸦片专销公司 30 处。"⑧ 1927 年 4 月南京国民政府成立后，先后颁布了《禁烟条例草案》《禁烟暂行章程》和《禁烟法》，1934 年又以军事委员会南昌行营名义公

---

① 武汉地方志编纂委员会：《武汉市志·工业志》（上），武汉大学出版社 1999 年版，第25—27 页。

② 转引自田子渝、黄华文《湖北通史·民国卷》，华中师范大学出版社 1999 年版，第102 页。

③ 《武汉近事一束》，《申报》1912 年 3 月 27 日。

④ 《鄂都督禁烟令》，《申报》1912 年 11 月 6 日。

⑤ 邵雍：《中国近代贩毒史》，福建人民出版社 2004 年版，第 122 页。

⑥ 同上书，第 96 页。

⑦ 同上书，第 99 页。

⑧ 同上书，第 122 页。

布了《严禁烈性毒品暂行条例》。1935 年 4 月，蒋介石以国民政府军事委员会委员长的身份发布禁烟通令，宣布"两年禁毒，六年禁烟"，军事委员会还同时公布了《禁烟实施办法》和《禁毒实施办法》，同年 10 月又公布了《禁烟治罪暂行条例》。1937 年 3 月 21 日，蒋介石向湖北等 13 个省市派出禁烟特派员。虽然湖北省的禁烟禁毒因各种原因不可能彻底，但总的来说还是取得了一定的成绩。据统计，1932 年汉口全市烟毒行业的行商户和从业人数及资本都超过了当时的粮食业[①]。武汉的"毒品大王"赵典之与官方勾结，大肆贩卖鸦片，"湖北省政府主席何成濬武汉警备司令叶蓬等均为赵贩卖烟土的得利者"。然而到了 1933 年，赵在禁烟法令的威慑下，"也不得不至少在表面上告别了极不光彩的贩土生涯，挤进了实业界的圈子"[②]。晚清以来，烟毒猖獗的局面得到一定程度的遏制。

总而言之，直至抗日战争爆发，帝国主义的侵略、国内长期动荡的政治形势和战乱，大大阻碍了从 19 世纪 60 年代开始启动的湖北省的现代化步伐。尤其是国民党的一党专政和十分尖锐的土地问题（1936 年湖北省政府民政厅依据各县上报的统计数字，宣布全省农户共计 3119740 户，在已作明确统计的 2629940 户中，自耕农为 1371045 户，占 52.1%，半自耕农为 301769 户，占 11.5%，佃农为 957126 户，占 36.4%[③]。这些数字表明战前湖北农民中超过 1/3 的人完全没有土地，加上缺少土地者，接近农民总数的一半），使得湖北省总的来说仍然处于较落后的状态。然而，各方面的事实和数据清楚地表明：直到日本帝国主义侵略者的铁蹄践踏到这块土地之前，它在政治、经济、文化教育、社会生活等领域取得的进步，都是不容置疑的。特别是 20 世纪 30 年代上半期，湖北省全方位的发展，业已为日后的现代化进程打下了比较坚实的基础。诚然，历史没有"如果"，没有"假如"。然而，客观公正地了解了抗日战争爆发前夕湖北省的历史状况，我们就有了一个用以比较的参照系，可以全面地衡量出日本帝国主义对湖北的侵略和对湖北沦陷区的殖民统治，给湖北的现代化进程带来了多么严重的破坏和阻碍。

---

① 苏智良、赵长青主编：《禁毒大全》，中国民主法制出版社 1998 年版，第 408 页。

② 邵雍：《中国近代贩毒史》，福建人民出版社 2004 年版，第 183 页。

③ 湖北省民政厅统计室编印：《湖北省年鉴》（第一回），1937 年 6 月，第 146—147 页。

第二节 湖北沦陷区的形成及其特点

抗战爆发以后，随着日军的西进，从 1938 年 8 月开始，湖北出现沦陷区。武汉失守以后，沦陷地区不断扩大，到 1940 年 6 月荆州、宜昌失陷，湖北东部大片地区被敌占领，形成地域广大的沦陷区。

一 湖北的抗战进程

1937 年 7 月 7 日，日本发动了全面侵华战争。战事进行不到一年，日军即占领了中国的华北、华东大片地区，北平、天津、上海、南京等重要城市均落入敌手。为了迫使国民党政府投降，灭亡中国，1938 年 6 月 15 日，日本御前会议正式决定发动武汉作战，从北部和东部沿京汉铁路和长江分两线向武汉夹击，企图一举占领武汉，夺取华中。自此，湖北地区由抗战的后方基地变成抗战的前线战场。

1938 年 7 月 25 日，日军第六师团从九江攻占黄梅小池，8 月 2 日，占领黄梅县城，战争正式进入湖北[①]。随后，日军沿长江和鄂东北两线作战，发起对武汉的战略包围。中国军队虽顽强作战，殊死抵抗，但仍弱不敌强，节节转退。10 月 24 日，日军完全突破武汉外围要塞，占领黄陂。10 月 25 日，日军都城联队首先由汉口东北角攻入市区，27 日全部占领汉口。26 日晨，日军波田支队占领武昌。接着，日军大部队源源进入武汉，占领了除法租界外的全部武汉三镇。

占领武汉和广州以后，从战争的全局看，日军基本上停止了在中国战场上的战略进攻，转为巩固其占领地区的态势，整个抗日战争转入战略相持阶段。但是，由于湖北省位处中日两军交接地带，又是日军威胁和进攻重庆及西南地区的主要通道，战略地位非常特殊。因此，在转入战略相持阶段以后，日军仍多次在湖北战场上发动区域性的战略进攻，将其占领地区不断向鄂西推进，造成湖北战场一直处于战略防御和沦陷区不断扩大的态势。具体来说，抗战时期湖北战场战局的发展，大致经历了以下 4 个阶段：

---

① 黄梅县人民政府：《黄梅县志》，湖北人民出版社 1995 年版，第 154 页。

（一）1938 年 7 月—1939 年 5 月，鄂东和鄂中抗战阶段

从 1938 年 7 月底战火烧到湖北，至 10 月 25 日武汉失守，日军占领了武汉及其以东的 20 余县，中国军队被迫向西部撤退。武汉沦陷以后，湖北战场的战事并未停息，仍继续蔓延。为了巩固武汉外围，并扩大占领地区，日军不断向武汉周围的鄂中、鄂南和鄂北地区发动进攻，并将占领地区不断向前推进。1938 年 11 月，日军先后占领鄂南的嘉鱼、蒲圻、崇阳和通山等县，粤汉铁路以东地区全部沦陷。1939 年年初，日军又向鄂中、鄂北发动进攻。1 月，占领京山；2 月，占领天门；3 月，占领钟祥。到 3 月中旬，湖北战场初步稳定时，日军在湖北的占领区域已经扩大到鄂北的随州、鄂中的荆门附近，汉水以东地区基本上都宣告沦陷。国民党第九战区和第五战区沿荆沙、宜昌、荆门、随枣至信阳一带组成防线，同日军对峙。

1939 年 5 月，日军发动随枣战役，以第三、第十三和第十六 3 个师团及骑兵第四旅团五六万人的兵力向鄂北发动大规模进攻，企图一举击破第五战区鄂北防线，占领枣阳、襄樊等战略要地。这是武汉会战以后，日军在湖北战场发动的又一次大规模的进攻。战役之初，日军进展顺利，多处突破第五战区防线，相继占领随县和枣阳，并试图在大洪山与桐柏山地区合围中国军队。但在重庆指挥部的支持和配合下，第五战区迅速改变了部署，激战二十余天，歼敌 1.3 万余人后，最终夺回了枣阳和河南桐柏、唐河等地，将日军赶至平汉线和鄂中地区，收复了除随县县城以外所有在战役中失去的阵地，基本恢复了战役以前的战略态势①。

（二）1939 年 5 月—1940 年 6 月，战场向荆沙、宜昌发展

随枣战役以后近一年的时间，湖北战场战局相对平静，敌我态势也无重大变化。唯在 1939 年年底全国冬季攻势中，第五战区和第九战区在平汉路南段、粤汉路北段和江汉地区对敌发动了不同规模的攻势作战，一度切断了襄花（襄阳—孝感花园）和汉宜（武汉—宜昌）两条公路，但对全省战局并无重大影响。

1940 年 5 月，日军为了解除中国军队对武汉外围的威胁，打通长江通道，威胁重庆和西南地区，抽调 6 个师团十万余人的兵力，发动了

---

① 秦孝仪主编：《中华民国重要史料初编——对日抗战时期》第 2 编，作战经过（2），台北"中央"文物供应社 1981 年版，第 430 页。

宜枣战役，向鄂西北的襄樊、枣阳，鄂中和鄂西的荆门、荆沙、宜昌地区展开大规模进攻。这是抗战中后期日军在湖北战场上发动的规模最大的一次战役。战斗从 5 月初开始，到 6 月中旬结束，分枣阳会战和宜昌会战两大作战阶段。经过一个半月的作战，日军占领了鄂中的江陵、沙市、当阳、宜昌、荆门全境和枝江、宜都、远安的部分地区，并一度占领枣阳、襄阳、宜城、南漳等地，将占领区域和两军对峙线在鄂中地区向西大大地推进，形成抗战中期湖北战场战略格局和沦陷区域的最大一次改变。经这一扩张，日军在湖北境内的侵略势力和占领区域已到达鄂西地区；湖北全境除鄂西南、鄂西北二十余县和鄂中公安、石首、松滋三县及鄂东英山、罗田两县之外，其余各县均被日军部分或全部占领，沦陷区域县数和面积均超过全省一半。

（三）1940 年 7 月—1943 年 4 月，西部拉锯战时期

宜枣会战结束之后，湖北战场又恢复了长达 3 年的相对平静状态。其间，除 1941 年 9 月、10 月第二次长沙会战时，第六战区遵令发动反攻宜昌的战役以外，未有其他重大战事。1941 年年底太平洋战争爆发以后，日军更感兵力不敷，被迫在中国战场采取守势，而国民党军队也无力发动战略反攻。因此，在中国战场出现了较长时期的胶着状态，湖北战场自宜枣会战以后形成的态势未有重大改变。中日两军仍沿宜昌—荆门—宜城—随枣一线长期对峙，一直延续到 1943 年 5 月的鄂西会战。

（四）1943 年 5 月至抗战结束，战场向鄂西南和鄂西北发展时期

1943 年年初，日军为了改变在中国战场上每况愈下的战略态势，阻止中国军队对日军的反攻，决定采取以攻为守的战略，发动鄂西战役，打击鄂西第六战区中国军队主力和以西部为基地的中、美空军，打通长江通道，威慑重庆和西南地区。5 月，战役开始，日军共投入 6 个师团 10 万人的兵力，并派 100 多架飞机助战。日军先后攻占了公安、石首、松滋、枝江、长阳、宜都、五峰等地。但是，此时的中日军事力量对比特别是空军力量对比已有较大改变，日军击溃中国军队主力和中、美空军的战略计划只是一厢情愿的幻想。在中、美空军的有力支持下，第六战区部队经过一个多月的作战，彻底粉碎了日军的战略企图。激战至 6 月上旬，中国军队相继收复枝江、宜都等地，日军除占领石首、公安、松滋部分地区外，被迫全部撤退到长江北岸，鄂西战场又基本恢复到战事爆发以前的状态。

1945 年 3 月，日军为解除老河口中、美空军基地和中国豫西部队对平汉铁路的威胁，发动了豫西、鄂北战役，向河南南阳和湖北老河口、襄阳及南漳、宜城等地发动进攻，先后占领了以上各地。但是，由于受整个太平洋和中国战场的影响，此时的日军已是强弩之末，再衰三竭。其后，中国军队英勇反击，在湖北收复除老河口以外的其他失地，湖北战场的格局基本未受影响。这一态势一直维持到抗战结束。

二　湖北沦陷区的形成

随着湖北抗战局势的发展，国民党军队的不断向西撤退和日军占领地域的扩大，湖北沦陷区逐渐形成。整个抗战时期，湖北沦陷区的形成和变动情况，具体如下：

从 1938 年 8 月 2 日黄梅县城失守到 1945 年 4 月 8 日光化县城沦陷，抗战时期，随着国民党军队的不断后退，日军自东向西逐渐占领了湖北省的大片地区。据调查，在湖北 71 个市县中，除鄂西南的恩施、利川、咸丰、来凤、宣恩、鹤峰、建始、巴东、秭归、兴山 10 县和鄂西北的房县、保康、均县、陨西、竹山、竹溪 6 县外，其余 55 个县市均在不同时期遭日军进犯并被不同程度地占领过。在这 55 个县中，鄂东罗田、英山两县仅遭日军两次短期侵占，时间总共不超过 1 个月，没有建立任何形式的伪政权组织，是大片沦陷区中少见的特例。鄂西南和鄂西北的五峰、宜都、长阳、襄阳、枣阳、南漳、郧县、谷城、光化 9 县，因地处敌我交接地带，遭受过日军的短期进占，但大部分时间都处于中国军队和政府的控制之下，除谷城和光化两县外，其他各县都没有建立任何形式的伪政权（光化在 1945 年 5 月成立过伪县政府，谷城县太平店在 1945 年 4 月成立过伪维持会，但都极其短命，随着日军的溃败很快灭亡）。其余 44 县都在较长时间内被日军所侵占，是湖北主要的沦陷区。这 44 县中，除江汉地区长江以南的公安、石首、松滋三县是在 1943 年 5 月鄂西战役中被占领以外，其余各县均是在 1940 年 6 月以前即告沦陷，时间最短的也有 5 年以上。其中，鄂东第二行政督察区、鄂北和鄂中第三行政督察区、鄂南第一行政督察区以及汉口市都是在武汉失守前后被日占领，沦陷时间长达近 7 年之久。敌人在 44 县中，曾建有 40 个伪县政府。在没有设立伪县政府的礼山、松滋、枝江、远安四县也曾建有伪区政府。各县沦陷时间，详见表 1—1。

表 1—1　　　　　　湖北各县沦陷时间（以县城沦陷时间为准）

县市名称	沦陷时间	县市名称	沦陷时间
黄梅	1938 年 8 月 2 日 *	蒲圻	1938 年 11 月 4 日
广济	1938 年 9 月 6 日	崇阳	1938 年 11 月 5 日
蕲春	1938 年 10 月 8 日 *	京山	1939 年 1 月 16 日
浠水	1937 年 10 月 17 日	钟祥	1939 年 3 月 5 日
阳新	1938 年 10 月 18 日	随县	1939 年 5 月 7 日（随即收复）*
大冶	1938 年 10 月 20 日 *	枣阳	1939 年 5 月 8 日（随即收复，1940 年、1941 年又失陷两次）*
通城	1938 年 10 月 18 日	潜江	1939 年 5 月 29 日
黄冈	1938 年 10 月 22 日	沔阳	1939 年 11 月 1 日
新洲	1938 年 10 月 23 日（属黄冈县）	襄阳	1940 年 5 月 30 日（旋即收复，1945 年 3 月又短期失陷）
鄂城	1938 年 10 月 23 日	枝江	1940 年 5 月 30 日（县城未失）
应山	1938 年 10 月 24 日	宜城	1940 年 5 月 28 日
罗田	1938 年 10 月 25 日（随即退出）	南漳	1940 年 6 月 3 日（随即收复）
英山	1938 年 10 月 25 日（仅占 3 日）	荆门	1940 年 6 月 6 日 *
黄陂	1938 年 10 月 25 日	江陵	1940 年 6 月 8 日
麻城	1938 年 10 月 25 日	沙市	1940 年 6 月 8 日
礼山	1938 年 10 月 28 日	荆州	1940 年 6 月 8 日
汉口	1938 年 10 月 26 日	远安	1940 年 6 月 8 日
武昌	1938 年 10 月 26 日	当阳	1940 年 6 月 8 日
汉阳	1938 年 10 月 27 日	宜昌	1940 年 6 月 12 日
黄安	1938 年 10 月 27 日	监利	1943 年 1 月 11 日
安陆	1938 年 10 月 27 日	石首	1943 年 3 月 8 日 *
通山	1938 年 10 月 27 日 *	五峰	1943 年 4 月中旬（县城未失）
咸宁	1938 年 10 月 29 日	公安	1943 年 5 月 6 日
孝感	1938 年 10 月 30 日	宜都	1943 年 5 月 14 日
汉川	1938 年 10 月 30 日	松滋	1943 年 5 月中旬（县城未失）
应城	1938 年 10 月 31 日	长阳	1943 年 5 月 24 日（旋即收复）
云梦	1938 年 10 月 31 日 *	谷城	1945 年 3 月底（县城未失）
嘉鱼	1938 年 11 月 3 日	郧县	1945 年 3 月下旬（县城未失）
天门	1939 年 1 月 8 日	光化	1945 年 4 月 8 日

说明：1. 全省共有 55 个县市被日军全部或部分占领，本表所列时间除注明外均为各县县城沦陷时间。

2. 沙市、荆州、新洲当时没有独立的市县建制。

3. 时间栏内有 * 号者，表示资料来源于各县县志，其余均来自各县政府所编《抗战史料》（1946—1948），湖北省档案馆藏。

4. 部分县城被日军占领后不久，由于我方反击或袭击而日军退出，作者在表中做出了说明。

三　湖北沦陷区的特点

由地理位置和战争进程所决定，抗日战争时期湖北沦陷区在空间范畴、时间跨度以及在日本侵华战争中的战略地位和作用，与东北沦陷区不一样（东北地区全部处于日本帝国主义统治之下），与河北、山东、江苏、浙江等华北和华东沦陷区也不完全相同（这些省份基本全部沦陷），抗战时期湖北沦陷区主要表现出下列几个特点：

（一）整个抗战期间，湖北全省并未全部沦陷，而是呈现出国统区、沦陷区和解放区三大区域犬牙交错的局面

在沦陷区出现的同时，湖北西部的广大区域，仍然由国民党政府控制，是为国统区，我们称为鄂西后方国统区；而在被日军占领的县份内，日伪也并不能控制全境，仍有部分地区掌握在国民党手中，成为零星的国统区，即所谓的敌后国统区。事实上，几乎在所有的沦陷县份中，国民党的县政府仍然存在，只是退守山区或偏远地带，他们都或多或少地掌握着部分县域的控制权。此外，鄂东的英山、罗田两县，虽地处敌占区，但由于是国民党第五战区鄂豫皖游击根据地的中心区域，长期有国民党大军驻守，除 1938 年和 1942 年两次极短时间被敌占领过外，八年抗战期间一直掌握在国民党手中，是独立于大片敌占区中的两块较大的独立国统区。这样，鄂西后方国统区、英山、罗田国统区和其他敌后零星国统区，共同组成了抗战时期湖北地区的国统区域，成为国民党湖北抗战的主要基地。由于抗战期间湖北沦陷区的范围不断扩大，中共领导的鄂豫边区的范围也不断变化，因此，湖北国统区的范围一直处于变动之中，总的趋势是自东向西，不断缩小。就基本国统区（即后方国统区，非战区）来看，武汉沦陷时，其范围在京汉、粤汉铁路沿线以西，到 1939 年 5 月，退缩到随县—钟祥—荆门—监利一线以西地区。据 1940 年年初湖北省政府统计，后方国统区控制的范围，计有宜、荆、郧、襄、施等地 36 县，面积占全省面积的 56.82%①。1940 年 5 月宜枣会战以后，中国军队防守线退至宜昌—枣阳一线以西，后方国统区的范围进一步缩小，控制区域为鄂西南第七区、鄂西北第八区和鄂北第五区

①　湖北省地方志编纂委员会：《湖北省志·工业》上，湖北人民出版社 1995 年版，第 30 页。

全境，第六区宜昌以西各县和第四区的石首、公安、松滋三县，共计
28县，面积约84600平方公里，占全省面积的45.4%。1943年鄂西战
役之后，日军又占领石首、公安、松滋三县部分地区，并建立伪县区政
权，后方国统区减少为25县，面积78900平方公里，约占全省总面积
的42.35%[1]。另据湖北省政府1941年3月向国民政府民政部的报告，
湖北全省71县市中，国民政府完全不能行使职权的有汉口市，基本上
不能行使职权的有孝感、汉阳、应城、汉川、天门、当阳6县，部分不
能行使职权的有武昌、嘉鱼、咸宁、蒲圻、崇阳、通城、通山、阳新、
大冶、鄂城、黄冈、蕲春、浠水、黄梅、广济、麻城、黄安、黄陂、礼
山、应山、京山、云梦、随县、钟祥、沔阳、潜江、监利、枝江、江
陵、荆门、宜都、宜昌、安陆、远安34县。其余30县国民党政府能完
全行使职权，属国统区控制范围[2]。这一控制区域基本延续到抗战结
束。就敌后国统区看，1940年鄂豫边区大发展之前，凡敌占区各县日
军势力不能到达的区域，基本上都掌握在国民党政府手中，均属敌后国
统区范畴。但是，1940年以后，除英山、罗田两县比较固定以外，随
着鄂豫边区的不断发展和中共抗日力量的迅速壮大，京汉、粤汉铁路沿
线区域和襄东、襄西（汉水两岸）各县的敌后国统区日益萎缩，一些
县份甚至完全消亡。此外，即使是沦陷区，绝大部分县份国民党县政权
虽在名义上仍然存在，但控制区域已大为缩小，控制能力十分微弱，有
些县政府甚至迁至县境以外，有名无实，沦陷区域县境主要为日军所
控制。

　　抗日战争时期，中国共产党领导湖北人民进行了反对日本帝国主义
的英勇斗争。为了取得抗战的胜利，中共将党的建设、武装斗争和地方
政权建设结合起来，经过长期艰苦的努力，创立了以大、小悟山和天
汉、潜沔地区为中心范围包括鄂东、鄂北、鄂南和江汉平原几十个县的
鄂豫边区抗日民主根据地，建立起以李先念为主要负责人的新四军第五
师的重要抗日武装力量，成为插在敌人心脏里的一把尖刀。这是一个完
全不同于国统区，更不同于敌占区性质的区域。鄂豫边区的创立与发展

---

　　①　根据后方国统区各县面积计算。其中第六区计有兴山、秭归、长阳、五峰四县。各县
面积见湖北省政府民政厅统计室编印《湖北各县市面积比较表》，载《湖北省年鉴》（第一
回），第11—13页。

　　②　湖北省政府：《湖北省游击区域调查表》，1941年3月。湖北省档案馆藏。

以 1940 年 9 月为标界，可以分为前后两个阶段。前一阶段是边区和抗日武装的创立与统一的时期，后一阶段是发展巩固边区与壮大新四军第五师的时期。

1939 年 1 月，李先念率领新四军豫鄂独立游击大队从河南竹沟南下湖北应山、随县、大悟等地，开始了建立鄂豫边区的艰苦斗争。6 月，遵照中共中央中原局指示，李先念等在京山县养马畈召开会议，统一豫南、鄂北地方抗日武装，以此奠定了华中抗日武装的基础。11 月，中共中央中原局又指示在鄂豫交界的四望山召开会议，成立统一的鄂豫边区党委，对豫南、鄂北、鄂东的党和军队实行统一领导，鄂豫边区党和军队的核心力量初步形成。1940 年 9 月 1 日，边区党委在京山八字门召开边区第一次军政代表大会，成立边区过渡政府——鄂豫边区军政联合办事处，以此为标志，豫南鄂北鄂东的党政军实现统一，鄂豫边区显现雏形。

1941 年 1 月，蒋介石发动皖南事变，企图一举剿灭华中新四军。中共中央对国民党的倒行逆施进行了坚决的反击。1 月 20 日，中共中央宣布重建新四军军部，并将原辖各支队扩编为 7 个师。4 月 5 日，新四军鄂豫边区鄂豫挺进纵队改编为新四军第 5 师，李先念任师长兼政治委员，任质斌任师政治部主任。下辖 3 个正规旅，2 个游击纵队，共 12 个团，1.5 万人[1]。4 月 1 日，鄂豫边区又在京山县向家冲召开第二次军政代表大会，按三三制原则，正式成立鄂豫边区行政公署，由许子威任行署主席。全公署下辖鄂东、信应、天汉、襄西 4 个行政办事处和安陆、应城、云梦、孝感、随南、京山 6 个直属县政府，鄂豫边区的抗日民主政权得到进一步的统一和加强[2]。1942 年 3 月，鄂豫边区又在京山县召开了首届边区抗日人民代表大会，制定颁布《鄂豫边区施政纲领》，以法律的形式确立边区的抗日民族统一战线的政权组织原则。到抗战后期，鄂豫边区已发展成为华中地区最大的抗日民主根据地和全国重要敌后解放区，面积达到 9 万多平方公里。全边区建立有 1 个行政公署，7 个专员公署，39 个县政府[3]。边区政府在湖北的管辖范围包括：

---

[1]　鄂豫边区革命史编辑部：《鄂豫边区抗日民主根据地史稿》，湖北人民出版社 1995 年版，第 210 页。

[2]　同上书，第 213 页。

[3]　鄂豫边区革命史编辑部：《鄂豫边区抗日民主根据地历史资料》第 7 辑，内部印行，第 40 页。

黄冈、黄陂、黄安、礼山、孝感、应山、安陆、云梦、应城、京山、汉川、天门、江陵、监利、潜江、大冶、阳新 17 个县的大部，钟祥、沔阳、石首、公安、荆门、当阳、随县、鄂城、广济、黄梅 10 个县的一小部，以及枝江、咸宁、通山、通城、崇阳、嘉鱼、蒲圻、武昌、浠水、蕲春、英山、罗田、麻城 13 县的部分游击区。边区党的组织发展到 8 个地委和 60 多个县委或工委，在湖北的地委即有鄂东、鄂中、鄂南、襄南、襄北、襄西 6 个[①]。

这样，整个抗日战争期间，湖北省呈现出日本帝国主义统治的沦陷区和国民党政府控制的国统区始终对峙的局面。同时，在沦陷区内，中国共产党领导的抗日根据地又控制了一部分地区。因此，就湖北全境来看，呈现出沦陷区、国统区和解放区犬牙交错、三足鼎立之势。

（二）日伪控制的不平衡性

从 1938 年 8 月初日军进入湖北开始，到抗战结束，七年时间里，在湖北 71 个市县中，除鄂西南的恩施、利川、咸丰、来凤、宣恩、鹤峰、建始、巴东、秭归、兴山和鄂西北的房县、保康、均县、陨西、竹山、竹溪 16 个县外，其余 55 个县市均在不同时期遭到过日军的进犯并不同程度地被占领过。但是，由于日军的兵力有限，不可能对所有占领区都实行严密的实际控制，日伪对湖北沦陷区的控制，表现出巨大的不平衡性。

从沦陷程度看，湖北沦陷区可分为两种类型，一种是敌伪力量较弱，日军实际占领的时间较短或区域较少。在这些地区，或者由于中国军队的顽强抵抗，日军在达到一定进攻目的后旋即退出全境，因而境内只有部分地区被日军短期占领（如罗田、英山两县即是如此）；或者紧邻国民党后方国统区，敌人难以长期占领，只是短期或不定期进犯和扫荡（如五峰、宜都、长阳、襄阳、枣阳、南漳、谷城 7 县，均是这类情况）。另一种是敌伪势力强大，境内绝大部分地区都被日军占领，除上述第一种类型外的其他沦陷区均属此类。这类地区中，汉口市及其周围的汉阳、武昌、汉川、黄陂四县，以及地处交通要道或战略资源重地的应城、云梦、天门、江陵、石首等县，基本上被日军全部占领，其余各

---

① 鄂豫边区革命史编辑部：《鄂豫边区抗日民主根据地史稿》，湖北人民出版社 1995 年版，第 539—543 页。

县大部或部分被占领。

据《湖北省志·政权》记载，抗日战争时期，湖北省先后有 15 个县、市基本上为日本侵略军占领。它们是：汉口市、武昌、汉阳、汉川、潜江、沔阳、天门、孝感、应城、黄陂、礼山、咸宁、蒲圻、通山、蕲春。有 33 个市县的部分地区被敌侵占。它们是：嘉鱼、通城、崇阳、大冶、阳新、鄂城、浠水、黄梅、广济、罗田、英山、黄安、黄冈、麻城、云梦、京山、钟祥、枣阳、光化、监利、枝江、江陵、远安、宜昌、荆门、当阳、宜都、松滋、石首、随县、安陆、应山、公安①。这一记述与笔者考证的结果略有差别，除了两方所掌握的历史资料有所不同以外，湖北沦陷区本身的复杂性以及与之相关的评判标准有所差别也是一个重要原因。因为湖北省被占地区范围广，时间长，变动大，我们对其被占领程度的描述只能用"基本"来限定，而不可能绝对化。事实上，在湖北被占各县市中，除了汉口市自始至终被敌完全占领外，再没有第二个县市是这种情况。此外，有些县份被占领地区范围变化很大，时多时少，给我们对其定性造成了困难。例如，江陵县，1940 年 6 月沦陷以后，敌占区面积不断扩大，到 1944 年 6 月，国民党县政府仅能控制三合乡一保六甲之地。省志说它是部分沦陷的县份，而笔者将其列为基本沦陷县份。再则，如何区别被进犯和被占领也是一个需要讨论的问题，抗战时期，湖北有很多县份例如鄂东的英山、罗田两县，西部的五峰、南漳、谷城、长阳等县都遭日本侵犯并被短期占领过，笔者都将其列为沦陷地区，而省志仅列英、罗两县，这也是造成两方结论差异的一个重要原因。

1940 年 10 月和 1941 年 3 月、4 月，湖北省政府三次向国民政府内政部报告湖北省政府的控制区域情况，也可作为了解这一时期湖北省敌占区、国统区和解放区区域分界的重要参考材料（见表 1—2）。

进入战略相持阶段后，湖北省成了正面战场中、日双方对峙、鏖战的前沿战场之一。为了打通和保护京汉、粤汉铁路南北交通大动脉，攻入四川，威胁国民政府，已是强弩之末的日军困兽犹斗，在湖北省境内多次发动了战役进攻。湖北沦陷区不但成了日本帝国主义的殖民地，也

---

① 湖北省地方志编纂委员会：《湖北省志·政权》，湖北人民出版社 1996 年版，第 256—259 页。

成了它继续侵略和妄图灭亡中国的桥头堡和前哨阵地。

表1—2 湖北省游击区域调查

时间	国民党全部不能行使职权之县份	部分区域不能行使职权之县份	备注
1940年10月	安陆、京山、云梦、应城、汉川、天门	武昌、汉阳、嘉鱼、咸宁、蒲圻、崇阳、通城、通山、阳新、大冶、鄂城、黄冈、蕲春、浠水、黄梅、广济、麻城、黄安、黄陂、礼山、孝感、应山、随县、钟祥、沔阳、潜江、监利、枝江、江陵、荆门、当阳、宜都、宜昌（共计33县）	1. 安、京、云、应、汉、天六县是中共新四军鄂豫边区的根据地，是中共的主要势力范围。国民党湖北省政府在报告中说，该六县"近因敌匪窜扰，及异党积极活动，颇难行使职权"。 2. 实际上，汉口市、武昌市国民党完全不能行使职权，连组织也名存实亡了。
1941年3月	武昌市、汉口市	武昌、汉阳、嘉鱼、咸宁、蒲圻、崇阳、通城、通山、阳新、大冶、鄂城、黄冈、蕲春、浠水、黄梅、广济、麻城、黄安、黄陂、礼山、孝感、应山、随县、钟祥、沔阳、潜江、监利、枝江、江陵、荆门、当阳、宜都、宜昌、应城、安陆、京山、云梦、汉川、天门、远安（共计40县）	应城、汉川、天门、汉阳、潜江、当阳六县是中共新四军鄂豫边区的根据地，是中共的主要势力范围（国民党湖北省政府在报告中说，这六县"或因特奸及匪军猖獗，或因为敌伪压迫及驻军劫持，行使政权，颇感困难"）。
1941年4月	武昌市、汉口市	武昌、汉阳、嘉鱼、咸宁、蒲圻、崇阳、通山、阳新、大冶、鄂城、黄冈、蕲春、浠水、黄梅、广济、麻城、黄安、黄陂、礼山、孝感、应山、随县、钟祥、沔阳、潜江、监利、枝江、江陵、荆门、当阳、宜都、宜昌、应城、安陆、京山、云梦、汉川、天门、远安（共计39县）	1. 孝感、应城、汉川、天门、汉阳、当阳六县仍然是中共新四军鄂豫边区的根据地，是中共的主要势力范围。国民党湖北省政府在报告中说，这六县"或因特奸及匪军猖獗，或因为敌伪压迫及驻军劫持，行使政权，颇感困难"。 2. 潜江县政前被驻军128师劫持，近来该师撤走，政权恢复。 3. 通城本月全境已无敌情，故未列入。

资料来源：湖北省政府《湖北省游击区域调查表》，湖北省档案馆藏。

总体来看，在湖北沦陷区域中，日军占领和控制的重点同全国其他地区一样，主要是重要城市、重要战略资源产地和交通要道三种类型。

具体来说，主要有下列几个地区：（1）武汉三镇及其外围地区（目的是拱卫武汉三镇，控制华中）；（2）江汉腹地的沔阳、天门、潜江等地（既可控制湖北最重要的粮棉产区，又可保卫武汉）；（3）京汉铁路附近的应城、孝感等地（目的是保卫京汉铁路交通线，并控制应城的膏盐矿）；（4）宜昌荆沙长江沿线地区（控制长江交通，威胁重庆和西南）；（5）京广线上的鄂南重镇咸宁（控制京汉铁路交通和鄂南地区）。而这些地区，尤其是作为湖北省政治、经济、文化、教育中心的武汉三镇，不但是湖北省自然条件最优越的区域，是湖北省各类资源聚集之地，同时也是湖北省最为发达、现代化程度最高的地区。

第二章　沦陷区的伪政权

单就时间而言，湖北省伪政府的成立晚于绝大部分伪县维持会和伪县政筹备处及部分伪县政府，也晚于伪武汉特别市政府。然而，日本帝国主义对湖北沦陷区的控制相对稳定后，伪湖北省政府就成为敌伪在湖北省沦陷区进行殖民统治的最高权力机构。为了鸟瞰湖北省沦陷区伪政权的建立、运作和调控，我们这里按伪政权的系统，自上而下地对其进行考察。

第一节　伪湖北省政府

日本帝国主义发动侵华战争的真实目的，就是企图将中国变为它独占的殖民地。然而，由于国力不逮，同时，也碍于国际社会的反对，更主要的是，慑于中华民族不屈不挠的反抗斗争，它只好采取"以华治华"的策略，用扶持傀儡政权的方式，为它灭亡中国的狼子野心披上一层遮羞布。1932 年 3 月在东北成立的伪满洲国，1937 年 12 月 14 日在北平建立的"中华民国临时政府"，1938 年 3 月 28 日在南京设立的"中华民国维新政府"，以及 1939 年 9 月将内蒙古、察哈尔及晋北地区的伪政权合并组织的"蒙疆联合自治政府"，都是这一"以华治华"政策的产物。当时，日本的策略是对中国实行分而治之，在各地扶持一个个独立的地方伪政权，以便于其殖民统治和管理。日军占领武汉以后，也想在华中地区如法炮制。

一　日军建立华中跨省伪政权的设想

早在 1937 年 8 月日本驻汉口领事馆撤退之际，日本即布置特务宫城宇平、日野秀人、大西初雄等潜伏下来，以搜集情报、物色和利诱一些有知名度的人物滞留武汉，为日军占领湖北后建立傀儡政权做准备。日军占领武汉后，日本内阁立即于 1938 年 10 月 28 日批准了《汉口方面政务处理纲要》，明确指示"目前以扶持治安维持会为主，随着形势的安定，建立防共地方政权"①。抗日战争全面爆发后，日本华北方面军与华中派遣军为了发展各自的势力，都在自己占领的地区扶植了地方傀儡政权：1937 年 12 月 13 日，日本华北方面军特务部在北平扶植王克敏等北洋军阀时期的官僚余孽，成立了"中华民国临时政府"，而华中日军特务部也于 1938 年 3 月 28 日在南京扶植北洋军阀时期的旧官僚梁鸿志等成立了"中华民国维新政府"。这些事实充分表明：不光是日军内部存在矛盾，更重要的是，当时日本政府企图分裂中国，在维持它的军事占领和殖民统治的前提下，根据战争局势，无视中国历史形成的行政格局，扶植一个个地方傀儡政权，对中国实行分而治之。依据这一政策和前例，早在占领武汉之前，日军华中派遣军特务部就已经计划在武汉设立一个管辖湘鄂赣三省部分地区的伪政权，作为日军控制华中地区的傀儡政权机构。1939 年 4 月，伪武汉特别市政府成立以后，日军在伪武汉特别市政府所属的武汉市参议府内设立武汉政权树立准备委员会，由参议府议长何佩镕、伪武汉特别市长张仁蠡兼任正副委员长，进行华中地区独立伪政权的筹备工作②。但是，日军占领武汉以后，失去战略进攻的能力，在三省占领区域的扩大十分缓慢，在湖北及周边湘赣两省仅控制二十余县，拼凑一个省政权尚嫌不足，组织三省独立伪政权更为困难，只得暂时推迟这一计划。

1939 年 5 月 28 日，叛逃至上海的汪精卫正式向日本提出了《关于收拾时局的具体办法》，日本政府随即加快了扶植汪精卫中央傀儡政权的步伐。1939 年 8 月 22 日，日本国内最高当局在上海设立"梅机关"，专门负责扶植和协调汪精卫伪政权建立的工作。9 月 5 日，汪记国民党六届一中全会在南京召开，汪精卫同王克敏、梁鸿志就建立统一的伪政权问题进行谈判。21 日，汪精卫在上海发表声明，表示要致力于"和平之实现，宪政之实施"，同日，北京临时和南京维新两伪政府也发表

---

① 日本防卫厅防卫研究所战史室：《中国事变陆军作战史》第 2 卷，第 1 分册，译稿，中华书局 1979 年版，第 214—215 页。

② 《湖北新省府成立经过》，《武汉报》1939 年 11 月 5 日。

联合声明，宣布拥护汪精卫成立中央政府，汪伪中央政府呼之欲出。这
一情况对武汉日军计划中的湘鄂赣三省政权的出笼十分不利。于是，武
汉日军特务部决定加快其步伐，将武汉政权树立准备委员会改为武汉政
权树立委员会，并初步决定跨省政府定名为"湘鄂赣政务委员会"。伪
武汉特别市政府的高级官员也在美滋滋地做着"升官"梦。1939 年 10
月，武汉特别市政府驻上海办事处主任宋怀远呈文武汉特别市市长张仁
蠡，称"查关于武汉成立新政权一节，本月十日上海中外各报均有登
载。略谓汉口不久将成立新政权以期统治湘、鄂、赣三省"①。但是，
由于这时日本国内最高当局正全力扶植汪精卫建立中央伪政权，"梅机
关"认为"湘鄂赣政务委员会"规模和权限过大，会刺激汪精卫，于
是予以否决。其后，武汉日军特务部又计划将"三省政务委员会"改
为"武汉政务委员会"，并缩减其规模和权限，但仍未获通过②。

二　伪湖北省政府的成立及其统治

由于华中日军建立跨省伪政权的计划与日本国内最高当局扶持汪精
卫的策略相冲突而无法付诸实施，无奈之下，日军汉口特务部为了赶在
汪伪中央政府成立之前建立起自己控制的地方傀儡政权，以便在汪精卫
伪政府成立后取得主动，不得不放弃建立跨省伪政权的计划，成立伪湖
北省政府。1939 年 10 月 24 日，在汉口日军特务部指令下，成立伪湖
北省政府筹备处，由伪武汉参议府副议长、政权树立筹备委员会委员石
星川、湘鄂赣地方维持会指导部部长兼伪武汉参议府参议雷寿荣负责。
经过一番筹备之后，1939 年 11 月 2 日，政权树立委员会举行第四次会
议，推举伪武汉参议府议长何佩镕为省长，组织湖北省伪政府③。何佩
镕（1880—1942）湖北建始县人，1906 年留学日本士官学校。民国初
年投靠军阀王占元，任王手下湖北督军署参谋长。1917 年任湖北省民
政厅长，1919 年任湖北省长，后又被充派湖北官矿督办。1921 年王占
元去职后，何佩镕被迫隐居于青岛、汉口租界。武汉沦陷以后，何佩镕

　　①　伪武汉特别市政府驻上海办事处：《汉口将成立统治湘鄂赣三省新政权》，武汉市档案
馆藏，转引自涂文学主编《武汉沦陷时期档案史料丛编②：沦陷时期武汉的政治与军事》，武
汉出版社 2007 年版，第 44 页。
　　②　程华：《沦陷时期湖北伪政权的前前后后》，载《湖北文史资料》第 16 辑，1986 年。
　　③　《三千万民众之期望达到，新湖北省政府近日成立》，《武汉报》1939 年 11 月 5 日。

企图依靠日军势力东山再起，充任伪武汉特别市参议府议长，为日本的殖民统治出谋划策，多方迎合日军意图，终于获得华中日军赏识，出任伪湖北省第一任省长。

1939 年 11 月 5 日，由汉口日军特务部一手导演和把持的伪湖北省政府在武昌司门口原金城银行武昌支行旧址粉墨登场，正式成立。

伪湖北省政府是日军在华中地区建立的第一个省级傀儡政权组织，它直接听命于汉口日军特务部，在行政上独立于北京临时政府和南京维新政府，没有上级行政机关。1939 年 12 月 21 日，伪省政府公布《湖北省政府组织条例》，对其组织结构及其职责作了具体规定。该组织条例第一条规定，"省政府于省之管辖区域内为最高行政机关"，省以下"之行政区划依旧省制道（或区）县定之，但于必要时得为道（或区）县管辖区域之变更"，省政府设省长一人（特任），"综理全省政务，指挥监督所属各机关及其职员"，"在不抵触中央法令范围内，得制定省单行法则"①。省政府设下设机构，在其成立之初，设参事室和政务、财政、建设、教育、秘书、警务六厅及保安处。首任厅处长是：政务厅长汪沄，财政厅长刘泥清，建设厅长宋怀远，教育厅长徐慎伍，秘书厅长张若柏，警务厅长王寿山，保安处长由何佩镕兼任②。各厅下设秘书室及三至五科，保安处下设总务、训练、饷械三司。厅处以下采官职分开制，每厅设主任秘书 1 人，签判 3—5 人（派充科长），金事 3—5 人（派充股长），主事数十人（派充股长或科员）。全府员额，除省长及各厅处长外，计有秘书主任 6 人，秘书 16 人，金判 24 人，技正 3 人，督学 2 人，督察长 1 人，金事 50 人，视察员 8 人，督察员 6 人，视学员 3 人，技佐 4 人，主事 220 人，技士 6 人，书记 117 人，密探员 30 人，公役 125 人，共计 623 人③。

伪省政府成立后，原由何佩镕担任议长、隶属伪武汉特别市政府的武汉特别市参议府改名为武汉参议府，与伪市政府平级，作为省市政府

---

① 伪湖北省政府：《湖北省政府组织条例》，1939 年 11 月 21 日公布，载伪《湖北省政府公报》第 1 期，1940 年 3 月 20 日出版，武汉市档案馆藏。

② 《宣布施政方针：何佩镕省长就职后对各记者发表谈话，政财建教警秘厅长各谈抱负》，《武汉报》1939 年 11 月 7 日。

③ 伪湖北省政府秘书厅：《湖北省政府各厅分科员额表》，1939 年 12 月 21 日公布，载伪《湖北省政府公报》第 1 期，1940 年 3 月 20 日出版，武汉市档案馆藏。

的咨询机构，并接管隶属原伪武汉特别市政府的临时司法部、各级法院和盐烟统各种税收①，由原副议长石星川接任议长，石所担任的副议长及兼任的参议府下属之政务训练院院长，由原参议府下属之保安训练院院长雷寿荣递补②。

伪湖北省政府成立之初，其辖地有鄂东、鄂北、鄂南和鄂中30余县，以及豫、湘、赣三省与湖北相邻的信阳、岳阳、临湘和九江等县，共计40余县③。其后，随着日军占领区域的扩大，伪湖北省政权的管辖地区也有所扩展。到1942年9月伪省政府第二次县政会议召开时，其管辖范围有武昌市政处和湖北35县，代管湖南2县、河南1县、江西9县1市1特区，共计50个县级行政区划。具体县份如下：湖北省之武昌市政处、武昌县、应城县、孝感县、黄陂县、宜昌县、嘉鱼县、蒲圻县、通山县、崇阳县、麻城县、广济县、安陆县、京山县、荆门县、江陵县、浠水县、蕲春县、天门县、汉阳县、云梦县、应山县、汉川县、咸宁县、阳新县、大冶县、鄂城县、黄冈县、黄梅县、黄安县、钟祥县、随县、潜江县、当阳县、监利县、沔阳县。代管：江西省之南昌市、新建县、安义县、南昌县、九江县、星子县、德安县、瑞昌县、湖口县、永修县、庐山特区；湖南省之临湘、岳阳两县；河南省之信阳县④。可以看出，伪湖北省政府管辖区域，除原湖北省政府部分沦陷县市以外，还包含了湘赣豫部分县市，这一方面是由于这些地方的伪省政府尚未成立，日军出于军事占领和殖民统治的需要；同时，它也说明，直到这时，华中汉口日军特务部仍未放弃扶持一个跨省的华中傀儡政权的念头。

1940年3月30日，汪精卫伪国民政府在南京成立，华北、华东各伪省政府先后归附，汉口日军务部与"梅机关"协商后，决定将伪湖北省政府也纳入汪记国民政府门下。10月3日，伪湖北省政府和伪武汉特别市政府同时划入汪伪南京国民政府，伪武汉特别市改名为汉口

---

① 伪武汉特别市政府：《武汉特别市政府周年纪念特刊·总纲》，第26页，1940年4月，国家图书馆藏。

② 《武汉参议府定期成立》，《武汉报》1939年11月13日。

③ 湖北省地方志编纂委员会：《湖北省志·政权》，湖北人民出版社1996年版，第258页。

④ 伪湖北省政府秘书处：《湖北省政府1940年第一次至第三次会议及其他会议记录》，中国第二历史档案馆藏。

市，武昌、汉阳及所属机关学校划归伪省政府管辖。撤销武汉参议府和所属之临时司法部，原归武汉参议府管理的武汉盐烟统等国税，由汪伪国民政府财政部设立的湘鄂赣三省财政整理委员会接收，伪省市政府经费亦由三省财政整理委员会开支，各级法院直属汪伪中央①。同日，伪南京政府改组伪湖北省政府，实行省政府委员制，何佩镕为省政府主席，贺遐昌、汪沄、徐慎伍、宋怀远、黄实光、王寿山、方焕如、王仕任、魏武襄、雷寿荣10人为省政府委员。并由前6人分别兼任秘书、民政、财政、建设、教育各厅厅长和保安处长，易恩侯为高等法院院长②。厅长以下原签判、佥书、主事等名称一律取消，采用官职合一的科长、股长等职务，基本采用原国民党的机构体制。1940年10月以后，伪湖北省政府又将所辖区域分设四个行政督察区，作为伪省政府的派出机关，分别任命皮企豪、穆恩棠、程汉卿、王松如为督察专员，负责督导所辖各县行政③。但是，由于各伪县政府的所有大权都被驻县日军警备队和驻县日本嘱托控制，县政府只是日军推行殖民统治的工具和爪牙，督察专员办公处无事可督，只是徒有虚名。

何佩镕在位期间，自恃有汉口日军特务部的支持，不遗余力地巩固和扩大自己的权势。是时，鄂东、鄂北、鄂南沦陷区已经出现了一些伪县政权（包括维持会和县政筹备处），它们的成立多早于伪湖北省政府，且听命于当地的日军警备队，对伪湖北省政府并不买账。为了尽量将各伪县政府争取到自己手中，何佩镕和伪省政府其他委员多次巡视各县，以进行联络和拉拢。同时，何佩镕还同伪武汉特别市政府争夺沦陷区的烟、盐税收控制权。他还采用借尸还魂之法，于1940年5月重建辛亥革命时期在湖北曾昙花一现的所谓"中华民国共和党"，并在武昌、汉阳、南昌、九江、鄂城、黄冈、信阳、孝感等地成立办事处，吸收党员，发行周刊，并一度使党员人数达到4万余人，以同汪精卫的伪国民党分庭抗礼④。但是，由于汉口日军特务部和各县日军警备队的阻

---

① 吕东荃：《武汉更生四年来之省政概况》，《武汉报》1942年10月27日。

② 中国第二历史档案馆编印：《汪伪国民政府公报》，第83号，1940年10月17日，江苏古籍出版社1991年版。

③ 汪伪国民政府：《汪伪政府行政院会议录》，第28次，1940年10月8日，第二历史档案馆编印，档案出版社1992年版。

④ 《共和党总部召开第十次常干事会》，《武汉报》1940年8月24日。

挠，何佩镕的这些举措收效甚微，其主要"政绩"也就是将各县伪维持会和伪县政筹备处改为伪县政府，在征得各县日军警备队的同意后，可以"委任"各县县长。何佩镕与汪精卫集团钩心斗角，矛盾不断加深。1940 年 12 月，何记"中华民国共和党"也被迫撤销，并入汪伪"中国国民党"。据抗战胜利后国民政府的调查称，1940 年 12 月共和党总务部长谢长生在汉口法租界遇刺受伤，即为汪伪政府刺杀何佩镕误刺所致使。1942 年 6 月初，好毒嗜色、体弱多病的何佩镕在巡视大冶县途中，突发疾病，当即赶回武汉医治，于 6 月 5 日不治身亡。

何佩镕死后，汪精卫先令贺遐昌以秘书长身份"护理"湖北省政府主席职务；随即大汉奸杨揆一在同叶蓬的争夺中获胜，接任伪省政府主席。1942 年 6 月 29 日，汪伪国民政府任命杨揆一为湖北省政府主席兼保安司令①，7 月 19 日，杨正式到汉任职②。杨揆一，湖北鹤峰人，1912 年留学日本东京陆军士官学校。回国后历任福建督军公署主任、南京陆军讲武堂堂长、北京陆军大学教务长。1927—1937 年任湖北省绥靖公署主任、武汉行辕办公厅主任、副主任兼参谋长、湖北省政府秘书长。1938 年武汉失陷后潜往香港。1939 年追随汪精卫投敌，历任伪中央政治委员会委员、军委会委员、参谋本部部长、办公厅主任、军事参议院院长等职，颇受汪精卫赏识。杨主持伪省府后，一时踌躇满志，为攫取实权，他拼命向"日本主子"和南京汪伪政府乞求更多的权力：第一，要求将汉口特别市改为省辖。杨上台不久，即以节省开支、理顺武汉辖地关系为名，向汪伪政府建议将汉口特别市改为省辖。汪伪政府认为汉口改省辖市有助于节省行政经费，缓解湖北财政困难，予以同意。于是，1943 年 10 月 19 日，汪伪国民政府下令将汉口特别市政府改为汉口市政府，划归伪湖北省政府管辖。第二，建立武汉行营，进一步加强对伪军的控制。1942 年 7 月，杨揆一同汉口日军特务部协商，以实现所谓的湖北"政治军事一元化"为名，要求撤销何佩镕 1940 年 5 月成立、由叶蓬任主任的武汉绥靖公署，设立军事委员会委员长武汉行营。7 月 16 日，汪伪国民政府第 101 次中央政治会议撤销武汉绥靖公署，设置武汉行营。行营不设主任，由杨揆一兼任参谋长，名义上统帅

---

① 《国府命令发表：杨揆一主鄂兼保安司令》，《武汉报》1942 年 7 月 1 日。
② 《鄂省政府一元化明朗声中，杨主席昨接篆视事》，《武汉报》1942 年 7 月 20 日。

全省各地伪军①。各县日本警备队指挥的杂色部队，也统一改为保安队番号，归省保安司令部管辖。但是，上述武装的人事权、指挥调度权实际上仍掌握在日军手中，武汉行营和省保安司令部只不过是执行日军命令的机构罢了②。第三，在财政税收方面，如前所述，杨揆一不仅争取到日军同意以武汉为中心的烟、盐专卖和统税收入划归伪南京国民政府税收系统，由伪财政部派一鄂赣湘三省财政整理委员会主任委员驻武汉负责管理，还使伪南京中央储备银行的储备券进入湖北流通。第四，稍稍放宽伪国民党湖北省党部的活动范围，但不作发展，各县也一律在伪县长的领导下，挂起县党部的招牌。

1943 年 1 月 20 日，汪伪最高国防会议第二次会议议决，将伪省主席制改为省长制。2 月，伪湖北省政府根据这一决议，决定恢复省长制。省政府委员改任各厅长专职。同时，将秘书处与民政厅合并，改为政务厅。其后，又于 4 月成立经济和社会福利两局，6 月，成立粮食局。到该年 6 月，伪省政府下设有政务、财政、建设、教育四厅及警务、宣传等处。具体机构系统如表 2—1 所示：

表 2—1 　　　　　　**伪湖北省政府组织系统（1943 年 6 月）**

参事室		
伪警务处	下辖机构	秘书室
		第一科
		第二科
		第三科
		第四科
	直属单位	警察教练所
		省会警察局
		水上警察局

---

① 《武汉一带军事政治一元化：绥靖公署撤销，设置武汉行营》，《武汉报》1942 年 7 月 17 日。

② 张范民：《沦陷时期的湖北汉奸组织》，载政协武汉市委员会文史学习委员会《武汉文史资料文库》第二卷，武汉出版社 1999 年版，第 6 页。

续表

参事室		
伪教育厅	下辖机构	秘书室
		第一科
		第二科
		第三科
	直属单位	省立第一师范
		省立第一中学
		省立图书馆
		省立各小学
伪建设厅	下辖机构	秘书室
		第一科
		第二科
		第三科
		技术室
		堤防工程处
	直属单位	船舶管理局
		汉阳屠宰场
		洪山林木试验场
		金水流域农场
		养路工程队
伪财政厅	下辖机构	秘书室
		第一科
		第二科
		第三科
		第四科
		第五科
		视察室
	直属单位	公产经理处

续表

参事室		
伪政务厅	下辖机构	秘书室
		第一科
		第二科
		第三科
		第四科
		视察室
		技术室
	直属单位	驻京办事处
		湖北省立医院
		应城膏盐公司
伪宣传处	下辖机构	秘书室
		第一科
		第二科
		第三科
伪社会福利局	下辖机构	秘书室
		第一科
		第二科
		第三科
	直属单位	省立救济院
伪经济局	下辖机构	秘书室
		第一科
		第二科
		第三科
伪粮食局	下辖机构	秘书室
		第一科
		第二科
		第三科
湖北省伪公务员训练所		
伪督察专员室		

　　资料来源：伪湖北省政府《湖北省政府工作报告书》（1943 年 6 月），中国第二历史档案馆藏。

　　1944 年年底，远东战局日趋明朗。杨揆一无心恋战，遂有意调离。1945 年 3 月，杨揆一调任伪南京国民政府军事参议院院长，3 日，南京汪伪政府宣布由叶蓬接任湖北省省长兼武汉绥靖公署主任。

　　叶蓬，湖北黄陂人，1930 年出任武汉警备司令部参谋长兼武汉警备旅旅长，不久任武汉警备司令。1936 年迁居香港。1939 年年初随汪精卫投敌，先后充任伪南京国民政府中央陆军将校训练团教育长、伪武汉绥靖主任、伪军事委员会参谋本部部长。叶蓬接手伪湖北省政府时，日本帝国主义的败局已定。但叶蓬为人刚愎自用，一心想利用主政湖北的机会，抓住军队，做一个实力派。然日本军方对他多有限制，加上大势已去，叶蓬虽千方百计地想找出路，但又无计可施。他忧心忡忡地对部下说："现在什么事都可以发生，和日本人也会发生冲突。别人也可以吃掉我们。我们都有联系，又都靠不住。"① 1945 年 7 月 26 日，《波茨坦公告》发表之后，日本灭亡在即，叶蓬更是惶惶不可终日。8 月初，他惶恐不安地飞往南京，与伪南京国民政府主席陈公博密商应变对策。8 月 11 日，蒋介石电令叶蓬为国民党军新编第七路军司令。同时，国民政府行政院命令驻恩施的湖北省政府紧急布置"还治武昌"。15 日，日本天皇宣布无条件投降，叶蓬急急忙忙乘专机飞回武汉，旋即宣布伪湖北省政府停止办公，各县伪政府也随之解散。9 月 3 日，湖北省政府临时办事处在武昌组建，开始接收伪省政府的一切财物。20 日，国民政府湖北省政府各厅处在武汉正式办公②。至此，在日军羽翼下心惊胆战地维持了近六年的伪湖北省政府终于灰飞烟灭。

第二节　伪武汉特别市政府的成立及演变

　　伪武汉特别市政府是湖北沦陷区内较为特殊的伪政权组织。它建立时间较早，是湖北省内第一个以"政府"名称登场的地方伪政权机关；地位特殊，是全省唯一的市级伪政权；它的隶属关系和名称多变，前期是独立特别市政府，其后直属汪伪中央政权，最后划归伪湖北省辖。同

---

　　① 　吴名：《武汉大汉奸——叶蓬》，载《武汉文史资料》第 6 辑，1982 年。

　　② 　湖北省地方志编纂委员会：《湖北省志·大事记》，湖北人民出版社 1990 年版，第 513 页。

时，由于武汉战略地位的重要，日军对它的控制最为严厉，是抗战时期日伪控制湖北和华中地区的重要政权机关。

一　伪武汉治安维持会的出笼

1938 年 10 月 25 日，中国军队从武汉撤退，武汉地区出现短暂的权力真空。为了维护汉口租界地区第二、第三特区的地方秩序，当日，英商怡和洋行大班杜百里出面组织"汉口市安全区委员会"，并将江面上停泊的英、美等国军舰上的海军陆战队士兵调到岸上，担任警戒任务，保护外侨的利益。次日，日军占领汉口，杜百里带领该委员会全体委员，齐集江汉关列队欢迎日军。但是，日军并不准备承认英美在武汉的利益，勒令解散"汉口市安全区委员会"，各国海军陆战队也被命令全部返舰[1]。

日军占领中国以后，一些怀有野心并甘当鹰犬的汉奸就迫不及待地跳出来，成立亲日卖国组织，为日军效力。武汉沦陷的第二天，原军统特务胡宗均就在汉口新市场成立一个所谓"湖北自卫团"（不久改名"湖北自警团"）的组织，为日军服务[2]。但是，由于日军对武汉地区伪政权的设立和人选，早有预案，胡宗均的抢先献媚并没有得到日军的青睐。不久，"湖北自卫团"被日军解散，胡宗均也未受到日军的重用。

日军在武汉最早扶持成立的汉奸傀儡组织是"武汉各界联合会"。早在日军占领武汉之前，就对占领后的武汉伪政府设置和人选安排，做了相应准备。1937 年 8 月，日本关闭驻武汉领事馆。在此之前，日本有关方面就有计划地布置了武汉地区的特务网。日本特务田野秀仁、宫城宇平、大西初雄等潜伏于武汉，四处搜集情报，利诱、拉拢一些社会知名人士滞留武汉，待日军来后为其服务（大西初雄后来出任汉口日军特务部第一课情报班班长）。[3] 占领武汉以后，日军为了迅速恢复社会秩序，建立殖民统治，决定尽快建立伪政权组织。11 月初，日军特务部便指使原在汉口日本住友银行当过文牍的蓝熙周出面，在汉口难民区

---

① 皮明庥总主编、涂文学主编：《武汉通史·民国卷》（上），武汉出版社 2006 年版，第 295、296 页。

② 涂文学、李卫东：《导论：武汉沦陷时期的政治与军事》，载涂文学主编《武汉沦陷时期档案史料丛编②：沦陷时期武汉的政治与军事》，武汉出版社 2007 年版，第 2 页。

③ 皮明庥总主编、涂文学主编：《武汉通史·民国卷》（上），武汉出版社 2006 年版，第 296 页。

内组织"武汉各界联合会",由商人徐礼斋任会长,实际权力掌握在蓝熙周的手中。凡属该会成员,皆可佩戴盖有该会印章的袖章通行,不被拉夫,还可开门营业。日军交给该会的主要任务是动员逃离的武汉市民"复归、复业",组织辖区内的难民填发"派司"(即"安居证")。

随着日军对武汉占领的扩大和巩固,仅限于难民区的"武汉各界联合会"已不能适应其殖民统治的需要,日军迫切需要建立一个全市性质的伪政权组织。

日本方面对于武汉伪政权的设立及其控制,有着严格的规定。1938年10月28日,日军刚刚占领武汉,日本内阁批准《汉口方面政务处理纲要》,明确提出,"政权的建立,须在我政务指导机关(陆、海、外汉口联络会议)协力之下为主,由决策机关(对华特别委员会)负责。成立后的政权内部指导,由政务指导机关负责"①。11月3日,日军华中派遣军及所辖第十一军进驻汉口之后,第十一军司令部即在汉口原金城银行旧址设立特务部,专门负责湖北地区的社会治安、政权建立和经济掠夺工作。在日军特务部的直接操控之下,经过近一个月的筹备,1938年11月26日,伪武汉治安维持会在汉口南京路胜利街口的原汉口商业银行旧址正式挂牌成立,粉墨登场。

伪武汉治安维持会是一个带有全市临时伪政权性质的傀儡组织,日军对其十分重视,寄予厚望,希望它能成为帮助日军控制武汉、建立武汉殖民秩序的主要工具,同时,还能成为将来武汉伪政权机关的主要基础。因此,从一开始就把它当作政权机关来建设,建立起完整的组织机构。维持会设会长总揽全会大事,副会长辅佐之。当时,由于一时难以找到具有号召力的汉奸担任会长,日军特务部只得让一个青红帮二流人物计国桢(上海人,安清帮老头子,在汉口人和街开设针计公司,长期以信奉佛教的"善人"面目出现)出马,充当会长,叶春霖为副会长。维持会下设秘书处(首任秘书长张若柏,旧政客)、参事室(首任主任鲁方才)、财政局(首任局长李鼎安,鼎安里房产老板)、社会局(首任局长杨辉庭,商人)、建设局(首任局长王武刚)、警察总监部(首任总监刘瀚如,原国民党军官)、司法部(首

---

① 日本防卫厅防卫研究所战史室:《中国事变陆军作战史》,第2卷,第1分册,译稿,中华书局1979年版,第214页。

任部长周鸿俊）、戒烟局（首任局长沈竹痕）、盐政局（首任局长马行素）。各局以下设 3—4 科，科以下分股办事①。在各机构中，日军派有大批"嘱托"，控制实权，总"嘱托"为日本汉口陆军特务部第一课课长浅见敏彦。1939 年 1 月 25 日，日军又在武昌设立"武昌治安维持会"，以杨缵绪为会长，程明超为副会长；同时成立的"汉阳治安维持会"由张杏书任会长。张病死后，萧登云、黄农轩分任正副会长。两会共设顾问室，日本人高桥担任主任②。

伪维持会成立以后，秉承日军的旨意，主要着力于为日军组织各项人力及物资供应、安定人心和恢复市场，同时充当日军镇压中国人民的刽子手。在其存在的近五个月的时间里，为建立和巩固日军的殖民统治效犬马之劳。

第一，协助日军设立管理机构，建立殖民统治。治安维持会成立后，与汉口日军特务部和海军特务部共同成立了联席政务会议，作为武汉地区最高权力机构，主持武汉政务。该联席会议由日本汉口陆军特务部、海军特务部相关人员和伪武汉治安维持会会长、副会长、秘书长、参议室主任及各局局长组成，由浅见敏彦任会议主席，掌握主要权力，会议讨论的所有问题，最后一律由浅见敏彦表态决定。从1938 年 11 月 26 日伪武汉治安维持会成立当天召开第一次会议开始，到 1939 年 4 月 11 日召开最后一次会议，该联席会议共计召开了十四次，讨论问题涉及这一时期武汉占领区的政权组织、行政经费预算与筹措、税收征集、市面恢复、市民复归等各方面，每次会议都是由维持会会长和各机关负责人就其负责的某些具体问题提出议案或建议，由浅见敏彦当场答复或报日军陆军特务部和海军特务部决定，维持会大小汉奸头目再在会后分别执行③。可以说，维持会存在期间，汉口

①　伪武汉报社：《本报一年来工作报告》，《武汉报》1939 年 11 月 10 日；秦特征：《武汉沦陷时期汉奸政权的演变》，载政协武汉市委员会文史学习委员会《武汉文史资料文库》第二卷，武汉出版社 1999 年版，第 24 页。

②　涂文学、李卫东：《导论：武汉沦陷时期的政治与军事》，载涂文学主编《武汉沦陷时期档案史料丛编②：沦陷时期武汉的政治与军事》，武汉出版社 2007 年版，第 2 页；伪武汉报社：《本报一年来的工作》，载《武汉报》1939 年 11 月 10 日。

③　参见《武汉维持会联席政务历次会议记录》，1938 年 11 月 26 日—1939 年 4 月 11 日，转引自涂文学主编《武汉沦陷时期档案史料丛编②：沦陷时期武汉的政治与军事》，武汉出版社 2007 年版，第 1—28 页。

日军特务部是武汉沦陷区的实际统治机关，而治安维持会则充当了日军殖民统治的忠实工具。

第二，制定和颁布一系列法律、条例和管理办法，加强对沦陷区人民的残酷镇压和控制。武汉治安维持会存在期间，先后颁布了《武汉司法部临时办法》（1938年12月20日）、《审判暂行条例》（1938年12月20日）、《武汉盐政管理暂行规则》（1939年1月4日）、《司法审议会暂行办法》（1939年1月17日）、《武汉戒烟暂行法规暨施行规则》（1939年1月17日）、《中小学教职员登记规程》（1939年1月17日）、《违警法》（1939年1月24日）、《即决手续法》（1939年1月24日）、《编组保甲暂行条例》（1939年2月24日）、《各种车辆登记暂行规则》（1939年2月24日）等法西斯法律条例和管理办法，初步建立起武汉沦陷区的殖民法律体系①。

第三，创办殖民学校和汉奸报纸，进行奴化教育和殖民宣传。武汉沦陷前夕，武汉地区的大中学校和一部分小学都随省政府迁移鄂西或四川，校舍也基本被日军占作军营，武汉地区的教育完全停顿。为了建立新的殖民教育体系，进行奴化教育，培植亲日顺民，维持会成立之后，在日军的指使下，把恢复学校作为一项重要工作来推行。为了彻底摒弃以前的中国民族教育内容，培植日本殖民统治所需的人才，维持会实行教员登记制度，凡有抗日和爱国思想的教师一律不予登记，同时，开办教员训练所，由社会局长兼任所长，对教员进行殖民思想训练②。1939年1月17日，维持会联席政务会议通过《中小学教职员登记规程》，21日发布教员登记公告，要求登记的教员必须"认清时局，粉身碎骨贡献于建设新国家之圣业"，否则不予登记③。1月25日、26日，第一次正式登记，共登记教员96名，其中男78名，女18名④。教员训练从2月初开始，每期一个月，至4月底维持会结束前共开办了两期，第一期招收学员41人，第二期招收学员104

---

① 参见武汉地方志编纂委员会《武汉市志·大事记》，武汉大学出版社1990年版，第132—133页；《武汉维持会联席政务历次会议记录》，1938年11月26日—1939年4月11日。

② 伪武汉特别市政府：《武汉特别市政府周年纪念特刊·教育》，1940年4月20日，武汉市档案馆藏。

③ 《武汉治安维持会社会局布告》，《武汉报》1939年1月21日第1版。

④ 伪武汉特别市政府：《武汉特别市政府周年纪念特刊·教育》，1940年4月20日，国家图书馆藏。

人。1939 年 3 月 25 日，维持会在武汉各地同时成立第一至第五所小学（第一、第二、第三小学设汉口，第四小学设汉阳，第五小学设武昌）①。与此同时，汉阳维持会和武昌维持会还分别设立了一所日语专修学校，汉口"留日同学会"也设立日语专修学校一所，专门培养为日军服务的日语人才②。

在创办报纸方面，武汉沦陷以后，武汉地区原有的报刊，或者随省政府迁移鄂西，或者闭馆停刊。为了宣传侵略理论、麻醉武汉人民的反抗斗争精神，日军占领武汉以后，汉口日军特务部支持一部分留汉文化汉奸于 1938 年 11 月 10 日创办了《武汉报》，充当日本侵略者的喉舌。武汉治安维持会成立后，立即接管了这一宣传机构，使之成为其控制下的主要汉奸报纸和卖国宣传工具。1939 年 3 月 6 日，维持会又支持伪国民党汉口特别市党部创立机关报《大楚报》，进行卖国奴化宣传，《大楚报》是沦陷时期与《武汉报》齐名的另一汉奸报纸。

第四，遣送和安置战争难民，恢复市面秩序。武汉沦陷以后，一时之间，社会秩序陷入完全混乱，人民流离失所，战争难民遍地。为了恢复市面秩序，建立新的殖民统治，维持会对聚集和流落武汉的外地战争难民，进行登记造册，首先对安庆、大通、芜湖、南京、镇江、上海六地难民，发给船票，遣送回籍③。对本地战争难民，维持会采取发放小本贷款和实施赈济的办法，予以安定。社会局制定《小本借贷办法》，对部分有生产能力又无以谋生的市民发放小额贷款，使其"从事小卖，自谋生产"④，对于老弱病残者及饥寒交迫的贫民，发放一些赈济粮款，实行赈济。1938 年的冬赈，经登记确认的贫民，赈济的粮食标准，"规定大口七升，小口四升"⑤。在社会组织方面，维持会通过了《编组保甲暂行条例》，企图恢复保甲制度，作为其控制民众的工具，但是，由于当时市内民众大量逃离，"地方居民寥若晨星"，该计划无法付诸实

---

① 伪武汉特别市政府：《武汉特别市政府周年纪念特刊·教育》，1940 年 4 月 20 日，国家图书馆藏。

② 《汉阳维持会设立日语专修学校，昨日举行开学典礼》，《武汉报》1939 年 1 月 20 日；伪武汉特别市政府：《武汉特别市政府周年纪念特刊·教育》，1940 年 4 月 20 日，国家图书馆藏。

③ 《遣送客籍难民回乡》，《武汉报》1939 年 1 月 21 日。

④ 《小本借贷办法拟就》，《武汉报》1939 年 1 月 21 日。

⑤ 《武汉维持会救济组调查救济情形》，《武汉报》1939 年 2 月 26 日。

施，未能实现①。

二 伪武汉特别市政府的成立

伪武汉维持会虽然建立有比较庞大和完善的组织机构，表面上俨然是一个临时政权，但是，由于它设立过程匆忙，缺乏权威和"合法性"，特别是随着日军在武汉占领地区的扩大和统治的巩固，它越来越难以适应日军的侵略要求，日军迫切需要成立一个正式的政权机关，作为它在武汉和华中地区进行殖民统治的工具。如前所述，日军占领武汉前后，原本计划在武汉建立一个囊括湘鄂赣三省的华中地区伪政权，与"北京临时政府"和"南京维新政府"相并立。但是，由于占领武汉以后，日军在华中地区进展缓慢，特别是 1938 年年底第三次近卫声明和汪精卫《艳电》发表以后，日本政府决意扶植汪精卫建立中央伪政府，反对再建立新的跨地区傀儡政权；同时，由于在湖北的占领区域有限，不具备建立华中地区伪政权的实力。于是，华中日军退而求其次，决定先行成立一个独立的伪武汉市政府，再谋求建立全省和华中地区伪政权。从 1939 年 3 月起，日军特务部多次召集武汉各界汉奸头目，举行谈话会，商讨成立伪武汉市政府事宜。4 月 14 日，伪武汉治安维持会成立武汉特别市政府筹备委员会，并召开第一次筹备会议，通过两项决议，第一，在湖北省政府未成立以前，在武汉成立特别市政府（以与普通市政府相区别）；第二，推举张仁蠡为武汉特别市政府首任市长②。同时，决定自 4 月 15 日起，伪武汉治安维持会开始办理撤销事宜，三日至五日内办理完毕③。

在选择何人担任伪市政府市长的问题上，日军特务部曾颇费了一番脑筋。原武汉维持会会长计国桢无论资历和能力都无法满足日军的要求，当时已崭露头角投身日寇的老官僚何佩镕、石星川，虽也可作为人选，但是，他们组织伪政权的能力以及对日本的忠诚都还有待检验。经

---

① 《汉口特别市保甲、户籍情况》，《汉口特别市警察局业务汇刊》，转引自涂文学主编《武汉沦陷时期档案史料丛编②：沦陷时期武汉的政治与军事》，武汉出版社 2007 年版，第 210—221 页。

② 《武汉治安维持会武汉特别市政府筹备委员会第一次筹备会议》，《武汉报》1939 年 4 月 16 日。

③ 《武汉维持会代表三镇民众拥戴张仁蠡为武汉首任市长，维持会自今日起结束，成立新市府筹备会》，《武汉报》1939 年 4 月 15 日。

过不断筛选，日军最终选择清末湖广总督兼湖北巡抚张之洞的第十三个儿子张仁蠡作为伪武汉市长的人选。张仁蠡曾在冀东伪政权里担任过民政厅长职务，其兄张燕卿是伪满洲国实业部和外交部大臣，深得日本信赖。张仁蠡因这几层关系而被日军看中，从北京调来汉口，担任伪市长之职。

1939 年 4 月 20 日，伪武汉特别市政府在原伪武汉治安维持会会址正式袍笏登场。毫无疑问，这是一个完全被日军控制的亲日卖国政权。在其成立当天发表的《成立宣言》中，就表明了"中日两国，同种同文，路近俗同"的"中日一家"卖国思想和"为新中国之建设更致其努力，进而求中日真正之提携东亚永久之和平"的"建设东亚新秩序"的殖民奴才主张①。5 月 1 日，武汉治安维持会将所有权力移交伪市政府接管。

武汉特别市政府是日军在湖北建立的第一个以"政府"名义登台的伪政权机构，也是湖北境内唯一的伪市政府组织。由于当时华中日军想建立独立的华中伪政权，且统一的伪中央政权和伪湖北省政权尚未建立，因此，伪市政府在行政上不隶属任何上级伪政权，只受汉口日军特务部控制，故定名为特别市政府。该特别市政府不仅行使地方政权的所有职能，并且"在地方新政权未树立以前，处理国家政务范围内之各项事务，举凡国家政治上应行举办事项，无不兼筹"②。为此，伪武汉特别市政府建立了庞大的机构组织，下设秘书处（首任秘书长杨恩爵），参事室（主要办理法规的编纂和审查事务，首任主任计国桢），临时司法部（下设最高法院、湖北高等法院和汉口等地方法院；最高检察厅、湖北高等检察厅、汉口等地方检察厅；各监狱和司法人员训练所，首任部长周鸿俊，后为凌启鸿），警察总监部（下设汉口、武昌、汉阳、水上等警察局以及警官教练所，首任总监刘翰如），财政局（下设税捐总署、统税署、盐政管理局、戒烟局、税关筹备处与第一、第二屠宰场以及公产经租处，首任局长索樾平，前清安徽巡抚恩铭之子，原伪满洲国

---

① 伪武汉特别市政府：《武汉特别市政府成立宣言》，《武汉特别市政府周年纪念特刊》，1940 年 4 月，转引自涂文学主编《武汉沦陷时期档案史料丛编②：沦陷时期武汉的政治与军事》，武汉出版社 2007 年版，第 61 页。

② 伪武汉特别市政府：《武汉特别市政府周年纪念特刊·总纲》，第 26 页，1940 年 4 月，国家图书馆藏。

外交部秘书官），社会局（下设市立医院、劳工协会、妇女职业讲习所
和武昌、汉阳、汉口三个清洁事务所，首任局长杨霭堂，后为王锦霞），
宣传局（首任局长徐养之），教育局（下设教员训练所和各级学校，首
任局长高伯勋），建设局（下设堤防管理局、汽车渡船管理所，首任局
长方子颖），卫生局（伪湖北省政府成立后由原社会局卫生科扩充设
置，首任局长王大德）。此外，还设有参议府（议长何佩镕）和武昌、
汉阳两个办公处（处长分别为黄锡龄、屠义尚）以及北京、南京、上
海三个办事处。市府各局处下设若干科室①。伪市政府下设各区，全市
共设 15 区，以警察署长或所长兼任区长，每区设区员 1—3 人②。

伪武汉特别市政府成立后，为了装扮其政权的"合法性"和完整
性，同时，也为了网罗更多的汉奸上层分子，又设立了"武汉市参议
府"，隶属伪市政府，作为其咨询机关，并负责审核法令与预决算工
作③，以何佩镕任议长兼政府树立准备委员会委员长，石星川任副议长
兼政务训练院院长。其参议主要是湖北人，但也收罗了部分湖南和江西
籍汉奸，以表明这一政权超出武汉地域范围的特征以及华中日军仍希望
建立湘鄂赣三省跨地区伪政权的愿望。1940 年 5 月，伪武汉特别市政
府组织系统设置如表 2—2 所示：

表 2—2　　　　伪武汉特别市政府组织系统（1940 年 5 月）

伪市长	参事室		
	省市联合驻京办事处		
	伪秘书室	所属机关	秘书室	
			文书科	
			人事科	
			会计科	
			涉外科	
		直属单位	驻汉阳办事处	

①　参见《武汉特别市政府组织系统表》《武汉特别市政府及所属机关荐任以上职员姓名
一览表》，均载《武汉特别市政府周年纪念特刊·总纲》，1940 年 4 月，第 26—39 页，国家图
书馆藏。
②　伪武汉特别市政府：《武汉特别市政府周年纪念特刊·警务》，1940 年 4 月，第 24 页，
国家图书馆藏。
③　伪武汉特别市政府：《武汉特别市政府周年纪念特刊·总纲》，1940 年 4 月，第 26 页，
国家图书馆藏。

伪市长	伪警察局	所属机关	秘书室	
			督察室	
			总务科	
			行政科	
			司法科	
			高等科	
		直属单位	汉口警察分局	下设：文牍室、总务课、行政课、司法课、高等课、江岸直辖分驻所及七个警察署
			武昌警察分局	下设：文牍室、总务课、行政课、司法课、高等课和五个警察署
			汉阳警察分局	下设：文牍室、总务课、行政课司法课、高等课、鹦鹉洲直辖分驻所及两个警察署
			水上警察局	下设：文牍室、总务课、行政课司法课、高等课及九个派驻所
			警察队	
			消防队	下设：三个分队
			官警训练所	
			妓女登记处	
	伪教育局	所属机关	秘书室	
			督学室	
			总务科	
			学务科	
			教育行政科	
			编纂科	
		直属单位	教员训练所	
			各小学校	第1—第50小学、汉口铁道村小学、武昌铁道村小学
			中学校	
			女子中学校	
			高级职业学校	
			民众夜校	
			各通俗讲习所	
			图书馆	

续表

伪市长	伪工务局	所属机关	秘书室	
			技术室	
			总务科	
			建筑科	
			道路科	
			水利科	
		直属单位	汉口工务所	工程队
			武昌工务所	工程队
			汉阳工务所	工程队
	伪财政局	税捐处	所属机关 秘书室	
			总务科	
			税务科	
			征收科	
			直属单位 汉口第一至第四稽征所、武昌稽征所	
		所属机关	秘书室	
			总务科	
			理财科	
			监理科	
			审计科	
		直属单位	第一屠宰场	
			第二屠宰场	
			印刷所	
			建设救济奖券事务所	下设:事务课、券务课
			公产经理处	下设:第一课、第二课
	伪社会局	所属机关	秘书处	
			总务科	
			公益科	
			实业科	
			公用科	
			宣传科	

续表

伪市长	伪社会局	直属单位	各公营市场	
			汽车渡船管理处	下设：第一课、第二课
			度量衡检定所	
			总商会筹备委员会	下设：汉阳分会筹备委员会
			园林事务所	下设：总务课、林务课、园艺课
			平民工厂	
			中央市场	
			救济院	
			乞丐收容所	
			小本借贷处	下设：四个办事处
			妇女职业讲习所	
	伪卫生局	所属机关	秘书室	
			总务科	
			医政科	
			保健科	
		直属单位	市立医院	下设：武昌分院和汉口、武昌、汉阳三个施诊所
			传染病医院	
			妓女检治所	
			公共卫生人员养成所	
			各卫生事务所	下设：汉口五个卫生事务所、武昌卫生事务所、汉阳卫生事务所
			运渣车马管理所	
	伪武昌办事处	所属机关	秘书室	
			总务科	下设：庶务科、会计科
			社会科	下设：训导科、组织科
			建设科	下设：保护科、管理科
		直属单位	第1—第10区市民复归复业事务所、特别区市民复归复业事务所	
	伪劳工协会	所属机关	秘书室	
			总务部	下设：庶务科、会计科
			指导部	下设：训导科、组织科
			事业部	下设：保护科、管理科
	全市员额		692人（不含直属单位人员）	

资料来源：伪武汉特别市政府《武汉特别市政府组织系统表》，载《武汉特别市政府公报》第11期，1940年6月，武汉市档案馆藏。

1939 年 11 月 5 日，伪湖北省政府成立，武汉地区出现两个相互独立的地方伪政权机关。当时，伪湖北省长何佩镕曾经想将伪武汉市政府纳入旗下。但是，张仁蠡自恃同日军关系密切，坚决反对，日军特务部也不想将伪政权命运全部押在昏庸老朽的何佩镕、石星川身上，对伪湖北省政府的要求不予支持，结果形成伪省、市政府独立并行、相互攻讦的局面，两个伪政权的明争暗斗不断升级。特别是在由谁控制武汉的盐、烟税收的问题上，较量最为激烈。按照前国民党政府的税收体制，盐、烟两税都属中央税收，地方无权管辖。但是，伪武汉特别市政府成立后，由于它不隶属任何上级伪政权，因而自行代行中央财政职权，将控制全省的武汉盐、烟两税纳入自己囊中，成为伪特别市政府的主要财源。伪省政府成立后，何佩镕不愿张仁蠡独吞此肥肉，故向日军特务部极力争取。结果，伪市政府被迫妥协，同意将盐烟统税交给由伪省市政府共同设立的"武汉参议府"管理，其收入由伪省市政府共同分享。

1940 年 3 月 30 日，汪伪南京政府成立，日本政府和"梅机关"为了支持汪精卫，要求伪湖北省政府和伪武汉特别市政府都纳入南京伪政权。4 月 17 日，汪精卫到武汉，同汉口日军特务部协商伪湖北省市并入汪伪政权事宜，日军同意逐步将武汉省市政府并入南京伪政权。5 月 9 日，伪南京国民政府军委会驻武汉绥靖公署成立，由原伪南京国民政府中央陆军学校训练团教育长叶蓬充任主任，首先在名义上实现了军事方面的统一①。12 日，汪精卫又派伪国民政府财政部长周佛海来武汉同日军特务部谈判财政统一问题，日军同意将武汉财政交给汪伪政府。6 月 5 日，汪精卫派驻武汉的湘鄂赣三省财政整理委员会在汉成立，由俞栽任主任委员，接管武汉的盐、烟、统税，并负责支付华中日军和伪省市政府的经费②。之后，经过不断的讨价还价，汉口日军特务部和武汉伪省市政府同南京汪伪政府就伪省市政府加入南京政府逐渐达成一致。10 月 5 日，伪湖北省和伪武汉特别市同时加入汪伪国民政府，伪武汉特别市改为汉口市，裁撤伪武汉参议府、临时司法部、最高法院、最高检察厅，警察总监部改为警察局，撤销伪市政府所属武昌、汉阳两个办公处，将两城区交给伪省政府，原市警察局所属武昌、汉阳、水上三个

① 武汉市地方志编纂委员会：《武汉市志·大事记》，武汉出版社 1990 年版，第 135 页。
② 同上。

警察分局亦划归伪省政府，汉口分局合并到市警察局（伪市警察厅先于4月改为警察局，所属汉口、武昌、汉阳、水上四个警察局改为警察分局）①。自此以后，伪省政府的势力日益扩张，而伪市政府的势力则逐渐萎缩。

1941 年 3 月，伪汉口市政府改称"汉口特别市政府"，以与"直辖行政院"之规定相符。内部机构设置，也不断调整，至 1942 年年初，共设有秘书处和参事专员室，及警察、社会、财政、教育、工务、卫生、粮食管理七局，社会运动和房地清理两个委员会，并设驻京办事处。截至 1942 年 12 月底，全府职员计有特任 1 员，简任 16 员，荐任165 员，委任 131 员，雇员 1663 名，警工夫役 5363 名，其他 167 员，共计 7506 员（注：原文合计数字为 8889 员，有误）。②

1942 年 6 月，杨揆一接任伪省政府主席以后，为了扩充自己的势力，更加迫切地谋求所谓"省市合并"，达到由湖北省政府管辖汉口市政府的目的。汪精卫对伪汉口特别市政府同汉口日军特务部关系过于密切、权力过大也心存芥蒂，想通过湖北省、武汉市的合并进一步加强伪南京中央政府对华中地区的控制，并减少汉口市的独立性及减少市级财政经费开支（当时省、市财政费用由伪中央政府支付），遂同意杨揆一的意见。于是，1943 年 10 月 19 日，在取得汉口日军特务部的同意后，汪伪国民政府将伪汉口特别市由伪行政院直辖划为伪湖北省管辖，改名为汉口市，由何佩镕的儿女亲家、老官僚石星川充当伪市长，张仁蠡通过日军的关系调任伪天津市长③。伪汉口市政府组织系统缩小为 6 局 1 处：秘书长贺遐昌、财政局长利绍汉、警察局长陈孝芬、社会局长王锦霞、卫生局长江华缙、教育局长肖治平、建设局长高凌美。这是伪汉口市政府最后一个汉奸班子④。石星川在位期

---

① 中国第二历史档案馆编印：《汪伪国民政府公报》，第 83 号，江苏古籍出版社 1991 年版。

② 伪汉口特别市政府：《汉口特别市政府组织与人事》，载《汉口特别市政府四周年市政概况》，1943 年，转引自涂文学主编《武汉沦陷时期档案史料丛编②：沦陷时期武汉的政治与军事》，武汉出版社 2007 年版，第 87—89 页。

③ 武汉市地方志编纂委员会：《武汉市志·大事记》，武汉出版社 1990 年版，第 141页。

④ 涂文学、李卫东：《导论：武汉沦陷时期的政治与军事》，载涂文学主编《武汉沦陷时期档案史料丛编②：沦陷时期武汉的政治与军事》，武汉出版社 2007 年版，第 6 页。

间，虽然也想极力保住伪市政府的势力，充当一方傀儡诸侯，但是，此时整个世界反法西斯战争的形势，注定了伪汉口市政府穷途末路的命运。从1943年开始，德意日法西斯就逐渐走上了灭亡之路。2月，斯大林格勒保卫战的惨败，敲响了法西斯德国的丧钟，4月，日本联合舰队司令官山本五十六在所罗门群岛战死，标志着日本法西斯走向灭亡的倒计时。从该年中期开始，日军在太平洋战场上的海空优势逐渐丧失，沦为守势，日本的各项战略资源陷入枯竭，日本在中国的军力也逐渐向南洋战场转移，中国成为维持日本抵抗盟军战略进攻的主要后方基地。在这一背景下维持的伪汉口市政府，只可能充当维护日本在武汉的殖民统治秩序、帮助日军搜刮武汉地区战略物资的工具，为日本帝国主义的灭亡作最后的殉葬品。然而，尽管如此，石星川和伪汉口市政府在其最后一年零九个月风雨飘摇的傀儡统治中，为了支持日军的拼死顽抗，同时，也是为了其自身的苟延残喘，仍不遗余力为日军效"犬马之劳"。主要是通过各种途径大力宣传日军在太平洋战场和中国战场上的"伟大战果"和"不断胜利"，宣扬"日本必胜""英美必败"，以鼓舞民众日益衰落的士气；强令全市民众和各机关团体学校缴纳日本极端枯竭的战略物资，如各类金属、蓖麻、牛皮、粮食；勒令民众捐款；组织市区防空袭演习；等等。具体情况，分见以后各章。在机构设置方面，汪伪政府成立以后，即开始对沦陷区物资实行统制。1941年9月25日，成立伪中央物资统制委员会，次年9月，改为物价对策委员会，1943年3月17日，又成立全国物资统制审议委员会，进一步加强对经济的统制。根据汪伪中央政府的统制要求，为统制管理武汉地区的物资、物价暨一切经济事务，1942年12月底，伪汉口特别市政府经与伪湖北省政府商定，共同设置武汉经济统制事务处，"处于湖北省政府主席暨汉口特别市市长指挥监督之下，担当武汉三镇及武昌、汉阳、黄陂等县中国人方面之经济统制"①。1943年1月9日汪伪国民政府正式宣布参战以后，各地方伪政府为适合战时体制，相继对政府机构进行了部分改组。3月1日，伪汉口特别市政府奉令将社会局及社会运动委员会分别改组为经济及

---

① 伪汉口特别市政府：《武汉经济统制事务处规则》，1942年12月24日公布，载伪《汉口特别市市政府公报》1942年第24期。

社会福利两局，以适应战时要求，加强对经济和社会的控制。

从 1944 年年底开始，为了打击日本的战争信心，美国空军加强了对武汉市区的轰炸，伪省、市政府开始沦为惊弓之鸟，惶惶不可终日，被迫从武汉撤离，搬到黄陂、黄冈等地，伪职员大多数自动离职，伪省市机关均陷入瘫痪状态。直到 1945 年 8 月 15 日，日本宣布投降，伪省市政府彻底灭亡。

第三节　沦陷区各县伪政权及基层伪政权的成立与统治

日军占领湖北部分地区以后，即推行以华治华的侵略方针，扶植建立各级傀儡政权。

一　各县维持会及伪政权的建立

县级伪政权组织是日军在湖北扶植建立最早也是最基本的伪政权组织。在 1939 年 11 月伪湖北省政府成立前，它是日军在各地建立的相互独立的伪政权组织。伪湖北省政府成立以后，这些县级伪政权在名义上隶属伪省政府，但实际上仍然是由各县日军警备队控制的独立王国。湖北各县伪政权组织从开始建立到最后形成完备形态，一般都经历了三个阶段，即开始时的伪治安维持会简称维持会、其后的伪县政筹备处和最后的伪县政府。日军占领湖北期间，在其控制区内基本上都经历了这几种政权组织形式。据笔者调查，到抗战结束时，在日军进犯过的湖北省55 个县市中，除鄂东的罗田、英山两县，鄂西的五峰、宜都、长阳、襄阳、枣阳、南漳、谷城、郧县八县日军短暂占领后因遭中国军队抵抗旋即退出，没有建立任何伪政权组织外（谷城县太平店曾成立过伪维持会，存在了几天时间），其余的 45 个县市（44 县加汉口市），都建立过伪政权组织。其中，除礼山、松滋、枝江、远安只设伪区政府没有伪县政府外，其余 40 个县都建立有伪县政权。这些伪县级政权组织大部分是在 1940 年宜枣会战前设立的，公安、宜昌、随县、江陵、荆门、当阳、石首等县则是在其后设立的。宜城和光化两个伪县政府是在豫西鄂北战役期间设立的，成为日军在湖北省最后建立的伪县政权。各县各类形式伪政权组织建立时间如表 2—3 所示：

表 2—3　　　　　　　湖北各县各类伪政权组织建立时间

县名	伪机构	建立时间	县名	伪机构	建立时间
云梦	伪维持会	1938 年 11 月 12 日	通城	伪维持会	1938 年 11 月
	伪县政筹备处	1939 年 4 月 30 日		伪县政府筹备处	1939 年 3 月
	伪县政府	1939 年 8 月 25 日		伪县政府	无
阳新	伪维持会	1938 年 10 月	监利	伪维持会	1943 年 2 月
	伪县政府筹备处	1940 年 3 月 26 日		伪县政府筹备处	不详
	伪县政府	1941 年 7 月		伪县政府	1943 年 5 月
大冶	伪维持会	1938 年 11 月	黄冈	伪维持会	1939 年 4 月
	伪县政府筹备处	1939 年 9 月		伪县政府筹备处	1939 年 6 月
	伪县政府	1940 年 5 月		伪县政府	1940 年 2 月
黄安	伪维持会	1938 年 12 月 13 日	崇阳	伪维持会	1938 年 12 月底
	伪县政府筹备处	1939 年冬		伪县政府筹备处	1940 年 12 月
	伪县政府	1941 年 6 月		伪县政府	1941 年 4 月
浠水	伪维持会	1940 年 8 月 5 日	蒲圻	伪维持会	1939 年 11 月
	伪县政府筹备处	1940 年 12 月		伪县政府筹备处	1940 年 9 月
	伪县政府	1943 年 1 月		伪县政府	1941 年
黄梅	伪维持会	1938 年 9 月	潜江	伪维持会	1939 年 6 月
	伪县政府筹备处	不详		伪县政府筹备处	不详
	伪县政府	1939 年		伪县政府	1941 年春
蕲春	伪维持会	1938 年 10 月 9 日	宜城	伪维持会	1940 年 6 月
	伪县政府筹备处	不详		伪县政府筹备处	无
	伪县政府	1943 年 8 月		伪县政府	1945 年 4 月
石首	伪维持会	1943 年 4 月	武昌	伪维持会	1939 年 1 月 25 日
	伪县政府筹备处	1945 年 5 月		伪县政府筹备处	不详
	伪县政府	1945 年 5 月		伪县政府	1940 年 1 月 15 日
当阳	伪维持会	不详	安陆	伪维持会	1938 年 12 月 1 日
	伪县政府筹备处	1940 年 11 月		伪县政府筹备处	1939 年春
	伪县政府	1941 年 6 月		伪县政府	1939 年秋
咸宁	伪维持会	1939 年 2 月	公安	伪维持会	无
	伪县政府筹备处	1939 年 3 月		伪县政府筹备处	1943 年 5 月
	伪县政府	1940 年 9 月		伪县政府	无

县名	伪机构	建立时间	县名	伪机构	建立时间
汉阳	伪维持会	1938 年 11 月	沔阳	伪维持会	1939 年 12 月
	伪县政府筹备处	1939 年 4 月		伪县政府筹备处	1941 年 11 月分设沔北、沔南两伪县政府筹备处
	伪县政府	1939 年 11 月		伪县政府	1943 年 10 月和 1944 年春分设沔北、沔南两伪县政府
宜昌	伪维持会	1940 年 6 月	江陵	伪维持会	1940 年 6 月
	伪县政府筹备处	不详		伪县政府筹备处	1941 年 7 月 7 日
	伪县政府	1941 年 3 月		伪县政府	1942 年 8 月
麻城	伪维持会	1938 年 11 月	应城	伪维持会	1938 年 11 月
	伪县政府筹备处	1940 年 1 月 5 日		伪县政府筹备处	1940 年 2 月 2 日
	伪县政府	1941 年 9 月 8 日		伪县政府	1940 年 10 月
黄陂	伪维持会	1938 年 11 月	随县	伪维持会	不详
	伪县政府筹备处	1939 年 1 月 9 日		伪县政府筹备处	1940 年 12 月 13 日
	伪县政府	1939 年 5 月		伪县政府	1941 年 5 月 1 日
钟祥	伪维持会	1939 年 3 月	天门	伪维持会	1939 年 2 月
	伪县政府筹备处	1940 年冬		伪县政府筹备处	1940 年 1 月 5 日
	伪县政府	1941 年 7 月		伪县政府	1941 年 4 月
鄂城	伪维持会	1938 年 11 月	嘉鱼	伪自治会	1938 年 11 月
	伪县政筹备处	1939 年 9 月		伪维持会 伪县政府筹备处	1939 年 11 月 6 日 1940 年 1 月 23 日
	伪县政府	1941 年 7 月		伪县政府	1942 年 7 月 29 日
荆门	伪维持会	1940 年 6 月	广济	伪维持会	1938 年年底
	伪县政府筹备处	1940 年 7 月		伪县政府筹备处	1940 年 7 月 5 日
	伪县政府	1942 年 7 月 7 日		伪县政府	1941 年 4 月
应山	伪维持会	1938 年 11 月	孝感	伪维持会	1938 年 11 月
	伪县政府筹备处	1939 年 8 月 1 日		伪县政府筹备处	1939 年 2 月
	伪县政府	1940 年 1 月 19 日		伪县政府	1939 年 5 月
光化	伪维持会	1945 年 4 月	京山	伪维持会	1939 年 1 月
	伪县政府筹备处	1945 年 5 月		伪县政府筹备处	不详
	伪县政府	1945 年 5 月		伪县政府	1941 年春

续表

县名	伪机构	建立时间	县名	伪机构	建立时间
通山	伪维持会	1938年11月4日	汉川	伪维持会	1938年12月1日
	伪县政府筹备处	不详		伪县政府筹备处	1940年6月14日
	伪县政府	1940年10月		伪县政府	1940年9月12日

1. 总计全省45个县市建立有敌伪政权组织，其中41个县建有伪县政府，礼山、松滋、枝江、远安四县建立有伪区政府。

2. 本表所列时间均是笔者根据湖北省档案馆藏各县《抗战史料》、各县县志及其他史料考证得出，并参考武汉市档案馆藏档案《湖北省各县政府筹备处成立日期、委任县长推进县政及天门县政府筹备处职员略历》。

同其他沦陷省份一样，治安维持会（简称维持会）是日军在占领湖北各地以后首先建立起来的伪政权组织。日军在占领湖北各地以后，都在短期内迅速搜寻一批当地的地痞流氓、失意政客、旧官吏、知名士绅，拉拢或胁迫他们出面组织维持会。在一般情况下，日军在占领各县城一周内即拼凑起县级维持会；占领其他城镇后，再设立维持分会。县维持会设会长、副会长、交际官、警察队及其他机构。由于各县维持会完全是驻县日军警备队设立和控制，其下设机构并不完全一致。如伪天门县维持会下设交际官、内政、财政等科；伪安陆县维持会下设总务、庶务、交际、保安四科；伪蕲春县维持会下设总务、庶务、教育三科；而隶属伪武汉市维持会的汉阳县维持会则下设秘书室和财政、社会两科①。县属各镇的维持分会一般下设几个小组。维持会的职责主要有下列几项：一是为日军提供粮食、蔬菜、马料和其他日常生活物资，有时还要为日军征召妇女，组织军营慰安所，供日军淫乐；二是征派人力，为日军提供劳役，从事军事运输、建筑碉堡工事、修筑公路桥梁等服务；三是负责召回逃亡外地的商民，恢复当地的农工商业；四是协助日军发放良民证，编查保甲，清查户口，抓捕抗日分子。

日军拉拢当地人物组织维持会的手段十分卑鄙，威胁利诱无所不用。日军在阳新县组织维持会的过程便是一个典型的实例。据《阳新县抗战史料》记载，1938年10月18日日军占领阳新县城后即开始组织

---

① 资料来源均见各县《抗战史料》，1946—1948年编，湖北省档案馆藏。

治安维持会。为了寻找头面人物出任伪职，日军采取了下面三项措施。
（1）"调查当地略有知识而抗战意识不坚定有可能被诱胁出任伪职汉奸之分子及现任游击队干部人员，立册登记"；（2）"按册用敌阳新警备队长村冈或宣抚班长进演西川名义分别致函劝告，或用伪阳新县中央治安维持总会名义张贴布告，以诱出任伪职"；（3）"派遣便衣队或密探到汉奸分子或游击队人员家中，当面劝告胁令出任伪职，或携枪投诚，组织皇胁自警队"。① 日军《阳新警备队长致函地方汉奸劝告来归》文稿写道：

> ……中日和平快将实现了，焦土抗战可说是无谓的牺牲，本军抱定同种亲善的主旨，对于敌方官兵及公务人员极表欢迎，对于被捕者亦莫不弃仇寻好，视为好友，这是以过去事实来证明了的，决非虚语欺人。特附送优待证一份，务须临机审势，幡然来归，携手合作，共向建设东亚新秩序途上迈进。对于生命及财产绝对予以保障。如经此次劝告之后，仍不觉悟来归，则是甘心附逆，本军只有贯彻歼灭的主张，即日进行讨伐。当这危险与安全的歧途，确盼熟思详察，勿失时机是掌。……②

由于一般稍有民族感情的正义之士都耻于认贼作父，与日寇为伍，拒绝出面充当日军工具，再加上当时日军刚刚占领各地，殖民统治尚未确立，日军一般难以寻找到稍有脸面的人物与其合作。因此，各地出面充当维持会会长的多是一些小商人、愚昧乡民、落魄文人以及流氓地痞和国民党旧保长等。他们大多略通文字，但文化层次普遍不高。其他伪职人员也大都是一些"五喜人员"（活着鬼喜，死了人喜，在家外人喜，外出家人喜，喜爱鸦片烟）。据《崇阳县抗战史料》统计，该县各地维持会会长姓名、籍贯和出身如表2—4所示：

---

① 阳新县政府：《阳新县抗战史料》，1948 年，湖北省档案馆藏。
② 同上。

表2—4　　　　　　　　崇阳县伪维持会会长成分调查

伪维持会名称	维持会会长姓名	籍贯	出身
伪县城维持会	刘海若	崇阳	曾充任教员、团董
伪白虎桥维持会	王海棠	崇阳	商人
	增笃惠	崇阳	曾充任商会会长
	童春源	崇阳	商人
伪荻洲维持会	陈育仁	崇阳	前保长
	傅怡生	崇阳	前保长
	王光庭	崇阳	讼棍
	胡广卿	崇阳	乡民
伪石城湾维持会	吴南生	崇阳	地痞
	熊海清	崇阳	乡民
	黄协章	崇阳	乡民
伪桂口维持会	刘生钟	崇阳	秀才
	刘玉钟	崇阳	市侩
伪大沙坪维持会	程应南	崇阳	商人
	程民策	崇阳	商人
伪进口铺维持会	黄佛生	崇阳	乡民
伪河西维持会	刘玉林	崇阳	乡民
伪桂花村维持会	胡廉卿	崇阳	乡民
伪田家嘴维持会	田文安	崇阳	老朽
伪担水川维持会	胡建泉	崇阳	前保长
伪石下畈伪维持会	邹生林	崇阳	商人
伪金沙桥维持会	王道中	崇阳	前教员
伪台上胡维持会	胡田生	崇阳	乡民
伪白洋铺维持会	汪文朴	崇阳	知识分子
	王丙卿	崇阳	乡民
伪田心吴维持会	乔华青	崇阳	军人
伪下家湾维持会	夏升富	崇阳	屠夫
伪毛家畈维持会	汪荣圭	崇阳	讼棍
	陈汉藩	崇阳	教员
	汪瑞川	崇阳	乡民
	黄春荣	崇阳	乡民

续表

伪维持会名称	维持会会长姓名	籍贯	出身
	余小峰	崇阳	乡民
伪五里界维持会	程探原	崇阳	乡民
	陈汉藩	崇阳	教员
伪天美山维持会	黄春云	崇阳	教员
	汪汇川	崇阳	教员

资料来源：崇阳县政府《崇阳县抗战史料》，1948 年，湖北省档案馆藏。

由表 2—4 可知，在崇阳县 36 个伪维持会会长中，无知落后乡民 12 人，占 33.3%，比例最大，商人（包括商会会长）和教员居其次，都是 6 人，各占 16.7%，前保长 3 人，占 8.3%，讼棍和地痞 3 人，占 8.3%，其他成分 6 人，占 16.7%。这一比例结构与当时日军只能寻求到无知乡民、低级官员、落后文人和地痞流氓充当其统治中国工具的实际情况基本一致，同时也与当时中国农村落后阶层的社会结构相符。这些人员有的是迫于日寇的淫威而屈膝事敌（多为无知乡民）；有的是为了自保身家性命或谋一个饭碗（商人、失业教员盖抱此种心态）；有的是企图趁乱世而掠取"荣华富贵"（低级官员、地痞流氓之流）。

经过日军的殖民侵略理论和奴化教育的侵蚀，这些维持会会长中绝大多数的民族观念和道德良心都彻底泯灭，甘心充当日军奴役中国人民的工具。他们仗着日军的淫威，为虎作伥，无恶不作，想方设法欺压百姓，讨好日军，是十足的民族败类。例如，潜江、嘉鱼等县伪维持会成立后，协助日军在县城设立军事区，强迫区内居民迁出，拆毁民房，改建军营，使成千上万的百姓无家可归，流落街头①。日军占领广济县期间，曾一度缺少烧柴，指令维持会解决。维持会副会长曹耕余竟派人强行拆毁民房，取其木料，给日军充柴薪②。崇阳县荻洲伪维持会会长陈育仁，经常引领敌寇，率领伪警，四处烧杀掳掠，"烧毁房屋计千余栋，杀害行商计百余人"。他常年蓄着"仁丹鬓"，"披毛巾，纳木屐，席地

---

① 潜江县地方志编纂委员会：《潜江县志》，中国文史出版社 1990 年版，第 128 页；嘉鱼县政府：《嘉鱼抗战史料》，1948 年，湖北省档案馆藏。

② 广济县地方志编纂委员会：《广济县志》，汉语大词典出版社 1994 年版，第 155 页。

坐卧，与人谈笑，均操日语，不相识者，均以为日产也"①。通山县维持会两任会长吴竹林和谢天香，投靠日寇，狐假虎威，鱼肉乡民，百姓称其说，"会长吴竹林，做过裁缝淘过金，办出事来坏煞人"；"会长谢天香，驾过竹筏扛过枪，办起事来恶似狼"②。不过，也有少数维持会会长是被日军胁迫，不得已出面应付的。他们在任期间，想方设法同日军周旋，尽量减少日军对百姓的掠夺和暴行。还有极少数维持会会长本身是厚道乡民，被当地民众推出来同日军敷衍而出任伪职。他们为减轻日军对老百姓的侵扰和掠夺，往往不顾个人利益甚至生命安全，同日军交涉，在一定程度上减轻了老百姓的痛苦，这种人虽为数极少，但也反映了维持会会长成分的复杂和行为心态的矛盾。例如，浠水县临时维持会会长张席扬、副会长邹立全，均是因为日军下乡"打掳"（当地方言，即掳掠）时生病未及逃跑被日军抓走同日军取得联系的。当时张席扬因为"打皮寒"（疟疾）躲在稻草堆里被日军抓走，邹立全在家被抓走。日军将他们关在一家油坊内，胁迫他们组织村民给日军卖菜，否则继续打掳并严处二人。张、邹为了使日军少下乡掳掠并保存自己性命，被迫组织村民进城向日军卖菜。几天以后，日军要组织临时维持会，选举正副会长，并提出"要选老实农民担任，凡保长以上者，一律不能当选"，于是，卖菜人举手选举张、邹二人担任正副会长，下设四个分会。总会和分会的主要任务是替日军购买蔬菜，每分会下设采买十人，每天由分会长领队将菜送到总会，再卖给日军。张、邹二人在担任正副会长期间，除组织乡民向日军卖菜外，并未做过其他危害百姓之事，百姓对其也无甚怨恨。但他们二人仍感惶恐，多次提出辞职，日军不准。11月下旬，日军要撤离县城，随军汉奸翻译官要求维持会准备鸡鸭鱼肉欢送。维持会遵令照办，组织村民敲锣打鼓将其送至日军司令部，恳请日军司令官下令实行"仁政"，不要扰乱民众，使百姓回家安居乐业。日军撤离后，张、邹又将日军打掳抢劫未及带走的耕牛、家什发还给原主。日军撤离县城后，存在了22天的临时维持会解散，张、邹二人被国民党抓捕，因交不起500元的罚款钱买命，于是年年底被枪毙③。再

---

① 崇阳县政府：《崇阳县抗战史料》，1948年，湖北省档案馆藏。
② 吴鼎三等：《通城日伪政权的来龙去脉》，载《通城文史资料》第一辑，1985年1月。
③ 徐晓东：《浠水县日本临时维持会》，载《浠水文史》第九辑，1995年。

如，伪黄冈县阳逻区区长王奎生，本是该镇培心善堂首士。日军进犯时王未及逃避，地方民众以其平时为人公道，请其维持治安，敌亦同意，遂出任伪阳逻区长。以后，每当该镇商民被敌抓捕，其亲属便请求他出面向日军交涉。"奎生每次与敌接谈，先自动下跪磕头不起，偶触敌怒，刑及奎生，亦无怨色，仍继续向敌报言庖说，必俟准情而后退。似此代人受刑活民无数。"[①] 王奎生虽然不是维持会会长，其向日本侵略者卑躬屈膝的救人方式也只能进一步助长日军的侵略气焰，但毕竟有别于那些为虎作伥、危害乡民的汉奸走狗，并且也同样能反映敌伪政权组织内少数良知未灭的中国人的复杂心态和无奈境况。

1939 年夏季以后，随着日军占领时间的延长、日伪对沦陷区域殖民统治的不断加强和伪维持会组织的不断完备，日伪加紧筹建伪县政府组织。于是，在伪湖北省政府建立前，各县维持会纷纷改为伪县政筹备处，为建立伪县政府做准备。由于伪县政筹备处是伪县政府成立前的一种过渡形式的伪政权组织，其改换的时间和内部机构的设置，完全根据驻县日军的意愿而定，各县并不完全相同。一般来说，沦陷区所占县境比例较大，维持会的殖民管理相对稳固、离建立伪县政府的条件相差不远的县份，其改换为"筹备处"的时间就较早；反之，敌伪控制地区较少、殖民统治不很巩固或者是日军占领时间不长、维持会建立不久的县份，其改换的时间就较迟。例如，同为鄂东南的阳新和大冶两县，虽然日军占领的时间和伪维持会成立的时间都在武汉沦陷前后，相隔不久，但是，由于大冶的战略地位比阳新重要，日军控制的区域也比阳新大得多，因此，对大冶的控制也比阳新严得多，伪大冶县县政政筹备处于 1939 年 9 月就已成立，大大早于阳新县伪筹备处成立的 1940 年 3 月。在内部组织方面，伪县政筹备处比伪维持会更加完备，其头目都称为"处长"，内部一般设置财政、民政、教育、警察等科和县保安队，基本具备了后来伪县政府的雏形。

1939 年 11 月，伪湖北省政府建立以后，为加强对各县的争夺和控制，改变县政筹备处政权机构"组织分歧，事权不一"的状况，大力推行所谓"县政"建设，要求各县县政筹备处改为县政府，"恢复行政系统"，以最终完成沦陷区伪县级政权组织的建设。1940 年 3 月 7 日，

---

① 黄冈县政府：《黄冈县抗战史料》，1948 年，湖北省档案馆藏。

伪湖北省政府颁布《湖北省县组织条例》、《湖北省县政府之职制定员及分科规程附定员列表》和《湖北省县长任用条例》，对湖北沦陷区伪县政府的设置及其组织作出一系列的规定。根据《县组织条例》的规定，"县之废置及县区域之变更，由（省）政务厅按照实际情形分别规划，呈请省政府转呈中央政府核准公布之。在中央政府尚未成立之前，由省政府公布之"，各县依"区域广狭及其户口赋税之多寡，分为一二三等，由（省）政务厅会同财政厅编定呈请省政府核准公布之"，"县设县政府，置县长一人（荐任职），为一县之行政长官，受省政府之指挥监督，处理全县政务"，"各县按辖区及其户口划分若干区，区以下依保甲条例编成之"①。同期颁布的《湖北省县政府之职制定员及分科规程附定员列表》规定，县政府设秘书室和内政、财政、建设、教育四科以及警察局和保安队，其员额为，县长1人（荐任），秘书1人（委任），科长4人或3人（委任），科员16人（委任待遇），办事员16人，书记20人，公役16人，共计74（73）人②。条例和分科规程公布以后，各伪县政筹备处纷纷争取改称县政府，到1940年11月，伪省政府成立一年时，"先后改组成立县政府者有武昌、汉阳、孝感、黄陂、云梦、应城、应山、信阳、汉川等九县"，"余则视各县实际情况，进行改组，以资治理"③。

　　1942年8月，汪精卫伪政府颁布《县政府组织暂行条例》，各县应按面积、人口和经济因素分为一、二、三等，一、二等县设秘书室、警察局和三科；三等县设秘书室、警察局和二科。第一科掌民政，第二科掌财政，第三科掌建设和教育④。伪湖北省政府这时虽已加入汪伪政权，但是，并未完全照此规定执行，各县机构设置仍是各行其是，有的县按数字序号设科，有的县按职能名称设科，有的设三科，有的设四

---

　　① 伪湖北省政府：《湖北省县组织条例》，1940年3月7日，载伪《湖北省政府公报》第2期，1940年4月20日出版，武汉市档案馆藏。

　　② 伪湖北省政府：《湖北省县政府之职制定员及分科规程附定员列表》，1940年3月7日，载伪《湖北省政府公报》第2期，1940年4月20日出版，武汉市档案馆藏。另注：一等县县政府照列表规定，二等县科员办事员、书记、公役各减四人，三等县各减八人，三等县县政府由秘书选择一科兼任科长。

　　③ 《湖北省民政厅一年来施政概况》，《武汉报》1940年11月5日。

　　④ 汪伪国民政府：《县政府组织暂行条例》，1942年8月15日公布，载中国第二历史档案馆编印《汪伪国民政府公报》，第370期，江苏古籍出版社1991年版。

科。例如：伪天门县政府设秘书室和民、财、建、教四科；伪石首县政府设一、二、三、四四科；伪京山县政府设民政、财政、教育、司法、宣传五科；伪咸宁县政府只设内政和秘书两科。有的县先按职能名称设科，后又改成数字序号设科（如伪鄂城县政府）①。此后，随着伪省政府对各县控制的加强，各县伪政府机构设置逐渐趋向统一。除了这些科室之外，伪县政府还相继设立了一些直属机构，如合作社、经征处、农林所、财委会、专卖局等②。如1941年4月，伪天门县政筹备处改为伪县政府以后，除下设民、财、建、教四科以及秘书室外，直设机构有宣传队、税捐稽征处、县百货税局、食盐专卖局、土膏专卖局、县新运支会、县励志会、县度量衡检定所、县医院、县保安队、县商会、民众教育馆、县合作社等③。沦陷时期伪鄂城县、江陵县和阳新县政府组织系统如表2—5至表2—7所示：

表2—5　　　　　　　1943年伪鄂城县政府下属机构

伪秘书室	伪人事股	
	伪收发室	
	伪缮校室	
伪内政科	伪民政股	
	伪保警股	
	伪宣传股	
伪财政科	伪会计股	
	伪田赋股	
	伪税务股	
伪建设科	伪农业股	
	伪工作股	
	伪测绘股	
	伪技士	

---

① 湖北省地方志编纂委员会：《湖北省志·政权》，湖北人民出版社1996年版，第262页；各县《抗战史料》。
② 参见相关各县县志政权篇。
③ 天门县政府：《天门县抗战史料》，1948年，湖北省档案馆藏。

续表

伪教育科	伪普教股	
	伪社教股	
伪专卖局	伪食盐主任	
	伪阿片主任	
伪保安大队	伪保安中队	
伪警察局	伪警察分所	伪派出所
伪区署	伪联保办公处	伪保办公处

资料来源：鄂城县政府《鄂城县抗战史料》，湖北省档案馆藏。

表2—6　　　　　**伪江陵县政府所设科室及直属机构设置**

机构	职别
伪县政府	伪县长
伪县政府	伪秘书
伪第一科	伪科长
伪第二科	伪科长
伪第三科	伪科长
伪第四科	伪科长
伪沙市警察局	伪局长
伪江陵县司法处	伪主任
伪江陵县涉外室	伪主任
伪江陵县合作社	伪社长
伪江陵县税捐征收处	伪主任
伪新国民运动江陵支会	伪主任委员
伪东亚联盟江陵支会	伪总干事
伪江陵县爱路委员会	伪主任委员
伪沙市商会	伪会长
伪粮食组合处	伪组长
伪荆江干地修防处	伪处长
伪江陵县水利委员会	伪主任委员
伪沙市中学	伪校长
伪简易师范学校	伪校长

资料来源：江陵县政府《江陵县抗战史料》，湖北省档案馆藏。

表 2—7　　　　　　　　　　1942 年伪阳新县政府组织系统

伪县长			
	伪保安大队		
	伪警察局		
	伪食盐局		
	伪周报社		
	伪东亚青年联盟分会		
	伪护路委员会		
	伪防疫委员会		
	伪公产清理委员会		
	伪县志馆		
	伪沧浪诗社		
	伪三余学馆		
	伪内政科	伪内政股	
		伪保警股	
		伪宣传股	
		伪兴亚少年队	
		伪治疗股	
	伪财政科	伪财政股	
		伪税捐股	
		伪会计股	
		伪金库	
		伪税捐经征队	
	伪秘书室	伪总务股	伪收发
			伪管卷
			伪校对
			伪监印
			伪传达
			伪警卫队
			伪看守所
			伪庶务
		伪联络股	
		伪通译	

续表

伪县长	伪建设科	伪建设股	伪养路队
			伪工程队
		伪工商股	
		伪产业股	
		伪农场试验场	
		伪汽车管理处	
	伪教育科	伪学校教育股	
		伪社会教育股	伪民众学校
		伪民众教育馆	
		伪图书馆	
		伪兴亚小学	
		伪日语学校	
	伪一区公所		
	伪二区公所		
	伪三区公所		
	伪四区公所		
	伪五区公所		
	伪六区公所		
	伪七区公所		
	伪八区公所		
	伪九区公所		
	伪十区公所		
	伪十一区公所		

资料来源：阳新县地方志编纂委员会《阳新县志》，新华出版社 1993 年版，第 517 页。

在成分结构方面，各县伪政府建立时，由于该地已经较长时间地被日军占领，日军已经初步稳固了殖民统治，拉拢和聚集的汉奸日渐增多；并且事前一般又都经历了维持会和县政筹备处两个过渡形式的伪政权，因此，同维持会时的草台班子相比，伪县政府成员的成分结构发生了较大变化。一些良心未泯者以各种借口离开了伪政权机构；若干不能很好地为日寇效力的"平庸"分子被排挤、抛弃，而一批堕落的知识分子、旧政权职员和中下级军官纷纷投敌，进入了伪政权机构。日寇对伪县长的选任和训练，也提出了较高的要求，希望能物色到学历、社会声望和对日"忠诚度"都较高的人充任县长，为其服务。根据 1940 年3 月 7 日伪湖北省政府颁布的《湖北省县长任用条例》的规定，伪县长的任职资格是，年满三十五岁以上，具有下列各款资格之一者：1. "曾任各地方维持会会长或县政筹备处处长，劳绩昭著，确有事实证明者"；2. "在政务训练院受训毕业成绩优良或派赴各县视察宣抚办事异常出力，奉省长奖励以县长交政务厅存记或由现任武汉各级机关简任长官二人之保荐，经甄审合格者"；3. "在国内外大学、独立学院或专门学校研究政治法律经济社会各学科三年以上，得有毕业证书，经现任武汉各级机关简任官三人之保荐甄审合格者"；4. "在前款各学校毕业并曾任行政机关简任职三年以上提出证明文件经甄审合格者"；5. "曾经高等文官考试及格或县知事县长考试及格或县长检定及格并曾任行政机关荐任职一年以上提出证明文件经甄审合格者"。并规定，"有下列各款情事之一者，不得任用为县长"，"1. 有反动嫌疑者；2. 曾受刑事处分处夺公权者；3. 有亏空公款之事实者；4. 曾因赃私处罚有案者；5. 吸用鸦片或其他代用品者；6. 在以前任职期间有违法舞弊行为经人告发曾受惩戒者"①。1941 年 10 月，汪伪国民政府又颁布了《修正现任县长训练章程》，规定要对"现任县长未经过法定县长考试或定期训练者"进行训练，其训练科目主要为"国民政府政纲""现行行政法规概要""警政要义""地方财政纲要""教育行政要义"等，训练期限为一个月，"训练期满举行考试，及格者除遣回原任继续服务外，由内政部给予证书并登记考试级等，不及格者留所补训一期，如再不及格，咨由各该省政府明令撤职，以重县政"②。

　　经过这样一番挑选和训练，伪县长的成分同维持会会长相比，有了很大的变化：一批有过留日经历的前政权官僚和一些商界头目大量充当这一伪职，其学历、对日伪政权的"忠诚"度、个人素质和行政能力等方面都有较大改观。当然，日寇并不能在每个县都能寻觅到中意的"三高"人选，而许多为日伪看中的中国人或出于民族大义，或顾及自

①　伪湖北省政府：《湖北省县长任用条例》，1940 年 3 月 7 日，载伪《湖北省政府公报》第 2 期，1940 年 4 月 20 日出版，武汉市档案馆藏。

②　伪国民政府：《修正现任县长训练章程》，载伪《湖北省政府公报》第 21 期，1941 年11 月 20 日出版，武汉市档案馆藏。

身的安危，逃避出任伪职；因此，伪县长一职仍有不少流氓地痞、颟顸老朽之辈。湖北部分伪县政府首任伪县长成分结构如表2—8所示。

表2—8　　　　　　　湖北部分伪县政府首任县长成分一览

县别	伪县长姓名	经历与学历
武昌	汪燊	旧官僚。
汉阳	陈秋实	留日学生，民初考取并实任县长，战前任机关职员。
汉川	晏衡夫	文华大学毕业，曾任商会会长。
黄陂	吴振汉	日本陆军士官学校毕业。
黄冈	罗荣衮	前清附贡生，国民党旧官僚，军旅出身，在外县做县长。
广济	刘仲修	汉留大爷（洪帮头目），汉口烟馆老板。
通城	吴竹林	裁缝，兵痞，曾任维持会会长及县政筹备处长。
嘉鱼	涂塗山	原国民党县政府秘书兼第三科科长。
崇阳	胡德龙	上海商业专门学校毕业，曾任维持会会长。
蕲春	黄楚楠	伪湖北省政府下派。
通山	夏之日	流氓恶棍（依靠亲戚何佩镕当上县长）。
礼山	韩子钊	前县政府办事员。
浠水	章自新	失业公务员，地方劣绅。
潜江	张少伯	国民党省参议员。
宜城	曾祥云	曾任国民党县政府科员，足跛耳聋。
沔阳	雷筱甫	清末附生，讼棍，时年逾七旬。
监利	彭兆麒	直隶法政专门学校毕业，国民政府官员。
宜昌	宋仲佳	留日学生，时年逾七旬。
安陆	王舜卿	赋闲乡绅，前清讲武学堂毕业，军旅出身。
大冶	张宜臣	前政府职员，曾任潜江县典狱员，维持会会长。
阳新	石先绪	大汉奸石星川之侄，北京宪兵学校毕业，警察出身。
应城	周明钦	曾任国民党省政府建设厅职员，维持会会长。
云梦	吴锡卿	毕业于日本陆军士官学校，民初曾任江阴要塞司令，北政府时期授陆军中将衔，时蛰居于县内。
荆门	喻执钦	北大经济系毕业，曾任荆门县财政科、教育科科长。
钟祥	罗润甫	前清政治法律馆毕业，清政府知县。赋闲乡绅。
京山	袁子和	前清支郡师范学校毕业，县商会会长，曾充任维持会会长。
应山	韩尚德	日本早稻田大学毕业，曾充任北洋政府县知事、国民党武汉中央军校教官，时蛰居本县内。

续表

县别	伪县长姓名	经历与学历
随县	邹季厚	留日学生，曾充任维持会会长。
咸宁	徐达卿	前清湖北省两湖师范学校毕业，商会会长，曾充任维持会会长，县政筹备处处长。
天门	胡雁桥	前清警察学堂毕业。
鄂城	孟丹溪	日本大学专门部毕业，政府官员，维持会会长。

说明：本表所列县份，主要根据湖北省档案馆藏《汪伪湖北省市县政府机关人员任用审查表》、各县《抗战史料》及笔者所能搜集到的其他资料编辑而成，非全省各县全部资料。

这 32 名伪县长中，有 7 人曾留学日本，21 人曾担任过前清、北洋和南京政府的各级官职（包括出身军、警界者 6 人），有 8 人曾任伪维持会会长，有 3 人曾任过商会会长，有 3 人是帮会流氓，依靠裙带关系上任者 2 人，伪省政府直接下派者 1 人（并非按某一标准严格分类统计，有人符合多种身份，故总数多于 32 人）。可以看出，首任伪县长的成分结构仍然比较复杂，但是，以旧政权的官僚政客居多，文化层次相对较高，且很多都具有留日经历。这一特征与日本实行的"以华治华"的侵略方针和依靠中国旧官僚政客以及具有留日背景的汉奸充当殖民工具的策略分不开，同时，也反映了中国农村阶级结构和社会成分的复杂性。

不仅伪县长的成分同维持会会长相比发生了较大的变化，县政府其他伪职人员的成分也有不少改变。大批前国民党政府的官员跻身其中，其学历多为高中甚至大学毕业，并有较丰富的从政阅历，显然较维持会时期那批乌合之众的行政管理能力和经验都有所提高。以天门县和石首县伪政府职员成分结构为例（见表 2—9、表 2—10）：

表 2—9　　　　　　　　天门县政筹备处汉奸成分结构

职别	姓名	年龄	籍贯	学历和出身
伪处长	胡雁桥	61	天门	前清武昌学堂毕业，旧警察出身。任前是天门县商会会长、维持会会长。
伪参议	胡选青	61	天门	前清湖北武普通学堂肄业，日本东斌学校毕业。旧官僚出身。

续表

职别	姓名	年龄	籍贯	学历和出身
伪顾问兼监督	李漱泉	77	天门	县商会会长出身。
伪秘书	金人铭	61	天门	前清两湖学堂毕业，曾任大学教授、报社主笔、小学校长。
伪副秘书	周献廷	38	天门	武昌第二中学毕业。曾任旧政府职员。任前是维持会交际官。
伪总务科长	钟文卿	65	天门	前清候补知县。旧政府官员。
伪内政科长	鄢天池	63	天门	日本明治大学警务本科毕业。历充警察署长，清乡委员等。
伪财政科长	胡家驹	44	安徽	武昌文华书院毕业。曾任公司会计主任、县政府会计主任，维持会财政科长。
伪警察局长	胡韵声	47	天门	安徽法政学堂毕业。旧政府官吏。任前曾任通山、鄂城县政府科长。
伪总务科				
伪联络股长	周献廷	38	天门	武昌第二中学毕业。曾任旧政府职员。任前是维持会交际官。
伪右科员	卢光汉	31	天门	不详。
伪总务股长	余鼎卿	47	天门	省立第四区兰台中学私立法政专门学校毕业。曾任旧县政府主任、科长。
伪右科员	周松林	59	天门	曾任县政府书记。
伪右科员	钟屏山	39	天门	湖北阳新中学毕业，长期充任湖北高等法院书记。
伪右科员	文斌	46	天门	前清模范高等学堂毕业。曾任县立中学书记、维持会总务科员。
伪右书记长兼校对	朱梅奄	65	天门	天门师范讲习所毕业。
伪右调查员	徐昌源	66	天门	历任商会委员。
伪内政科				
伪右股长	胡禹亟	46	天门	中华大学法律科毕业。旧法院审判官出身。
伪右教育股长	黄禹九	60	安徽	南京金陵大学医科毕业。旧政府官吏。
伪右宣抚股长	陶云	36	天门	县立小学毕业。旧政权官吏。
伪右土木股长	李彦臣	46	天门	旧警察出身。
伪内政科员	陈春舫	45	天门	湖北省立一中毕业。曾任法院书记官、商会会计。

续表

职别	姓名	年龄	籍贯	学历和出身
伪教育科员	李履亭	38	天门	湖北法政专门学校毕业。曾任湖北省立七中教务主任。
伪土木事务员	万海卿	40	天门	曾任土地清丈处缮校员。
伪财政股长	董福堂	33	天门	县立小学毕业。曾任商会会计、县维持会财务科录事。
伪会计股长	王泽民	39	天门	湖北警官宣传补习所毕业。旧政府官吏出身。
伪财政科员	张素崧	39	天门	县立小学毕业。曾任棉业公司会计、维持会财务科员。
伪右事务员	郑惠清	21	天门	中心小学毕业。曾任土地清查处缮校员、维持会采办处联络员。
伪右事务员	谢楚湘	39	天门	县政府书记。
伪监印员	胡历安	49	安徽	不详。
伪特务科员	朱崇铁	21	天门	青岛市立高级中学毕业。东京成城学校毕业。

资料来源：日伪汉口市政府《湖北省各县政府筹备处成立日期、委任县长推进县政及天门县政府筹备处职员略历》(1939年12月—1940年9月)，武汉市档案馆藏。

表2—10　　　　　**伪石首县政府汉奸成分结构**

职别	姓名	年龄	籍贯	学历和出身
伪县长	邓志新	52	石首	旧县高中毕业，曾任国民党统税主任。
伪秘书	胡玉萍	54	石首	荆南学院毕业，曾任县水员会主任。
伪助理秘书	李人凤	35	石首	县中毕业，曾任联保主任，党部干事。
伪第一科长	李济边	40	武昌	中华大学毕业，曾任县政府科长，中学教员。
伪第二科长	王尚炎	50	石首	私塾7年，曾任书记、税务员。
伪第三科长	王道明	55	石首	旧制高中毕业，曾任田赋主任。
伪采买股长	王典章	38	石首	私塾5年。
伪供应股长	王有富	35	石首	县中毕业，曾任乡所股长。
伪专卖股长	邓平成	40	石首	旧制高中毕业，曾任税务员。
伪县合作社社长	汪云	52	石首	湖北乡训二期毕业，曾任区联保主任。
伪产业公司经理兼公安局长	魏毅	50	石首	湖南华容中学毕业，曾任联保主任。
伪第一区区长	利栋民	33	石首	私塾8年，曾任乡公所股长。
伪第二区区长	聂炳章	32	石首	荆南学院，曾任区长、修防主任。

续表

职别	姓名	年龄	籍贯	学历和出身
伪第三区区长	黄华忠	34	黄陂	私塾 6 年，曾任区员书记。
伪第四区区长	李玉斋	40	石首	不详。
伪财委会主任委员	汪云玉	32	石首	不详。
伪县保安大队长	陈渊	30	南京	中央军校十期毕业，曾任连排长。
伪第一中队长	陈涛	36	石首	行伍出身，曾任班排长。
伪第二中队长	催荣贵	35	石首	行伍出身，曾任乡公所警长。

资料来源：国民党石首县政府《石首县抗战史料》，湖北省档案馆藏。

　　显然，这一大批旧职员，认为"大局已定"，抱着当"顺民""有奶便是娘"的心态，或者为了混一个差事养家糊口，或者想趁机"飞黄腾达"，便纷纷投入"县政府"。不过，他们取代充斥伪维持会中的流氓、混混，至少表面上恢复了伪县政府作为政权机构的"常态"。

　　伪湖北省政府从加强对全省沦陷区的控制、与驻县日军争夺对伪县政府的监控权出发，十分注重对各县伪政权的监督和掌控，采取各种措施加强同各县伪政权的联络和指导。由于当时各县伪政府并未对辖区完全控制，绝大部分县份伪政府只控制了境内一部分甚至是极小部分区域，伪县府同伪省府之间的交通联络十分困难，伪省府的各种指示、通知和命令很难及时传达到各县，各县伪政府的报告也很难及时送达武昌。为此，伪省政府除了不断对各县发布各项法令、法规和指示外，还定期和不定期召开全省县政会议，召集各县市伪政府头目到武昌省府，集中讨论县政问题，听取各县情况汇报，发布工作指示。1940 年 2 月，伪湖北省政府"为谋县政之推进，以期各县生气之贯通，而收上下相维之效"，召集第一届全省县政会议，共有"武昌、汉阳、孝感、黄陂、云梦、应城、应山、信阳、临湘、安陆、汉川、天门、岳阳、蒲圻、嘉鱼、黄冈、麻城、大冶、咸宁、鄂城、阳新、通城、崇阳等二十三县"伪县市长出席，"关于提案方面，由主管厅处提出者，计二十六案，其由各县提出者，计六十九案"①。次年 9 月 25—27 日，伪"湖北省民政厅以各县政府现已渐次成立，治安情形，亦日趋底定，为明了各县政府

――――――――――

① 《湖北省民政厅一年来施政概况》，《武汉报》1940 年 11 月 5 日。

改组后之实际情形及人民之真确状态，并咨询对于今后改进县政之意见，暨讨论应兴应革诸事宜起见"①，又决定召开第二届县政会议。"出席人员，除省府各厅处长、委员、暨各厅处科秘人员外，各县出席人员共计四十八单位"②，会议"全部议案二七三件，除通过三十二件外，余均分别交由各主管厅处核办"③。在这次会议上，伪省政府还决定，为加强对各县的联络，每月召开一次县政谈话会④。1942 年 3 月22—24日和 9 月 18—21 日，伪省政府又分别召开了第三次和第四次县政会议。历次县政会议，规模都很大，在汉日军侵略头目、伪省政府主席和各厅局处长、伪汉口市长、各伪机关团体负责人、各伪县长，都来参加，可以称得上是湖北地区汉奸和日寇头目大集会。如第四次会议，除伪省政府主席杨揆一、47 个伪县长外，伪省政府"各厅处科秘及保安司令部高级官佐、全体联络官、辅佐官，均行列席参加"开幕式，"中日来宾到有友军和往、石川两少将，特务部落合部长、海军武官府增田氏、财委会石（星川）主任、张（仁蠡）市长代表、社会局长、（国民党）省党部谢（伯进）常委及各报社通讯社长记者等四百人"⑤。在会上，除各伪县市长都要汇报各市县的政治、经济、军事和社会等殖民统治情况外，汉口日军特务部、伪省政府主席、伪省政府各厅局处长都要对伪县政府作工作指示。如在第四次会议上伪省政府主席杨揆一的训示中，要求各县长做到"一，确立治安；二，澄清吏治；三，推行保甲；四，整理田赋；五，铲除苛杂；六，发展经济；七，厉行新运"⑥。伪民政厅指示各县市"亟应依照修正剿匪区内各县编查保甲户口条例，分别限期重新编查，以重要政，而收实效"，"训练保甲人员，实地清查户口，举办户口异动，实行联保连坐"；伪警务处指示各县市"市警察局应速办长警补习所，应于辖境（城区附近村落）实施临时大检索，以固治安"；伪保安司令部指示各县"保安队应与保安司令部取得确实联络，俾使助于了解现时之情况；应遵照保安司令部颁发教育计划，严加训

①　《省民政厅召开第二届县政大会》，《武汉报》1941 年 8 月 20 日。

②　《第二届县政会议，各县出席人员共计48 单位》，《武汉报》1941 年 9 月 18 日。

③　《二届县政会议昨日圆满闭幕》，《武汉报》1941 年 9 月 18 日。

④　《省民政厅召开第二届县政大会》，《武汉报》1940 年 8 月 20 日。

⑤　《县政会议昨日隆重开幕》，《武汉报》1942 年 9 月 19 日。

⑥　《杨主席训示施政方针，建设新湖北勉行七要点》，《武汉报》1942 年 9 月 19 日。

练，俾养成完善保安军人，尤应于注意政治训练；各县政府或各县保安
队对于当地敌匪情应随时呈报本部"①。会后，伪《武汉报》社还柬请
三十余县市长举行座谈会，"并请民政厅汪厅长，宣传处吕处长、刘民
政厅秘书主任，省府齐藤总联络官、省社运分会小原联络官等莅临指
导"，"归纳各县长之施政意见，有两个大中心点，一曰剿匪清乡，谋
民众之安居乐业，二曰复兴农村，期民众之丰衣足食"②。

可以看出，到了 1942 年，湖北省伪政府对各县伪政权的控制力度
有所加强，伪县政府的组织由起初的各行其是整顿为统一按伪南京国民
政府内政部改订的伪县政府组织法行事；汪伪中央政府和伪省政府的法
令、政策在沦陷区各县得到了一定程度的贯彻执行。相较沦陷初期的各
自为政的混乱局面，随着日伪统治的相对稳定和社会秩序的相对恢复，
各县伪政权同伪省政府的上下级管理关系得到了一定程度的理顺。

湖北省伪政府对各县伪政府的另一个重要控制手段是参与对各县县长
的任免。与日军占领初期各县维持会会长均由当地日军自行物色、任免不
同，伪湖北省政府归并伪南京国民政府后，各县县长人选，原则上由伪省
长（伪省主席）决定。1941 年 7 月以前，伪"湖北省政府所属各县，及
兼管湖南、江西各县市，其已正式成立政府者，仅有武昌等十二县"。这
些伪县长都是日军直接任命的。1941 年 7 月，伪湖北省政府为加强对各
县的控制，在经汉口日军特务部与各驻县日军警备队同意后，一次性
"加委二十八县县长，署理县政"，包括伪鄂城县长孟丹溪，伪黄冈县长
罗荣兖，伪麻城县长朱甲清，伪大冶县长张宜臣、伪通山县长夏之日，伪
咸宁县长徐达卿、伪阳新县长石光绪，伪蒲圻县长龙体仁，伪嘉鱼县长涂
葎山，伪黄梅县长朱文超，伪天门县长胡雁桥，伪随县县长邹季厚，伪安
陆县长王舜卿，伪广济县长刘仲修，伪钟祥县长罗润甫，伪湖口县长叶耐
芳，伪九江县长王国瑞，伪新建县长李华觉，伪南昌县长朱方隅，伪临湘
县长王旦初，伪岳阳县长方大陔，伪黄安县长耿华，伪崇阳县长胡德龙，
伪京山县长袁子和③。本来，按照原南京"维新政府"和汪伪"南京国民
政府"的规定，各省县知事（1940 年 8 月起改称县长）的任用由省民政

<hr>

① 《鄂县政会议各厅处指示各县事项》，《武汉报》1942 年 9 月 19 日。

② 《剿匪清乡与复兴农村：三十余市县长各抒宏论》，《武汉报》1942 年 9 月 21 日。

③ 《湖北省政府令委二十八县县长》，《武汉报》1941 年 7 月 18 日。

厅厅长提出候选人，交由省政会议议决，再由省长咨请"中央"内政部转呈行政院任命之。但是，伪湖北省政府并不隶属"维新政府"，其县长的任命只根据 1940 年 3 月公布的《湖北省县组织条例》的规定来执行（该条例只规定县长为一县之行政长官，受省政府之指挥监督，处理全县政务，并未明确规定县长产生和任命的具体程序）。即使在 1940 年加入汪记"国民政府"后，伪湖北省政府也对其上述规定阳奉阴违、置若罔闻（其他省份亦如此），以致直到 1941 年 8 月，汪伪"国民政府"还在抱怨各省之现任县长多未"咨部呈院转呈任命，实有未合"，催促各省迅速补办这一手续①。但是，伪南京"国民政府"的抱怨无济于事，只好在 1942 年 8 月的《县政府组织暂行条例》中做出让步，规定：县长由省政府遴选合格人员 2—3 人，经省政府议决任用②。湖北省之后设立的几个伪县政府，也都是由伪省政府与汉口日军特务部协商并征得当地日本警备队同意后直接任命。

伪湖北省政府还通过各厅处召集各县相关部门开会来控制各县伪政府。例如，1941 年 1 月 22—25 日，伪湖北省政府宣传科为了解、咨询和筹划"各县实施宣传工作概况、宣传机关之组织机构、宣传刊物、民众团体、人民复归状况等事宜"③，召开首次全省扩大宣传会议，"各县代表出席者，计有武昌、汉阳、黄陂、应城、蒲圻、京山、九江、安陆、钟祥、汉川、鄂城、大冶、咸宁、临湘、崇阳、沔阳、当阳、监利、岳阳等县代表（县长或宣传科长）。又省府各厅处秘书主任均行参加，全省宣传工作人员，济济一堂，不下二百余人"④。同年 8 月 25 日，为了"强化本省各县宣传机构，策进全省宣传工作"，伪省政府又召开了第二届扩大宣传会议。出席会议的有武昌、天门、随县、星子、瑞昌、孝感、当阳、嘉鱼、大冶、阳新、应城、德安、京山、南昌市、麻城、安陆、永修、通山、应山、咸宁、汉川、江陵、新建、黄冈、南昌、信阳、鄂城、金牛特别区、荆门、宜昌、钟祥、蒲圻、岳阳、九

---

① 伪江苏省政府：《江苏省县长任免文件及履历表》，中国第二历史档案馆藏。
② 汪伪国民政府：《县政府组织暂行条例》，载中国第二历史档案馆编印《汪伪国民政府公报》，第 370 号，江苏古籍出版社 1991 年版。
③ 《全省宣传会议函各县派员出席》，《武汉报》1941 年 1 月 16 日。
④ 《全省扩大宣传会议昨日上午隆重开幕》，《武汉报》1941 年 1 月 23 日。

江、黄梅、安义、黄陂、临湘、汉阳三十九县伪县政府相关部门人员①。其他各部门也都定期和不定期召开全省会议。例如，1941年10月中旬，伪省教育厅"为明了各县教育进展实际情况，以谋全省教育之健全法制，同时共商今后鄂省教育推进方针起见"，"召集各县教育负责当局，举行湖北省第一届教育行政会议"②，伪警务厅也分别在1941年3月和1942年5月召集第一届和第二届全省警务会议，第二届会议，"各县出席者，计四十六个单位。大会提案共九十六件，均经缜密讨论，并经警务处各科室分别指示，及颁发注意实施事项，及三十一年下半年度施政纲要"③。

通过这些措施，伪湖北省政府大体上控制住了沦陷区各伪县政府，保持了沦陷区的"政令统一"，这也是湖北省日伪政权得以维持数年的原因之一。相形之下，伪湖北省政府对县以下基层的控制，就逊色和薄弱得多。

二 伪区公所及伪区署的设立

日伪县政府以下设区。抗战爆发前，国民政府就有区公所的设置，作为县政府的派出机关，协助县政府负责区内行政事务。抗战爆发之后，"各县区治，无形解体"，"以致人们与政府间，缺乏联系之机构"④。在沦陷区伪县政权建立初期，敌伪在占领的主要集镇设立了维持会分会或支会，对人民进行控制。1939年11月，湖北省伪政府成立以后，为了加强对各县的控制，推行所谓"县政"政治，并强化对县以下基层组织的控制，决定恢复和规范区政机构。1940年3月7日，伪湖北省政府颁布《湖北省各县区公所组织章程》及《湖北省各县区政人员任用规则》，对区公所的设置及其区长、区员的任用作出明确规定，要求各县伪政府"将原有市镇治安维持会，或分支会等，一律裁并，按照原定区数，改组为区公所或区公所筹备处"⑤。根据上述任用规则和组织章程，"各县分区名称以数字定之"，"区设区长一人，承县长之命

---

① 《湖北省举行第二届扩大宣传会议闭幕》，《武汉报》1941年8月26日。
② 《鄂省教育厅将召开全省教育会议》，《武汉报》1941年8月12日。
③ 《省二届警务会议昨圆满闭幕》，《武汉报》1942年5月24日。
④ 《湖北省民政厅一年来施政概况》，《武汉报》1940年11月5日。
⑤ 同上。

办理下列事项。1. 辅助县长执行其职务；2. 奉行上级机关之命令，调查报告区内各种情况；3. 指挥监督区内保甲人员执行其职务；4. 依保甲条例及其他法令应由区长执行之职务；5. 如遇匪警需用兵力时，得呈请县政府商情驻军震慑"，"为集思广益增进行政效率起见，得由区长召集区政会议，以区长区员及联保主任保长等为组织之，以区长为主席"，"就当地绅耆之具有声望热心公益尽力于地方者聘为区参议，但系名誉职"。区公所"设区员二人至四人，依事务之繁简配置之，但至少需置通译一人"①，设书记和工役若干。区长的任命，由伪省"政务厅遴选合格人员任用之。在区政人员尚未设所训练以前，得由各县现任县长依照前条之规定保荐相当人员取具证件加注考语呈请政务厅核委"。其具体条件是：年满 35 岁以上，经文官考试合格者，或在政务训练院受训毕业者，或在高级中学以上学校毕业者，或曾任区长、区员两年以上者②。"有反动嫌疑者""曾受刑事处分被处夺公权者""曾被游匪胁从，虽准改过自新而尚在查看管束期内者"以及有"亏空公款、吸食鸦片"等劣迹者不能担任区长。区员的任职资格与区长相同，唯其"由县长遴选合格人员任用之，呈请政务厅备案"③。区政经费开支，包括区长、区员、书记、工役之工资及办公费，"由县长编成各区经费总预算，呈经省政府核定后支给各区"，其具体标准如表 2—11 所示④。

表 2—11　　　　　　　　各县区公所经费标准数目

	项目	区长	区员	书记	工役	办公费
月支数	一等县	70	50	40	18	40
	二等县	60	40	30	18	30
	三等县	50	35	25	16	30
备考		1 人	每人月支数一等县四人，二等县三人，三等县二人	每人月支数	每人月支数	

---

① 伪湖北省政府：《湖北省各县区公所组织章程》，1940 年 3 月 7 日，载伪《湖北省政府公报》，第 2 期，1940 年 4 月 20 日出版，武汉市档案馆藏。

② 伪湖北省政府：《湖北省各县区政人员任用规则》，1940 年 3 月 7 日，载伪《湖北省政府公报》，第 2 期，1940 年 4 月 20 日出版，武汉市档案馆藏。

③ 同上。

④ 伪湖北省政府：《湖北省各县区公所组织章程》，1940 年 3 月 7 日，载伪《湖北省政府公报》，第 2 期，1940 年 4 月 20 日出版，武汉市档案馆藏。

　　根据上述规定，湖北各县伪政府纷纷对区政进行改组，到 1940 年
11 月，"遵照规定改组成者，有武昌、汉阳、黄陂、应城、安陆、应
山、云梦、汉川、阳新、麻城、咸宁、天门、大冶、黄冈、鄂城、信阳
等县。余则正在进行组织中"①。然而，由于局势的动荡，伪省、县政
府自身权威的不足，以及符合条件的人选缺乏和地方势力的抵制，导致
伪区政权组织各自为政，机构组织混乱，人员素质低下，行政效能更无
从谈起。这种状况直到 1942 年尚未得到改变。该年 9 月，伪湖北省民
政厅在第三次县政会议上对各县市应办事项中的指示中，对各县伪区署
的混乱情况有过明确的描述："查区政名称，依照规定应称为某县第几
区公所，其组织规定，每区应设区长一人，区员二人至四人，书记一
人。兹以各县对于区政名称，有称为区公署者（如武昌、南昌、江陵等
县），有以地名称者（如应山县），有称为特别区者（如汉阳及鄂城之
金牛），亦有尚未分区设治者（如咸宁、岳阳）。至对于区政组织，除
规定员额外，有添设副区长者（如武昌），有添设文牍会计者（如大
冶），有添设税务员（如咸宁）办事员（如蒲圻）户籍员（如汉川、崇
阳、阳新）者。"②为整顿这一混乱状况，1942 年 10 月 24 日，汪伪国
民政府公布《各县区署组织暂行规程》，次年 3 月 27 日又颁布《区政
人员训练办法》，统一各县区署组织系统。根据该《暂行规程》和《训
练办法》，各县政府以下，依照不同情况，"划分三至六区，组织区
署"。人员方面：区设区长 1 人，承县长之命办理区内编组保甲、训练
壮丁等事项；另设区员 1—3 人，辅助区长办理区务；设事务员 1 人、
书记 1 人、录事 1 人，分别办理文书、收发、缮写及其他事务；又设区
丁 2—4 人，办理其他杂务。机构方面：区署设总务、行政、建教等股
和食盐公卖处、警察分驻所、公产保管处等直属单位③。为训练区政人
员，伪省政府设"区政人员训练班"，由各县保举"高中毕业或旧制中
学毕业者、对和平运动有相当贡献者以及在本县有声望者"参加学习，

---

① 《湖北省民政厅一年来施政概况》，《武汉报》1940 年 11 月 5 日。
② 伪湖北省政府民政厅：《湖北省县政会议记事》，1942 年 11 月，中国第二历史档案馆
藏。
③ 汪伪国民政府：《各县区署组织暂行规程》，1942 年 10 月 24 日，载中国第二历史档案
馆编印《汪伪国民政府公报》，第 401 号，江苏古籍出版社 1991 年版。

学习内容主要有国民政府政纲、公文程式、和平言论、国民操等，学习期限四个月，毕业后由省政府委任为区长①。1943年年初，伪湖北省政府开始实施《各县区署组织暂行规程》，通令各县改设区署，指令"各县区政人员，依照任用规定由县长保荐合格人员呈请民政厅核委或备查，并须按照区政训练班简章，及分期抽调训练表各规定"，分批抽调到省受训②。如伪阳新县政府区署组织系统如表2—12所示：

表2—12 　　　　　**伪阳新县区署组织系统（1943年）**

伪区署下设机构及执掌	
伪总务股	执掌人事、文书、交际、善校、财政、收发、管卷、典守、印信及其他不属于各股之事
伪行政股	执掌保甲、户口、情报、宣传、卫生、警卫、清乡、统计、慈善、救济、禁烟、禁赌、积谷及其他行政事项
伪建教股	执掌公路、桥梁、交通、水利、堤防、塘堰、征集工料、搜集物资、农工商矿、学校教育、社会教育、私塾改良、合作事业及其他文化事业

区署内设职务及职数		
伪职务	职数（人）	
	甲等区	乙等区
伪区长	1	1
伪区员	3	2
伪书记员	1	1
伪事务员	1	1
伪录事	3	2
伪区丁	4	4

区署直接管辖单位及员役职数	
伪食盐公卖处	甲等区：设主任1人，司称兼管仓1人，司帐1人，管钱1人，发售员2人，工役1人，伙夫1人。 乙等区：发售员1人，其他照甲等区。

① 伪湖北省政府：《区政人员训练办法》，1943年3月27日，载伪《汉口特别市政府公报》，1943年第12期，武汉市档案馆藏。

② 伪湖北省政府民政厅：《湖北省县政会议记事》，1942年11月，中国第二历史档案馆藏。

续表

区署直接管辖单位及员役职数	
伪警察分驻所	巡官1人，巡长1人，警士10—20人，伙夫1人。
伪钱粮分柜	甲等区：稽征员1人，征收生4人，工役1人，伙夫1人。 乙等区：征收生2人，其他照甲等区。
伪区立完全小学	校长1人，训导主任1人，教员若干人，校工若干人。
伪区立民众教育馆	甲等区：馆员2人。 乙等区：馆员1人。
伪民众学校 附设教育馆	均由区政机关主管，当地士绅充任，无给职。
伪区有公产 保管委员会	
伪区调解委员会	

资料来源：《伪阳新县政府档案》，阳新县档案馆藏。

　　由于湖北大多数日伪县政府实际所能控制的地区十分有限，一般只占全县区域的1/3，有的甚至只有1/5到1/10，只有极少数几个县份是全部占领或大部占领，因此，日伪县政府所设区的数目很少，大大少于战前国民党县政府所设区的数目。也有些县为了装潢门面，设立的区数目较多，但每区的管辖范围很小，只有原国民党政府区署辖地的几分之一。例如：伪浠水县政府只设兰溪、巴河两区，数目只有战前的一半；伪蕲春县政府下设第一、二、三区，虽区的数目仅减少一个，但伪县政府的管辖范围仅县境南部长江沿线一带；伪广济县虽然也设武穴、田家镇和龙坪三区，同战前国民党县政府所设区的数目相同，但管辖范围只及全县辖地1/3；伪应山县政府设有5区，比战前国民党区公所还多一个，但实际有效控制范围仅限于城关、广水以及杨寨、郝店、马坪、陈巷等集镇区域内。全省只有被日军全部或大部占领的汉阳、汉川、咸宁、应城、云梦、江陵等县所设区的数目和实际控制面积与战前国民党县政府相当。例如：伪汉川县政府设5个区公所37个联保公所，虽区的数目增加一个，但联保数和控制范围与原国民党县政府基本相同；伪咸宁县政府下设4个区公所，25个联保，区的数目比原国民党政府多一个，联保数相当；伪云梦县政府下设3区21乡，与原国民党县政府区的数目和管辖范围基本相同；伪江陵县设6区54联保，同国民党原

区的数目相同，联保数略少于原来的 76 个①。据调查，湖北各伪县政府
实际所能控制的面积占全县县境的比例各不相同，除前述少数日伪几乎
完全占领的县份以外，其余各县一般不足一半。总的情况来看，江汉平
原各县敌伪控制的面积较大，而鄂东各县以及鄂南鄂北交通干线以外的
各县，控制比例较低。据调查，鄂东行署 11 县沦陷区面积占全区总面
积的 14.4%。其中，沦陷面积比例较高的四县分别是：黄冈县 25%、
黄安县 30%、黄梅县 40% 和黄陂县 60%②。因此，沦陷区日伪政权不
但所辖区署的数目较国民政府少了许多，而且对基层社会的控制力度，
也相形见绌，薄弱了许多。

三　伪乡（联保）保组织及其特点

作为基层社会的管理机构，日伪区署以下设乡（有的县为联保）、
保、甲等组织，这同国民党政权组织系统大致相同。每乡镇或联保设乡
镇长或联保主任 1 人，书记 1 人，事务员 1 人，录事 1 人，户籍员 1
人，联丁 3 人，联小教员 1 人③。各保设保长 1 人，保副 1 人，保丁 2—
3 人。每户设户长 1 人。每十户编为一甲，每十甲编为一保，每乡
（镇）或联保辖 6—15 保。寺庙、船户、公共处所以保为单位另列字号
分别编查。保甲长的主要职责是负责户口编查异动、民众出入的检查报
告、配合军警对抗日力量的搜查和清剿，等等④。对于保甲制度我们将
在第七章中详加考察。

至于这些敌伪区、乡（联保）、保甲组织的人员成分结构，则更
为复杂：国民党前政权中下级官吏和职员、地主乡绅、教书先生、青
洪帮汉流大爷、流氓地痞、无知乡民，三教九流，无所不有。乡、保
长以权谋私、上下其手、敲诈勒索、中饱私囊者比比皆是。更有甚
者，肆无忌惮地鱼肉百姓、作奸犯科。连日伪报纸对此也偶有披露。
例如：《武汉报》曾刊载一封来信，揭露黄陂县长轩岭保长杀人霸产

---

① 材料数据主要来自上述各县县志及《抗战史料》。

② 何之纲：《湖北省政府鄂东行署和鄂东游击总指挥部纪略》，载《罗田文史资料》第 4
辑，第 13 页。

③ 伪阳新县政府：《奉令改区建署案》，阳新县档案馆藏。

④ 汪伪国民政府：《各县编查户口暂行条例》，1943 年 4 月 1 日，载中国第二历史档案馆
编印《汪伪国民政府公报》第 470 号，江苏古籍出版社 1991 年版。

占妻的恶行。"黄陂县长轩岭朱家湾第五保保长朱柏林，买通本湾王氏母子，同谋杀人事。缘古历九月二十九日夜，将本湾之朱永贵，诱至汪氏室内，以刀斧将其杀砍毙命，鲜血遍流，目不忍视。已而又往永贵家中，亦将其妻致死。……并将朱永贵家财搜洗一空。亲邻虽知之，唯拭泪伤心，因畏朱柏林之匪党，故不敢出头。且朱柏林素日为人奸诈，豺狼之性，鬼蜮之心，以欺迫为前提，以谋害为目的，加之色胆包天，所行紊纲乱伦之事，不可胜数。……"①此类事件，在沦陷区并非个案。

值得指出的是，随着沦陷区内中国抗日力量的壮大，全省敌占区中，除个别地区（如武汉三镇）外，其余所有地区的日伪基层政权，几乎都有国共两党地下组织渗入其中，在一部分地区，还直接控制了农村基层政权。因此，在这些地区的基层伪政权组织中，真正死心塌地效命于日寇的并不太多，绝大部分都是敌伪、国民党、新四军游击队三方势力的混合体，绝大部分是两方或三方政权：当事人名义上是敌伪的区、乡、保长，实际上却是两方或三方的代表。他们对日伪方面只是虚与委蛇，有的脚踏两（三）只船，盘算着为自己留条后路；有的身在曹营心在汉；有的则是受命国民党或共产党为抗日工作取得合法身份，真心实意地铁心甘当日寇鹰犬的极少，这种情况越到底层越普遍。例如，日军占领黄冈以后，在雅霍洲（包括雅霍洲和罗霍洲两个江中沙洲）上建立了日伪乡、保政权。为了控制这一地区的基层组织，中共黄冈中心县委派便衣队到岛上镇压了铁杆汉奸乔金才和一个最坏的伪保长，然后对伪乡长胡余安晓以利害，说服他为中共抗日民主政府工作。共产党组织召开伪保长会议，结果"全乡 10 个保的 9 个伪保长（一个被镇压）和胡余安都以身家性命担保，负责到洲上活动的共产党、新四军和民众的安全"。此后，又"通过民主选举，两个地下党员当选为正保长，三个地下党员当选为副保长，乡长也转由地下党员担任"②。这样，在这两个江心洲上，虽然仍然挂着日伪政权的牌子，但实际上已成了白皮红心地为抗日服务的基层政权。

---

① 《黄陂县长轩岭保长杀人霸产占妻》，《武汉报》1942 年 2 月 6 日。

② 中共黄冈地委党史资料征编委员会：《鄂东抗日民主根据地史稿》，武汉大学出版社 1991 年版，第 139—141 页。

第四节　伪政权的实质及其特点

十分明显，日本侵华的目标是要灭亡中国、变中国为其独占的殖民地。但是，受人口、版图、资源等条件的制约，特别是日本的野心不仅仅限于侵占中国，它还要侵占整个亚洲，称霸世界，不能把所有的力量都用于中国，这样，就决定了它不能直接统治中国，而必须采取以华治华的方针，在中国扶持傀儡政权，作为其统治中国的工具。

一　湖北伪政权的傀儡性质

如前所述，早在日军占领武汉之初，日本内阁就决定由其政务指导机关陆、海、外汉口联络会议主导、对华特别委员会负责，建立伪政权，伪政权由汉口联络会议负责指导。同年 12 月日本大本营陆军部制定的《占领地区内中国方面武装团体指导纲要》也明确规定：所有伪政府武装的组建及其活动必须在"日军之统制下进行"①。

日军控制伪湖北省政府的机构是汉口日军特务部。这是一个专门控制华中沦陷区伪政权、掠夺沦陷区战略物资的军事组织。1938 年 11 月 3 日，日本华中派遣军（司令官畑俊六大将）及其所属第十一军（司令官冈村宁次大将）和第二军（司令官东久迩宫捻彦中将，12 月初该军司令部被调回国）进驻汉口后，为了加强对占领地区的军事控制，谋划占领地区的伪政权建设，掠夺占领区的军事物资，第十一军在汉口原金城银行旧址设立特务部，专门负责这一工作。之后，驻汉日本海军根据日本内阁的要求同陆军争夺控制权，也在汉口前中央银行设立海军特务部，日本外务省也在汉口设立代表处，对沦陷区的工作进行指导。在日军占领武汉初期，其陆军特务部和海军特务部对武汉的控制区域有明确的划分。海军特务部控制特一区、特二区及以下市区，即汉口俄、德、法、日租界地区，其余地区则都归陆军特务部控制。由于海军和外务省在湖北的控制区域和实力十分有限，他们在武汉特务部、代表处的活动范围没有超出武汉三镇。而陆军特务部，不仅控制着武汉三镇的大部分

①　转引自中国人民解放军军史资料编审委员会编《八路军——参考资料》（2），解放军出版社 1992 年版，第 226—228 页。

区域，而且在湖北省所有沦陷县份都设有其派出机构即驻县日军指导部，因此，成为湖北沦陷地区的实际权力控制机关。我们现在通常所说的汉口日军特务部即指这一机构①。陆军特务部体制上直属于汉口日军司令部（第十一军），有权处理占领区内除作战指挥和航运、铁路以外的一切政治、经济事务（航运、铁路由海军部负责），抗战时期湖北沦陷区的一切政治经济大权均操于它的手中，它是伪湖北省和汉口市政府的实际控制者和幕后指导机关②。森冈治、柴山兼四郎、落合甚九郎、落合鼎五、福山太乙郎等先后出任该部部长。

1939 年 8 月 1 日，陆军少将柴山兼四郎接任陆军特务部长③。其时，汉口日军特务部编成人员如表 2—13 所示：

表 2—13　　　　　　　　　汉口军特务部编成人员

部长	课长	业务区分	嘱托奏任扱	嘱托判任扱	雇员	佣人	合计
柴山少将	浅见大佐	庶务	3	7	13	46	69
		市政指导	8	5	8	5	26
		地方政务	3	3	13	4	23
		上海联络所		3		2	5
	村上少佐	整理		1	2	2	5
		宣传谋略	5	2	2		9
		情报	1	1	2		4
	浅田中佐	金融	1				1
		产业	2	5	8	1	16

---

① 在 1939 年 4 月以前，汉口日军特务部发布公告，都是以"陆军特务部、海军特务部"双方联合署名的方式公布，4 月开始，所有公告都是陆军特务部以"军特务部"的名义公布。可以看出，陆军特务部已排除海军特务部取得了整个武汉地区的控制权。参见《武汉报》1939 年 3 月 10 日第 1 版《布告》、1939 年 4 月 15 日第 1 版《汉口军特务部布告》、1939 年 5 月 20 日第 1 版《布告》。

② 袁范宇：《武汉沦陷时期日军特务部的一些情况》，《武汉文史资料文库》第二卷，武汉出版社 1999 年版，第 39 页。

③ 汉口日军特务部：《柴山兼四郎接任军特务部部长》，转引自涂文学主编《武汉沦陷时期档案史料丛编②：沦陷时期武汉的政治与军事》，武汉出版社 2007 年版，第 413 页。

续表

部长	课长	业务区分	嘱托奏任扱	嘱托判任扱	雇员	佣人	合计
柴山少将	稻叶少佐九江特务机关	九江特务机关	3	6	7	9	25
		同仁会诊疗防疫班					
	南昌	南昌班	1		4	3	8
	伪满铁	调查班	3	3			6
	伪同仁会	诊疗班	9	6		14	29
	伪同仁会	防疫班					
	伪邮便	检阅班	1	1	9		11
	合计		40	43	68	86	237

资料来源：以上资料节选自日本《汉口军特务部诸工作概况报告》（1939 年 9 月），转引自涂文学主编《武汉沦陷时期档案史料丛编②：沦陷时期武汉的政治与军事》，第 485 页。

1943 年 3 月 26 日，日伪当局宣布：日军特务机关因"国民政府政治经济力已届自主强化，根据中国本身已推进至清新泼剌之政治，并进一步而作有机积极的活动"，将统一改为连（联）络部，归大东亚省领导。4 月 1 日，汉口日军特务部改名联络部，"同时各县之连（联）络部、辅佐官一部已转入于大东亚省"。同一天，汉口日军特务部长落合还发表谈话，称"日军对以前之特务部从新整理特务机关之业务机构，脱去过去之政治的或军事的指导方面，专门担当关于作战警备连（联）络事项及调查。现时国民政府已成为完全独立国家，国力充实，在治安、政治、经济等一切方面均遂行划期飞跃之时，派遣军为期中国更加积极的自发的活动而出以此举，今后既不出于指导之场，对于中国自体之活动而作侧面的协力，各县连（联）络官及辅佐官、省市之连（联）络官等渐次归于部内，至四月底五十六县完全归华，部内之机构移归大东亚省"[①]。但是，日军特务部的改名，只不过是日本政府在新形势下进一步贯彻"以华治华"的策略、增添一点伪政权"独立自主"色彩以欺骗麻痹中国人民的诡计而已。驻汉日军表面上退居幕后，但它对湖北沦陷区伪政府的实际控制，并未有丝毫放松。

湖北省沦陷区出现的各级伪政权，不管是伪湖北省政府、伪武汉市

---

① 《特务部改为连（联）络部，落合部长发表谈话》，《武汉报》1943 年 4 月 2 日。

政府，还是各县伪政府和各区伪政府，都是地地道道的傀儡政权。

首先，如前所述，这些伪政权的出笼，都是日寇一手策划、包办的结果。

其次，这些伪政权的主要权力，都由日军控制。整个沦陷期间，日军向沦陷区的各级伪政府、伪省市政府的各部门和重要单位，都派有所谓"嘱托"、顾问、"联络官"，掌握主要权力，控制和监督伪政府的行动。如前所述，伪武汉维持会成立之时，日军就向其派驻了大批顾问，同伪维持会共同组成联席会议，由日本顾问浅见敏彦掌握实际权力。伪武汉特别市政府建立之后，汉口日军特务部除向伪市政府及各局派驻顾问外，还派驻了大批嘱托，作为其控制伪市政府及其各局的骨干。据 1940 年 9 月 28 日伪汉口市政府训令，该市和伪湖北省政府同时加入汪伪政权之后，由于伪市政府下设机构有所变动，日军派驻伪市政府的嘱托需要重新安排，伪市长张仁蠡一次就任命了高野勇等 28 人担任伪市政府警察、社会、财政、教育、工务和卫生六个局的嘱托。具体人员是：伪警察局 5 名：高野勇、松本汤、生田邦雄、丰中宪荣、松井英；伪社会局 7 名：井田实、隼田积、吉田权藏、太田武彦、曾根胜一、山木丰吉、菊池幸男；伪财政局 1 名：樋田友治；伪教育局 10 名：三浦义一、梅村好遭、樱井潮、岩崎俊晴、左左木角士、长滨义纯、吉冈正秀、本多房子、曾彦、张义魁；伪工务局 4 名：池田官治、伊东一晃、樽井清郎、尤金鼎；伪卫生局 2 名：白川泰治、樋田友治（兼）[1]。10 月，汉口日军特务部长又"推荐"（实则派遣）室田丰四郎、白木光治为伪社会局嘱托[2]。不仅在市政府及其各局设有日本顾问和嘱托，在其他各机关、党部、团体、学校、医院，都设有日本嘱托，掌握各单位的实际权力。1941 年汉口特别市政府日籍顾问和嘱托名单如表 2—14 和表 2—15 所示。

---

① 伪汉口市政府：《委任警察、社会、财政、教育、工务、卫生等六局嘱托》，1940 年 9 月 28 日，武汉市档案馆藏，转引自涂文学主编《武汉沦陷时期档案史料丛编②：沦陷时期武汉的政治与军事》，武汉出版社 2007 年版，第 135—137 页。

② 日军圆部部队：《推荐室田丰四郎等为社会局嘱托及其履历书》，1940 年 10 月 31 日，转引自涂文学主编《武汉沦陷时期档案史料丛编②：沦陷时期武汉的政治与军事》，武汉出版社 2007 年版，第 138 页。

表 2—14　　　　伪汉口特别市政府日籍顾问名单（1941 年 6 月）

职别	姓名	服务机关	备考
首席顾问	高木季熊	本府暨警察、财政、卫生等局	首席顾问兼财政、警察、卫生等局顾问
顾问	山崎精华	社会局暨公用局	社会局顾问兼公用局顾问
	贯惠了	工务局	
	若菜佐	教育局	

资料来源：伪《汉口市政府日籍顾问名单》，转引自涂文学主编《武汉沦陷时期档案史料丛编②：沦陷时期武汉的政治与军事》，第 139 页。

表 2—15　　伪汉口特别市政府各局嘱托人员名单（1941 年 11 月）

	局处	嘱托名单
伪市府	伪秘书处	室田丰四郎黑木信雄
	伪房地清理委员会	山木丰吉桦田积吉田权藏太田武彦
	伪社会局	长滨义纯白木光治
	伪工务局	池田官治伊藤一晃
	伪警察局	中丰虎荣岩崎俊晴生田邦雄松井英
	伪教育局	梅村好遭三浦义一本田房子左左木角士小野猛
	伪卫生局	白砂悟郎金海宗一白川滕治尤金鼎曾根胜一

资料来源：伪汉口特别市政府《日籍嘱托加薪人员名单》，武汉市档案馆藏。

　　伪湖北省政府成立后，日军不仅在伪省府及各机关和各伪县政府都设立了顾问和嘱托，掌握实际权力，而且在公务员训练所、警察训练所、船舶管理局、省立医院、省立中学、省立农场等单位设立管理和技术性的嘱托职位，由日本人担任，加强对基层单位的控制。1941 年，汪伪国民政府为显示内政外交的"独立自主"权，取消省市政府日籍"顾问"名称的设置，改为"联络官"。湖北省伪政府和汉口市伪政府亦遵令照办，仿照南京、上海两市办法，从该年 9 月 1 日起，"将顾问改为联络官，以归一律"①。嘱托名称，仍维持不变。

　　这些顾问（联络官）和嘱托，不仅在各级伪政府内拿着高薪（按伪汉

---

　　①　伪汉口特别市政府：《汉口市政府将日籍顾问改为日籍联络官》，1941 年 9 月，武汉市档案馆藏，转引自涂文学主编《武汉沦陷时期档案史料丛编②：沦陷时期武汉的政治与军事》，武汉出版社 2007 年版，第 140 页。

口市政府 1940 年 10 月所列日籍嘱托加薪表，每名嘱托月薪 300—400 元，若离职、退职，还要领取两个月以上的月薪至五千元的"补偿金"；"退职归国者，并得酌给归国旅费"）①，而且牢牢掌握着所在伪政府、机关或单位的实际权力。他们参加各级伪政府政务会议，不仅拥有表决权，而且所有重要决定必须经他们批准，才能通过，所有重要公文亦须经他们同意并签署才能生效。他们在伪政府和机关单位内上班，时刻监督和控制着所在政府和单位，是所在机关和单位的太上皇。在伪汉口市政府、伪湖北省政府时期，历次伪市政会议和伪省政会议都有众多日本嘱托参加。例如，1940年 3 月 20 日召开的伪武汉特别市政府第二次市政会议，出席的 23 人中，日本嘱托就占 6 人。具体的与会嘱托和汉奸名单是：张仁蠡、浅见大佐*、丸山郁之助*、谷头和夫*、船越寿雄*、高木季雄*、五十岚保司*、林德基、徐海铎、高伯勋、方达智、孔楚才、杨恩慰、张学謇、杨蔼堂、徐养之、王大德、王武刚、叶春霖、林尚志、计国桢、刘翰如、陶敦礼（名字右上方带 * 号者为日本嘱托）②。1940 年 4 月 11 日伪湖北省第七次省政会议出席人员中，日本嘱托有 7 人，占总人数 21 人的 1/3；4 月 25 日的第八次伪省政会议 23 名出席人员中，日本嘱托占 7 人，该次会议的出席人员是：何佩镕、浅见大佐*、张若柏、若曾根昌夫*、汪沄、中村繁人*、刘泥清、井户川一*、宋怀远、徐慎伍、市木清逸*、王寿山、冈田治三郎*、程汉卿、杨鐠绪、吴元泽、杨辉廷、鲁方才、穆恩堂、王松如、宫本丰、李炎汉、茂本久平*（带 * 号者为日本嘱托）。同年 5 月 2 日的第九次省政会议，出席的 22 人中，日本嘱托占 8 人③。在伪政府各类武装团体中，也都有日军担任指挥官。1942 年 8 月，伪武汉行营成立，杨揆一任参谋长，日军派一个上士马夫任日方指挥官④。1944 年 4 月，又派汉口日军联络部部长落合任

---

① 伪汉口特别市政府：《汉口市政府日籍嘱托加薪表》，1940 年 10 月 22 日；伪武汉特别市政府：《武汉特别市政府客籍顾问退职金给予规则》，1940 年 6 月 15 日公布，武汉市档案馆藏，分别转引自涂文学主编《武汉沦陷时期档案史料丛编②：沦陷时期武汉的政治与军事》，武汉出版社2007 年版，第 137、134 页。

② 参见伪武汉特别市政府秘书处《武汉特别市政府第二次市政会议记录》，中国第二历史档案馆藏。

③ 伪湖北省政府秘书处：《湖北省政府 1940 年第一次至第三次会议及其它会议记录》，武汉市档案馆藏。

④ 湖北省地方志编纂委员会：《湖北省志·军事》，湖北人民出版社 1996 年版，第 171 页。

顾问，进行控制①。在伪军各师、团中，也有日本士兵和浪人任日方指挥官。在省属各学校、医院、场局等机构，也都设有由日本人担任的教员、医生、技术员等职位。如伪武汉特别市立医院仅由山西人何铁庵任挂名院长，之外医务长入江谦六郎、11 名医官青木静八等均为日本人；汉阳施诊所主任医师北原一雪、医师须藤京子、药局主任伊藤直嗣等也是日本人②。1941 年伪省市政府联络官职务设置和 1943 年伪省政府所属机关单位和县市日本嘱托名单如表 2—16 和表 2—17 所示：

表 2—16　　　伪湖北省政府、武汉特别市政府连（联）络官职务区分

省政府			市政府		
区分 处厅	职务		区分 处局	职务	
	主任	副主任		主任	副主任
伪秘书处	斋藤涟	高木季熊	伪秘书处	高木季熊	井户川一
伪民政厅	冈本保三	山崎精华	伪警察局	服部守次	冈田治三郎
伪财政厅	井户川一	高木季熊	伪财政局	高木季熊	井户川一
伪建设厅	谷口幸二	贯惠了	伪社会局	山崎精华	冈本保三
伪教育厅	市木清逸	若菜佐	伪公用局	山崎精华	井户川一
伪警务处	冈田治三郎	服部守次	伪教育局	若菜佐	市木清逸
伪保安处	薄田稻雄	服部守次	伪工务局	贯惠了	谷口幸二
			伪卫生局	高木季熊	冈田治三郎
备考	一、副主任协助者执行职务并不代行				

资料来源：伪《湖北省政府、汉口市政府联络官职务区分表》，武汉市档案馆藏，1941 年 10 年 19 日，转引自涂文学主编《武汉沦陷时期档案史料丛编②：沦陷时期武汉的政治与军事》，第 140—141 页。

表 2—17　　1943 年伪湖北省所属各机关、单位、县市日本嘱托情况

职别	服务机关	姓名	备注
伪湖北省政府嘱托	伪政务厅	森川金寿	兼办合作事业事务
伪湖北省政府嘱托	伪政务厅	仓林贞	
伪湖北省政府嘱托	伪政务厅	左藤喜安	
伪湖北省政府嘱托	伪政务厅	八木清吉	

① 《落合兼行营顾问》，《武汉报》1944 年 4 月 16 日。
② 伪武汉特别市政府：《武汉特别市政府周年纪念特刊》，1940 年 4 月，国家图书馆藏。

职别	服务机关	姓名	备注
伪湖北省政府嘱托	伪政务厅	安井成人	
技术员	伪船舶管理局	五十岚勇	
技术员	伪建设厅	左藤博	
技术员	伪建设厅	山本大吉	
兽医	伪武昌屠宰场	吉田胜义	
兽医	伪汉阳屠宰场	河野定义	
嘱托	伪湖北省高等法院	藤末荣太郎	
医师	伪省立医院	高桥武男	
医师	伪省立医院	度部广明	
伪湖北省政府嘱托	伪省立医院	大仓一郎	
药剂师	伪省立医院	北原一雪	
技术员	伪金水农场	中津正二	
技术员	伪金水农场	岗松兵吾	
技术员	伪金水农场	三好正男	
技术员	伪金水农场	村上广胜	
训练员兼教员	伪公务员训练所	中川太郎	
训练员兼教员	伪省立第一师范	中野正德	
训练员兼教员	伪省立第一中学	天野智英	
教员	伪省立农业专门学校	黑川正芳	
教员	伪省立农业专门学校	深毫倬三	
教员	伪省立第一师范	吉满秀雄	
教员	伪省立第一中学	竹一谷节	
教官	伪警务处	田上明	
教官	伪警察训练所	池田千年	
伪湖北省政府嘱托	伪武昌县政府	多田贞一	
伪湖北省政府嘱托	伪汉阳县政府	山本太郎术门	
伪湖北省政府嘱托	伪汉川县政府	牧健三	
伪湖北省政府嘱托	伪汉川县政府	渡出石武	
伪湖北省政府嘱托	伪云梦县政府	森祥威	
伪湖北省政府嘱托	伪云梦县政府	石泽丰	
伪湖北省政府嘱托	伪天门县政府	宫田善一郎	
伪湖北省政府嘱托	伪京山县政府	山内角二	
伪湖北省政府嘱托	伪安陆县政府	阿部德治	
伪湖北省政府嘱托	伪钟祥县政府	光地太四郎	
伪湖北省政府嘱托	伪潜江县政府	奥竹兴	

续表

职别	服务机关	姓名	备注
伪湖北省政府嘱托	伪沔南县政府	大矢昌司	
伪湖北省政府嘱托	伪沔北县政府	志贺义幸	
伪湖北省政府嘱托	伪监利县政府	妹尾义邦	
伪湖北省政府嘱托	伪监利县政府	田中嘉吉	
伪湖北省政府嘱托	伪临湘县政府	松永作太郎	
伪湖北省政府嘱托	伪蒲圻县政府	古田邦次	
伪湖北省政府嘱托	伪蒲圻县政府	桂寿义	
伪湖北省政府嘱托	伪嘉鱼县政府	大川兼三	
伪湖北省政府嘱托	伪崇阳县政府	宫野良辅	
伪湖北省政府嘱托	伪咸宁县政府	寿见幸男	
伪湖北省政府嘱托	伪咸宁县政府	比良操	
伪湖北省政府嘱托	伪通山县政府	森山了	
伪湖北省政府嘱托	伪黄冈县政府	宫垃重郎	
伪湖北省政府嘱托	伪黄陂县政府	黑木纹土	
伪湖北省政府嘱托	伪信阳县政府	高桥健造	
伪湖北省政府嘱托	伪随县县政府	细谷升一	
伪湖北省政府嘱托	伪麻城县政府	林山影	
伪湖北省政府嘱托	伪黄安县政府	贺川久	
伪湖北省政府嘱托	伪孝感县政府	百武一虑	
伪湖北省政府嘱托	伪荆门县政府	日高太三	
伪湖北省政府嘱托	伪荆门县政府	西郡荣	
伪湖北省政府嘱托	伪当阳县政府	出口寅雄	
伪湖北省政府嘱托	伪当阳县政府	尾原亮	
伪湖北省政府嘱托	伪鄂城县政府	小泽俊道	
伪湖北省政府嘱托	伪鄂城县政府	藤泽义春	
伪湖北省政府嘱托	伪大冶县政府	铃木弥	
伪湖北省政府嘱托	伪大冶县政府	尾芳时丸	
伪湖北省政府嘱托	伪阳新县政府	高木美智雄	
伪湖北省政府嘱托	伪浠水县维持会	田雄基本	
伪湖北省政府嘱托	伪黄梅县政府	佐藤善藏	
伪湖北省政府嘱托	伪广济县政府	松井泰雄	
伪湖北省政府嘱托	伪蕲春县政府	武富典三	

资料来源：伪湖北省政府《湖北省政府工作报告书》（1943 年 6 月），中国第二历史档案馆藏。

再次，在伪政府官员的任命权方面，日军掌握着绝对的决定权。

日军直接控制伪省政府及其所属厅处及各县政府人员的组成，以确保由死心塌地为日本卖命的汉奸掌权。伪省政府成立时，省长及各厅长的人选都由汉口日军特务部确定。在划归汪伪政府以前，伪省长由日军特务部直接任命。1940 年 10 月划归汪伪政府以后，名义上，伪省长由汪伪政府任命，但仍须经华中日军同意，才能发布，实际决定权仍操纵在汉口日军特务部手中。各厅厅长乃至科长、秘书、技正等人员的任命，也必须征得华中日军特务部的批准才能委任。为了选择对日本侵略者绝对服从和忠诚的汉奸进入各级傀儡政权，日军尽量从留日出身的旧官僚中物色人选。如 1940 年 10 月出台的伪省政府主席和十名委员中，除两名身份不详外，其余九人都是留日学生出身，其中，主席和至少 7 名厅处长全都是留日出身。具体情况见表 2—18：

表 2—18　　　　　伪湖北省政府首任省府委员履历

姓名	职务	年龄	籍贯	出身	主要经历
何佩瑢	伪主席	61	湖北建始	前清附生，湖北自强学堂毕业，日本陆军士官学校第四期毕业生	保定陆军学堂和陆军大学教官，近畿陆军第二师参谋长。国民政府湖北财政厅长，政务厅长，湖北省长，伪武汉特别市参议府议长
贺遐昌	伪省府委员兼秘书厅长	56	湖北鄂城	前清附生，法政科举人，日本明治大学毕业	前清陆军部主事，民初湖北都督府参议，四川雅安县知事，天全县知事，武昌区营业税局秘书，伪武汉维持会秘书，武汉参议府秘书主任
汪沄	伪省府委员兼民政厅长	53	湖北汉阳	前清附生，湖北自强学堂毕业，日本振武学校、明治大学法律科毕业	前清邮传部主事，民国湖北沙市地方审判厅厅长，湖北省长公署内务科科长兼秘书，武汉留日同学会会员，伪武汉特别市参议府教务科科长，武汉政权树立准备委员会法制编纂委员
徐慎五	伪省府委员兼财政厅长	56	湖北沔阳	湖北自强学堂毕业，东京同文书院、盛冈高等农林学校毕业	湖北高等农业学堂教授，民国湖北军政府外交部总务科长，湖南外交司秘书，伪武汉维持会秘书，伪武汉特别市政府社会局秘书主任

续表

姓名	职务	年龄	籍贯	出身	主要经历
宋怀远	伪省府委员兼建设厅长	37	湖北宜昌	日本东京东北帝国大学工学部毕业	日本宫城电气铁道株式会社车库主任，平汉铁路工程司长辛店机厂动力部主任兼江岸电灯厂厂长，伪武汉特别市建设局公营科长
黄实光	伪省府委员兼教育厅长	38	福建南安	厦门大学法学士，留学日本	厦门法政专门学校教授，敌伪武汉《大楚报》总编辑，伪湖北省财政厅审核科长，武汉青年协会常务理事，伪共和党总部组织部副部长
王寿山	伪省府委员兼保安处长	55	湖北武昌	日本东京警视厅暨警监学校专科毕业	湖北警察总局参议，沙市地方检察厅检察长，汉口警察厅督察长，汉口警察局第十分局长，伪武汉维持会参事，伪武汉特别市政府参议府金事
雷寿荣	伪省府委员	61	湖北武昌	前清贡生，湖北创始师范学堂毕业，日本陆军士官学校毕业	陆军中将，北京参谋本部次长，国民政府军委会北平分会高等顾问，京津治安维持会联合会秘书局长，武汉参议府副议长
魏炼青	伪省府委员	46	湖北建始	保定军官学校第三期毕业，陆军大学第九期毕业	湖北学兵营连长，驻鄂绥靖公署少将参谋处长，武汉行营参谋处处长，中央军官训练团办公厅主任参谋
方焕如	不详				
王仕任	不详				

资料来源：伪湖北省政府《省政府职员履历表》，湖北省档案馆藏。

伪武汉市政府的情况也是一样。从 1939 年 4 月伪武汉特别市政府成立开始，到抗战结束敌伪政权覆灭，伪武汉市政府的所有中、高级职位都由汉口日军特务部控制。在伪武汉特别市政府成立时，由于它是一个"独立"的政权机构，不受任何伪政府管辖，直接受命于汉口日军特务部，是个十足的影子政权。1940 年汪精卫武汉之行后，伪武汉政府虽宣布拥戴南京政权，但仍处于"半独立"状态。1940 年 6 月 1 日公布实施的伪《武汉特别市组织条例》，对武汉特别市政府与伪中央政权的关系，表述为"受中央政府的监督，在法令范围内处理本市一切事务"，实际上仍然只受日军控制。1940 年 10 月，伪市政府同伪省政府一起划归汪伪政权之后，名义上伪市政府的官员由汪伪政府任命，实际上，上至市长下到科长所有伪职人员的任命，都要征得汉口日军特务部的同意。1943年10月划归伪省属后，伪省政府对伪汉口市政府官员的任命更是唯日军意志是从。日军为了使伪政权的汉奸对其绝对忠诚服从，除了十分注重其留日背景外，还尽可能多地从东北和华北日伪政权的官僚旧部中选拔汉奸进入伪市政府就职。据1940年10月伪汉口市长张仁蠡向伪南京政府行政院长汪精卫的请任报告，拟任伪汉口市政府秘书长、参事和各局长九人中，五人具有留日经历，六人曾在东北和华北日伪政权中担任过各种职务。具体情况见表2—19。

表2—19　伪汉口市政府市长、参事及各局局长履历（1940年10月）

姓名	职务	年龄	籍贯	出身	主要经历
张仁蠡	伪市长	41	河北南皮	北京大学文科毕业	湖北督军公署秘书；北京民国大学教授；大成、文安、霸县、武清、丰润等县县长；冀东反共自治委员会民政处长兼秘书处长；冀东政府民政厅长
杨恩霈	伪市政府秘书长	44	湖北云梦	北京中央法政专门学校毕业	两湖巡阅署参谋；山东省公署秘书；河北省建设厅第二科科长；冀东防共自治政府民政厅第一科科长；武汉特别市政府秘书长
林德基	伪市政府参事	57	广西贺县	京师法律学堂毕业	汉口地审厅推事；湖北高审厅推事；丰润县政府科长；冀东防共自治政府民政厅第一科科长；武汉特别市政府参事
林尚志	伪市政府参事	31	福建龙溪	日本东京大学齿科毕业；日本东京早稻田大学函授部法律科政经科毕业	福建集美大学讲师；河北丰润县政府外事秘书；冀东防共自治政府民政厅秘书；中华民国新民会中央指导部秘书；武汉特别市政府秘书处秘书主任；武汉特别市政府参事
张学骞	伪警察局长	49	山西榆次	日本陆军振武学校毕业；日本陆军士官学校毕业	代理陆军第八镇三等参谋官；湖北陆军讲武堂教官；安武军随营学校教育长；安武军随营学校校长；河北省省警队总队长；武汉特别市政府警察二厅厅长；武汉特别市政府警察局局长
徐养之	伪社会局长	51	湖北江陵	保定陆军军官学校	山东第五师第二十团二连排长；上海特别市政府警察总局总务科长；武汉特别市政府宣传局长；武汉特别市政府社会局长

续表

姓名	职务	年龄	籍贯	出身	主要经历
孔楚材	伪财政局长	44	山东曲阜	北京大学法律系毕业	湖北实业厅秘书；威县知事；武汉特别市政府盐政管理局局长；武汉参议府盐政总局局长；武汉特别市政府参事
高伯勋	伪教育局长	51	湖北鄂城	民国元年东京高等商业学校入学，民国七年同校专攻部毕业。	武汉商业专门学校教授；江汉中学训育主任；武汉教员训育所主事；武汉特别市政府教育局局长
高凌美	伪工务局长	43	湖北鄂城	日本京都帝国大学工学部土木科卒业	日本名古屋铁道局实习；奉天洮昂铁路工程局公务科员；汉口特别市工务局第二科科长；武汉特别市堤防局局长；武汉特别市建设局工程处处长；武汉特别市政府工务局局长
王大德	伪卫生局长	43	四川江油	日本东京第一高等学校特别预科卒业，日本冈山第六高等学校第三部卒业，日本九州帝国大学医学部卒业	九州帝国大学第三宅外科教室助手；汉口普仁医院院长；汉口市立医院院长；汉口市看护养成所教授；武汉特别市政府卫生局局长

资料来源：参见张仁蠡《汉口市政府组成人员履历表》，1940 年 10 月，转引自涂文学主编《武汉沦陷时期档案史料丛编②：沦陷时期武汉的政治与军事》，第 111—118 页。

　　各县伪政权组织，同样也是由驻县日军警备队控制。在伪湖北省政府成立以前，各县治安维持会会长和县政筹备处处长都是由日军指定。伪湖北省政府成立后，伪县长名义上由省政府委任，但必须事先与驻汉日军特务部协商，通过特务部与驻县日军沟通，取得驻县日军的同意，方能任命；实际上，仍然是由驻县日军推荐，伪省政府再行委任。而且，伪湖北省政府只有权任命县长，而无权撤换县长。各县县长也有相当一部分由留日出身的旧官僚担任。本书前面所列湖北沦陷区 34 名首任伪县长中，具有明确留日经历的达到 1/4，其余的也皆为卖国求荣、效忠日寇的无耻之徒。除伪县政府外，日军甚至直接控制伪区政府，《湖北省各县区公所组织章程》中规定：伪区政府"至少需置通译一人"，就是为了承听和执行当地日军的意旨。

　　最后，判断一个政权的性质，不仅要看是哪些人、什么人在掌权，更要看这个政权的所作所为，看它是为谁服务，给谁带来利益。本书下面各章，将用大量铁的事实，证明湖北省沦陷区的各级日伪政权，完全是一个日本军队凭借刺刀扶植起来的傀儡政权，其所作所为只是为日本侵略者以战养战、以华治华、支撑"大东亚圣战"服务，与伪满洲国及其他沦陷区的伪政权在本质上没有任何区别。

二　湖北沦陷区伪政权的特点

由于湖北省的地理位置及其在抗战中的战略地位所决定，相较东北、华北和华东地区的伪政权而言，湖北沦陷区伪政权具有以下一些特点：

第一，除伪省政府之外，湖北各市县及基层伪政权都是在中国军队有序撤退、日军进占沦陷区之后很快就建立起来的，全省各地基本没有出现无政府的混乱状态。湖北沦陷时，全面抗战已一年有余，国民政府组织的武汉保卫战，虽然没有守住武汉，但已达成了自己的战略目标，国民党军队是根据实力对比和战略全局且战且退，有计划、有步骤地撤出武汉等地，并非一溃千里、仓皇出逃。国民政府在撤离武汉时，已完成了政府机关、重要工厂、大中学校及相关人员的疏散与内迁工作。针对抗战前期许多县政府在日军进攻时擅自撤退的恶劣现象，1938 年 6 月，蒋介石电令武汉卫戍区司令兼湖北省政府主席陈诚："近查战场附近各县长当发现敌军接近时有擅自离城避匿，使守城或增援部队一切无从接洽者，不独违背守土有责之本职，尤乖军政协同一致抗战之精神。嗣后各县长凡未奉命令擅自离城逃避者，当照军律从严处治，决不宽宥。"[①] 陈诚立即将该命令转发各行政督察专员及各县县长，严令切实遵循。整个抗战期间，虽然湖北省沦陷区的所有县政府都撤出了县城，迁往县内其他地区或借治外县，但国民政府仍保持了基层政权的组织系统。虽然也有少数县未遵令而行，如武昌县长杨适生在日军尚未进入武汉之前，即于 1938 年 10 月中旬率县政府职员弃县城而逃，后"擅自随省府携印西上"，致使"区乡机构如目失纲，趋于解体，县有武力亦由中队长刘珍率交汉阳县政府改隶指挥，历年档案籍册付之一炬，县境尚

---

① 湖北省政府：《委座电嗣后各县长不能离开治区如发现敌军接近时逃离者当照军法惩治》，湖北省档案馆藏。

未沦陷，而人民已无政府"①。又如，1938 年 11 月初，嘉鱼县沦陷后，县长姚珍树不仅不组织民众开展游击抵抗，反而"强提税款，偕同心腹数人，弃城西上，致使县政失主"②。但是，大多数县政府在撤退之前，都做了一些必要的准备，基本上实现了有计划地安全转移。同时，湖北沦陷时，战争已进行了一年之久，民众已有了心理准备，多能配合县政府的撤离和善后工作。而日军也有了前期占领和控制中国华北和华东地区的"经验"，每到一地就积极筹建"维持会""自治会"之类的伪准政权机构。所以，沦陷初期，湖北沦陷区总的来说没有出现华北、华东许多地方一度出现过的较长时期的权力真空和社会混乱状态，整个社会并未失控。

第二，同汪伪南京中央政权相比，湖北省伪政权的实力和地位都虚弱得多，没有任何同日军讨价还价的资本，只能听从日军的任意摆布。近来有学者研究指出："1940 年 3 月汪伪政府成立，其规模、实力等方面均在'维新政府'之上。正因为如此，汪伪政权也不像'维新政府'那样对日本人俯首帖耳，而是积极主动地争取更多的权利……太平洋战争爆发后，尤其是 1942 年与 1943 年之交，日本帝国主义业已陷入困境。日军为了从中国战场上腾出兵力全面应付战事，不得不抛出'对华新政策'，其要旨是'强化'汪伪政府的'政治力量'，加强后者对各地伪政权的'领导'，使其处于名副其实的中心地位。汪伪政权因此也有了更多的自主权，比如对地方政府的人事任免权，以及对省政府以下行政事务的独自处理权。"③而伪湖北省市政府的头面人物，既没有汪精卫等的"名望"、实力、"雄心"，也没有伪南京中央政府那样的"地位"和可以讨价还价的本钱，所以，伪湖北省市政府的傀儡性和虚弱性，暴露得更加明显和强烈。首任伪湖北省长何佩镕，是一个靠依附军阀谋取职位的老迈政客，在位两年多，只想在日本人的庇护下，做个皇帝。他苦心孤诣地欲图依靠日军汉口特务部与伪南京国民政府分庭抗礼，营造自己的"独立王国"。继任的杨揆一是一味顺从汪精卫（他能当上伪湖北省长的重要原因之一是走了汪的老婆陈璧君的门路），上台

---

① 武昌县政府：《武昌县抗战史料》，1948 年，湖北省档案馆藏。
② 嘉鱼县政府：《嘉鱼县抗战史料》，1948 年，湖北省档案馆藏。
③ 潘敏：《江苏日伪基层政权研究（1937—1945）》，上海人民出版社 2006 年版，第 6—7 页。

后多次与汉口日军特务部交涉，表面上取得了军事、人事、财政、党务方面的一些权利，但此时日伪统治的大势已经每况愈下。杨"主政"近三年，没有什么建树，自感回天无力，只好自动请辞。末任伪湖北省长叶蓬军人出身，深知军权的重要。但他接任省长时日军败局已定，加之"人形事件"（1935 年叶蓬任汉口警备司令期间，曾在司令部内设置日本军人形象的枪靶；后日本驻汉口领事提出抗议，叶被撤职。日本人称为"人形事件"）的影响，日本军方对叶始终怀有防范和警惕的心理。日本军方竭力限制叶蓬在武汉行营的行动，只允许他从南京带来一个卫队连，又以拖延之策使叶在湖北成立军队的要求不能如愿。故而伪湖北省政府的实际权力，实在有限得很。

第三，湖北省伪政权的统治，明显地暴露出"头重脚轻""顾此失彼"的态势：日伪政权比较能够真正控制的不过是武汉市，至多还有平汉铁路、长江航道及若干县城。沦陷区的广大农村，有的仍属于国民党区、县政府或者共产党的抗日政权控制，即使是表面上建有日伪政府机构的地区，也多处于"两面政权"甚至"三面政权"的控制之下。这固然与日本是一个小国、中国是一个大国有关，更与湖北省始终处于中日双方交战的最前线、日军始终必须集中兵力应付正面战场的攻守、无力像在华北地区那样发动大规模的"扫荡"、亦无力像在江浙那样长期"清乡"有关。湖北省伪政权只能控制沦陷区的点和线，而广大的面，它则鞭长莫及、望地兴叹。据陈诚回忆，他于 1940 年 9 月再任湖北省省长时，全省 71 县、市，除省政府完全能行使政权的 31 县外，"县城无恙，部分沦陷者四县；县城沦陷，县长迁地办公尚能行使政权者二十九县；敌伪盘踞，不易行使政权者六县；敌伪盘踞，完全不能行使政权者一市"①。除回避了共产党在湖北沦陷区建立和坚持了若干区域和政权外，陈诚的话基本属实。

第四，从表面上看，湖北省伪政府的行政体制，大体上沿袭了原湖北省政府的行政体制，但实际上，伪政府的合法性、执行力和控制力，都较原政府大大削弱和丧失。湖北沦陷前，国民政府通过"训政"，不但将政权的触角，甚至将国民党党权的触角，伸向了整个社会的各个方面和各个角落。原国民党政权假"训政"之名，实行以党

---

①　陈诚：《陈诚回忆录》，东方出版社 2010 年版，第 151 页。

治国、以党辅政、一党专政，使中央政府对社会基层的控制和政党政治在中国历史上都达到了一个空前的高度。但是，湖北沦陷后，伪政权虽然也想全面继承国民政府和国民党在湖北的统治地位，但是，因其政权的性质、实力和地位的不同，它的这一想法只不过是一厢情愿的梦想。

1939 年 11 月，何佩镕任伪湖北省长后，也曾想通过建立党权，来加强其傀儡政权的统治。1940 年 6 月，他抓住"自汪精卫先生毅然还都，倡导和平，首揭不专一党"的假惺惺"宣言"，"复活"辛亥革命时期在湖北建立的所谓"共和党"，企图与南京汪精卫的伪国民党相抗衡。他自任共和党总裁，以石星川为副总裁，并在全省沦陷区重要地区设立党部和党务人员训练班，吸收党员，一时间，党员人数超过四万，演出了一出借尸还魂的闹剧[1]。但是，汪伪南京国民政府成立后，日本主子支持汪精卫实行行政和党务统一的政策。汪精卫对何佩镕在湖北另组新党与南京抗衡的行为不能容忍，何佩镕的计划无法实现。汪精卫对共和党软硬兼施、双管齐下：首先命令其控制的驻汉特务机构特工总部武汉区，将共和党秘书长谭希吕扣押，并将共和党农工部秘书长朱光照、和平宣传团团长谢福林等捕送日寇汉口宪兵队[2]。1940 年 12 月 6 日，"现任中华民国共和党总务部长、中江银行监事谢立生……忽遭暴徒预伺狙击，当即中枪受伤倒地"[3]。同时，又派南京伪国民党中央组织部长梅思平来汉，封何佩镕、张仁蠡为"国民党中央委员"，把原共和党骨干谭希吕、李芳等安置到伪国民党湖北省党部当委员，迫使共和党解散。何氏等见共和党既得不到日本主子的支持，又遭到汪精卫的逼迫，只好宣布："佩镕等深为近察情势，远鉴善邻，计非与中央通力合作，加厚一大政党之势力，不足成臂指联络之功。知东亚联盟，日形紧密，更非合群并力，不足以克服时艰。而建设东亚新秩序爰与我党同知，详密筹商。金愿携同党员数万人，一律加入汪主席党帜之下，以为他政党之先声。"[4] 1940 年 12 月 20 日，共和党召开党员代表大会，举

---

① 《中华民国共和党正式归并国民党》，《武汉报》1940 年 12 月 18 日。

② 涂文学、李卫东：《导论：武汉沦陷时期的政治与军事》，载涂文学主编《武汉沦陷时期档案史料丛编②：沦陷时期武汉的政治与军事》，武汉出版社 2007 年版，第 11 页。

③ 《共和党总务部长谢立生昨遇暴》，《武汉报》1940 年 12 月 7 日。

④ 《共和党归并宣言》，《武汉报》1940 年 12 月 18 日。

行了闭幕仪式①。1941 年 4 月，何佩镕"业经中央党部任命为湘鄂赣三省党务特派员……负责清理共和党结束任务之谭希吕氏承告记者云：任命一将到达……所有共和党结束后之一应事项，即将全面移交特派员公署接收"②。何佩镕借助共和党加强其傀儡统治、与汪精卫政权相抗衡的梦想彻底破灭。

　　不仅何佩镕的共和党不被容于汪精卫伪政府，湖北省伪政府其他任何借助建立新的政党，哪怕是公然表示亲日、降日的政党来加强其对湖北沦陷区控制的企图，也不能被汪精卫所接受。1943 年 3 月 29 日，汪记国民党汉口特别市执行委员会主任委员王锦霞密报"南京中国国民党中央执行委员会主席"汪精卫："近查有谢党城、林修身等在美组织大中华国家社会主义青春党"，"闻其党员""大都为基督教徒及失意青年，现有党徒人数不详"，"并于本月二十八日在汉口特三区鄱阳街六十六号圣保罗公会内举行成立典礼"，"一面旗为夹层为友邦日本国旗，另一面作圆红圈圈内加一十字，标新立异用意叵测。查谢党城乃台湾人，前充黄卫军上尉副官……向外扬言已得友邦驻汉军特务部文教班长坂卷之支援"③。汪记中国国民党中央执行委员会秘书长褚民谊立即转达了汪精卫的批示："谢林诸人行为诡谬，应由市府迅向各关系方面交涉并饬属查禁防制。"④ 很快，王锦霞即呈报汪精卫，取缔了大中华国家社会主义青春党，"该党衔牌旗帜均已撤除，谢林诸人亦均销声匿迹已停止活动"⑤。

　　不仅如此，湖北省伪政权头目利用汪记国民党来加强其傀儡统治的企图也受到严格的控制，湖北伪政权的合法性和控制力不仅遭到中国人

---

　　① 《共和党总部昨开党员代表大会，举行闭幕仪式》，《武汉报》1940 年 12 月 21 日。

　　② 《中央任命何佩镕氏为三省党特派员后前共和党准备全部移交》，《武汉报》1941 年 4 月 24 日。

　　③ 伪中国国民党汉口特别市党部：《密报汉口成立大众化国家社会主义青春党代电》，1943 年 4 月 1 日，武汉市档案馆藏，转引自涂文学主编《武汉沦陷时期档案史料丛编②：沦陷时期武汉的政治与军事》，武汉出版社 2007 年版，第 149 页。

　　④ 伪中国国民党汉口特别市执行委员会：《中国国民党中央执行委员会要求查办在汉大中华国家社会主义青春党公函》，1943 年 4 月 9 日，转引自涂文学主编《武汉沦陷时期档案史料丛编②：沦陷时期武汉的政治与军事》，武汉出版社 2007 年版，第 151 页。

　　⑤ 伪中国国民党汉口特别市执行委员会：《呈报大中华社会主义青春党取缔一案》，1943 年 4 月 24 日，转引自涂文学主编《武汉沦陷时期档案史料丛编②：沦陷时期武汉的政治与军事》，武汉出版社 2007 年版，第 152 页。

民的反抗和打击，同时，也受到来自日本侵略者轻视和打压的威胁。共和党被解散后，1941 年 5 月，汪精卫任命何氏为湘鄂赣三省党务特派员，企图将其汪记国民党的势力完全渗透到湖北沦陷区。但是，经过了几年的努力，汪记国民党仅仅是在日伪省、市、县级搭起了一个架子，越到下面越空。即使在武汉市，这一组织也受到了日军的极度蔑视和欺凌。1943 年 4 月 1 日，汪记国民党汉口特别市第一区党部执委张义胜向市执行委员会紧急报告："属会处于今日（本月一日）下午二时突有友邦军人来会自称为军特务部，声言前已向市党部说明，限三十一日以前将此福音堂住处速急迁出，至今为何尚未照办，当即勒令搬出。职等因语言不通，且凶恶异常，难以抗辩，所有设备及一应家具搬于露地。"① 汉口特别市党部对日军的行为亦无可奈何。第一区执委也不得不忍气吞声地表示："本会奉令该会址于福音堂以来，案经二载……惟思中日两大民族，过去之种种不幸之事件，多因隙小之误会，未能谅解之所酿成，故当时一再忍受，遂决定暂时迁至洪兴正义会内办公，以避免直接冲突，而恐事态之扩大。"② 同样，汪记国民党汉口特别市第二区党部执委兼书记王家淦也于 1943 年 4 月 1 日报告："本日午后三十分，有日籍长官一名到达本会，藉华中基督教团名义，擅自侵扰，强迫迁搬，并将总理遗像主席玉照及公物等件，系数弃置大礼堂外。"③ 日军对国民党武汉特别市的区党部办公处说赶就赶，说占就占，足见汪记国民党在日军中的地位，以及湖北省伪政权的合法性和控制力。可以说，如果说原国民党政府实行的是一党专政，那么湖北省的日伪政权实际上是"无党政治"，其合法性和控制力都相形见绌，它更多地只能靠日本军人的刺刀来维持。

---

① 伪中国国民党汉口特别市执行委员会：《日军人来会称为军特务部，令迁出的紧急报告》，1943 年 4 月 1 日，转引自涂文学主编《武汉沦陷时期档案史料丛编②：沦陷时期武汉的政治与军事》，武汉出版社 2007 年版，第 148 页。

② 伪中国国民党汉口特别市执行委员会：《呈报日军特务部军人助华中基督教团逼第一区党部迁出福音堂》，1943 年 4 月 5 日，转引自涂文学主编《武汉沦陷时期档案史料丛编②：沦陷时期武汉的政治与军事》，武汉出版社 2007 年版，第 150 页。

③ 伪中国国民党汉口特别市第二区党部：《日籍长官到会强迫迁搬》，1943 年 4 月 1 日，转引自涂文学主编《武汉沦陷时期档案史料丛编②：沦陷时期武汉的政治与军事》，武汉出版社 2007 年版，第 150 页。

第三章　沦陷区的军事

抗战时期，日军对沦陷地区实行军事占领，同时，推行"以华治华"的方针，扶植建立伪军队，协助其殖民统治。但是，由于日伪的军力有限，他们并不能控制沦陷区全境，在湖北沦陷地区，仍然存在着国民党的部分正规军和地方游击队，以及中共领导的抗日游击武装。因此，敌、伪、国、共四方军事共存，是抗战时期湖北沦陷区军事的重要特点。

第一节　沦陷区的日军

抗战时期，由湖北特别是武汉的战略地位所决定，日军在此部署了大量的部队。同时，在武汉设立汉口兵站，并修建了大量的防御工事。

一　战时湖北地区日军编制序列及其演变

1938 年 2 月，日本为了统一指挥华中地区的作战，由华中方面军及其所属上海派遣军和第十军共同编成华中派遣军，畑俊六大将任司令官，河边正三任参谋长。司令部首设上海，后移南京。7 月 4 日，根据日本大陆命（系指日本大本营陆军部对侵华日军下达的命令之简称）第一百三十三号，华中派遣军组成新的战斗序列，下辖第二军和第十一军及 4 个直属师团，作为进攻武汉作战的主力。其中，第二军由东久迩宫捻彦中将任司令官，町尻量基任参谋长。下辖第 10 师团（师团长筱冢义男中将）、第 13 师团（师团长荻洲立兵中将）、第 16 师团（师团长先后为中岛今朝吾中将、藤江惠辅中将）；第十一军由冈村宁次中将任司令官，下辖第 6 师团（师团长稻叶四郎中将）、第 101 师团（师团

长伊东政喜中将）、第 106 师团（师团长松浦淳六郎中将）和波田支队
（支队长波田重一少将）。派遣军直辖第 3 师团（师团长藤田进中将，7
月 15 日配属于第二军，8 月 22 日编入派遣军直辖战斗序列）、第 9 师
团（师团长吉住良辅中将，8 月 1 日配属于第十一军，8 月 22 日编入该
军的战斗序列）、第 18 师团（师团长牛岛贞雄中将，7 月 7 日以后为久
纲诚一中将，9 月 19 日编入第二十一军战斗序列）、第 116 师团（师团
长清水喜重中将）。7 月 15 日，日军为加强华中作战力量，又将第 27
师团（师团长本间雅清中将）编入第十一军；第 15 师团（师团长岩松
义雄中将）、第 17 师团（师团长广野太吉中将）、第 22 师团（师团长
土桥一次中将）编入华中派遣军战斗序列。8 月 2 日，将航空兵团（司
令德川好敏中将）编入华中派遣军战斗序列。10 月 11 日，将骑兵第 4
旅团（旅团长小岛吉芷少将）从华北方面军转到华中派遣军，编入第
二军系列①。

日军攻占武汉后，华中派遣军司令部指挥所移驻武汉，其第二军
司令部驻汉口，所辖第 3 师团驻防于应山、信阳地区；第 13 师团驻
防于黄陂、新洲、宋埠一带；第 16 师团驻防于孝感、应城、云梦、
汉川一带（该师团 1939 年 7 月返回日本）；第 10 师团划归华北方面
军。1938 年 12 月，第二军番号撤销，所辖第 3、13、16 师团编入第
十一军。第十一军司令部在日军攻占武汉之初驻汉口，年底，因武汉
局势稳定，该军司令部移驻武昌珞珈山，所辖第 6 师团驻防于武昌，
第 9 师团驻防于汀泗桥以南粤汉铁路及岳阳等地（该师团 1939 年 6
月返回日本）；第 106 师团驻防于阳新、蕲春、田家镇、武穴等地
（该师团 1939 年 12 月调入华南）；第 27 师团位于江西境内；波田支
队转华北方面军。1939 年 3 月，日军第 33、第 34 师团编入第十一
军，第 33 师团驻防在阳新、大冶、咸宁等地；第 34 师驻防在江北京
汉路以东地区②。

1939 年 9 月 29 日，日本大本营下令组成中国派遣军，以西尾寿

---

① 资料来源：〔日〕防卫厅防卫研究所战史室《中国事变陆军作战史·攻占武汉作战》，
转引自武汉地方志编纂委员会办公室编《武汉抗战史料》，武汉出版社 2007 年版，第 291 页。

② 参见湖北省地方志编纂委员会《湖北省志·军事》，湖北人民出版社 1996 年版，
第 165—170 页。

造为总司令、板垣征四郎为总参谋长，总司令部驻南京，同时，撤销华中派遣军系列，华中派遣军主力编入中国派遣军第十一军，成为华中日军主力。第十一军司令官为冈村宁次，参谋长青木重成，先后辖10个师团和四个旅团。其部第3师团（代号"幸"）辖第5旅团、第29旅团及四个特种兵联队，共约25000人，师团部驻湖北应山，活动于鄂中、信阳（1942年改为三单位制师团，辖第3步兵团等，约12800人，1944年调走，遗防由独立11旅团接替）；第4师团辖第4步兵团和四个特种兵联队，约12800人，师团部驻湖北京山，活动于鄂中地区（1940年8月调驻鄂中，1941年11月调走）；第6师团（代号"明"）辖第11旅团、第36旅团和四个特种步兵联队等，约25000人，师团部先后驻湖北蒲圻、湖南岳阳，活动于鄂南、湘北（1940年改为三单位制师团，辖第6步兵团等。1942年11月调走，遗防由68师团接替）；第13师团（代号"镜"）辖第26旅团、第103旅团和四个特种兵联队等，共约25000人，师团部驻湖北应城，活动于荆（州）沙（市）宜（昌）地区（1942年12月改为三单位制师团，辖第13步兵团等。1943年调走，遗防由39师团接替）；第39师团（代号"藤"）辖第39步兵团和四个特种兵联队等，共约12800人，驻鄂东、鄂中及宜昌、当阳地区（1939年10月调来鄂东，接替101师团防务，1940年开平汉路西，1943年接替13师团防务）；第40师团（代号"鲸"）辖第40步兵团和四个特种兵联队等，共约12800人，师团部驻武昌咸宁，活动于鄂南湘北（1939年10月调鄂南，接替106师团防务，1944年调走，遗防由独立17旅团接替）；第58师团（代号"广"）辖51旅团、第52旅团和四个特种兵联队等，约25000人，师团部驻湖北应城地区，活动于鄂中、襄南（1942年在应城编成，1944年4月调走）；第68师团（代号"桧"）辖57旅团、第58旅团和四个特种兵联队，约25000人，师团部驻九江、蒲圻，活动于九江至武汉沿江地区（1942年4月编成，1944年5月调走）；独立混成第18旅团，辖独立步兵第92—96五个大队和独立炮兵队、工兵队、通信队等，约5000人，活动地区先为九江，后为当阳地区（1942年2月编入58师团）；独立混成第14旅团，辖独立步兵61—65五个大队和独立炮兵队、工兵队、通信队等，约5000

人，驻江西九江，活动于鄂东、赣北地区（1942 年 4 月编入 68 师团）；第 106 师团辖步兵 111 旅团、136 旅团和骑兵、野炮兵、工兵、辎重兵四个联队等，约 25000 人，担任阳新、蕲春、田家镇等地的警备（1939 年 11 月调走）；第 16 师团辖步兵第 19 率团、30 旅团和骑兵、野炮兵、工兵、辎重兵四个联队等，活动于鄂东地区（1939 年 7 月调回日本）①。为了加强对武汉的控制，日本中国派遣军在汉口设立"武汉警备司令部"，石木贞直（1939 年—1942 年冬）、占贺（1942 年冬—1943 年）先后任"武汉警备司令"。

　　1943 年以后，日军在太平洋战场上节节败退，不断从中国战场抽调兵力，中国战场的战斗序列也不断变换。1944 年春，日军在中国战场组织豫湘桂战役，第十一军奉令南下作战，为了维持武汉地区的军事力量，7 月，日军编成第三十四军（又名武汉防卫军），司令官佐野忠义，辖第 39 师团及 4 个独立旅和 3 个野战补充队，担任武汉地区的守卫任务。8 月，为统一指挥豫湘桂战役作战的部队，日本大本营宣布成立中国派遣军第六方面军战斗序列，9 月，该军在汉口组成。方面军司令官为冈村宁次，11 月改为冈部直三郎。下辖第三十四、十一、二十三、二十军和一些直属部队。第六方面军直辖兵团驻华中地区。兵团辖第 132 师团及 8 个独立旅团和 1 个整备队，共约 5 万人。其中，独立混成第 83 旅团（原第 34 军第 5 野战补充队）驻武汉，旅团长田盐鼎三。旅团司令部设在汉口，下辖 5 个步兵大队和炮兵队、工兵队，兵力约 5000 余人②。武汉及周边地区由第六方面军直属部队负责防务。第 39 师团司令部驻宜昌，布防在宜昌、当阳、荆门等地，全师团 1.4 万人③。

　　另据新四军第五师给中共中央的报告，1940 年和 1943 年湖北沦陷区的主要日军驻扎情况如表 3—1、表 3—2 所示：

　　① 参见鄂豫边区革命史编辑部《新四军第五师抗日战争史稿》，湖北人民出版社 1989 年版，第 375—378 页。

　　② 涂文学、李卫东：《导论：武汉沦陷时期的政治与军事》，载涂文学主编《武汉沦陷时期档案史料丛编②：沦陷时期武汉的政治与军事》，武汉出版社 2007 年版，第 15 页。

　　③ 湖北省地方志编纂委员会：《湖北省志·军事》，湖北人民出版社 1996 年版，第 169 页。

表 3—1　　　　　　　　　1940 年春武汉及其外围日军驻扎情况

部队名称	人数	驻扎基地（中心）	部队分布地区
第三师团（山胁正隆）	2.5 万	应山	信阳、随县、应山
第六师团（町尻量基）	2.5 万	岳阳	蒲圻、湘北
第十三师团（田中静一）	2.5 万	应城	京山、安陆、云梦、应城、天门、汉川、汉阳
第三十九师团（村上启作）	1.2 万	黄陂	黄陂、孝感、礼山、鄂东各县
第四十师团（天谷直次郎）	1.2 万	咸宁	咸宁、武昌、鄂城、大冶、阳新、通山
独立混成第十八旅团	5000 人		鄂东

共计：五个师团，一个独立旅团，共约 10 万人

资料来源：鄂豫皖边区革命史编辑部藏《五师电报资料》，武装斗争，编号 11，第 165—167 页。

表 3—2　　　　　　　　　1943 年湖北地区日军驻扎情况

总况：主要是日军华中派遣军第十一军，军部驻汉口，辖六个师团，一个直属炮兵连队，一个独立大队 1000 余人。

部队名称	师团部驻地	师团长	驻扎地区	备注
第三师团	应山	山本中将	驻沿平汉线，应山、随县、信阳、孝感诸县	日常备师团之一，战斗力强
第五十八师团	应城	下野中将	驻沿汉宜路之应城、安陆、云梦、汉川、天门、汉阳、沔阳、京山、钟祥等县	去年鄂中新编师团
第十三师团	沙市	山英太郎	驻潜江、监利、江陵、沙市、宜昌一线	武汉失守后即来这里，战斗力强
第三十九师团	荆门	登田畅四郎	驻襄沙路之荆门、当阳、远安、钟祥（襄西一线）	1941 年进攻沙宜时来此
第四十师团	咸宁	高品一中将	驻粤汉路与长江之间之咸宁、大冶、阳新、通山等县	乙种编制，战斗力较弱
第六师团 第六十八师团	原驻蒲圻	神田种	驻粤汉路之蒲圻、嘉鱼、通城、临湘等县 驻长江下游之九江、瑞昌、黄梅、广济、大冶、阳新一带	已调南洋 接替第六师团
直属炮兵第二联队		联队长赤戾		下辖两个大队，2000 余人
独立松山大队			驻鄂东黄陂、黄安、黄冈、浠水等地	下辖七个中队，约千余人

资料来源：鄂豫皖边区革命史编辑部藏《五师电报资料》，武装斗争，编号 12，第 3—5 页。

1945 年 1—6 月，侵华日军重作调整，第六方面军作为中国派遣军的直辖兵团，共约 29 万人，司令官冈部直三郎，司令部驻汉口，其直属部队负责武汉及其周围地区的警备，辖 1 个师团、8 个独立旅团及 1 个独立警备队，兵力共约 5 万。其部活动于湖北地区的有：第 132 师团 1945 年 4 月 29 日在湖北省当阳县编成，辖步兵第 97 旅团、第 98 旅团和工兵队、辎重队，约 12000 人；独立混成第 83 旅团辖步兵第 494—498 五个大队和炮兵队、工兵队，约 5000 人，司令部驻汉口；独立混成第 85 旅团，司令部驻应城，辖步兵第 504—508 五个大队和炮兵队及工兵队，约 5000 人；独立步兵第 5 旅团，司令部驻荆州，辖独立步兵第 207—210 四个大队和通信队，约 5000 人；独立步兵第 12 旅团，司令部驻咸宁，辖独立步兵第 235—238 四个大队和通信队，约 5000 人①。

二　汉口兵站

侵华战争期间，日军在占领区各重要城市设立兵站，作为该地区侵华日军的军需补给和部队服务基地。"在南京、上海、北京、天津、青岛、广州、香港等中国派遣军的重要兵站基地中，兵站设施最为完备的要数汉口兵站。"② 根据日军《作战要务令》第 236 条之规定，"兵站的首要作用在于维持、提高军队战斗力，解除后顾之忧"，兵站业务的重要事项"包括运送、补给作战军需品和马匹，收容、治疗并往后方输送伤兵人马，处理需要整理的物品，调查、取得并增值战地资源，安排来往人马的住宿、给养及诊疗，确保后方联络线以及占领地的行政等"。汉口兵站司令部下设宿舍股、输送股、祭神股、慰安股、俘虏股、会计部、卫生部、修建股、农园股、暗号班等，并在长江埠、皂市、孝感、信阳、武昌、岳州和九江等地设有支部，除为来往日军提供住宿和给养外，还监督指导各地伪政府。③ 此外，一些作战部队难以承担的工作也都由兵站来处理。例如，测定长江水位、配备防洪资材、组织慰安妇设

---

① 鄂豫边区革命史编辑部：《新四军第五师抗日战争史稿》，湖北人民出版社 1989 年版，第 381—382 页。

② ［日］山田清吉：《武汉兵站》，第 142 页，东京图书出版社 1978 年版，转引自涂文学主编《武汉沦陷时期档案史料丛编②：沦陷时期武汉的政治与军事》，武汉出版社 2007 年版，第 425 页。

③ ［日］山田清吉：《武汉兵站》，第 13—14 页，转引自涂文学主编《武汉沦陷时期档案史料丛编②：沦陷时期武汉的政治与军事》，武汉出版社 2007 年版，第 424—425 页。

施以及慰安所的管理等。汉口兵站隶属第十一军（作战时其中一部分隶属第三十四军），兵站司令部通称为第五三六四旅部队，由四十名军官、三十五名下士官和二十名士兵（司机和卫生员）组成，"还配备了柿沼重祝中尉所率领的第五五八四旅部队（近卫师团第十陆上运输兵部队）"，"由一名军官、七名下士官和二百五十名士兵组成"①，汉口兵站司令官原为松田光作大佐，1942 年 11 月，由堀江贞雄大佐继任。汉口兵站司令部设于汉口江汉路四明银行，1945 年 2 月 25 日移至蛇山对面胭脂山的伪湖北省省党部。

除担任作战和警备任务的战斗系统之外，日军占领武汉后，还成立了汉口陆军特务部，专门指导和控制湖北沦陷区的政治和经济。其具体情况，已在第二章论述。

日军入侵武汉初期，其军需靠日本海军用军舰运来，当时在武汉集中了大量日军军舰。日本海军在黄鹤楼设置碇泊场司令部，并在黄鹤楼的白塔塔顶搭建瞭望台。日本海军在湖北战区远不如陆军重要，然日本在汉仍设第一遣支舰队司令部，下面也设有汉口海军特务部，管辖俄、德、法、日租界一带地区。其后，随着陆军势力的增长和海军势力的日渐萎缩，海军特务部长大田于 1942 年 1 月奉调回国，其事务由汉口海军武官府兼理②。太平洋战争爆发后，在汉的日军主力舰都调往太平洋战场，仅余下一些小型舰只，日军不得不征用大批中国的木质民船，组成船团运输军需物资。1942 年，日军组建第二九四一部队，里见少将任司令官，司令部设于汉口江汉关，专门负责日军水上运输任务③。1945 年 2 月 8 日，伪汉口市政府遵照日本汉口在勤海军武官府的指令，宣布"现帝国海军扬子江方面特别根据地队为防卫本市江岸一部，兹将另纸所开江岸划为海军用地，嗣后一般市民严禁通行"④。

空军方面，1938 年 8 月 2 日，日本航空兵团编入华中派遣军战斗序

① ［日］山田清吉：《武汉兵站》，第 57 页，转引自涂文学主编《武汉沦陷时期档案史料丛编②：沦陷时期武汉的政治与军事》，武汉出版社 2007 年版，第 426 页。

② 《大田部长荣归在即，昨宴省市长官话别》，《武汉报》1942 年 1 月 17 日。

③ 武汉地方志编纂委员会：《武汉市志·军事志》，武汉大学出版社 1992 年版，第 446 页。

④ 伪汉口市政府：《转发日军汉口在勤海军武官关于将江岸一部划为海军用公函》，转引自涂文学主编《武汉沦陷时期档案史料丛编②：沦陷时期武汉的政治与军事》，武汉出版社 2007 年版，第 421—422 页。

列。据上海租界外国军事专家是年底提供的情报称："在本年一月前，日飞机在华作战者，共约八百架，但闻目下已增至一千二百架以上，用于华中者至少六百架。"①

三　武汉地区的日军工事

由于武汉的战略地位十分重要，日军为了加强对武汉的防守，在武汉市内修建了大量的防御工事。据伪武汉警备司令部参一科调制的《武汉核心区工事位置清册》统计，1941 年日军在武汉市区的工事有：汉口方面，有各类机枪座 64 处；碉堡 13 处；重炮阵地 6 处；铁丝网 2 处；外壕 1000 米。汉阳方面，有机枪座 30 处；永久观测所 2 处；碉堡 2 处。武昌方面，有各类机枪座 35 处；永久观测所 3 处；碉堡 7 处；重炮阵地 5 处②。为修建这些工事，日军肆无忌惮地大量窃夺中国民众的物料、人力，连市民的公用娱乐场所也不放过。例如：1941 年，日本海军拆除华商赛马场阅览台之木料充作军用，华商只好请求伪汉口特别市政府给予补偿，而伪汉口特别市政府则予以拒绝③。1942 年 7 月，日军以障碍高射炮视线为由，砍伐中山公园内湖西一带树木暨园外行人道上树木，共计一百五余株④。日军还以军事需要为名，随意将中国民众的资产划为"军用"，予以霸占。例如：汉口赵家墩、陈家河、董家湾一带，长期以来即是菜农的菜地。日军占领武汉以后，将其划为军农场，所种菜蔬皆由日军统一收购，菜钱以最低价格按月结算，严禁菜农私自将蔬菜挑往街市出售，如有违反，将"带回农场严刑处罚"⑤。为了修筑大型工事，日军更是大肆强

---

①　《长江流域日军分配》，《申报》1938 年 12 月 3 日。

②　根据伪武汉警备司令部参一科调制《武汉核心区工事位置清册》统计，转引自涂文学主编《武汉沦陷时期档案史料丛编②：沦陷时期武汉的政治与军事》，武汉出版社 2007 年版，第431—442 页。

③　伪汉口特别市政府：《日海军拟拆除华商赛马场阅览台之木材充作军用》，《华商赛马场被拆木料不予补偿》，转引自涂文学主编《武汉沦陷时期档案史料丛编②：沦陷时期武汉的政治与军事》，武汉出版社 2007 年版，第 413—414 页。

④　伪汉口特别市社会局：《日军砍伐中山公园树木，以免障碍高射炮视线》，转引自涂文学主编《武汉沦陷时期档案史料丛编②：沦陷时期武汉的政治与军事》，武汉出版社 2007 年版，第419 页。

⑤　伪汉口特别市政府：《日军强划民众菜园为军农场》，《密探员吴敬虎报告》，年代不详，8 月 28 日，武汉市档案馆藏，转引自涂文学主编《武汉沦陷时期档案史料丛编②：沦陷时期武汉的政治与军事》，武汉出版社 2007 年版，第 423 页。

占土地，强拆民房，役使大批民夫长期充作苦力。例如，日寇占领武汉后不久，就强征苦力 700 余人，修筑武昌南湖飞机场，"每人每日仅予日币四角，馒头二枚，食不果腹，遑论妻子。如此继续强制竟达二月之久，被抓苦力穷病交加，不堪言状"①。1943 年 8 月，武汉日军又决定在武昌徐家棚近郊扩建军用机场，10 月 1 日，发出命令，"勒令附近居民于三日内一律搬迁出境，否则房屋拆毁，物资家产概行没收"，并从当天开始强征苦力两万余人，正式动工。"不数日间，良田五千余亩化为荒土，居民三千余人流离失所，其惨痛笔难罄书。"② 截至 1945 年 6 月中旬，仅汉口伪劳工处记录在案的被征劳工累计短工即达 412882 人，长工 10377 人。这些劳工几乎是无报酬地为日军服劳役，发生工伤后，除伪汉口市政府付给极少量的"慰问金"外，得不到任何补偿③。

为了加强对武汉地区的严密控制，严厉镇压人民的反抗，日军还在武汉设立了"汉口宪兵队"，指挥和管理湖北沦陷区的宪兵。具体情况将在第五章中详细论述。

四　湖北地区的日军投降

1945 年 8 月 15 日，日本宣布无条件投降。日本政府宣布投降之始，在汉日军不甘心失败，由特务部长福山太乙郎出面纠集伪军头目在汉口五花宾馆（今江岸区人民政府驻地）共商"善后计划"，决定流窜幕府山，长期隐蔽，保存实力，等待东山再起。日军存放在海军陆战队仓库内的秘密化学武器于 19—20 日加紧销毁。其后，日本天皇派遣皇室贵族轶父宫来汉宣达投降旨意，第六方面军司令官冈部直三郎于 25 日接受中国国民政府第六战区司令长官孙蔚如发出的备忘录，接受投降。9 月 18 日下午，投降仪式在汉口中山公园"受降堂"举行，冈部直三郎大将偕其参谋长中山贞武少将及高级参谋等人代表第六方面军向中国华中地区总受降官孙蔚如、武汉地区总受降官王敬玖投降④。根据国民

---

① 武昌市政府：《武昌市抗战史料》，1948 年，湖北省档案馆藏。

② 同上。

③ 武汉市档案馆藏档案：《汉口劳工管理处》，转引自皮明庥总主编、涂文学主编《武汉通史·中华民国卷》（上），武汉出版社 2006 年版，第 336 页。

④ 武汉地方志编纂委员会：《武汉市志·军事志》，武汉大学出版社 1992 年版，第 449 页。

政府《中华民国第六战区长官司令部命令（六战作命甲第一号）》，
1945 年 9 月 25—30 日，武汉地区的日军 79256 人分别向国民党第十
集团军第 66 军（汉口区）和第 92 军（武昌区）投降；9 月 22 日—
10 月 2 日，驻沔阳、仙桃镇附近的日军独立步兵第 5 旅团 4000 余人
向国民党第二十六集团军第 75 军投降；9 月 25 日—10 月 6 日，驻天
门、岳口镇附近的日军第 132 师团 1.4 万余人向国民党第 75 军投降；
9 月 28 日—10 月 2 日，驻孝感附近的日军独立混成第 85 旅团 7000 余
人向国民党第三十二集团军第 59 军投降；9 月 25 日—10 月 3 日，驻
应城附近的日军独立混成第 85 旅团 7000 余人向国民党第 75 军投降；
10 月 9—13 日，驻嘉鱼附近的日军独立混成第 86 旅团 6000 余人向国
民党第 66 军投降；驻岳州附近的日军第 116 师团 1.79 万人向国民党
第 18 军投降；10 月 1—5 日，驻金口、新滩口间的日军独立混成第
88 旅团 8000 人向国民党第 92 军投降；10 月 1—6 日，驻黄陂附近的
日军独立混成第 83 旅团 7000 人向国民党第 75 军投降；10 月 3—11
日，驻咸宁附近的日军独立步兵第 12 旅团 1.4 万人向国民党第 92 军
投降；10 月 4—13 日，驻湖南岳阳以北的日军独立混成第 17 旅团
3.8 万人向国民党第 18 军投降[①]。此外，武汉附近及其以西河流之日
军海军，由第六战区司令长官特派专员接收。该地区的日本空军由中
国空军第四基地司令沈延世及其指派人员接收[②]。总计第六战区俘虏
日军 202335 人，日侨 12988 人[③]。10 月 1 日第六战区长官部在武昌、
汉口、黄陂、孝感、应城、岳口、仙桃镇、岳阳、嘉鱼、咸宁、金口
等处设立了 12 个日军官兵管理所，开始收容日本战俘。收容人数计
武昌、汉口 92400 名；黄陂 8560 名；孝感 7214 名；应城 7197 名；
天门（岳口）14670 名，仙桃镇 4190 名；岳阳（以南）17947 名；
岳阳（以北）38100 名；嘉鱼 4632 名；咸宁 14000 名；金口 4817
名[④]。另据《第六战区受降纪实》，所设日军官兵管理所 13 个，收容

---

①　第六战区长官部：《第六战区日军各部队解除武装集中地点位置要图》，载第六战
区长官部编印《第六战区受降纪实》，接收事项，第 7 页。

②　第六战区长官部：《六战作命甲第一号》，载第六战区长官部编印：《第六战区受降
纪实》，受降经过，第 21 页。

③　第六战区长官部编印：《第六战区受降纪实》，1946 年 2 月，俘虏管理，第 1 页。

④　国民党湖北省政府编：《湖北省政府大事记》第一辑，第 18 页，湖北省档案馆藏。

日军战俘汉口 5455 名；黄陂 14412 名；孝感 7327 名；应城 7105 名；岳口 14702 名；仙桃镇 4160 名；鄂城 10202 名；黄冈 10222 名；嘉鱼 6400 名；咸宁 13344 名；金口 5136 名；葛店 1750 名；团风 5434 名。此外，武汉日本官兵病院管理所有 18782 名；武汉日军用交通日本官兵管理所有 2346 名；国民党各机关留用日军技术官兵 11520 名。总计 13822 名①。

第二节　沦陷区的伪军

毋庸讳言，日本侵略军是各级伪政权得以建立和赖以生存的基础，是日军得以长期占领中国沦陷区的最终恃仗。但是，汉奸伪政权建立以后，也都希望拥有自己掌握的武装，以便统治百姓，称霸一方。日军为了减轻自己的防卫负担，实现以华治华的目的，也同意这些伪政权在自己的严格控制下，建立其军事武装。因此，各级伪政权建立以后，都纷纷建立起自己的伪军队，作为奴役、镇压沦陷区民众、辅助日军扫荡国统区和中共根据地的工具。敌伪在沦陷区建立的伪军事组织主要有伪军队和伪保安武装。

一　伪军队

湖北沦陷区伪军的来源主要有三个方面：一是诱降和收编原国民党军的部分部队；二是收编一些土匪武装和地方散兵游勇；三是招降帮会头目，扶植他们利用帮会关系、宗族关系网罗走卒，组建成立。此外，日伪还诱骗和裹挟一些无业游民、生活无着者参加伪军。

湖北沦陷区伪军队的建立和演变经历了四个阶段。

（1）伪中国人民剿共自卫军阶段（1939 年年初—1940 年春）。伪中国人民剿共自卫军是 1939 年年初至 1940 年春伪武汉绥靖公署成立前，湖北的伪军主力。由原国民党军旅长金龙章、原国民政府县长杨经曲，收集国民党散兵游勇组成的地方武装，于 1939 年年初投降日军后组成，总司令金龙章，参谋长朱澄元，总司令部设于黄陂、孝感

---

① 第六战区长官部：《第六战区日本官兵管理所概况表》，载《第六战区受降纪实》，1946 年 2 月，俘虏管理，第 2—4 页。原表合计数字为 149297 名，与各所数字之和不符。

交界的硚石边一祠堂内，下辖 8 个师，2 个独立团。其中，独立第 21 师一部、独立第 23 师一部、独立第 25 师一部、郭大椿师、马亮师和李汉鹏师驻孝感和黄陂地区，第 82 师汪步青部司令部驻汉阳大军山，第 99 师熊光部活动于汉阳地区①。金龙章、李汉鹏、汪步青均为青红帮的头目。1939 年 4 月 27 日，金龙章接受伪《武汉报》记者采访时宣称，该军"以削弱蒋政权及共产党势力、分化抗战军事组织、帮助友军建设东亚新秩序、完成东亚和平为任务"，全军"共十数师、八个独立旅，在鄂省人数，约二十万人"，分布在"湖北及河南一带"②。可以看出，金龙章除大肆吹嘘、夸大"剿共自卫军"的所谓"实力"外，其赤裸裸地叛国降日、为虎作伥的面目暴露无遗。1939 年 5 月 22 日，"剿共自卫军"以总司令金安人（金章龙）的名义向伪武汉特别市市长呈文，谓"本部所属部队编制暨预算曾经报告军特务部长鉴核在案"，"且皇军未底定武汉以前，该军毅然树立协助剿共，煞费经营，此时自应予以给养，俾得健全组织"，"本军十余万人……责在维持武汉市区之安宁与外围民众之乐业"，请求每月拨付经费 935268.50 元③。但是，直至 8 月，才由伪武汉特别市政府财政局拨付补助费 3 万元，且"均系送经军特务部转拨"④。可见，"剿共自卫军"实际人数根本不可能达十万之众，且经费也主要靠勒索和敲诈民众筹集。

1939 年上半年，李汉鹏部改组为伪第 8 军。6 月，该军被新四军豫鄂挺进纵队消灭，"剿共自卫军"遭到沉重打击。另据新四军 1940 年春向中央的报告，武汉及外围地区伪军活动情况如表 3—3 所示。

---

① 湖北省地方志编纂委员会：《湖北省志·军事》，湖北人民出版社 1996 年版，第 170 页。

② 《中国人民剿共自卫军组织内部概况》，《武汉报》1939 年 4 月 28 日。

③ 伪中国人民剿共自卫军：《中国人民剿共自卫军预算编制》，转引自涂文学主编《武汉沦陷时期档案史料丛编②：沦陷时期武汉的政治与军事》，武汉出版社 2007 年版，第 446 页。

④ 伪武汉特别市政府财政局：《拨发中国人民自卫军补助费三万元》，转引自涂文学主编《武汉沦陷时期档案史料丛编②：沦陷时期武汉的政治与军事》，武汉出版社 2007 年版，第 447 页。

表 3—3   1940 年春武汉及外围地区伪军驻扎情况

伪军总况：属伪湖北省政府指挥，总人数 3 万		
部队名称	人数	驻扎和活动地区
伪和平救国军汪步青部	6000 人	活动于汉阳一带
伪中国人民剿共自卫军金龙章部	号称万人	活动于云梦、孝感等平汉路附近
华中剿匪军刘国钧部	号称千人	活动于天门、汉川一带
伪省保安队（三个旅）	号称万人	活动于汉口附近
伪鄂西保安司令杨青山部	号称 5 千人	活动于安陆、京山、应城一带
各县伪保安团、保安队		受各伪县政府指挥

资料来源：鄂豫皖边区革命史编辑部藏《五师电报资料》，武装斗争，编号 11，第 165—167 页。

（2）第一次伪武汉绥靖公署阶段（1940 年 3 月—1942 年 8 月）。1940 年 3 月，汪伪国民政府军事委员会设立武汉绥靖公署，叶蓬任主任，萧其昌任参谋长。1941 年 7 月 29 日，萧因飞机失事身亡[1]，8 月 14 日，由毕业于日本陆军士官学校第十二期工兵科、日本工兵学校第四期甲种班的郭尔珍继任[2]。武汉绥靖公署作为统率湖北省伪军的指挥部，下设参谋、交通、军法、政训、军需、军医、副官、总务、经理 9 处，其辖部主要有黄卫军、"中国人民剿共自卫军"第 82 师及教导团、特务营等部。

黄卫军由汉奸熊剑东组织。熊曾留学日本士官学校，抗战初期任军统上海情报站站长兼国民党淞沪游击司令，被日军俘虏后投降充当汉奸。熊剑东素与汉口日军特务部部长柴山相识。他受柴山委托，于 1939 年 1 月在汉阳黄陵矶成立军部，自任总司令兼军长，副军长刘国钧，参谋长李果谌，参谋处长邹平凡。该部主要基础是在沔阳新堤收编的一支约 300 人的地方土匪部队，其后，在日军汉口特务部支持下，招募兵痞、游民以及收罗国民党军被俘官兵 1400 人，最终拼凑而成。1940 年初"中国人民剿共自卫军"汪步青、李太平两部编入，组成 2 个师。第 1 师 5000 人，师长汪步青，驻汉阳（1942 年 5 月，其主力在

---

[1] 《武汉绥靖主任公署萧参谋长坠机逝世》，《武汉报》1941 年 7 月 30 日。
[2] 《武汉绥靖主任公署郭参谋长履新》，《武汉报》1941 年 8 月 14 日。

汉阳侏儒山被新四军五师消灭）。第 2 师 1000 人，师长李太平，驻沙湖、沔阳等地。1940 年 5 月黄卫军改名定国军，军长刘国均，所辖两师仍分驻汉阳、沔阳地区。1941 年 4 月，日本华中派遣军拨给熊剑东三八式步枪 800 支，轻机枪 20 余挺。1941 年 5 月定国军重组为黄卫军，熊剑东任总司令，邹平凡任参谋长。（1942 年 11 月，熊剑东调任汪伪军事委员会委员，兼任伪上海市保安司令部参谋长，将黄卫军委派邹平凡负责。）黄卫军扩编至 2 个师：第一师师长汪步青，驻汉阳尨山、邓家口、李家集等地；第二师师长邹平凡（兼），驻汉阳侏儒山、汉川马口等地。在湖北省伪军中，黄卫军建制较完整，日军把它树为伪军的典范，其装备、给养概由日军供给。1942 年 8 月，汪精卫试图统一沦陷区的军事指挥权，着手改编黄卫军：一部分留武汉编成受伪军事委员会指挥的陆军第二十九师，邹平凡任师长；另一部分调至上海，改编为伪财政部所属的税警总团①。

1941 年 5 月 26 日，咸宁县杨家畈区国民党咸宁"抗三团长"周锡武，在"先与驻本县横沟桥友军某部队长联络就绪"后，"携同该团大队长王勋臣、邵子英赴咸宁县城，晋谒军当局，接洽一切，请将该团投诚一节，转达省府，准予暂称湖北省暂编和平救国军"，该部号称 3000 人②。

（3）伪武汉行营阶段（1942 年 8 月—1944 年 4 月）。1942 年 7 月 16 日，汪伪国民政府"第 101 次中央政治会议议决撤销武汉绥靖主任公署，设置军事委员会委员长武汉行营"，主持湘鄂赣三省的军事③。8 月 10 日，该行营正式成立。根据《军事委员会委员长武汉行营组织条例》的规定，武汉行营的主要任务是"处理湘鄂赣三省军事及推进和运、拓展治安地区"，"行营设参谋长一员，承军事委员会委员长之命综理本行营一切事务"，"委员长不在行营时，凡一切例公文应由参谋长副署，遇有重要事项，应先呈请委员长核准后施行"④。武汉行营由

---

① 涂文学、李卫东：《导论：武汉沦陷时期的政治与军事》，载涂文学主编《武汉沦陷时期档案史料丛编②：沦陷时期武汉的政治与军事》，武汉出版社 2007 年版，第 21—23 页。

② 《周锡武率健儿三千参加和运工作》，《武汉报》1941 年 6 月 4 日。

③ 《绥靖公署撤销设置武汉行营，武汉一带军事政治一元化》，《武汉报》1942 年 7 月 17 日。

④ 汪伪国民政府军事委员会：《军事委员会委员长武汉行营组织条例》，转引自涂文学主编《武汉沦陷时期档案史料丛编②：沦陷时期武汉的政治与军事》，武汉出版社 2007 年版，第 452 页。

湖北省主席杨揆一兼任参谋长，负责具体事务。其顾问由日本人金井担任，1944 年 4 月后，改由日本汉口联络部部长落合兼任①。行营下设高级参谋、高级副官、机要室和总务、参谋、经理及政治训练四处②。日伪设置武汉行营的目的，是企图通过所谓此种军事政治一元化的新体制，"不仅见中央建军之政策得以统一，对于和平区之最前线武汉亦能如苏北行营之中日军事合作，以完成政府清乡之国策"③。武汉行营下辖暂编第 5、6、12、22、29 师及独立第 13 旅、教导团等，共计 1.8 万人。活动范围主要在江汉平原④。1942 年，汪伪国民政府进行"建军"运动，整编各地名目繁多的伪军，授予番号。伪武汉行营统辖的伪军有陆军第 11 师（师长李宝琏）、陆军第 12 师（师长张启璜）、陆军第 22 师（师长李相图）、陆军第 29 师（师长邹平凡）⑤。据新四军第五师 1943 年向中共中央的报告，当时湖北地区的伪军分布如表 3—4 所示。

表 3—4　　　　　　　　　湖北伪军分布情况

总况：伪军委会武汉行营设武昌，伪省长杨揆一任行营参谋长，代行营主任（汪精卫）职权。辖三个正规师，两个暂编师，一个独立旅及各县保安队，共约 4 万余人

伪军名称	长官姓名	长官部驻地	部队分布	部队编制	备注
伪第十一师	李宝莲	广水	分布在平汉线及陂安路（黄陂—黄安公路）沿线	2000 余人	系日军比较信任之正规军
伪第十二师	张启璜	武昌	武昌、汉阳、沔阳、潜江一带	2000 余人	战斗力弱
伪二十九师	邹平凡		分布于汉阳、云梦、应城、安陆一带	2000 余人	系国特掌握之部队
伪暂编第三师	古鼎新	汉川田二河	驻天（门）汉（川）区	1000 余人	原是国民党 128 师之叛军
伪暂编第六师	金亦吾	天门岳口	襄河沿线之仙桃镇、沙洋、岳口	2000 余人	是原六战区挺进队之叛军

---

① 《落合兼行营顾问》，《武汉报》1944 年 4 月 16 日。
② 伪军事委员会武汉行营：《军事委员会武汉行营系统表》，转引自涂文学主编《武汉沦陷时期档案史料丛编②：沦陷时期武汉的政治与军事》，武汉出版社 2007 年版，第 454 页。
③ 《成立武汉行营之意义》，《武汉报》1942 年 7 月 17 日。
④ 武汉地方志编纂委员会：《武汉市志・军事志》，武汉出版社 1992 年版，第 86 页。
⑤ 同上书，第 87 页。

续表

总况：伪军委会武汉行营设武昌，伪省长杨揆一任行营参谋长，代行营主任（汪精卫）职权。辖三个正规师，两个暂编师，一个独立旅及各县保安队，共约 4 万余人

伪军名称		长官姓名	长官部驻地	部队分布	部队编制	备注
伪独立第十三旅		苏振东		沔阳通海口周围	1000 余人	原是国民党 128 师之叛军
伪鄂南保安部队		成渠		大冶金牛、鄂城梁子湖		
其他部队	伪皇协团			监利	两个团 1000 余人	
	伪义军	李月波		监利周围	800 人	
	伪湖北保安司令部					
	伪各县地方伪武装、保安大队			每县大队一般辖两个中队		

资料来源：《五师电报资料》，武装斗争，编号 12，第 3—5 页。

（4）第二次伪武汉绥靖公署时期（1944 年 4 月—1945 年 8 月）。1944 年 4 月 20 日，汪伪中央政治委员会第 95 次会议决议撤销武汉行营，恢复伪武汉绥靖公署①。5 月 6 日，伪绥靖公署正式成立，杨揆一任绥靖公署主任，赖春贵为参谋长②。1945 年春，日本帝国主义即将灭亡之际，伪武汉绥靖公署困兽犹斗，将原有伪军扩编，陆军第 29 师扩编为第 14 军，军长邹平凡，军部及直属部队仍驻汉阳城内，下辖第 29 师（师长李吉苍），活动地区为汉阳、安陆、京山；第 11 师（师长李太平）活动地区为应山、孝感；第 12 师（师长张启璜）活动地区为天门、沔阳、汉川。第 13 军（军长李宝琏）军部 1945 年驻汉口三眼桥，下辖第 5 师（师长古鼎新）活动地区为汉川；第 6 师（师长金亦吾）活动地区为天门、潜江（后调江西九江）；独 13 旅（旅长苏振东）活动地区为沔阳。伪湖北省政府还设有保安司令部，

---

① 《武汉行营改置绥靖公署，实行军政一元化》，《武汉报》1944 年 4 月 22 日。

② 《武汉绥靖主任公署杨主任昨就职》，《武汉报》1944 年 5 月 7 日。

杨揆一兼司令，所辖兵力共约 1 万—2 万。其部鄂省保安旅（旅长袁杰）500 余人，活动于武昌法泗洲、金水闸一带（该部 1945 年 7 月反正，编入新四军五师）；鄂省保安第 3 纵队（司令高华廷）约 400人，活动于钟祥旧口一带（该部 1945 年 8 月反正，编入新四军五师）；鄂省保安团（团长李月波）约 1300 人，活动于监利周围；鄂西保安司令部（司令熊光）1000 余人，活动于川、汉、沔一带；鄂中保安团（团长周汝贵）活动于旧口附近；鄂北保安司令部（司令曾尚武）500 人（1944 年编入暂编师鲁国柱部为 1 旅）。另有皇协军（司令王一鸣）辖两个团，1000 余人，活动于监利周围；（鄂南）1 师（师长成渠）、2 师（师长周九如）、3 师（师长刘尔顺）分别活动于鄂城梁子湖、咸宁、嘉（鱼）蒲（圻）咸（宁）一带；还有中国维新军（司令谢英）、和平建国军（司令熊云成）活动于鄂城一带①。到 1945 年 8 月日本投降时，叶蓬所部直属部队伪军共计 22946 人，被国民党委任为自新军第 7 路军，湖北各沦陷区的其他 66 支伪军共4.9 万人，大部被国民党第六战区、湖北省各级政府收编②。

除陆军之外，伪南京国民政府军事委员会鉴于"汉口地处长江要冲，湖南之洞庭湖及湖北之汉水均在控制之中……该处匪伪出没，视为形势之区"，于 1943 年 4 月 1 日成立了伪海军部汉口基地部，司令孟秀椿，参谋长陈正望，基地部直属伪南京政府海军部，同时于汉口、岳州设立两个基地队③。根据《汉口基地部暂行组织条例》规定："汉口基地部直隶于海军部"，其"管辖区域如下：一、自江西湖口以西至宜昌止。二、洞庭湖流域"。汉口基地部主要负责上述地区"水上治安及附近地带之警备事项，并筹划水道秘密设施，对于区域内海军舰艇、基地队、工厂、病院、港务处等负有指挥监督之责"④。

虽然从表面上看，战时湖北沦陷区建立的各种伪军都属南京汪伪军

---

①　鄂豫边区革命史编辑部：《新四军第五师抗日战争史稿》，湖北人民出版社 1989 年版，第 387—388 页。

②　湖北省地方志编纂委员会：《湖北省志·军事》，湖北人民出版社 1996 年版，第172 页。

③　涂文学、李卫东：《导论：武汉沦陷时期的政治与军事》，载涂文学主编《武汉沦陷时期档案史料丛编②：沦陷时期武汉的政治与军事》，武汉出版社 2007 年版，第 23 页。

④　伪国民政府：《汉口基地部暂行组织条例》，见伪《汉口特别市政府公报》，第 9 期，1943 年 5 月，武汉市档案馆藏。

事系统，但是，实际上，这些伪军主要受华中日军和伪湖北省政府控制，其首领也大都由伪湖北省主席兼任。伪军是湖北地区日伪政权控制的一支重要军事力量，其职责乃配合日军或单独对湖北境内的抗日武装进行扫荡和围剿，是日伪同国民党地方抗日部队及中共新四军作战的主要力量。抗战期间，凡是日伪对湖北地方抗日武装的作战，几乎都能见到他们的身影；并且，在数量上他们一般都超过日军。但是，由于这些伪军绝大部分来自国民党的残兵败将或地方上的地痞流氓，又无严格的军事训练，成分复杂，思想混乱，装备低劣，根本谈不上什么战斗力，依靠人多势众围剿零星的抗日武装尚可，一遇上成建制的国民党或中共武装，便溃不成军。正是由于日军深知其难当"重任"，所以在历次同国民党正规军队的大规模战役作战中，日军都是孤军作战，这些伪军难见踪迹。

日本投降后，国民政府委任邹平凡为武汉守备军总指挥，伪军第14军改编为新编第21军，邹兼军长。（9月，第六战区命令新编第21军集中汉阳蔡甸拆散改编。）伪军第13军、第4军编入国民党第92军，伪军长李宝琏、公秉藩二人调为第六战区长官部少将参议。叶蓬所部被国民党改编为自新军第7路军特务团、保安团，后并入国民党第66军。湖北各县伪军也相继被湖北省各级政府收编。

二　伪军事学校

日伪为了培训伪军骨干，强化其对日军的效忠，还开办了一些军事学校。

1939年12月9日，汪精卫在上海设立中央陆军军官训练团，1940年春汪伪政府成立后，改名为中央军校。同年7月，该校在武汉招生，10月13日后学校分批由沪迁至武昌，称中央军校武汉分校，10月底正式开学，汪精卫兼校长，叶蓬兼教育长。中央陆军军官训练团毕业生作为武汉分校第一期毕业生。第二期学员800余人，20%由伪军各部保送，80%在上海、武汉等地青年学生中招收。保送人员训练期限为6个月，报考入学的学生队训练期限为10个月[①]。

———————————

① 武汉地方志编纂委员会：《武汉市志·军事志》，武汉大学出版社1992年版，第124页。

　　1940 年 12 月 30 日，汪伪国民政府军事委员会军二字第一二五二号指令批准伪武汉绥靖主任公署"呈请（中央军校武汉）分校所属之教导团改隶本署易名为驻武汉绥靖主任公署教导团"①，驻武汉绥靖主任公署接收了中央军校武汉分校的校舍、装备、武器、书籍、卷宗等，筹办军事训练团。训练团由叶蓬兼任团长，日军派宇佐美俊男为联络官，常驻团部。训练团抽调伪军各部官兵为学员，于 1942 年 2 月 24 日开课。第一期学员有伪第 11 师官兵 53 人、伪第 12 师官兵 50 人、伪第 29 师官兵 24 人、鄂西保安司令部官兵 55 人、鄂南保安司令部官兵 61 人、伪和平救国军第 2 师官兵 43 人、其他自愿报考者 42 名，共计 328 人。其武器有各式步枪 300 支，轻重机枪 12 挺，八一迫击炮 1 门。该校前后共训伪军官兵 700 余人②。

　　除汪伪中央系统在鄂举办的军事学校外，湖北伪军自身也创办了一些军事学校。1942 年春，熊剑东在汉阳北城巷训女中学创办黄卫军军事学校，自兼校长。学校设有军官队、军士队及陆军小学队，教学内容分为学科、术科两种。熊剑东还创作了《黄卫军军事学校校歌》，歌词是"东亚民族联合起来，必须共同防共，我们是东亚的先锋，我们是民族的英雄，团结起来，努力杀敌！努力杀敌！杀！杀！杀！"军官队的学科有日文，军事学有典、范、令和"陆军礼节""简易测绘""夜间教育""体操教范"等课程。军士队的训练时间较短，主要是摘要讲授典、范、令。陆军小学队的学科以日文为主，另有国语、自然、算数等课程和军事学常识。术科方面，军官、军士两队，从各个基本教练起，至班排连战斗教练止。陆军小学队的术科则着重基本军事技术和体能方面的训练③。同年 8 月，黄卫军进行改编，一部分留武汉改编为伪陆军第 29 师，另一部分及军事学校全部调至上海，改编为伪财政部所属税警总团。军事学校受训学员大多分配至各税警团担任下级军官④。

---

　　① 伪汉口市政府：《中央陆军军官学校武汉分校所属教导团改隶武汉绥靖主任公署案》，伪《汉口市政公报》，1941 年 1 月。

　　② 武汉地方志编纂委员会：《武汉市志·军事志》，武汉大学出版社 1992 年版，第 124 页。

　　③ 涂文学、李卫东：《导论：武汉沦陷时期的政治与军事》，载涂文学主编《武汉沦陷时期档案史料丛编②：沦陷时期武汉的政治与军事》，武汉出版社 2007 年版，第 22 页。

　　④ 武汉地方志编纂委员会：《武汉市志·军事志》，武汉大学出版社 1992 年版，第 124—125 页。

　　1944 年 4 月 1 日，汪伪海军部汉口基地部决定设海军训练营，由参谋长陈正望兼营长，训练和培养海军士兵及军士。9 月 1 日举行了训练营开学典礼。抗战胜利后，国民政府接管了训练营人员101 名①。

三　伪保安队

　　除伪军队之外，湖北省各级伪政府都设有伪保安大队和保安队。它是直属各级伪政权组织的一支重要武装力量，相当于各级伪政权的地方武装。

　　早在 1938 年夏秋，日军在占领湖北各县以后，为了建立殖民统治，镇压中国人民的反抗，就在各级维持会内设立伪保安队，协助日军警备队维持治安。这是沦陷区最早出现的汉奸武装。各县维持会相继改为县政筹备处和县政府以后，伪县政府下都设有伪保安大队，有的还在各区设立中队，其主要职责是保卫伪县政府，镇压和破坏境内国、共游击队及其地下政权组织，配合日军对国、共领导的抗日根据地的扫荡。1939年 11 月，伪湖北省政府成立以后，下设保安处，负责全省保安武装的组织和指挥。

　　汪伪政府成立后，也十分重视对保安团队的建设和控制。1942 年3 月 13 日，汪伪政府同时颁布了《保安制度大纲》《省（市）保安司令部暂行组织条例》《区保安司令部暂行组织条例》等法规。次年 2月和 1944 年 8 月，又相继公布《保安队暂行组织纲要》和《修正保安队暂行组织纲要》，对各级保安团队的职能、组织、指挥、训练和经费作出了明确的规定，建立起一整套完备的伪保安武装组织系统。根据这些条例，各省（特别市）设省（市）保安司令部，统辖全省（市）保安武装，由省（市）长兼任保安司令；各行政督察区设区保安司令部，由督察专员任保安司令，各县设保安大队，由县长兼任队长。省保安司令部下设参谋处、保安教导团、保安特务大队、保安团等机构，各区保安司令部设司令部、特务队，并指挥各县保安队，各县保安队根据县等高低分别设 2—4 个中队。各级保安团队的职责是

---

　　①　武汉地方志编纂委员会：《武汉市志·军事志》，武汉大学出版社 1992 年版，第124 页。

"清剿匪共，保卫地方治安，训练壮丁"，可自行作战，亦可配合日伪军警共同行动。其武器装备"以轻机枪以下之近战火器为主，以不配备重火器为原则"。作战指挥系统以省保安司令部为主，同时，并受军委会、内政部、各上级清乡委员会的指挥。保安队成员从 18—30 岁男性中征募，保安经费分别由省、区、县各自负担①。汪伪国民政府省（市）区县保安团队组织系统见表 3—5 至表 3—7。

表 3—5　　　　　　　汪伪省（市）保安司令部组织系统

伪保安司令（参谋长）	伪参谋处	第一科：负责作战、警备、督察、编成、教育、训练
		第二科：负责情报、交通、通讯、补给
		第三科：负责人事
	伪总务处	第四科：负责文书、印信、典守
		第五科：负责军需、军械
		第六科：负责军医
		第七科：副官业务
	伪军法室	
	伪保安教导团	
	伪保安特务大队	
	伪保安团	
	伪保安医院	
	伪区保安司令	伪县保安队

　　资料来源：汪伪国民政府《省（市）保安司令部暂行组织条例》（1942 年 3 月 12 日），汪伪《国民政府公报》，第 304 号。

———————

　　① 分别见汪伪国民政府《保安制度大纲》（1942 年 3 月 13 日，《汪伪国民政府公报》，第 304 号）；汪伪国民政府《保安队暂行组织要纲》（1943 年 2 月，《汪伪国民政府公报》，第 439 号）；汪伪国民政府《省（市）保安司令部暂行组织条例》（1942 年 3 月 13 日，载《汪伪国民政府公报》，第 304 号）；汪伪国民政府《区保安司令部暂行组织条例》（1942 年 3 月 13 日，载《汪伪国民政府公报》，第 304 号）；汪伪国政府《修正保安队暂行组织要纲》（1943 年 8 月 19 日，《汪伪国民政府公报》，第 683 号）。中国第二历史档案馆编印，江苏古籍出版社 1991 年版。

表 3—6　　　　　　　　**汪伪区保安司令部组织系统**

伪区保安司令	伪司令部	参谋
		秘书
		政训
		副官
		军械
		军需
		军法
		军医
	伪特务队	
	所属伪县保安大队	

资料来源：汪伪国民政府《区保安司令部暂行组织条例》（1942 年 3 月 12 日），汪伪《国民政府公报》第 304 号。

表 3—7　　　　　　　　**汪伪县保安队编制系统**

伪保安队长	伪队部	伪大队长
		伪中队长
		伪副官
		伪教育主任
		伪教育副官
		伪情报主任
		伪情报员
		伪军需
		伪通译
		伪书记
		伪司书
		伪文书军士
		伪军械军士
		伪军需军士
		伪号兵
		伪传达兵
	伪各中队 （2—4 中队）	伪第一分队
		伪第二分队
		伪第三分队

资料来源：汪伪国民政府《修正保安队暂行组织纲要》（1943 年 8 月 19 日），载《汪伪国民政府公报》，第 683 号）。

　　根据上述规定，伪湖北省政府也不断加强伪保安团队的建设。1940年2月1日伪省保安处成立之时，由伪省政府主席何佩镕兼任处长。11月，何氏因"政务冗繁且鉴于该处责任重大，有关省会及地方保安，难以兼顾"，于是决定由孙基昌（按：毕业于日本陆军士官学校）为该处处长，李炎汉为该处副处长①。11月25日，伪"省府为遵照中央法令，经饬该处实行改组，即自处长以下设处长办公室外，并将以前所设总务、训练、饷械三司，改为第一、第二、第三、第四科，另设参谋、视事等职"②。1941年6月，汪伪中央"为慎重清乡军政工作，对湖北省决援照粤沪成例，设置保安司令，依法由省主席何佩镕氏兼任"③，10月15日，伪省保安司令部正式成立，何佩镕任保安司令，原保安处长孙基昌为参谋长④。司令部下设参谋、副官、经理、秘书、政治训练五处，军法、军医两科。其直辖的保安队有保安教导部队、保安第一总队、保安第二总队、铁道保安队和鄂南保安队。保安教导部队包括总队本部及二大队，"为养成军官军士之机关"，此外还有一军乐队；保安第一总队由原国民党溃散及投降部队改编而成，"旧称之税务队"，原承担汉阳县警备及征税任务，1941年5月移驻武昌，担任该县警备事务；保安第二总队亦由原国民党溃散及投降部队改编，驻扎在大冶矿山附近，由当地日军警备队长指挥，负责守卫大冶铁矿矿山铁路；铁道保安队是招募铁路工人训练一个月之后组成，在日军的指挥下，负责湖北境内京汉铁路和粤汉铁路的守备工作；鄂南保安队亦是由投降日军的地方土匪组成，负责武昌与鄂城间梁子湖之湖沼地带。除此之外，保安司令部还"设有保安训练处，以五县为单位派赴省城受训三月，如此循环施行现已殆及省辖各县"，以及"兵器修理工厂"和"全省清乡委员会"⑤。到1943年上半年，伪湖北省政府保安司令部统辖的武装有省保安总队4个，铁道保安大队1个，修械所1个，鄂南保安司令部1个，以及各县保安

　　① 《湖北省政府已任命孙基昌为保安处长，李炎汉为副处长》，《武汉报》1940年11月27日。

　　② 《尊奉中央法令省保安处实行改组》，《武汉报》1940年12月27日。

　　③ 《省何主席兼任鄂省保安司令》，《武汉报》1941年6月19日。

　　④ 《何兼任保安司令昨在省府宣誓就职》，《武汉报》1941年10月16日。

　　⑤ 《湖北省保安队全貌》，《武汉报》1942年7月9日。

团，共计 40 余个单位①。1942 年下半年省级保安经费实际支出 8315983 元，占同期省级财政实际支出总数 52493492 元的 15.84%，次年 1—6 月，全省省级保安经费预算支出 8826310 元，占同期全部省级预算经费总数 52777778 元的 16.73%，两个时期的保安经费开支均仅次于省务费开支，居各项支出的第二位②。

这些伪保安部队基本是由农村地痞无赖、流氓恶棍、土匪以及国民党残兵败将编组而成，军纪败坏，认贼作父，残害人民，无恶不作，是日本侵略军荼毒沦陷区人民的主要工具，几乎每一块沦陷地区都留下了他们的罪恶。例如，鄂南伪通山、通城、崇阳三县保安副司令兼通山保安司令谢天香，船工出身，靠反共起家，通城沦陷后投靠日军，1944 年日军重新占领通城后成为通山伪军头目。他卖身求荣，残害百姓，恶贯满盈。1944 年冬至次年春，谢强迫 100 多名民工为日军修筑碉堡工事和城墙，达四月之久。完工之后，又从民工中挑选 70 余人成立新兵团。一名叫卢先龙的农民不从，逃回家中。谢派人于当年农历腊月二十九将卢抓来，令部下将苦竹削尖，轮番向卢身上捅扎，最后当众用苦竹竿从卢的肛门直捅到喉咙。还有一次，农民吴立冬被伪军抓住，谢问吴："中国兵在哪里？"吴反问："你不是中国人？"谢天香恼羞成怒，令人将吴倒竖在木甑内，活活蒸死。为了讨好日军，1944 年冬谢征集民工数十人，在县城西门建造一座"皇军阵亡将士纪念碑"，碑上刻着"中日和善，共荣共存"八个大字。另有一副对联："十八万人民登再造，五千年历史又重新"，民族罪人的丑恶嘴脸，暴露无遗③。对于伪保安队横行乡里、敲诈勒索、鱼肉百姓的恶行，甚至在伪政府内部都无法否认和掩盖。伪省会警察局密探就多次向上峰报告，伪保安队军纪败坏，素质低下，残害百姓。"查武昌近郊南难民区外连日有武装士兵（省教队、绥靖公署）三五人不等为分组，暗伏谷米来源要地普爱乡、船码头、鸡鸭厂、铁路孔等地，所有乡民挑贩食米经过，该处士兵等竟以强迫手段任意给价勒买，每一石只把日金一二十元。连日有很多挑米乡民当时把洋向该士兵等行贿买贿，每石米以法币十元或二十元。该士

① 伪湖北省政府：《湖北省政府工作报告书》，1943 年 6 月，中国第二历史档案馆藏。
② 伪湖北省政府：《湖北省政府三十二年度上半年度支出预算数百分比例表》，载伪《湖北省政府工作报告书》，1943 年 6 月，中国第二历史档案馆藏。
③ 吴子宜：《汉奸谢天香》，载《通城文史资料》第一辑，1985 年 1 月。

兵得钱就不勒卖，放其通行"①；"闻听人民郑世元在该楼谈论相国寺与长虹桥两哨卡警察同保教队负责检问检索，人民经过该卡拿一条烟或者拿点货物都是要给钱，没有钱就不准通行"。② 伪保安队的劣迹，由此可见一斑。

第三节　沦陷区的抗日武装

整个抗日战争期间，在湖北沦陷区内，始终活跃着中国抗日武装。包括国民党的正规军、地方武装和共产党领导的新四军。

一　国民党的正规军及地方武装

（一）国民党正规部队

抗战期间，在湖北沦陷区坚持抗战的国民党正规军先后有第五战区、第六战区、第九战区和第十战区所辖的部分部队。

第五战区是抗战时期湖北地区国民党正规军的主力，该战区的防区包括鄂北、豫南和皖西，在湖北省内除鄂西以外的长江以北地区都归其防御，所部26万人，大部分驻防在湖北，武汉会战结束后，司令部驻老河口。从其部队布防区域看，在平汉路以西，主要有第二、第二十二、第二十九和第三十三四个集团军，在平汉路以东，主要有第二十一集团军。

平汉路以西部队：第二集团军总司令孙连仲（后为刘汝明），司令部驻河南南阳，共59000人。其第30军活动于大洪山随县、枣阳一带，第69军一部分活动于随县；第二十二集团军总司令孙震，共27000人（该部系川军），活动于大洪山，所辖第41军活动于随县西北、襄阳东南，第45军活动于鄂中，1944年冬编入第47军；第二十九集团军总司令王瓒绪，共30000人（系川军），其第44军（辖第149、150师）、

---

① 华毓卿（密探员）报告：《绥靖公署、省保教队士兵勒索商民》，转引自涂文学主编《武汉沦陷时期档案史料丛编②：沦陷时期武汉的政治与军事》，武汉出版社2007年版，第464页。

② 伪湖北省会警察局：《哨卡上警察与保教队敲诈过往行人》，《湖北省会警察局侦缉股报告》，转引自涂文学主编《武汉沦陷时期档案史料丛编②：沦陷时期武汉的政治与军事》，武汉出版社2007年版，第464页。

第 67 军（辖第 161、162 师）活动于襄阳大洪山；第三十三集团军总司令张自忠（1940 年张牺牲后冯治安接任，1944 年冬编入第六战区系列），所辖第 59 军（辖第 38、180、暂 53 师）、第 77 军（辖第 37、132、179 师）活动于襄河以西地区。

平汉路以东部队：第二十一集团军是湖北沦陷区内最主要的国民党正规部队。早在 1938 年夏秋，国民政府在组织武汉保卫战的过程中，就决定利用武汉周围的广大山区同敌人作持久战，同时，进行游击战争，以此阻滞日军对武汉的进攻，配合正面战场作战。当年 8 月，国民党军委会命令正在长江以北进行抵抗的第五战区，应指定 8 个师（后蒋介石加至 12 个师）的兵力，在大别山设立游击根据地，并"向豫东皖北方向发展"①。随后，第五战区司令长官李宗仁任命第 21 集团军总司令廖磊为鄂豫皖边区游击总司令兼安徽省政府主席，负责大别山游击区的抗日工作。武汉会战结束后，第五战区移驻于鄂西北，廖磊率第 21 集团军留驻大别山，下辖第 7、48 和 39 三个军与地方团队，于政治上设立政务委员会，统管大别山游击区军政事务，建立以立煌县（今安徽金寨县）为中心的大别山游击根据地②。1939 年冬，廖磊因病去世后，所遗各职由李品仙接任。1944 年 12 月，国民党军委会为了加强大别山的军事力量，电令豫鄂皖边区，加上山东大部、苏北及豫东地区，划为第十战区，任李品仙为司令长官，所辖作战部队除第 21 集团军外，山东和江苏的还有第 15 集团军、第 19 集团军，以及山东、苏北、豫东、鄂东的挺进军。第十战区司令长官统一指挥战区内的一切党政军事宜。该战区一直坚持到 1945 年 8 月日本投降。

第六战区是宜昌失守之后蒋介石为防守鄂西拱卫重庆于 1940 年 8 月下令成立，下辖第 39、30、68、92、32、59、97、暂 9、86 等军，司令部驻恩施。其在湖北的主要部队除鄂西防区外，主要驻防宜昌地区及其江南方面的防务③。

第九战区是 1938 年 6 月国民政府军委会为进行武汉保卫战而成立，其任务是负责长江以南的防务，同长江以北的第五战区相配合。该年 8

---

① 蒋纬国主编：《抗日御侮》第四卷，台北黎明文化事业公司 1978 年版，第 114 页。

② 同上书，第 113—115 页。

③ 鄂豫边区革命史编辑部：《新四军第五师抗日战争史稿》，湖北人民出版社 1989 年版，第 369 页。

月，国民党军委会命令该战区以 4 个师以上之兵力，在鄂南九宫山、幕府山建立游击根据地，以支援武汉作战①。武汉失守以后，该战区负责鄂南赣北和湖南地区的防务，在湖北地区分别布防第 19 和第 27 两个集团军，分别指挥第 78 军和第 20 军。其中，第 78 军驻鄂南，第 20 军驻通山、通城一带。1939 年南昌战役期间，第九战区代司令长官薛岳奉命率部截断阳新、通山、崇阳公路，阻敌增援。其后，第九战区以大云山、九宫山、岷山、庐山为根据地，开展敌后游击战，并积极配合了第三次长沙保卫战。

（二）国民党地方游击武装

国民党在湖北的抗日游击武装主要有隶属各战区的边区游击总指挥部（挺进军）和各县的自卫队两大系统，前者包括鄂东挺进军、湘鄂赣边区挺进军部分支队、豫鄂边区游击总指挥部部分游击纵队，后者主要是各县的自卫队和保安队。

鄂东挺进军是由鄂东行署的保安部队改组而成。鄂东沦陷以后，1939 年 5 月国民党将原第二行政督察专员公署所属的保安部队改编为鄂东游击总指挥部，由第二区专员程汝怀兼任总指挥，鄂豫皖边区游击总指挥部第 7 军 172 师师长程树芬兼副总指挥②，该部在军事上隶属第五战区的豫鄂皖边区游击总指挥部指挥（该部总指挥廖磊，后李品仙兼任）下辖第 16、17、18、19 四个游击纵队。第 16 纵队驻黄安、黄陂、麻城，第 17 纵队驻巴水以东之浠水、蕲春、黄冈、广济，第 18 纵队驻黄冈、麻城，第 19 纵队驻礼山（今大悟）。此外，还有黄陂、麻城各一个独立支队，以及直属指挥部的湖北省保安 8 团。1942 年 9 月，程汝怀受桂系排挤去职，由程树芬任鄂东游击总指挥。同年 10 月，鄂东游击总指挥部改名为鄂东挺进军③。据 1937 年程汝怀向湖北省政府的报告，当时全军总计约 1.3 万人④。另据新四军第五师参谋部调查，到 1943 年

---

① 蒋纬国主编：《抗日御侮》第四卷，台北黎明文化事业公司 1978 年版，第 114 页。

② 湖北省地方志编纂委员会：《湖北省志·军事》，湖北人民出版社 1996 年版，第 115页。

③ 鄂豫边区革命史编辑部：《新四军第五师抗日战争史稿》，湖北人民出版社 1989 年版，第 369 页。

④ 程汝怀：《武汉沦陷后鄂东（湖北第二区）军政概况》（1939 年 7 月 18 日），转引自中共黄冈地委党史资料征编委员会《鄂东抗日民主根据地史稿》，武汉大学出版社 1991 年版，第 28 页。

7月，该军共辖3个纵队，两个保安团，两个独立支队。每纵队辖2支队，一支队辖3个大队（另一机炮中队），一大队辖4中队，一中队辖3分队。每纵队约2300人，全军共有步枪8000余支，轻机枪90余挺，重机枪20余挺，迫击炮10门①。

湘鄂赣边区挺进军是由湘鄂赣游击总指挥部改编而成。1939年1月，第九战区成立湘鄂赣边区游击总指挥部，由樊崧甫任总指挥，司令部驻江西武宁，辖第8、第73军和第128师及第一游击司令部。同年秋，该部改称为湘鄂赣边区挺进军，1940年7月改由第27集团军指挥，下辖第一、四、五、六挺进纵队。1941年5月，该部改归第九战区直辖，所辖鄂南指挥部由王劲修任指挥官，辖第四、五、八游击纵队及第十八、第二十游击支队。1942年4月，挺进军总指挥部撤消，所辖各部分别改由各军指挥②。湘鄂赣边区挺进军虽然所属关系不断变更，在军事上一直受第九战区指挥，但是，其所部特别是鄂南各支队的性质完全是一支地方游击部队，多数由各县县长兼任支队长。

豫鄂边区游击总指挥部隶属第五战区，总司令王仲廉，在湖北领导鄂中、鄂北各地游击纵队及保安团的游击战争，下属新2军（29军）辖第91、193、和暂16师，活动于随县一带，第1游击纵队活动于信阳、随县一带，第3游击纵队活动于京山及钟祥之襄河两岸，第6游击纵队活动于京山北部和随州南部，第7游击纵队活动于河南桐柏、湖北随县一带，第9游击纵队活动于京山、随县一带。

此外，在平汉路以西地区，第五战区还管辖暂编第1师、第128师、独立第1游击支队，分别活动于京（山）安（陆）、沔（阳）潜（江）、京北随南一带。王劲哉的第128师是抗战时期活动在江汉平原的国民党主要游击部队，鼎盛时期共计有正规部队9个旅，以及一些县游击队，建立了以沔阳为中心，活跃于江汉间三角地带的游击根据地。该游击区形成了对武汉的威胁，日寇多次"扫荡"，均被击退。1943年1月下旬，日军攻陷沔阳，该部遂分散于敌后游击。1943年2月，日军第11军5万余人，飞机60多架，发起了进攻128师的"江北歼灭战"。

---

① 新四军第五师参谋部：《鄂东挺进军概况》，见《五师电报资料·武装斗争》，鄂豫边区革命史编辑部藏，编号13，第48页。

② 湖北省地方志编纂委员会：《湖北省志·军事》，湖北人民出版社1996年版，第126页。

由于此前日军已经收买了王部旅长古鼎新为内应，第 128 师全军覆没，王受伤被俘，所属各县游击团队转入后方分散游击。

　　各县抗日自卫队是由战前各县保安团、保安大队、壮丁总队等地方武装改编而成。1936 年 3 月，国民政府施行《兵役法暂行条例》，在改募兵制为征兵制的同时，实行壮丁训练制度，训练壮丁作为预备役兵员和地方自卫武装。1937 年 8 月 21 日，湖北省政府通过《国民义勇壮丁队管理规则案修正稿》，各县普遍建立壮丁队或称义勇壮丁队。县设总队由县长任队长，下设区队、乡队、小队和班，分别由区、乡、保、甲长统领①。壮丁队平时生产，农闲集训。1938 年年底，根据《湖北省各级地方政府非常时期应变方案》的规定，各县壮丁队改为国民自卫队，县设总队，下设大队、中队和分队、班，凡年满 18—45 年的男性公民一律加入。各县总队下设直属常备队和直属自卫队，为脱产在营人员。1939 年，各县组编国民兵团，负责征兵和地方自卫工作，县自卫队并入国民兵团，称为国民自卫队。1942 年以后，国民兵团撤销，新兵的征集、训练工作由各师管区、团管区负责，县以下仍称国民自卫队。整个抗战期间，这一地方武装组织虽名称多有变化，但是其地方自卫武装的性质始终没变，并且一直由各县县长兼任队长（团长）。据调查，抗战时期，湖北沦陷地区的 45 个县市中，除汉口市、云梦、应城两县在沦陷期间地方自卫武装完全溃散外，其余各县都组织了自己的自卫武装（部分县份中途溃散）。连武汉周边的汉阳县，在迁往侏儒山后，也组建了自卫大队，"下辖 5 个中队和一个直属队，共 720 多人"②。武昌县1938 年 10 月中旬县长逃跑、县自卫队投奔汉阳县以后，又于 1939 年在县东南地区三次组建县自卫队③。沦陷地区各县自卫队一般编有 3—5个中队，官兵 500—1000 人，始终跟随县政府转战县境四乡，受县长领导，成为国民党敌后县政权组织所掌握和依赖的最主要的武装力量。

　　在整个抗战期间，国民党的这些地方游击部队，一方面执行蒋介石的反共政策，挑起了许多反共摩擦，是国民党在敌后同中共争夺的重要力量；另一方面在抗日战争的大环境下，这些部队也必然要担当起抗击

---

　　① 湖北省地方志编纂委员会：《湖北省志·军事》，湖北人民出版社 1996 年版，第 488页。

　　② 汉阳县地方志编纂委员会：《汉阳县志》，武汉出版社 1989 年版，第 149 页。

　　③ 武昌县政府：《武昌县抗战史料》，1948 年，湖北省档案馆藏。

日伪的任务，开展抗日游击战争的活动。

鄂东挺进军多次配合第 21 集团军，或单独反击日伪对鄂东地区的扫荡和进犯，特别是在打击惩治鄂东敌伪汉奸方面，做了许多工作。1939 年 2 月 8 日，日伪 1000 余人向麻城稳铺河一带山区进攻，鄂东游击队进行侧击，激战两昼夜，将敌击退①。同月，红安敌伪军 1000 余人进攻七里坪，鄂东游击第一纵队、红安县第三区自卫大队和中共游击部队协同第 21 集团军 171 师第 2 团进行伏击，击毙日军 20 余名，生擒日军大竹易雄，取得了黄安县国共合作抗日的首场胜利②。同年 4 月 3—17 日，鄂东游击部队协同浠水、蕲春、黄梅、广济四县自卫队，袭击沿江敌伪据点，发起大小战斗十余起，予敌重大打击③。7 月，驻浠水兰溪之敌百余人，乘汽艇进犯六神港，鄂东游击部队和浠水县自卫队坚决反击。23 日，在浠水县自卫队用机枪扫毙河中洗澡的日军 10 余名后，鄂东游击部队乘胜追击，消灭敌人 100 余人，游击部队和自卫军仅阵亡分队长 2 人，伤士兵 3 人④。12 月，日军发动对鄂东的第一次扫荡，程汝怀指挥所部进行阻击，歼敌 20 余名。1940 年元宵节，鄂东游击总指挥部率部袭击浠水县兰溪日军"宣抚班"，消灭全部日军⑤。1941 年 9 月，第二次长沙战役期间，第五战区奉命向长江沿岸、平汉铁路及襄花、京钟、汉宜公路、荆宜地区进攻之敌，发动全面游击。1942 年 12 月 8 日，日寇新任司令官冢田政由南京飞汉口，在大别山张家榜上空为第 21 集团军第 138 师击落，机毁人亡，并截获许多重要文件。日寇为报复及寻觅冢田政等人的尸骸，调集第 3 师团作主力，第 68 师团及第 64 旅团各一部配合，由鄂东宋埠南进，第 116 师集结望口、第 4 师团集中石灰窑，向大别山区分进合击。第 21 集团军以第 44、48、39 军于大别山各要地阻击敌人，鄂东挺进军奉命全力配合，经过一个多月的激战，最终迫使日军撤退。这是抗战中后期大别山地区最激烈的一次会战，双方均伤亡惨重，鄂东挺进军和其他游击部队也为这次战斗

---

① 麻城县地方志编纂委员会：《麻城县志》，红旗出版社 1993 年版，第 351 页。

② 红安县地方志编纂委员会：《红安县志》，上海人民出版社 1992 年版，第 206 页。

③ 何之纲：《湖北省政府鄂东行署和鄂东游击总指挥部纪略》，载《罗田文史资料》第四辑，第 13 页。

④ 浠水县政府：《浠水县抗战史料》，1948 年，湖北省档案馆藏。

⑤ 湖北省地方志编纂委员会：《湖北省志·人物》（上），湖北人民出版社 2000 年版，第 501 页。

做出了重要贡献①。

1940 年 4 月，日军向崇阳县南部游击根据地扫荡，湘鄂赣边区挺进军驻县挺进军第六纵队第九支队在大眼泉、铁炉冲、古市岭、东堡等地阻击，毙敌指挥官一名，歼敌 30 余名，获战马 3 匹，武器一批；同年 12 月，驻崇阳县城日伪军 1000 余人进攻青山，第九支队再次阻击，毙敌 70 多人。1941 年春，挺进军第九支队队长刘定一率部奇袭崇阳金沙桥日军驻点，打死日军 43 人，缴获轻重武器 37 件，弹药数十箱②。1940 年 5 月，日军第 66 师团纠集驻蒲圻、嘉鱼、咸宁之日军 1000 余人，并派飞机 3 架，从咸宁、西梁湖、韩家矶三路进攻嘉鱼县王家庄鄂南游击根据地，挺进军第八支队孙耀庭部奋力抗击，击毙日军 60 余人，游击队伤亡 80 余人。同年 10 月 18 日，蒲、嘉、咸三地日伪军 1000 余人并 3 架飞机、3 艘汽艇从西梁湖进犯王家庄，挺进军第二纵队方步舟部奋力抵抗，击毙敌军 300 余人，游击队仅损失 60 余人③。

1941 年 9 月 13 日，为了配合第二次长沙会战，第一行政督察区保安司令部游击队第 1 旅袭击日军高桥驻点，歼灭、俘虏敌军 250 人，缴获机枪 3 挺，步枪 126 支，取得了对敌作战的重大胜利④。

各县自卫队也在极其困难的条件下，对日本侵略军特别是各县汉奸政权及其武装，进行了有力的抵抗和打击。黄冈县自卫总队成立于 1938 年秋，其编制为上校总队长 1 人，由县长兼任，中校副总队长 1 人，上尉督练员 2 人，中尉督练员 2 人，少尉督练员 2 人，下辖 4 个中队。全总队配有重机枪 3 挺，轻机枪 4 挺，七九步枪 378 支，手枪 15 支，尖头七九机关枪子弹 9000 发，圆头七九步枪子弹 15000 发⑤。1939 年 9 月 12 日，驻扎新洲的日伪军 1000 余人向孙家凉亭、杨家山、三庙河方向大举进犯，县自卫队奉命配合 171 师第 1 团、鄂东游击第 18 纵队进行反击，经过激烈战斗，歼灭敌大队长左藤以下官兵数百人，缴获轻机枪十余挺，步枪数百支，以及一批弹药和防毒面具⑥。1938 年 8

---

① 秦孝仪主编：《中华民国重要史料初编——对日抗战时期》，第二编《作战经过》，台北中央文物供应社 1981 年版，第 158 页。

② 崇阳县地方志编纂委员会：《崇阳县志》，武汉大学出版社 1991 年版，第 505 页。

③ 嘉鱼县地方志编纂委员会：《嘉鱼县志》，湖北科学技术出版社 1993 年版，第 239 页。

④ 咸宁市地方志编纂委员会：《咸宁市志》，中国城市出版社 1992 年版，第 632 页。

⑤ 黄冈县地方志编纂委员会：《黄冈县志》，武汉大学出版社 1990 年版，第 427 页。

⑥ 黄冈县政府：《黄冈县抗战史料》，1948 年，湖北省档案馆藏。

月，蕲春县人民抗敌自卫团成立，辖5个自卫中队和一个特务分队，共600人枪。1939年3月，改名为国民自卫总队，下设2个大队，5个中队，700余人枪。抗战期间，多次同敌伪军发生激烈战斗，据《蕲春县抗战史料》记载，抗战期间，"我地方警卫队士，或临阵殉难，或被俘不屈，先后牺牲400余人"[①]。浠水县自卫大队共有8个中队，"计入枪1300，轻机枪7，手枪30，掷弹筒2，经不断训练后，能时予敌人以重大打击"[②]。黄梅县自卫总队成立后，下辖6个中队和1个特务中队，每中队100余人枪，分驻县城、小溪、大河、垅坪、停前等地[③]，在抗战期间多次袭击敌伪武装，并惩治汉奸败类。江陵县自卫队于1941年设立，下设5个中队，2个直属分队，有步枪719支，重机枪5挺。在江陵县政府辗转迁徙过程中，该队一直跟随县政府左右，同敌伪开展游击斗争。1943年3月，在掩护县政府转移过程中，同日军遭遇，发生激战，参加作战的四个中队伤亡殆尽，第四中队拒绝伪军招抚，中队长田纪南以身殉职[④]。石首县自卫总队建立于1937年，1939年改为国民兵团，辖2个大队、6个中队和1个特务中队，有步枪600余支，短枪、机枪数十支，分驻江南、江北，特务中队驻县城。1943年，石首沦陷后，县府迁至团山寺，组建抗敌自卫指挥部和保安警察大队，人枪500余。1944年5月，日军发动豫湘桂战役的湖南会战，部分主力沿石首南进，县保安警察大队奉命阻击，破坏交通，拦截敌人军事物资。30日，警察大队配合国民党第18师在久合垸伏击渡河日军，毙敌160余人，战马10匹，警长袁中标和警士60余人阵亡。31日，又与日军在团山寺、过脉岭一带激战，毙敌200余人，县警察大队警长卢吉根殉国，警士伤亡40多人，第10师亦阵亡班长2名，战士10人[⑤]。1944年年底，公安、石首敌伪军600余人向石首县府驻地团山寺发动进攻，县长王斌率警察大队英勇反击，歼敌63人，日军伍长丰田毙命，游击队缴获甚多[⑥]。

---

① 蕲春县政府：《蕲春县抗战史料》，1948年，湖北省档案馆藏。
② 浠水县政府：《浠水县抗战史料》，1948年，湖北省档案馆藏。
③ 黄梅县人民政府：《黄梅县志》，湖北人民出版社1985年版，第151页。
④ 江陵县政府：《江陵县抗战史料》，1948年，湖北省档案馆藏。
⑤ 石首县政府：《石首县抗战史料》，1948年，湖北省档案馆藏。
⑥ 石首县地方志编纂委员会：《石首县志》，红旗出版社1990年版，第486页。

国民政府第五战区除了有部分部队在湖北沦陷区进行武装斗争外，还积极派人潜入武汉市区进行抗日活动。1941 年日本汉口宪兵队长福田直澄报告："查前于本年九月顷由第五战区司令长官部密派特殊工作员多名，以企图暗杀汉口中日高级长官，并对日军军需仓库、主要码头以及戏场其他市内繁华地区施行'恐怖'破坏工作，而以捣乱市内之治安为目的"，其暗杀对象包括"阿南部队长、湖北省省长何佩镕，其他中日要人"①。日伪统治期间，遭到国民党方面暗杀的大汉奸有伪"武汉维持会"会长计国祯（重伤）、伪湖北高等法院院长黄炳言、伪汉口应城膏盐公司理事长杨辉庭、伪湖北省财政厅长张若柏、"共和党"总务部长谢立生等。

总之，抗战时期国民党在湖北沦陷区的各种抗战力量，在极其困难的环境下，为了民族的抗战事业，继续坚持对敌斗争，打击了日伪势力，维持着同中共的合作，为抗日战争做出了一定的贡献。但是，由于国民党基本上实行的是脱离民众的片面抗战政策，对如何在敌后开展和坚持抗日游击战争缺乏真正的了解和有效的办法，加上 1939 年五届五中全会后抗战积极性的下降，同中共的争夺和摩擦不断增加，国民党内部不同派别和系统之间的矛盾与争夺也时有发生，如湖北省政府同第五战区对鄂东游击力量控制权的争夺，等等，都极大地削弱了其敌后地区的抗战力量，使国民党在湖北沦陷区的抗战力量一直难以顺利发展，其抗战作用难以得到应有的发挥，很多游击部队乃至正规军在日伪的打击下，逐渐溃散，如王劲哉第 128 师到抗战后期基本是全军覆没，其他部队也难有较大作为。这既是由国民党主要承担正面战场的抗战，比较忽视敌后抗战的总任务所决定，同时，更是国民党执行片面抗战政策和坚持同中共争夺与摩擦的必然结果。

二 共产党领导的新四军及其游击队

第二次国内革命战争时期，中国共产党在湖北及相邻各省开辟了鄂豫皖、湘鄂西、湘鄂赣三大苏区，使湖北成为全国最重要的红色区域和红军的摇篮之一。30 年代上半期，由于国民党蒋介石的围剿和王明

---

① 汉口宪兵队长富田直澄：《第五战区在汉抗日活动反映》，转引自涂文学主编《武汉沦陷时期档案史料丛编②：沦陷时期武汉的政治与军事》，武汉出版社 2007 年版，第 471 页。

"左"倾机会主义的错误领导,三大苏区相继丢失,红军主力被迫长征,湖北地区的革命武装几乎全部撤退。主力红军长征后,湘鄂西苏区红军全部撤出,湘鄂赣也只存有少数分散的红军游击队,仅在鄂豫皖地区存有红四方面军和红 25 军长征后留下的少量部队和地方游击队,重新组建了红 28 军,1500 余人,继续坚持斗争①。

抗战爆发以后,中共领导湖北人民在极其艰苦的条件下进行了抗日游击战争,创建了鄂豫边区抗日根据地,建立了以李先念为领导的新四军第五师,使湖北成为华中地区重要的抗日基地,为全民族的抗战和人民军队的发展,做出了重要贡献。

抗战时期湖北沦陷区的新四军和游击队及其创建的根据地,从无到有,从小到大,大致经历了四个阶段,最终成长为中共领导的一支重要抗日武装力量。

（一）鄂豫边区敌后游击战争的准备与发动

抗战爆发以后,国共两党为了民族抗战大业,摒弃前嫌,达成停止内战一致抗日的协定,将陕北红军改编为八路军,南方红军游击队改编为新四军。这一协议的达成,为湖北地区中共领导的抗日武装的建立和发展创造了有利条件。

1937 年 9 月,中共代表董必武抵达武汉,筹组了八路军驻汉办事处,指导鄂豫边地区红军游击队的集中和改编,着手恢复和重建湖北的中共组织。12 月,根据国共协议,新四军司令部在汉口大和街 26 号正式办公。全军共辖四个支队,其中曾活动于江南湘鄂赣边区的红军游击队改编为第一支队第一团队。1938 年 2 月,曾活动于江北的鄂豫皖边及鄂豫边的红军第二十八军及豫南红军游击队（豫南人民抗日军独立团）在七里坪合编为第四支队②。3 月,该部队东进皖东、皖中地区抗击日军后,在黄安七里坪成立留守处警卫排,有 30 余人,12 月,警卫排改编为新四军游击第六大队,辖两个中队,共 100 余人③。1937 年 12 月,中共湖北临时省委成立,次年 6 月,中共湖北省委正式成立,郭述申任书记,鄂豫边地区各地逐步建立特委、中心县委、县委和工委,有

① 鄂豫边区革命史编辑部：《鄂豫边区抗日民主根据地史稿》,湖北人民出版社 1995 年版,第 9 页。
② 红安县县志编纂委员会：《红安县志》,上海人民出版社 1992 年版,第 187 页。
③ 同上书,第 188 页。

的地区建立了中心区委、区委或特支。这些组织都以重要精力投入抗日武装的组建之中。1938 年 1 月，临时省委在黄安七里坪成立抗日游击干部训练班，培养军事骨干。到 10 月，共培训干部 600 余人①。各县抗日游击队也相继成立，成为抗战初期湖北沦陷地区的主要抗日武装。据统计，到武汉失守前，湖北沦陷地区各地已有 10 余支游击武装，共1600 余人，到年底扩大到数千人②。主要有：黄梅抗日工作团（后改编为黄梅县政府自卫大队第四中队）、孝感抗日游击大队、汉川县抗日游击队、黄冈"鄂东抗日游击挺进队"、浠水游击队（后编为"鄂东抗日游击挺进队"第四中队）、崇阳县游击支队、黄陂梅店自卫队、应城抗日游击队、京山抗日自卫队、应山县抗敌自卫团第二大队、汉阳县游击大队、咸宁游击队（后改编为湘鄂赣游击总指挥部，直属咸宁第一大队）、阳新县"八路军鄂南抗日游击大队"、鄂南人民抗日游击总队（不久受编为"湖北省保安司令部直属国民自卫军第二大队即'樊湖大队'"）、鄂城湖北省保安司令部直属国民自卫军第一大队（即"梁湖大队"）。此外，还有一些非共产党人领导和组建的游击队，也编为抗日游击挺进第九支队。这些武装后来除少部分被国民党军队所吞并和消灭外，绝大部分不断发展壮大，成为新四军第五师的重要武装来源③。

（二）中共领导的湖北地区抗日游击根据地的创建

1938 年 9—11 月，中国共产党在延安召开了扩大的六届六中全会，会议决定撤销长江局，设立中原局和南方局，中原局由刘少奇任书记。12 月底，豫鄂边区党委在河南确山县成立。翌年 1 月，鄂豫皖边区党委在安徽立煌（今金寨）县成立，月底，鄂西北区党委在襄樊成立。至此，中原地区党的领导机关全部建立④。

武汉失守以后，抗日战争进入战略相持阶段，中共中央为了加强敌后抗日斗争，决定整合加强湖北敌后的抗日武装，开辟湖北敌后抗日根据地。1939 年 1 月 17 日，奉中共中央中原局指示，新四军第 4 支队第

---

① 鄂豫边区革命史编辑部：《鄂豫边区抗日民主根据地史稿》，湖北人民出版社 1995 年版，第 46 页。

② 同上书，第 48—49 页。

③ 同上。

④ 鄂豫边区革命史编辑部：《新四军第五师抗日战争史稿》，湖北人民出版社 1989 年版，第 39 页。

8团抽调100余人，组成新四军独立游击大队（对外号称支队），李先念任司令员，从河南确山县竹沟村南下，随行干部60余人，执行党中央赋予的开创武汉外围敌后抗日根据地的战略任务。2月，该部进入湖北省应山县。3月，独立游击大队到达礼山县（今大悟）九里关，随后又绕道鄂东向鄂中进军。5月上旬，在小悟山青山口与许金彪率领的"湖北省抗日游击大队"会合。此后，两支部队在李先念统一指挥下，除留后方机关及部分人员坚持孝感中和乡游击根据地外，主力转移到安陆、应山的赵家棚地区，开创以赵家棚为中心的安（陆）应（山）地区敌后抗日新局面①。6月6日，由中共中央中原局组织部长陈少敏率领的新四军第4支队竹沟留守处干部50余人及信阳挺进队的150余名干部战士在安陆赵家棚地区的张家湾与李、许两部会合。随后，应山县党组织领导的两个中队在杨焕民带领下，也赶到这里。以上四部统一合编为新四军挺进团，由许金彪任团长，下辖三个大队。

在鄂东，1939年1月，鄂豫皖区党委书记郭述申召开了白马山会议，将新四军第4支队留守处警卫排、梅店自卫队等武装合编为新四军游击第6大队，辖两个中队，共100余人，作为沿平汉铁路东侧向敌后挺进的一支基干力量②。3月，豫鄂独立游击大队在信（阳）南灵山冲大寺口与第6大队会合。5月，根据鄂豫皖区党委指示成立了鄂东地委，随第6大队行动。1939年1月，鄂豫皖区党委与驻大别山的桂军谈判，将"鄂东抗日游击挺进队"改编为国民革命军陆军第21集团军独立游击第五大队，张体学任大队长，辖四个中队，730余人。到1939年上半年，该部已发展到11个中队共1000余人③。

1939年6月上旬，李先念、陈少敏率领挺进团第一大队到达京山大山头，与鄂中区党委领导的应城抗日游击队的第3、4支队会合。中旬，鄂中区党委扩大会议（养马畈会议）决定将鄂中、豫南游击武装整编为"新四军豫鄂独立游击支队"（后改称"新四军豫鄂挺进支队"），李先念任司令员，实现了中共在豫南、鄂中两地抗日武装的统一指挥和领导，成为共产党在中原敌后的第一个游击主力兵团，对于开

---

① 鄂豫边区革命史编辑部：《新四军第五师抗日战争史稿》，湖北人民出版社1989年版，第49页。

② 同上书，第44页。

③ 同上书，第48页。

创鄂豫边抗日根据地具有奠基性的作用。

1939 年 11 月中旬，根据中共中央中原局的部署召开了四望山会议，宣布建立新的豫鄂边区党委，统一管理豫南、鄂中、鄂东地区党的工作，同时将这三个地区的抗日武装力量统一整编为新四军豫鄂挺进纵队，建立了纵队党的最高领导机构——纵队委员会，朱理治任纵队政治委员兼纵队委员会书记，李先念任纵队司令员。新四军的领导重心从此完全进入敌后。1940 年 1 月 3 日，根据中共中央中原局指示，新四军豫鄂挺进纵队在京山县八字门正式宣告建军。全纵队共 9000 余人枪，下辖 5 个团队和 3 个总队①。到 1940 年年底，边区已建立了 9 个县的民主政权，部队扩大到拥有 15000 人的游击兵团，民兵发展到 10 万余人②。

（三）敌后根据地和抗日武装进一步巩固和发展

1941 年 1 月皖南事变后，中共中央军委决定重建新四军军部，并将原辖各支队扩编为 7 个师、1 个独立旅。28 日，新四军军部在苏北盐城重建。2 月 18 日，中共中央军委任命新四军各师领导人。李先念任五师师长兼政治委员。4 月 5 日，新四军第五师全部组建完毕，李先念等全体将领于白兆山通电就职。4 月 10 日起，部队一律使用新番号。第 5 师下辖第 13、14、15 三个正规旅，第一、二两个地方游击纵队及区党委警卫团，共 12 个团，15300 余人。第 5 师的建成，标志着鄂豫边区抗战和部队建设跨进了一个新阶段③。

1942 年 4 月，中共鄂豫边区党委为加强军政统一领导，经中共中央军委批准，建立了三个军分区。第一军分区辖西至平汉线，东至鄂皖边，南至鄂南，北至黄安、麻城地区；第二军分区辖平汉路以西，广水、应山、马坪公路以南、哈、汉（口）宜（昌）公路以北，襄河以东地区；第三军分区辖东至汉阳，西至宜昌，北至汉宜公路，南至襄河地区。各军分区皆为独立作战单位，在师部指挥下独立作战。一部分主力转化为小团，以便独立、分散地开展游击战。第 13 旅仍作为师部的主力部队，担负全区的战略机动任务。8 月，又建立了第四（黄冈及鄂

---

① 湖北省新四军研究会等编：《鄂豫边区政权建设史》，武汉出版社 2006 年版，第 95—96 页。

② 鄂豫边区革命史编辑部：《新四军第五师抗日战争史稿》，湖北人民出版社 1989 年版，第 101 页。

③ 同上书，第 116—117 页。

南）、第五（鄂皖边）军分区，并成立了鄂皖地委。1942 年 7 月，中共中央华中局鉴于五师与军部联系困难，向中共中央提出建议：五师由中央军委直接指挥。21 日，中共中央复电同意华中局意见。从此，五师即主要在中央军委直接指挥下转战武汉外围，直至抗日战争最后胜利[①]。

至 1943 年年底，五师开创的鄂豫边区所辖地区扩大到 51 个县（其中基本区 14 个县，游击区 37 个县），总人口由 1942 年的 473.5 万人（基本区 216.4 万人，游击区 257.1 万人）猛增到 1020 余万人（基本区 420 余万人，游击区 600 余万人）[②]。

（四）争取抗日战争最后胜利和为保卫中原人民的胜利果实而斗争

1944 年 8 月，中共中央为了加强南方抗日力量，决定派遣八路军 120 师 359 旅从陕北南下，开辟以五岭山脉为中心的华南敌后抗日根据地，使华北抗日根据地、鄂豫边区和东江抗日根据地连成一片。鄂豫边区成了这一战略性进军的出击阵地和直接后方。1945 年 1 月 27 日，王震和王首道率领 359 旅第一梯队 5000 余人，改称国民革命军第十八集团军第一游击支队（简称"南下支队"）到达鄂豫边区领导机关所在地礼山县（今大悟县）大悟山地区与五师会师[③]。南下干部大队有许多人分配到鄂豫边区各部门工作，大大加强了边区和新四军第五师的干部力量。

1945 年以后，世界反法西斯战争形势日渐明朗，德国法西斯和日本帝国主义的灭亡指日可待，第五师也加大了对日军的进攻和打击。1945 年 8 月 11 日，根据延安总部命令和中共中央指示，第五师向各军分区（旅）颁布紧急命令，立即动员全部力量迅速占领被敌伪盘踞的大小城市、交通要道，限令伪军反正投降，否则即予以消灭。8 月中下旬，各军分区（旅）对日伪发出通牒展开受降工作。在十余天中，第五师主力部队及地方武装共毙伤俘虏拒降之敌伪军 3500 余人，攻克中小城镇 12 处[④]。

截至日寇投降时，新四军第五师主力部队和地方武装发展到 5 万余

---

　　① 鄂豫边区革命史编辑部：《新四军第五师抗日战争史稿》，湖北人民出版社 1989 年版，第 157—158 页。

　　② 同上书，第 207 页。

　　③ 湖北省新四军研究会等编：《鄂豫边区政权建设史》，武汉出版社 2006 年版，第 346—347 页。

　　④ 鄂豫边区革命史编辑部：《新四军第五师抗日战争史稿》，湖北人民出版社 1989 年版，第 256 页。

人，民兵 30 余万人，在 38 个县建有抗日民主政权，其中湖北省 31 个，边区抗日根据地人口 1300 余万。整个抗战期间，新四军第五师抗击了 15 万多日军和 8 万多伪军，对敌伪的主要战斗达 1263 次，毙伤俘敌伪军和敌伪投诚反正的共 43772 人；同时，打退了国民党顽固派掀起的多次反共军事进攻，对顽军自卫作战 878 次，毙伤俘顽军和顽军起义投诚的共 32764 名。在此期间，第五师在战斗中伤亡官兵 13274 人①。

新四军第五师还与在华美国盟军建立了友好合作关系，为国际反法西斯统一战线做出了重要贡献。自 1944 年以来，美军援华空军第十四航空队前后计有 6 名飞行员被迫降落在鄂豫边区的天汉、洪湖和鄂东等根据地，获得当地军民的营救，并安全护送归队。中尉飞行员白劳德从鄂豫边区返回重庆后，陈纳德将军非常感谢，并开始重视新四军第五师的战略作用。在通过中共驻重庆代表团周恩来征得中共中央同意后，1944 年 8 月 14 日，陈纳德派出正式代表炮兵少校欧高士（驻华美军总部参谋）带领电台人员，携电台一部及陈纳德致李先念亲笔信一封，经老河口、钟祥到达大悟山新四军第五师师部。双方经过磋商，于 9 月 2 日达成关于共建无线电情报网的初步协议。12 月下旬，驻华美军第十四航空队情报组正式驻扎大悟山，在第五师情报处的合作下，为美机轰炸武汉地区、平汉铁路、汉宜公路、日伪机场、仓库、兵营指挥部等提供了可贵的情报②。

第四节　湖北沦陷区军事分布的特点

毛泽东在分析抗日战争进入相持阶段以后中日双方的军事力量和军事形势时说，"敌以少兵临大国，就只能占领一部分大城市、大道和某些平地，由是，在其占领区域，则空出了广大地面无法占领。这就给了中国游击战争以广大活动的地盘"，"敌以少兵临多兵，便处于多兵的包围中"。③ 这种犬牙交错、包围与反包围的战争态势，湖北战场与全国战场大体相同。但是，由于湖北地处东部敌占区和西部国统区的交接

---

① 鄂豫边区革命史编辑部：《新四军第五师抗日战争史稿》，湖北人民出版社 1989 年版，第 259—260 页。

② 同上书，第 250—261 页。

③ 毛泽东：《论持久战》，《毛泽东选集》合订本，人民出版社 1967 年版，第 452 页。

地带，因此，湖北沦陷区的军事情况，又与华东和华北敌占区有所不同，呈现出自身的一些特点。

第一，日军占领广州武汉后，抗日战争进入相持阶段，湖北成为正面战场的最前线，武汉成为日本调兵遣将的大本营和发动战役进攻的出发阵地，因此，武汉及周边地区驻扎的日军，不仅数量较多，而且调动频繁，但武汉以外的广大农村各县，日军数量较少。在武汉沦陷初期，占领武汉及周边地区的是日本华中派遣军第11军和第2军系列，1938年12月第2军番号撤销后，武汉及湖北地区的占领主要由第11军负责。1944年春，第11军南下参加豫湘桂战役，日军新编组第34军负责武汉地区防务。同年9月，日军在汉口成立中国派遣军第6方面军，其直属部队驻防武汉，直到抗战结束。在整个抗战期间，日军进出湖北省的军队数量众多，驻防武汉的部队调动频繁。同时，在武汉以外的广大地区，由于兵力所限，除少数重要战略驻点以外，留驻各县的日军警备部队数量很少，多则一两百人，少则十几二十人，有的甚至只有几个人，其对沦陷区治安的维持，主要依赖伪军警。据新四军第五师向中共中央的报告，1942年湖北境内的日伪军驻点分布情况见表3—8。

表3—8　　　　　　　　湖北境内日伪军驻点（1942年12月）

县市	敌伪驻点
宜昌	宜昌、石板铺、龙泉铺、杨义路、临铺
宜都	古老背、白洋、榴子溪、林家渡
枝江	懂市、江口
江陵	万城、大市街、石套子、李家埠、草市、沙市、岭河口、天坡、子口场、三角庙、江陵
当阳	王泉寺、双莲寺、慈华寺、清水铺、潭溪市、脚东港、河溶镇、白杨场、当阳
荆门	荆门、烟灯集、掇刀石、园林铺、鸦城集、杨定集、王家草场、建阳驿镇、十里镇、四万镇铺、老山坳、十回桥、长甲州、李家市、高桥、沙祥、潘家集、马良、斗笠岗子、陵铺、石乔驿、乐乡关
钟祥	钟祥、朱家埠、牛尾山、胡家集、牌戮刚、牌楼岗、皮家集、冷水铺、王家集、塘港、石牌镇、旧口镇、东桥镇、黄家集、洋梓镇、高家集、佛四镇、沙港、八仪、肖家集、李家集
京山	京山、陈家集、官桥铺、孙桥、三阳店、宋河、罗店、永兴镇、龙泉镇、钱家场、孙庙镇、雁门口、罗家集、李家集

续表

县市	敌伪驻点
潜江	潜江、周家矶、刘家场、新河、王家场、泗港、策口、张港
沔阳	仙桃、沔阳
天门	天门、皂市、柳河、新堰口、岳口镇、驻庙、墨流渡市、毛家嘴、毛家场、彭市河、麻阳潭、多祥河
应城	田店、下巡店、十里铺、张家店、龙王庙、应城
随县	随县、浙河
应山	应山、平靖簧寺、蔡河、关帝店、聂家店、郝家庙、马坪、龙泉镇、大邦店、魏家店、长玲岗、平林市、陈家巷、骆家店、十里铺、草店、张杨店、广水、杨家岗、二十里铺、武胜关、东簧店、余家店、麻市、花山、新店、马忘庙
安陆	安陆、接官、雷公店、伏水港
云梦	云梦、陈家沟、义堂镇、隔浦潭、长江埠、道人桥、五洛寺、胡金店
汉川	汉川、系马口、永坝、分水嘴、王家集、脉旺镇
孝感	孝感、孝感站、肖家港、三叉埠、东阳岗、小河溪、王家店、魏家店、花园、陆家山
礼山	夏店、河口
黄陂	县城、大指店、横店、滠口、邓家湾、横山集、研子岗、长轩岭、姚家集、梅店
黄安	黄安、桃花、尹家河、冯受二、十里夏店
麻城	中馆驿、宋埠、岐亭、马城
汉阳	汉口、汉阳、蔡店、大集厂、黄机、新沟、大军山、鱼汪门、新滩口、窑头沟、大嘴
黄冈	黄冈、团风、淋山河、新洲、李家集、靠山店、仓埠、阳逻、柳子港、洪山岩
浠水	兰溪、巴河
蕲春	茅山、潘家铺、蕲春
广济	田家镇、武穴、龙坪
黄梅	黄梅、孔垅、小池口、龙新
武昌	武昌、金口、纸坊、保福寺、油坊岭、豹子澥
咸宁	贺胜桥、咸宁县、汀泗桥
大冶	大冶县、黄石港、铁山、石灰窑
阳新	阳新县、白沙铺
鄂城	鄂城县、金牛镇、葛店、碧石渡
嘉鱼	嘉鱼县
江南地区	花房董、大河湾、姜湾、盐铺头市
全省共计	驻点240余个，日军约6万人，伪军5万人

资料来源：《五师电报资料》，武装斗争，编号11，第165—167页。

　　第二，战祸降临，社会动荡，湖北沦陷区也一度出现过土匪横行、散兵游勇猖獗的情况，但程度远比华东、华北较轻，时间也较短。这是因为湖北沦陷区被日军占领时，中国军民业已经过了一年多的战争考验，中国军队的退出较有准备，撤退前对当地的民众组织、民心安定和地下游击抵抗已经预先进行了一些安排和部署。此外，湖北沦陷区在土地革命时期，是国共两党鏖战的主战场，红军主力退出后，国民党通过保甲制度的推行，对地方的控制比较严格。而共产党在人民群众中仍有深厚的政治影响。所以这些地区沦陷后，各种地方势力、杂牌武装，要么投靠了日本侵略者，充当伪军，要么接受国民党部队的收编，要么加入共产党领导的抗日武装，湖北沦陷区很快就呈现出日伪、国民党、共产党三方争夺的态势，没有出现较长时间的权力"真空"状况。

　　第三，在整个抗日战争时期，湖北沦陷区战斗着的中国军队，虽然内部也存在各种矛盾，如国民党军队中中央军与桂系军队的争夺地盘，国民党军队与地方政府之间的矛盾，等等，尤其是国民党顽固派多次向新四军发动"摩擦"，甚至在1939年9月发生了国民党大别山第172师伙同鄂东游击第18纵队及省县保安团队进攻中共领导的抗日第五游击大队"夏家山事件"，但是，总的来看，整个抗战时期，国共两党仍然坚持了民族大义，在湖北敌后的合作相对较好，能够发挥战略配合和支持的作用，在日军几次对大别山国民党军队的进攻中，新四军每次都积极主动袭击日军，为打退日军的进攻做出了贡献。国民党驻扎在大别山地区的第21集团军抗战也比较积极，是保持鄂东地区敌我相持局面、保卫这一地区人民免遭日军蹂躏的重要力量。国共两党都为抗击日本的侵略，争取抗战胜利，做出了重要的贡献。

第四章　沦陷区伪政权的外交

　　沦陷时期湖北省各级伪政权组织，属于华中日军控制的地方伪政权，理应无权制定外交方针和政策。但是，由于伪武汉特别市政府和伪湖北省政府都先于南京汪伪政府成立，在一段时间内是一个独立的地区伪政权。即使在 1940 年 10 月加入南京汪伪政府后，由于日本在沦陷区推行分治合作的方针，湖北伪省市政府仍然主要听命于华中日军，在政治上具有较大的独立性。因此，在整个抗战期间，伪湖北省政府和伪汉口市政府都行使着一定的外交职权。他们在外交上唯日本政府和华中日军意志是从，认贼作父，极力讨好和歌颂日本侵略者，死心塌地地站在法西斯阵营一边，对抗反法西斯各国，成为日本在华中地区控制的重要外交工具。

第一节　歌颂和美化日本对华侵略

　　日本帝国主义发动的侵华战争，是近代以来外国资本主义对中国发动的最大规模的侵略战争，给中华民族带来了深重的灾难和亡国灭种的威胁，毫无疑问，日本侵略者是中华民族最凶恶最残暴的敌人。但是，湖北沦陷区各级伪政权组织，无论是伪武汉治安维持会还是伪武汉特别市政府和伪汉口市政府，抑或伪湖北省政府和各县伪政府，都颠倒黑白，混淆是非，厚颜无耻地歌颂和美化日本军国主义，为日本帝国主义的对外侵略战争大唱赞歌。

一　伪武汉治安维持会和伪武汉特别市（伪汉口特别市）政府的媚日宣传与行动

（一）伪武汉治安维持会的媚日外交宣传

伪武汉治安维持会成立后，为了麻痹占领区人民的思想，消弭沦陷区人民的斗志，巩固日本的殖民统治，就利用各种手段宣传日本的殖民侵略思想，歌颂日本的对华侵略。

1939 年 3 月，伪武汉维持会指定伪《武汉报》发起"东亚新秩序建设运动周"，决定 3 月 3—9 日一周内开展大规模宣传活动，宣传日本的"东亚新秩序"和"大东亚圣战"殖民理论。运动周的主要宣传活动是："一、发表建设东亚新秩序论文；二、发布传单；三、粘贴标语；四、举行演讲会。"① 为了吸引群众参加该活动，该报发起有奖征文，"就建设东亚新秩序，各抒己见"，"设特等奖、一等奖、二等奖、三等奖各一名，分别酬洋一百元、五十元、三十元、二十元"②。同时，该报利用大量篇幅发布反共媚日标语，歌颂日本的侵略。如"决河焦土游击是中共赤化工作的第一步！""共产党是破坏东亚和平的恶魔！""灭共倒蒋是齐家治国的基础！""满洲国的发展是建设新中国的模型！""日华满携手向建设东亚新秩序迈进！""创造东亚新文化，打破依靠欧美的观念！"等③。3 月 4 日，该报发表《宣抚歌》，恬不知耻地以日本人的口吻，高唱中日亲善，宣传奴化思想。其文曰："（一）四海兄弟应太和，为何偏要起风波？仁慈的圣意永远垂示，明治天皇'大御歌'！友邦四万万的同胞啊，快醒来吧，大家携手勿蹉跎。（二）蒋政权抗日的迷梦，就是这么样酣睡，看吧，正义的光芒，照耀东海的碧空，友邦四万万同胞啊，快醒来吧，大家携手向大同。"④ 3 月 7 日，该报在汉口中华区湖南会馆举行演讲大会，伪武汉治安维持会会长计国桢、伪武汉民众救国会会长何佩镕、大汉奸石星川等纷纷上台发表演讲，宣扬亲日、媚日理论，公开歌颂日本的侵略⑤。9 日，该报"为使宣传益加普遍彻底起见，特再编成汽车队，一面散发传单，一面利用扩音机做街头演讲，环绕所有街道，传布建设东亚新秩序的观念"⑥。"运动周"结束后，3 月 19 日，伪武汉治安维持会社会局指导科又

---

① 《本报举行东亚新秩序建设运动周启事》，《武汉报》1939 年 3 月 4 日。
② 《本报征求论文启事》，《武汉报》1939 年 3 月 4 日。
③ 《〈武汉报〉东亚新秩序建设运动周标语》，《武汉报》1939 年 3 月 4 日。
④ 新华：《宣抚歌》，《武汉报》1939 年 3 月 4 日。
⑤ 《东亚建设运动周演讲大会》，《武汉报》1939 年 3 月 5 日。
⑥ 《〈武汉报〉创刊二周年纪念特刊》，《武汉报》1940 年 11 月 10 日。

在伪《武汉报》上发表《武汉市民今后应有之认识》，露骨地宣传和美化日本的侵略。宣称，"日本与我国为密切之邻邦，唇齿相依，利害与共，我们要抵抗白种人在远东的种种侵略，必须中日人民密切合作，使东亚两大国共存共荣"，"因为蒋政权，残民以逞，容共祸国，日本恐赤祸弥漫，荼毒东亚，不得不对华出兵，目的是要打倒为苏俄作傀儡的蒋政权，为我们消灭赤匪的，既不是要征服我国，也不是要占领我国土地。证之所失之地，政权仍操之国人，可为明证"①。除利用报纸外，伪维持会还命令伪汉口广播电台从 1939 年 3月 22 日起，每日下午七时播放"东亚进行歌"，歌颂日本、美化侵略。其歌词是，"中日结交情谊深，联合满蒙倍相亲。如手如足一脉传，同文同种更同心。努力建设新秩序，明朗天地众志伸"②。

（二）伪武汉特别市（伪汉口特别市）政府的卖国外交宣传与行动

伪武汉特别市政府成立后，在外交上唯日本意志是从。1939 年6 月，伪特别市市长张仁蠡在其宣示的"施政方针"中明确表示：伪政府的主要施政目的是"谋中日密切亲善之实现"③。在华中日军的控制下，伪武汉特别市政府完全成为日本把持的歌颂和宣传其殖民侵略的工具。1939 年 6 月，为庆祝日本全面侵华两周年，宣传日本的殖民侵略思想，6 月 23 日，伪武汉特别市政府宣传局专门成立"庆祝'兴亚'纪念日两周年筹备处"④，并拨出专款 3000 元，筹备大举庆祝活动⑤。庆祝活动的主要内容有，"新闻联盟刊发特辑；电台播送兴亚歌曲；各剧场同演义务戏；全市实行揭旗运动；清除墙壁装设标语；组织汽车队游行演讲；散发传单遍贴标语；各校举

---

① 伪武汉维持会社会局指导科：《武汉市民今后应有之认识》，《武汉报》1939 年 3月 19 日。

② 陈大觉：《东亚行进歌》，《武汉报》1939 年 3 月 23 日。

③ 《市长施政方针谈话》，《武汉特别市政府周年纪念特刊·总纲》，武汉特别市政府秘书处编，1940 年 4 月，第 5 页。

④ 伪武汉特别市政府宣传局：《拟成立庆祝"兴亚"纪念日两周年筹备处》，1939年 6 月 23 日，武汉市档案馆藏，转引自涂文学主编《武汉沦陷时期档案史料丛编②：沦陷时期武汉的政治与军事》，武汉出版社 2007 年版，第 362 页。

⑤ 伪武汉特别市政府宣传局：《呈报庆祝"兴亚"二周年纪念日筹备经过》，1939年 6 月 26 日，武汉市档案馆藏，转引自涂文学主编《武汉沦陷时期档案史料丛编②：沦陷时期武汉的政治与军事》，武汉出版社 2007 年版，第 362—363 页。

行话剧演说；气球升空散布标语；慰问友军白衣勇士"，等等①。伪
"华中青年协会"也于 6 月 25 日"举行首次会员座谈会"，讨论
"对七月七日兴亚纪念日庆祝办法"②。1941 年 7 月，伪汉口特别市
政府为纪念"七七更生"四周年，举行盛大庆祝活动。除组织报纸
宣传、施放气球、市民游行外，伪市政府还散发有奖传单，"备有
暗记号码之传单二千分，同时散发"，"凡市民捡得此项暗记传单，
可于七月十一日至十五日内，持单赴指定之戏院及电影院，免费观
剧"③。

　　1938 年 10 月 26 日是日军占领武汉的日子。这本是武汉人民的耻辱
日。伪武汉特别市政府为了讨好日本和日军，将其定为"武汉更生纪念
日"，进行大肆庆祝和纪念。1939 年 10 月 13 日，由伪"华中青年协
会"主持、伪武汉特别市政府派员参加的"武汉更生节纪念大会各界
联合筹备会议"早早开会，研究布置"庆祝"办法，决定由武汉中日
双方在 10 月 25 日、26 日、27 日三天举行盛大活动，纪念庆祝。26 日
上午由伪武汉特别市政府主持在汉口新市场召开纪念大会，下午由华中
青年协会举行街头演讲，27 日由武汉日方举行战没将兵慰灵祭、靖国
神社遥拜默祷及群众和汽车游行④。同时，由《武汉报》发行纪念特刊
三天，进行纪念，并发表征文启事，向全市进行征文⑤。

　　除了纪念"七七"日本侵华和日军占领武汉以外，伪武汉市政府对
"八一三"日本进攻上海和发动太平洋战争也进行纪念庆祝。1939 年 8
月 12 日，伪"华中青年协会"决定在"八一三更生两周纪念日""举
行热烈的民众纪念大会，揭示倒蒋反英灭共三要义，藉唤起民众之深刻
注意"⑥。1942 年 2 月 19 日，汪伪"中央政治委员会"为纪念日本发动
太平洋战争，规定每月 8 日为"保卫东亚纪念日"。3 月，伪汉口特别

---

　　①　《中日各界一致动员，组织兴亚纪念委员会，共同庆祝东亚更生两周年》，《武汉
报》1939 年 6 月 29 日。
　　②　《华中青年协会举行首次座谈会》，《武汉报》1939 年 6 月 26 日。
　　③　《今届七七四周年纪念日，武汉各界热烈纪念》，《武汉报》1941 年 7 月 7 日。
　　④　《武汉更生节纪念大会各界联合筹备会会议记录》，武汉市档案馆藏，转引自涂文学主
编《武汉沦陷时期档案史料丛编②：沦陷时期武汉的政治与军事》，武汉出版社 2007 年版，第
376—377 页。
　　⑤　《武汉更生一周年纪念特刊征文启事》，《武汉报》1939 年 10 月 14 日。
　　⑥　《华中青年协会决定明日召开八一三更生纪念会》，《武汉报》1939 年 8 月 12 日。

市政府以此出台《保卫东亚纪念日（每月八日）应行事项暨宣传实施办法》，规定："一、全市各机关及民众一律悬挂国旗一天；二、停止宴会；三、停止一般娱乐（电影院除外），但得利用娱乐场所及原有节目增减做保卫东亚纪念之宣传；四、发行纪念月报"，等等①。1943 年 1 月 9 日，汪伪政权在征得日本政府同意后，向英美宣战，并把每月 9 日定为"参战纪念日"，所有要求与"保卫东亚纪念日"相同。伪市府机关奉命行事，大肆纪念和庆祝。同年 5 月 8 日，伪市府"召集各社团领袖及重要人员施行集训，下午由各社团领袖自行召集所属，根据本会指示，加以训导"，主要训导要点是，"一、大东亚战争之意义及一月之战果。二、东亚联盟之纲领及英美侵略东亚之史实。三、新国民运动之理论及实践方法。四、新国民生活之必要条件"②。伪"市政府各局、市党部、社运会、东亚联盟、农工商各界，暨警察局各联保"亦"分别举行集训，市府并派员参加指导"③。

　　除了主动宣传歌颂日本的侵略外，对于日本的外交欺骗，伪市政府更是不遗余力地宣传和配合。1940 年 11 月 30 日，日本政府与汪精卫正式签订《关于"中华民国"日本国间基本关系条约》，日本公开承认汪伪政府。对于这个灭亡中国的条约，就连曾参与过汪日谈判（后逃离了汪精卫集团）的高宗武、陶希圣也揭露和抨击"其中条件之苛酷，不但甚于民国四年之 21 条者，不止倍蓰，即与所谓近卫声明，亦复大不相同，直欲夷我国于附庸，制我国之死命"④。然而，伪汉口市政府却把这个条约看成自己的命根子，弹冠相庆，欢呼雀跃。《武汉报》开辟专栏"庆祝中日条约签订"，欢呼《中日新关系已确立》《中日条约是日本援助中国废除治外法权收回租界之表现》《拥护中日条约，共同防卫共产阴谋》⑤。1941 年，为了纪念该条约缔结一周年，伪湖北省政府和伪汉口特别市政府决定自 11 月 24 日起至 30 日止，举行"东亚联盟运动宣传周"活动，予以庆祝，并责令全市各报社"遵照中央规

---

①　伪汉口特别市政府：《汉口特别市政府训令》，府政字第 4383 号，载伪《市政府公报》，第 7 期，1942 年 4 月。

②　《明日：保卫东亚纪念日，本市举行首届集训》，《武汉报》1942 年 5 月 7 日。

③　《昨保卫东亚纪念日，本市首次集训》，《武汉报》1942 年 5 月 9 日。

④　《高宗武、陶希圣致港报函》，转引自章伯峰、庄建平主编《中国现代史资料丛编·抗日战争》，第六卷《日伪政权》，四川大学出版社 1997 年版，第 854 页。

⑤　参见《武汉报》1940 年 12 月 8 日第 2、3 版。

定"，在 24 日"一律发行特刊，刊载各种关于东亚联盟问题之文字，并由市党部东青联盟及市府宣传队分别组织演讲队，作街头、戏院及各学校之巡回演讲，尽力向各界民众灌输东亚联盟之思想"①。1942 年 4 月 12 日，华中日军发表声明，决定将汉口第三特区（即前日租界）市政管理局管理事务及其财产"移交汉口特别市政府接管"。对于日本的这一外交宣传游戏，伪汉口特别市政府欢呼雀跃，感激涕零。当天，伪汉口特别市"张市长暨杨秘书长领导各局局长，赴友邦军司令部，向华中最高指挥官阿南中将，举行接收，仪式至为隆重。……市府对友邦此种援助之真诚，莫名感谢，除电中央报告外，并举行联欢，以资纪念"。武汉日伪报纸宣称这使"东亚共荣圈又增一页新史"②。伪汉口特别市市长张仁蠡对记者发表谈话，除"对友邦日本军伟大的热情友谊，表示感谢"外，同时向日军表示决心，"继续努力肃清一向压榨我们的一切有形无形的英美残余势力，积极协力大东亚战争，以尽同甘共苦的责任"③。1943 年 1 月 11 日，日本同汪精卫伪政府签订了"交还"日租界、"废除治外法权"的协定。6 月 29 日，日军又将英美在汉的资产 121 件，包括平和洋行、隆茂洋行、怡和洋行之住宅和华中大学、博学中学、普爱医院等交还武汉伪政府。伪省市政府更是万分感激，表示这标志着"我国百年来之耻辱，已一扫而光，而完成自由、平等、独立之精神"④。为表达对日本的感谢之情，伪汉口特别市政府经济局长孙迪堂声称：此举使"中日关系更进入同生共死阶段"，"惟是吾人今后责任更加重大，所望全国人士自肃自振，协力推进国府战时经济政策"⑤。

在具体行动上，伪武汉特别市政府也时时处处以日本作为学习和效忠的对象。伪特别市政府组建时，其基本政策和法规都由日本顾问高濑制定，内容多抄自伪满洲国的法规。伪市政府成立后，频繁向日本和伪满洲国派遣考察团，"观光日满两国之经济、文化建设、交通事业，俾

---

① 《东亚联盟运动宣传周今日起开始举行》，《武汉报》1940 年 11 月 24 日。

② 《友邦交还特三区行政权，市府昨行接收仪式，东亚共荣圈又增一页新史》，《武汉报》1942 年 4 月 13 日。

③ 《友邦协力铲除英在汉最后堡垒：张市长对记者发表谈话》，《大楚报》1942 年 4 月 13 日，转引自皮明麻总主编、涂文学主编《武汉通史·中华民国卷》（上），武汉出版社 2006 年版，第 335 页。

④ 《汉厦粤地产四六一件友邦交还国府管理》，《大楚报》1943 年 6 月 30 日。

⑤ 《收回上海租界与我国经济》，《武汉报》1943 年 7 月 15 日。

资借镜及发展"。伪武汉特别市政府成立不久，即派出由参事室主任计国桢等 11 人组成的"日本观光团"，在日本驻汉口领事田中率领下，于 1939 年 5 月赴日观光学习。在日期间，计国桢发表声明书称："（武汉）特别市之得以树立，斯皆贵国人民努力之赐也。……为完成黄种人之兴亚使命，而建设新中国，拟对东亚和平有所贡献，以达同文同种之中日两国共存共荣，吾人愿倾全力以达此愿望。"① 1940 年 8 月，伪武汉司法训练所"为充实各学员学验起见"，遴选职员学员二十余人组成参观团，前往日本各大都市及伪满等地观光，"实地考察司法之现状，以资借鉴，俾将来归国后，得为改良司法之准备"②。1940 年 11—12 月，"武汉青年协会"派代表团一行十四人赴日本参加东京"东亚青年联盟大会"③。伪汉口特别市教育局多次组织考察团赴日本考察教育，伪市警察局亦选派警官范钦芬赴日考察学习警政事务，1941 年 11 月范回汉后即仿照日本"改革警政"。1941 年 9 月中旬，武汉地区发生日全食，以观察日食活动为中心，伪汉口特别市政府组织了一次大规模的"中日亲善"活动。受汉口伪政府邀请，日本几个观察团陆续从日本来汉，分赴汉口江汉中学、贺胜桥、簰州等地"或作天文上之观测，或作地理上之研究"④。汉奸文人周作人以及日本诗人草野心平，也应"中日文化协会"武汉分会的邀请来汉进行访问和演讲。以此为契机，日本在汉团体也纷纷与伪政权进行联谊活动。伪南京政府驻日大使褚民谊还专程飞赴武汉观察日全食，并参加伪汉口市政府组织的各项亲日宣传活动。直到日本帝国主义覆亡前夕，湖北伪省市政府为了表示"坚定最后胜利之决心"，仍然继续向日本献媚。1944 年 4 月，中日文协湖北分会发动文艺总动员，举行"大东亚民族音乐大会"，举行宣扬日军"赫赫战功"的美术展览，开展"文学报国运动"，不惜为日本帝国主义的灭亡垫背⑤。

---

① 《武汉访日观光团抵长崎》，《武汉报》1939 年 6 月 2 日。
② 《武汉司法训练所拟组赴日参观团，实地考察法治国家精神》，《武汉报》1940 年 8 月 26 日。
③ 《赴日青年代表团约本月二十日返汉》，《武汉报》1940 年 12 月 16 日。
④ 《日本日食观测团连日酬酢忙碌》，《武汉报》1941 年 8 月 19 日；皮明麻总主编、涂文学主编《武汉通史·中华民国卷》（上），第 304 页。
⑤ 《中日文协改组湖北分会，发动文协总动员，举办美术音乐大会》，《武汉报》1944 年 4 月 25 日。

伪武汉特别市政府为了取得日本人的好感，还联络日军特务部和及其他日本驻汉机构，在1939年8月成立组织了"亲仁会"，以伪市长张仁蠡的名义租赁特二区黄陂路50号房屋为会址，定期举行活动。此外，《武汉报》《大楚报》以及"中日文化协会"等组织也时常举办中日官方及民间的各种活动，如中日国际乒乓球赛、足球赛、妇女恳谈会、纪念兴亚运动东亚民族音乐会、儿童健康比赛等，以增强同日本各方的感情。为了向日本献媚，伪特别市政府还下令将武汉各马路重新定名："民权路改为新民路，民族路改为明德路，民生路改为至善路，三民路改为维新路，中正街改为兴亚路，怡和街改为联和街，强生路改为新生路，三民街改为善邻街，武昌中正路改为武昌兴亚路"，一副活脱脱的奴才嘴脸，暴露无遗①。

二 伪湖北省政府的媚日外交

伪湖北省政府是华中日军一手扶植和控制的地方傀儡政权，在其统治期间，自然也是完全秉承华中日军和南京汪伪政权的意志，推行亲日媚日外交政策。

（一）高唱中日亲善，感谢日本侵华

伪湖北省政府成立之后，就把增进中日亲善作为其外交政策的基石。1939年11月5日，伪湖北省省长何佩瑢在其就任演说中说："党军误国，启衅邻邦，劫后灾黎，尤深悯恻。所幸友邦阐明用兵主旨，专力摧毁抗日党军，对于人民，一视同仁。更复倡导建设东亚新秩序，确立东亚永久和平，我鄂省人民，既已深切认识，应即一致努力，筑成防共堡垒，共同建设东亚新秩序。"② 1940年2月14日，在伪湖北省第一次县政会议开会训词中，他又提出："友邦与我国原属同洲同文同种，现在友军倡导建设东亚新秩序，同谋东亚永久和平，确认中国为兄弟之邦，应即劝谕各县地方人民，实行日华亲善。"③ 1942年7月，杨揆一

---

① 伪武汉特别市政府：《武汉各马路新定名称》，载伪《武汉特别市政府公报》，1939年9月，转引自涂文学主编《武汉沦陷时期档案史料丛编①：沦陷时期武汉的社会与文化》，武汉出版社2005年版，第50页。

② 《何省长二十八年十一月五日在汉口广播电台向湖北全省民众广播演说词》，载伪《湖北省政府公报》第1期，1940年3月20日出版，武汉市档案馆藏。

③ 何佩瑢：《何省长在湖北省第一次县政会议闭会训词》，1940年2月14日，载伪《湖北省政府公报》第1期。

接任伪湖北省政府主席，在其宣示的"施政方针"中，继续把中日亲善视为首责，提出："此次本人担负省政重任，决本向来中日双方亲善友好之关系，与现地友邦各位长官紧密协力，亟谋'建设新湖北'理想之实现。"①

1940年6月9日，日军攻陷沙市，14日占领宜昌。16日，伪湖北省长何佩镕发布《告宜昌、沙市民众书》，在极力恐吓、欺骗民众的同时，大肆鼓吹中日亲善，并对日本的侵华感恩戴德。该文说："这次中日的战争，是不是因为日本要亡中国而发生的？我们敢说'绝不是！'……日本非独不要亡中国，抑且愿意扶助中国"，"中日两国，在习惯上文化上地理种族各方面，都是不能分离的。……中日两大民族苟能提携合作，协力反共，即善邻之实可现，东亚新秩序之建设可期"。②

伪湖北省政府为了宣传中日亲善，感谢日本的侵略，想尽一切办法，不计任何廉耻。1940年8月，伪省政府宣传科为宣传中日"和平友好""亲善团结"，设计定制折扇三千柄，每柄折扇"正面绘有中日国旗，另一面为和平反共建国等字样"，分发各伪县政府公务人员以作宣传。"闻其中另有质料更为精美之折扇一百，并由省长何佩镕氏亲笔题字，分赠友邦官宪，借以联络感情。"③ 1941年7月7日，为纪念"七七更新"四周年，伪"社会运动指导委员会湖北分会"主任委员方焕如在《武汉报》发表《由最近发生的新情势而确认七七事变价值》一文，公开为日本侵华辩解和叫好。该文说，"在日本近卫首相的三原则声明和汪主席的艳电还没有发表以前，中国对于日本的真意，尚未能明了，只认定日本是想要来灭亡中国，所以那时候一般人对于'七七'事变的看法，是把它当作一个团结全国齐心协力，为抗御外侮而发动全面斗争的纪念日。……然而到了去年事变三周年纪念的时候，那情形就已经彻底不同"，因为中日双方"已能互相理解彼此过去的错误，并深

---

① 杨揆一：《杨主席施政方针》，1942年7月19日，载伪《湖北省政府公报》第二卷第1期，1942年8月31日出版，武汉市档案馆藏。

② 何佩镕：《省长告宜昌、沙市民众书》，1940年6月16日，载伪《湖北省政府公报》第4期，1940年6月20日出版，武汉市档案馆藏。

③ 《宣传和平，省府宣传科制赠纪念折扇：何省长亲笔题字，分赠中日各方公务人员》，《武汉报》1940年8月6日。

知彼此只应为友，不能为敌……两国关系既已站在互相谅解亲善合作的协调之下，彼此的敌意，亦已完全消除"，七七事变已成为"东亚中日两大民族关系的转折点"和"一个东亚和平的纪念日"①。湖北省伪政府甚至与日军一道为在侵略战争中战死的日本侵略者招魂。1941 年 2 月 11 日，日伪当局召开"武汉军民追悼阵亡将士大会"，伪湖北省政府主席何佩镕（杨缵绪代）、伪武汉市长张仁蠡（张学骞代）、伪绥靖公署主任叶蓬（萧其昌代）与日本最高军事长官一起列名为主祭官，并奉上祭文②。1942 年 9 月，伪湖北省政府宣传处"为预祝完成使命，及慰劳友军将士起见，特筹办慰劳游艺大会"，13 至 17 日在武昌昭和堂或协和剧场举行。游艺节目有歌舞剧、武术、魔术及楚剧、电影，招待方式为"在会场旁侧设饮茶室一处，本府多派擅长日语之职员担任招待。""所有游艺节目，及剧情均翻译日文，印成说明书，分发参观将士，以便容易明了。"③

（二）大肆庆祝各种日本侵略纪念日和日本节日

同伪武汉特别市政府一样，伪湖北省政府对于日本各种侵华纪念日一律都要举行大规模纪念和庆祝活动。为纪念日本发动七七事变四周年，从 1941 年 7 月 1 日起，伪湖北省政府就联合伪汉口特别市政府进行"'七七'第四周年纪念宣传周"。当天，伪省政府在武昌各大街小巷张贴标语传单，各"电影院则加映幻灯，上书'拥护最高领袖'字样"，伪省府宣传科长刘纯伯在汉口广播电台"广播'七七'宣传周意义"，伪"社会运动委员会湖北分会"主任方焕如在《武汉报》亦发表"七七四周年纪念感言"④。6 日至 7 日，伪湖北省政府又"在武昌南北难民区，放映宣传电影，由宣传科派员主持，并于放映之前，先由该科宣传员讲演'七七纪念之意义'"。7 日上午，伪省政府在省立一中举行"'七七'第四周年湖北省会各界民众大会"，晚上，伪省府主席何佩镕在汉口广播电台发表"七七纪念之意义"广播讲话⑤。次年 7 月，为了

①　方焕如：《由最近发生的新情势而确认七七事变的价值》，《武汉报》1941 年 7 月 7 日。
②　《武汉中日军民追悼阵亡将士大会作举行慰灵祭》，《武汉报》1941 年 2 月 12 日。
③　《慰劳各县市友军将士，省将举办游艺会五天》，《武汉报》1942 年 9 月 8 日。
④　《七七四周年，开展宣传周工作》，《武汉报》1941 年 7 月 2 日。
⑤　《武汉官民各界纪念七七情形》，《武汉报》1941 年 7 月 8 日。

庆祝这一"节日",伪省政府下令组织"大东亚建设纪念周"活动,进行大肆纪念庆祝。"省各长官轮流广播。一日为省社运会刘主任,三日为保安司令部孙参谋长,四日为宋厅长,五日贺护理主席,六日吕宣传处长。"① 同年10月,为纪念"武汉更生"四周年,27日,伪湖北省政府主席杨揆一向全省发表广播演讲,提出,日本占领武汉以后,"由于日本友军的扶持指导,当局的惨淡经营,新政恢复,百废俱举,复兴之象欣欣向荣,于是武汉便在这时踏上了更生的途径"②。

1941年12月7日,日本偷袭珍珠港,太平洋战争爆发。当天,日寇华中派遣军司令官立即召见何佩镕、张仁蠡、叶蓬三大汉奸,命他们联名发表布告,拥护"圣战"。12月15日,伪湖北省政府召开"东亚民族解放湖北民众运动大会",庆祝日本对英美宣战。伪省政府主席何佩镕在大会上发表训词,称太平洋战争爆发"是世界人类举行总清算之日",它"不仅是日本一国对于英美两国的战争,而是整个的东亚民族对于资本主义国的战争",宣称,"日本军事的勇敢、军备的精锐、战略与战术的敏捷,一切都具有必胜的把握",提出,"中日事变发生,并不是东亚不和的表现,乃是英美在中国少数的政客军人受了英美的威胁利诱,盲目抗战、完全失去自主的权能"。他要求全省民众"切勿制造谣诼或妄听谣诼,以危及社会的安宁";"要忍耐,要节约,渡过一时的难关";要努力"生产建设""戮力同仇"肃清"匪共"③。

1940年11月10日,日本"建国"2600年,《武汉报》发行"纪念特刊",发表"庆祝友邦日本纪元二千六百年之感想",称:"日本之致力于近代国家之建设收其成效,尤足为吾国人从事积极建国工作者所法式",并发表汪伪国民政府司法院院长温宗尧等各院、部、会头目及伪湖北省政府主席何佩镕的《友邦日本建国二千六百年纪念颂词》共10篇④。

每年3月10日是日本"陆军节",伪湖北省市政府也要举行纪念。

---

① 《大东亚建设周开始,武阳汉今齐展开热烈宣传》,《武汉报》1942年7月1日。

② 《杨主席广播词》,1942年10月27日,载伪《湖北省政府公报》第二卷第3期,1942年10月30日出版,武汉市档案馆藏。

③ 《何主席在东亚民族解放湖北民众运动大会训词》,载伪《湖北省政府公报》第23期,1942年1月20日出版,武汉市档案馆藏。

④ 参见《武汉报》1940年11月10日纪念特刊第1版。

1942年3月10日伪省市政府"分别举行盛大庆祝仪式，以志纪念"，东亚联盟中国总会湖北分会也举行隆重仪式，派员前往各特区做街头演讲，并印制"大东亚战争的胜利增进了陆军纪念日的光辉""战无不胜攻无不克是日军前后一贯的精神""日军百战百胜是武士道精神的表现"等标语张贴于街头要道①，湖北省政府宣传处长吕东荃还在《武汉报》上发表《友邦日本陆军纪念日感想》进行纪念②。该报第5版专设"庆祝友邦陆军纪念日特刊"，刊登了日本派遣军畑总司令官、武汉绥靖公署主任叶蓬、汉口陆军特务部部长落合鼎五、汉口日军司令部八木参谋、湘鄂赣三省财委会主任石星川、国民党汉口特别市党部主任委员王锦霞等人的纪念文章，并刊发伪省主席何佩镕的题词："昔胜辽阳，今胜南洋，武功赫赫，东亚之光。"③每年5月27日本"海军纪念日"，亦是如此，要大肆纪念庆祝一番。1942年5月，为了庆祝该纪念日，伪武汉绥靖主任公署定于27日"上午十时，集合所属第二十九师司令部、军训团、特务营等各所属机关，在武昌该署大礼堂，举行庆祝大会仪式，所属各官佐届时均须一律参加，以资热烈庆祝"④。伪省府也决定筹备盛大庆祝，"定于二十七日假武昌昭和堂举行纪念仪式及演讲会并已邀请友邦海军武官莅临演讲"，之后再"举行音乐大会，省会各机关法团及绥署、二十九师全体官兵，各学校、各界民众均将前往参加"，伪省府宣传处还"特备茶点招待来宾，届时必有一番盛况"⑤。

（三）各县伪政府的媚日丑态

沦陷区各伪县政权在进行亲日媚日宣传方面，也是不遗余力，丑态百出。1940年8月2日，伪汉阳县政府发表《劝告游击队共产党投诚书》，大肆进行恐日、媚日、反共反抗战宣传和挑拨中国与英美苏的关系。该文说，抗日游击队"牺牲性命徒苦百姓，其志固属可怜，其愚真不可及"，"我中国今日所谓敌者，非东亚黄色人种，是西洋白色人种"，"东亚若无日本持正义，各国早已灭亡。日本与我中国同文同种，谊切兄弟。情同手足，应该共负责任"。对于中国抗战的国际环境，该文指出，中国"国际

---

① 《友军陆军节，武汉全民庆祝，绥署、省府分别举行》，《武汉报》1942年3月10日。
② 均见《武汉报》1942年3月10日。
③ 同上。
④ 《友邦海军节，绥署决定隆重庆祝》，《武汉报》1942年5月22日。
⑤ 《庆祝友邦纪念佳节，省市政府积极筹备》，《武汉报》1942年5月24日。

后援绝望"，"此时欧战激烈，法国业经屈服，英国素重现实主义，视厉害为转移"，"美国孤立政策始终不变，苏俄现致力于巴尔干半岛无暇他顾"，而"德意战胜，共同建设欧洲新秩序。日本与我中国，共同建设东亚新秩序，遥遥相对，不约而同，奠定世界永久的和平可立而待"。共产党主张抗战，是"理论荒谬"，"煽动阶级斗争"，"不合国情"，"终归覆没"，"名为爱国，其实祸国；名为爱民，其实殃民"①。1940 年 8 月，沔阳县伪治安维持总会成立时也发布《告民众书》，叫嚣抗战以来，"我们人民所受战祸的赐予，只是'死亡'、'流离'和'倾家''荡产'的几种痛苦而已。本来中日两国，是同文同种的兄弟之邦，负有互相提携的天然义务，所以，只应为友，不应为敌"，"我们党国的柱石汪主席，了解中国目前的环境，深知过去战争的错误，所以努力倡导和平运动，作救国救民的工作，登高一呼，举国响应"，"这种伟大的成就，是值得我们民众欢迎和拥护的。……我们民众，从此得到安居乐业，免长受战祸的痛苦，是多么幸福呢？同胞们，我们既已踏上了汪主席所指示的和平建国的坦道，我们应该一致的向和平建国的坦道上迈进吧！"②应城县伪政府成立后，竭力进行媚日奴化宣传工作，"每逢月之 8 日'东亚纪念日'，月之 9 日'中国参战纪念日'，必召集负责宣传者，开宣传会议"，"催办壁报和民报"，"演讲敌伪南进与大东亚的意义"，"训练农工群众"，"举行德意等 8 国承认南京国府大会"之意义，"演讲东亚联盟及大东亚主义"，等等③。伪天门县政筹备处成立时，举行盛大的宣传演出，演出《新秩序建设歌》《皇军保护良民》《满洲娘》《新中国歌》以及宣传中日满合作的宣传剧④。1941 年 3 月 31 日，伪嘉鱼县政府在《嘉鱼旬报》上发表《七七四周年纪念告民众书》，颠倒是非，混淆黑白，极尽欺骗献媚之能事。该文说，"在四年前的今天，中日两国因一时误会，以至酿成空前之浩劫"，致使"双方的人力物力，都受了相当的损失。更为严重的死于战争与共党游击队残害的无辜同胞，不知几十百万"。而"重庆当局，仍一味盲目抗战，做最后胜利的迷梦"，"所幸为国为民的汪主席，出任巨艰，继承孙总理大亚洲主义"，开展"和平"运动，使得沦陷区"军事政治、

①　伪汉阳县政府：《劝告共产党游击队投诚书》，《武汉报》1940 年 8 月 2 日。
②　《沔阳县维持总会告民众书》，《武汉报》1940 年 8 月 8 日。
③　应城县政府：《应城县抗战史料》，1948 年，湖北省档案馆藏。
④　天门县政府：《天门县抗战史料》，1948 年，湖北省档案馆藏。

经济、文化，各方面得友邦不断协助，均有迅速的进步。比较抗战区域，城市凄凉，田野荒芜，人民流离，生活困难，不啻天壤之别"。"重庆政府盲目抗战，是保持他个人权威，是亡国灭种政策，是替共党造机会，为英美做兵器"，"现在中国唯一的出路，是和平救国"。①

在行动上，各县伪政府也一有机会就竭力讨好日军，卖力地显示对日本主子的"亲善"。例如：1941 年 5 月，伪沔阳县政府"于友邦天长佳节，除致庆祝外，并举行新堤市中日军民联合运动大会，参加者，计有本县总治安维持会、保安队、警察局、青年会、县立各中小学全体师生，暨各界市民代表及友邦驻军各部队官兵等，不下一万五千余人"②。1942 年，应城县"华中东亚青年联盟应城分会为纪念七七，热烈举行大东亚建设周，并发动全县青年宣传队，定于 7 月 1 日起，按日组织宣传大东亚战争之意义"③。同年 7 月 7 日，伪黄陂县政府举行"七七五周年隆重纪念大会"，"所到各机关学校团体达千余人"，伪县长担任大会主席并作报告，日军驻黄陂司令官代表发表演讲，下午小学生汽车游行，并在西陵戏院上演游艺、节目④。在广水，伪军"暂编陆军第十一师为纪念七七五周年，特由师长李实瑾氏领导召开广水军民联合大会"，"该师全体官兵、警察署、当地区公所、各处保甲、学校、民团，各民众代表，及友邦特务班长、宪兵队长等，均各执三角形小旗"赴会，日伪头目演讲之后，举行游行⑤。

第二节　死心塌地地追随法西斯阵营

湖北地区伪政权本身就是日本军国主义侵略中国的产物，自身没有任何独立地位可言。为了维持自己的生存，他们同南京汪伪政权一样，只有依附日本死心塌地地追随德意日法西斯阵营，将其作为自己的靠山。

---

① 嘉鱼县政府：《嘉鱼县抗战史料》，1948 年，湖北省档案馆藏。
② 《沔阳：中日军民联合举行运动大会》，《武汉报》1941 年 5 月 6 日。
③ 《应城纪念七七，发动全县宣传队员》，《武汉报》1942 年 7 月 8 日。
④ 《黄陂九江隆重纪念七七五周年》，《武汉报》1942 年 7 月 14 日。
⑤ 《广水军民纪念七七，联合召开大会盛况空前》，《武汉报》1942 年 7 月 11 日。

一 紧跟和效法伪满洲国

伪满洲国是日本帝国主义用刺刀扶持起来的傀儡政权，是日本掩盖其在中国东北殖民统治的一块遮羞布。不但中国政府和中国人民坚决拒绝承认这样一个伪政权组织，就是在国际社会，除了法西斯阵营和其他极少数几个国家，都对它嗤之以鼻。1940 年 11 月 30 日，在日本的一手主导下，汪伪民国政府与日本正式签订两国《基本关系条约》，同时签订《日满华共同宣言》，宣布"中华民国、日本国及满洲国互相尊重其主权及领土"①，三国相互建立外交关系，形成所谓"东亚轴心"。12 月 10 日，汪伪特使、外交部长徐良到"新京"，向溥仪递交"国书"，正式开始所谓"两国邦交"。对于汪伪政府的这一卖国丑剧，湖北伪省市政府热烈支持，大肆庆祝。12 月 7 日，伪省政府大张旗鼓地组织召开"中日满学生联合会庆祝三国邦交确立大会"②，次日，伪汉口市府也举行隆重大会进行庆祝，"全市各机关、各商店、均高悬中日满三国国旗"，伪省长何佩镕、伪市长张仁蠡率领伪省市各厅局长、秘书、科长，伪武汉绥靖公署参谋长、该署各处长、汪记国民党汉口特别市党部委员、市新闻界代表等共计四百余人参加。日本陆军特务部落合部长、海军特务部福田部长、汉口总领事馆伊东总领事暨各官佐等三百余人，伪满洲国华中居留民团团长及各理事、团员等共五十余人出席会议。何佩镕、张仁蠡、落合、福田、伊东、满洲国代表居留民团团长等一一致辞。当日下午，汉口"各党部、学校、商工、慈善及新闻界等百余团体"也在"新市场举行大规模之庆祝会"，"宣读大会宣言，通电三则"，各汉奸头目发表演说后，"即出发大游行"。游行时以"中日满三国国旗在前领导，次为中央军校武汉分校音乐队，合奏三国国歌"，一些社会团体"以及各联保甲长，男女市民每一单位均各有徽帜前导，并每人手执印有庆祝字样之纸旗一面，游行时相继摇旗高呼口号，经过路线，交通亦暂告停止"，"约历一小时至总理铜像前始狂呼口号：中华

---

① 章伯峰、庄建平主编，中国史学会编：《中国现代史资料丛刊·抗日战争》，第六卷《日伪政权》，四川大学出版社 1997 年版，第 870 页。

② 《庆祝中日满邦交调整，中日满学生联合庆祝三国新关系确立大会》，《武汉报》1940 年 12 月 8 日。

民国万岁！日本帝国万岁！满洲帝国万岁！东亚民族万岁！"① 同日上午，伪武昌县政府亦在省立一中召开庆祝会，"通衢街巷，满贴庆祝标语，三国国旗到处飞扬，会场门首并扎彩牌，上书：'湖北省会庆祝中日满三国邦交确立民众大会。'"② 1941 年 11 月 30 日，为纪念"三国邦交"一周年，伪汉口特别市政府又与汉口日本居留民团暨满洲居留民团，联合举行庆祝③。

1942 年 5 月，为加强汪满关系，汪精卫率领伪外交部长褚民谊、宣传部长林柏生等访问伪满洲国，湖北伪省市政府十分重视，伪《武汉报》《大楚报》都进行全程大幅跟踪报道，庆祝"两国"关系的进一步加强，鼓吹"日满华全面合作"。5 月 9 日，《武汉报》头版以《满官民欢迎盛况》和《中满两国元首历史交欢会谈》为题，对汪精卫抵达"新京"及与溥仪会谈的情况进行报道，写道，"主席于七日午后五时三十分，由大连安抵满洲国国都，是日新京全市盛大欢迎，沿道各户及各官厅会社，皆悬挂中满国旗，市内各大商店面前，并皆有欢迎之表示"④。报纸对汪精卫与溥仪的会谈进行了详细的描写。"国府汪主席，八日上午九时五十一分，偕同宣传部长林柏生等随员进宫，满皇当即偕侍从武官长欢迎，与汪主席作交欢之握手，满皇旋即在正便殿与主席欢谈，主席祝满洲国国运昌盛及中满国交前途无量，满皇嗣在东便殿接见驻满大使廉偶，及外交部长褚民谊氏，至上午十时十分，汪主席在满皇欢送中出宫。"⑤ 在同一天的报纸上，还全文刊登了溥仪在伪满发表的访问演说，借汪精卫之口，表达对"两国""休戚相关、安危相共"的共识和"为建设东亚新秩序，排除障碍，奠定共存共荣基础"的决心⑥。

---

① 《中日满邦交确立，三国官民庆祝》，《武汉报》1940 年 12 月 9 日。

② 《省会人民同声庆祝：中日各界到会参加踊跃，拥护东亚三国关系调整》，《武汉报》1942 年 12 月 9 日。

③ 伪汉口特别市政府：《汉口特别市三周年施政概况》，1942 年，武汉市档案馆藏，转引自涂文学主编《武汉沦陷时期档案史料丛编①：沦陷时期武汉的社会与文化》，武汉出版社 2005 年版，第 70 页。

④ 《满官民欢迎盛况》，《武汉报》1942 年 5 月 9 日。

⑤ 《中满两国元首历史交欢会谈》，《武汉报》1942 年 5 月 9 日。

⑥ 《主席在满发表谈话，东亚轴心同心协力，争取最后胜利》，《武汉报》1942 年 5 月 9 日。

　　1942 年 9 月，为纪念九一八事变和满洲"建国"十周年，湖北伪省市政府举行了大规模的庆祝纪念活动。伪汉口特别市社运分会在 10 日举行盛大庆祝仪式，召开民众大会，并于 12—17 日"分别召集各界举行座谈会"。该会还"通知各人民团体，于十八日正午，为事变及大东亚战争阵亡将士致哀，同时为祈求全面和平之实现起见，举行立正默哀一分钟，并将该会制发各社团人员宣传要点，一并通知各人民团体，遵照办理"。"华中东亚青年联盟总会"也在 9 日"临时举行区干联席会议"，"为庆祝满洲帝国建国十周年纪念日，决定举行扩大庆祝宣传"，"由各区会及妇女部共同派员组织宣传队两队，一队为农村宣传队，出动至市区以外之乡村宣传，另一队为市区宣传队，出动至本市公共场所，及街头宣传，并同时散发传单，并由各区会张贴标语，出刊壁报"①。伪武汉行营政训处亦通令各部队分组动员热烈庆祝"满洲建国十周年"，指令各政训室自 12 日至 18 日，"张贴壁报，编辑满洲建国纪念专刊，派员分别至各部队营连士兵分组召开座谈会，每组十五人，轮流召开。应以满洲建国讨论为中心，加强军民彻底认识满洲建国之意义"。伪省府宣传处也"出动全体宣传队员赴市区各通衢及公共娱乐场所演讲，张贴庆祝标语、漫画，悬挂布标，散发传单"，伪宣传处长吕东荃还在《武汉报》上发表《满洲建国十周年纪念与我们之愿望》，进行纪念。9 月 18 日，由汪伪国民党湖北省党部担任总主席的"庆祝满洲建国十周年纪念武汉市民众纪念大会"在特二区上海大戏院正式举行。伪市党部、海员党部、东亚联盟、青联总会、工会、农会、中小学生、保甲人员、文协分会、记者工会、教建协会、红十字会、商会等单位都派人参加。日本特务部长、近藤课长、海军武官、总领事、民团长、大正翼赞会长、国防妇人会、商工会议所会头、满洲居留民团长等"均在被邀之列"。汪伪"中国国民党湖北省党部""并张贴彩色漫画，美术标语，悬挂布标，树立看板，国民周刊发行特刊，新国民月刊发行专刊，分发告民众书，宣传队暨访问队间日出动宣扬满洲国建国情形及中日满应精诚团结共谋东亚永久和平"②。同日，《武汉报》第二版刊登

---

　　① 《庆祝满洲建国十周年纪念：市社运会将召开各界座谈会》，《武汉报》1942 年 9 月 10 日。

　　② 均见《武汉报》1942 年 9 月 12 日。

长文《纪念满洲建国十周年，武阳汉开展民众大会》，详细报道武汉的纪念情况。同时，刊发伪湖北省政府主席杨揆一的纪念文章《国人应有之正确认识》，日本汉口陆军特务部部长落合鼎五的纪念文章《迎满洲建国十周年所感》，以及日本驻汉海军武官肥后的谈话和日本驻汉领事馆田中领事的祝词。同时，该报当天第三版发表《满洲建国十周年纪念特刊》，发表伪省市政府部分官员的纪念文章和一些纪念文艺作品，为伪满洲国歌功颂德①。从 9 月 11 日起，伪《武汉报》还连续 6 天连载了中日文化协会武汉分会总干事庄泗川的《满洲国旅行记》，介绍伪满洲国建国十周年的"巨大成就"，并于 16 日发表题为《从满洲建国十周年纪念到促进全民和平》的社论。《武汉报》社还"以特制之气球由汉口、武昌、汉阳空中散布各种标语之传单"15 万张，宣传"九一八是满洲建国的纪念日！九一八是东亚民族自力更生的起点！九一八是打倒英美帝国主义的发轫！满洲建国十周年已造成了东亚民族协和的新天地！满洲国十年建设足作新中国的借镜！中日满三国携手共同建设新东亚！中日满共同宣言奠定了建设东亚新秩序的基础！"为了吸引民众，传单标语还附有万元奖券②。

二　依赖和歌颂三国轴心同盟

由于深知自己不过是日本帝国主义扶植的一个地方傀儡政权，在湖北人民中没有任何根基，更谈不上任何实力，而南京汪伪政权亦大致相同，不具有任何可以依靠的实力，因此，湖北伪省市政府只能将自己的命运寄托在德意日法西斯的"强大"与"胜利"之上，视德意日三国同盟为自己维持与生存的靠山。

1940 年 9 月 27 日，《德意日三国同盟条约》在柏林签署，三国正式结成军事同盟。对此，湖北伪省市政府感到十分高兴，备受鼓舞。9 月 28 日，伪武汉特别市市长张仁蠡向报界就此发表谈话，对三国同盟的建立表示衷心祝贺。他说："自日德意联合防共阵线成立以来，中间德意轴心，数度加强，欧洲局势已因之改观！现日本又与德意结成同盟，由德意轴心进而为日德意轴心，更增强了防共壁垒，对于世界永久

---

① 《纪念满洲建国十周年，武阳汉开展民众大会》，《武汉报》1942 年 9 月 18 日。
② 均见《武汉报》1942 年 9 月 16 日。

和平之建设，亦将因此而奠定一强固的基石。即于当前东亚之全面和平，抑或可促其早日实现。"① 其兴奋激动之情，溢于言表。伪湖北省政府对三国同盟的成立，也备受鼓舞。为庆祝三国同盟的成立，伪省政府组织驻汉日德意三国国民，于 1940 年 10 月 13 日在东亚花园联合举行庆祝大会，伪湖北省长何佩镕，还亲往三国驻汉领事馆道贺，"并饬该府宣传科拟就标语，张贴街道，以资表示祝贺"。其标语内容是，"日德意三国联盟的成立，是东亚新秩序和世界新秩序之建立的先声""日德意三国联盟之目的在于奠定世界永久和平""日德意同盟是击破世界旧秩序的生力军""日德意同盟是抑强扶弱维护正义的机构""庆祝日德意同盟完成世界新体制""日德意三国同盟万岁！"等②。其对三国轴心同盟的依赖与期待跃然纸上。

三　在苏德战争中站在德国一边

　　在第二次世界大战期间，由于苏日中立条约的签订，汪伪和湖北伪省市政府对苏联的态度经历了几次转变过程。在苏日条约签订之前，湖北伪省市政府对苏联采取完全敌视的态度，把反苏反共作为其反对抗战的主要口号。苏日条约签订之后，由于受这一条约的影响，其反苏态度比较隐晦，1941 年德国进攻苏联后，其反苏态度又变为半公开甚至毫不掩饰。

　　1941 年 4 月 13 日，日本和苏联签订《苏日中立条约》，这本是苏联和日本在当时环境下相互利用、相互妥协的产物。但是，这一条约的签订，却极大地影响到湖北伪省市政府的对苏态度和政策，被迫改变此前的极力反苏政策，转而按照日本的外交需要，变换对苏联的外交腔调，并企图利用这一条约，挑拨离间苏联同中国及英美的关系，以达到孤立苏联、分裂反法西斯阵营的目的。苏日条约签订后的第三天，《武汉报》即刊登了这一消息和条约全文，并发表评论说："该条约规定日苏两国为保障和平及友好关系之维持及增进，特彼此约定相互尊重外蒙及满洲国之完整，不可侵犯，此种规定使日苏之立场更为强化，尤其日

---

① 《日德意同盟结成后武汉中外官场之观感》，《武汉报》1940 年 9 月 29 日。
② 《三同盟国驻汉官民明开庆祝会》，《武汉报》1940 年 10 月 12 日。

本对英美及重庆之立场，亦增强不少。"① 该报同时发表社论称："这一个惊人的消息，为举世所瞩目，尤其是自欧战以还，对于苏联，老是卖弄风情、企图勾结的英美帝国主义，更是冷水浇头，大有嗒然神伤之慨了"，"这是以日德意的三国同盟，和德苏的互不侵犯协定为契机，而使苏联的态度逐步接近轴心的趋向"，"日本的南进政策，即将由理论而演成现实了。中日事件，由于日苏条约的订立，使重庆方面对于仰求苏联的援助要感着失望，同时欧洲的战争，不单是英国自顾不暇，就是美国也忙不过来。这也是使重庆政权受致命的打击"，所以该条约"是富有历史上伟大的价值的"②。与此同时，伪湖北省政府主席何佩镕、伪汉口市市长张仁蠡、伪湘鄂赣三省财政整理委员会主任石星川、伪武汉绥靖主任公署参谋长萧其昌、伪武汉特别市党部常委方焕如等都发表了类似的谈话。何佩镕在谈话中称，"此次苏日两国签订中立条约，实为日苏两国关系创一新纪元，且为东亚促进和平之新贡献。……现日苏两国既签订中立条约，同情建设东亚新秩序，此后苏联必能以光明态度，对待中国（指汪伪政府。——编者注）"；张仁蠡在谈话中说，"近二十年来，日苏两国国交，有待调整之事甚多，只以苏联缺乏诚意，两国关系迄未好转，今兹两国彼此不侵条约缔结之后，不断日苏两国国交，得以逐渐调整，对于我国全面和平，当也可以增加不少的主力"③。他们都收敛起之前甚嚣尘上的反苏叫嚣，希望日本帝国主义由此可以顺利地"南进"。

　　然而，苏德战争爆发以后，湖北伪省市政府就立即改变之前的暧昧态度，公开鼓吹德国的战争实力和"辉煌战果"，表露出希望德国战胜苏联的强烈愿望，毫不掩饰地支持德国法西斯的侵略战争。1941 年 6 月 23 日，湖北地区汉奸头面人物分别接受《武汉报》记者采访，发表讲话。叶蓬称："苏联近数年来，积极建设充实国防，一面阴谋赤化世界，煽惑阶级斗争，实行挑拨主义，离间国际，致陷国际于混沌变乱之中，相互斗争，彼则坐收渔翁之利。""此次德苏正式宣战，德国方面似为情势所趋，然以所能使赤化不致蔓延，是亦人类之幸福。"张仁蠡

---

① 《日苏关系创新纪元，两国签订中立条约》，《武汉报》1941 年 4 月 15 日。
② 《社论：日苏签订中立条约》，《武汉报》1941 年 4 月 15 日。
③ 《日苏签订中立条约，武汉各要人之见解》，《武汉报》1941 年 4 月 16 日。

在谈话中，则称："此次德国之对苏宣战，自有其因素而非偶然之事，这是可以断言的。就两国实力而言，则征诸报端所载，固均未可轻视，不过德国此时正在对英作战之际，复有如此惊人举动，以希特勒之精明持重，自必成竹在胸。谈到此次之事与远东关系，则友邦日本尚未表示态度，吾人殊未便率尔评论。"① 叶氏以军人的"坦率"，直言反苏反共的立场；而张氏以政客的狡猾，面对当时波谲云诡的德、苏、日微妙关系，必须看日本的脸色行事，不敢公开表态，但是，其骨子里希望德国打败苏联的愿望，一目了然。

　　湖北伪省市政府控制的舆论工具的表现，更全面和清楚地表达了湖北伪政权亲德仇苏的态度。德国偷袭苏联的第二天，《武汉报》即报道了德、意对苏宣战的新闻，并着力渲染"受意外攻击之赤军，无应战之准备，德军绝对优势，战火正向全面扩大"。该报道还详细介绍了"希特勒总统于二十二日之对苏宣战布告，痛陈苏联之不法行为"②，将发动战争的责任诿诸苏联。虽然，由于苏日互不侵犯条约的制约，湖北伪政府还不敢明目张胆地攻击、挑衅苏联，但《武汉报》对苏德战事进行了连篇累牍的大量报道，炫耀德国的战功、渲染苏联的失利，字里行间所表达出的政治倾向一目了然。例如，6月24日，《武汉报》关于德苏战况报道的系列标题是"德苏展开全面激战，波境赤军总行东退，苏南部遭炸飞机毁五百架，潜艇开始活跃，苏船沉多艘"；"意国海军协德，共同对苏作战"；"德芬联军协力作战，正向列宁格勒进击"③。6月25日，该报报道的标题是"希特勒亲指挥作战德军深入乌克兰境，两日俘苏军六万五千，斯洛伐克参加对苏宣战"，小标题是"德苏潜艇遭遇交火，苏沉没舰艇各一艘"；"德军各路节节进展，北部抵达立拉国境"；"德取得东线空权，预料作战提早结束"④。26日报道的标题是"德军冲入苏联西陲，占领旧立陶宛京城"；小标题是"苏军空军损失惨重，黑海基地被炸起火"；"德罗联军继续猛进，数日内可陷敖德萨"；"欧陆各国一致亲德，共结战线征伐苏联：瑞典遣送义勇军赴芬

---

① 《德苏战事发生，中外各方观感》，《武汉报》1941年6月24日。
② 《德意对苏宣战，战火正向全局扩大》，《武汉报》1941年6月23日。
③ 《德苏开展全面激战，波境赤军总行东退》，《武汉报》1941年6月24日。
④ 均见《武汉报》1941年6月25日。

助战，丹麦继斯匈后亦与苏绝交"①。27 日报道的标题是"立陶宛全被德占领，苏联各线抵抗甚烈：德军猛进速率仅十五日可达莫斯科"②。8 月 20 日，该报报道"德发言人十八日宣称，德军已攻进列宁格勒地区，占领红军飞机基地，并截获苏机千五百架"③。通过这些新闻报道，湖北伪政府期盼德意法西斯一口吞并苏联的心情跃然纸上。

四　祈求德意法西斯集团的承认

苏德战争爆发以后，法西斯和反法西斯两大阵营日益明朗。1941 年 7 月 1 日，德国、意大利及其仆从罗马尼亚、斯洛伐克、克罗地亚等国宣布承认汪伪国民政府。2 日，西班牙、保加利亚及匈牙利等国亦宣布承认汪伪政府。对于这一将自己绑上法西斯战车的举动，湖北伪政府不但没有意识其危险性，反而自以为是他们的外交重大胜利，欣喜若狂，弹冠相庆。《武汉报》迅速报道了这一"喜讯"，并宣称"德意等轴心五国承认国民政府消息，一经传播，即予广东及华南各地官民以莫大兴奋。是故国民政府之地位，业已确立基础"④。伪湖北省政府迫不及待地准备在 8 日举行德、意等"八国承认国民政府之联欢庆祝大会"，并预先"制就'庆祝八国承认国民政府'字样之轻气球"，"在中山路水塔顶上开始升放"。同时，"赶制大批传单外，并撰定标语十四种"四处张贴。标语内容有"欧洲八国承认国民政府是国际亲善的表现和国府外交的胜利！""欧洲八国继日满承认国府，是和平势力的伸展，获得世界普遍的同情！""欧洲八国承认国民政府，我国邦交，愈趋独立！""欧洲八国承认国府奠定了东亚和平的基础，巩固了世界和平的阵容！""欧洲八国承认国府是汪主席和平政策的必然收获！""国民政府是合法的政府，所以国际加以承认！""八国承认国民政府是国民政府的国际地位高！"等⑤。其后，根据汪伪国民政府的通知，该庆祝大会日期一推再推，最终在 8 月 1 日举行。当天的"庆祝大会"分两

---

① 《德军冲入苏联东垂，占领旧立陶宛京城》，《武汉报》1941 年 6 月 26 日。
② 《立陶宛全被德军占领，苏军各线抵抗甚烈》，《武汉报》1941 年 6 月 27 日。
③ 《苏确认德军攻势猛锐，德军冲入列宁城》，《武汉报》1941 年 7 月 20 日。
④ 《欧陆五国承认国府，影响华侨态度深刻》，《武汉报》1941 年 7 月 3 日。
⑤ 《八国承认国民政府，武汉官民各界联合热烈准备庆祝》，《武汉报》1941 年 7 月 5 日。

个地点进行。伪汉口特别市的庆祝会场设在上海大戏院，由张仁蠡担任会议主席。"到会来宾有德国总领事、德商会会长、国社党代表、海通社代表；意大利总领事及副领事、斯丹法通社代表、马可波罗炮舰舰长；日本陆军特务部落合部长、海军特务部福田部长、总领事田中彦藏以及各机关团体代表"等。伪湖北省政府的庆祝大会则"在省立一中隆重举行"。何佩镕等伪省府高官及日军武昌长官团田大佐、居留民团、驻汉口总领事馆武昌警察署代表出席。会议发布了下列口号："庆祝德意诸友邦承认国民政府！强化国民政府促成全面和平！强化东亚轴心建设东亚新秩序！东亚轴心国家联合起来建设世界新秩序！打倒国际侵略主义的旧秩序！建设民族共荣的新秩序！打倒共产主义！消灭依附旧秩序的重庆政权！轴心国家万岁！民族解放万岁！"① 当天，伪《武汉报》还发表《庆祝八国承认国民政府》的社论，并发表何佩镕、张仁蠡率伪省市各厅局长的敬祝词，以示祝贺②。

五　死心塌地地支持德意日法西斯的世界战争

1941 年 12 月 8 日，日本偷袭珍珠港，发动太平洋战争。这本是日本法西斯走向坟墓的一次疯狂冒险，但是，却被湖北伪政府视为日本夺取世界霸权的一次决定性的军事重大胜利。因此，照例举行盛大的庆祝活动。12 月 10 日，伪"湖北省宣传处为使民众彻底明了此次友邦日本为正义而对美英宣战之意义，俾坚定对友军作战胜利之信赖起见"，召集各机关社团代表开会，决定于 15 日在省立一中举行"武昌省会中日民众对于时局认识宣传大会"，要求"各机关社团各派代表二十人、各学校高年级学生全体参加，民众由每保保长率领十人参加"。同时，伪汉口特别市政府宣传科也决定同日在中山公园体育场召开预定万人参加的"东亚民族解放汉口特别市民众运动大会"③。

太平洋战争初期，日军攻城略地，连连得手，湖北的汉奸们更是兴奋异常，庆祝不断。1941 年 12 月 17 日，伪汉口特别市教育局组织第一女子中学学生 40 名，在教育局日本嘱托佐佐木领导下前往江中参观

---

① 《欧亚邦交协调，国府地位提高》，《武汉报》1941 年 8 月 2 日。
② 见《武汉报》1941 年 8 月 1 日。
③ 《武汉各界民气激昂一致奋起拥护圣战》，《武汉报》1941 年 12 月 11 日。

日本军舰。日舰长牟田炫耀"在太平洋向英美作战之军舰，比停泊长江之中军舰更大。今次在马来海面被日军击沉之英舰威尔斯亲王号，比此军舰又大十几倍"。《武汉报》18日载文宣称，"友邦日海军开战伊始，即在夏威夷及马来、关岛、新加坡等处收获赫赫战果，使全世界人士敬叹不止。而我国人士向视英美精锐舰队为世界无敌，今已被日军溃灭"①。

香港沦陷前夕，湖北汉奸们欣喜若狂，12月18日，《武汉报》报道：日军"自开战以来，攻无不克，战无不胜，这次击破美英海军主力及大量之空军。旬余之间，南洋一带之美英根据地关岛、吕宋、马来、婆罗洲等地，俱为日军占领。日军在绝对优势之下，握有制海制空权。足见美英已入于日暮途穷之境，美英压迫东亚之势力，从此将粉碎无遗"。香港一旦"被日军攻下，不独将我百年来受其荼毒之耻辱借以雪尽，即侵略东亚之英美前卫地新加坡，亦将发生动摇"。并表示"准备在香港陷落之日，举行盛大游行大会"②。

1942年2月8日，日军在登陆新加坡后，湖北的汉奸们照例又大肆鼓噪一番：叶蓬对《武汉报》记者发表谈话称："日军新岛登陆成功，即是中日和平阶梯。"何佩镕表示"当躬率三千万鄂民掬诚庆祝友军胜利"③。伪湖北省政府宣传此役"即为英美侵略势力总崩溃之前奏，意义之重大，不下于新岛之陷落也"。2月13日，在日军尚未完全占领新加坡时，伪湖北省政府、伪汉口市政府"为庆祝东亚解放战争中光荣胜利"，都举行了"庆祝友军突入新加坡之祝捷游行大会"④。14日，汪记国民党汉口特别市党部亦举行"庆祝光复新加坡全市党务工作同志大会"⑤。

1942年5月7日，日军攻占科勒吉多尔岛，11日，伪湖北省政府"热烈举行完成肃清英美东亚势力湖北省会民众庆祝大会"，予以庆祝。会议主席宣传处长吕东荃在开会词中称"科勒吉多尔陷落，是平定澳洲

---

①　《市一女中四十学生昨参观日舰》，《武汉报》1941年12月18日。

②　《被英掠夺之我领土香港在日军攻陷之前夕，武汉民众将筹大游行表示热烈兴奋与祝贺》，《武汉报》1941年12月18日。

③　《日军新岛敌前登陆，渝无谓抗战将醒悟》，《武汉报》1942年2月10日。

④　《开拓民族解放大路，省市全民组成光荣行列》，《武汉报》1942年2月14日。

⑤　《汉口特别市庆祝新加坡光复》，《武汉报》1942年2月10日。

之先声，曼大雷陷落，是克复印度之先声，已经明示整个胜利征兆"①。

1943 年 1 月 9 日，日本政府允许汪伪政府向英美"宣战"，汪记傀儡政权把自己更加牢牢地绑在法西斯的侵略战车上。1944 年 4 月 14 日，伪南京国民政府派任伪湖北省外交特派员张履鳌抵汉后即发表谈话，宣称，"现在武汉为和平区域之最前线，又系华中重镇"，"本人誓必淬厉精神，根据上年中日同盟条约紧密轴心各国睦谊"，"努力以向大东亚主义前途迈进"②。

然而，螳臂阻挡不了历史的车轮，法西斯的败亡不可避免。1945 年 4 月 30 日，希特勒自杀身亡。5 月 2 日，柏林守军投降。消息传来，湖北汉奸们如丧考妣。5 月 3 日，湖北省伪省长叶蓬发布训令："德意志共和国元首希特拉（按：即希特勒）保卫祖国光荣战死，为国殉难，殊堪悼惋"，下令从 5 月 3 日起各机关降半旗三日，全省范围内停止娱乐三日，以示哀悼③。由此可见，湖北伪政府的汉奸至死不悟，甘心充当法西斯的殉葬品。

第三节　与反法西斯同盟国对抗到底

湖北省各级伪政府同南京汪伪政府一样，把中国近代落后挨打和日本侵华的原因归咎于两点，外部是英美白人帝国主义对中国的压迫，内部是共产党的欺骗和捣乱。反苏反共和敌视英美成为他们外交政策的总方针。

一　诋毁和贬低英美的军事力量

在湖北伪省市政府成立初期，他们根据日本的旨意，在外交上重点反苏，同时敌视英美等西方资本主义民主国家。《苏日中立条约》签订以后，为使其外交政策与日本和汪伪一致，他们对苏联的攻击有所收

---

① 《完成肃清英美侵略东亚势力，武汉民众昨开庆祝大会》，《武汉报》1942 年 5 月 12 日。

② 《保持侨民安定，紧密轴心睦谊》，《武汉报》1944 年 4 月 16 日。

③ 伪湖北省政府：《哀悼希特勒战死》，湖北省政府训令，1945 年 5 月 3 日，武汉市档案馆藏，转引自涂文学主编《武汉沦陷时期档案史料丛编②：沦陷时期武汉的政治与军事》，武汉出版社 2007 年版，第 380 页。

敛，将矛头更加集中地指向英美两国。当时，由于英美是日本最主要的军事对手，是打击和遏制日本法西斯势力的最主要力量，因此，在对英美的攻击中，湖北伪政府重点诋毁和贬低英美的军事力量，宣称英美不是日本的对手，以此为日本帝国主义和中国傀儡政权壮胆和打气。早在1939 年 11 月，欧洲战争爆发不久，伪《武汉报》在分析美国是否可能参加大战时就宣称："美国陆空军不能打仗，如不自量力对德宣战直是与虎谋皮"；"美国人之大多数尤其国会人，咸以为现在美国之军备完全无忧，然多数之军事专门家，否定其事实，且美国之海军虽在世界占第二位，然依兵器专门家之见解，则美国之空军与陆军，幼稚如童子军几不相上下也，美国会假如不自量力，进行对德宣战之愚事，则至少在一年以上之期间，不能送兵士至德法战场，否则惟有空拳打虎尔，舍此别无良途也"①。1942 年 3 月，《武汉报》又危言耸听地报道："英战费消耗惊人膨胀，财政窘困将频崩溃。"② 湖北敌伪政府如此这般罔顾事实，混淆视听，其目的是贬低英美的战争能力，给德意日法西斯及其仆从、喽啰壮胆打气。

太平洋战争初期，日军的"南进"连连得手，湖北伪政权欣喜若狂。《武汉报》长篇累牍进行报道，大力渲染日本"皇军"的"巨大战果"。1942 年 1 月 12 日该报第 1 版报道，"大东亚战争爆发以来，日军攻无不克，举世震惊。英美舰艇，及一般船舶之损毁，军用品及飞机飞艇，被日军击坠、击破、烧毁、夺获者无算。同时，英美被虏人数，亦复甚多"，该报还"根据国民政府宣传部汇集各方面资料，综合发表"了日军的具体"战果"③。1942 年 5 月日军占领科勒吉多尔岛后，湖北伪政府欢欣鼓舞，称："捷报传来，东亚民族，靡不兴奋异常，欢腾雀跃，从此英美残余势力已歼灭无余"，"是皆友邦英勇海陆空军之果敢善战，有以致之，诚足令人敬佩"④。湖北伪省市政府、各机关、社团及伪武汉绥靖公署，纷纷举行游行示威，进行庆祝。5 月 9 日，伪武汉

① 《美国陆空军不能打仗，如不自量力对德宣战直是与虎谋皮》，《武汉报》1939 年 11 月 4 日。

② 《英战费消耗惊人膨胀，财政窘困将濒崩溃》，《武汉报》1942 年 3 月 24 日。

③ 《大东亚战争，日军未一月期间，各方均获大战果，击落敌机千余架》，《武汉报》1942 年 1 月 12 日。

④ 《庆祝科勒吉多尔岛陷落，武汉开展击灭英美宣传周》，《武汉报》1942 年 5 月 9 日。

绥靖公署在武昌举行"击灭英美庆祝大会周",伪湖北省政府和伪汉口特别市政府也分别在 8 日和 9 日举办"击灭英美运动周","悬挂国旗"、张贴标语漫画、表演歌咏、游艺、话剧、主席广播、散发传单,发刊庆祝专辑,召集座谈,街头巡回演讲,印发告民众书、悬奖征求英美击灭之歌,等等,进行诋毁和贬低英美军事实力的活动①。在整个"二战"期间,湖北伪省市政府对英美军事力量的诋毁和贬低从未停止过。1942 年下半年,英、美盟军在北非战场和太平洋战场已开始战略反攻,《武汉报》还在奉命刊载文章,自欺欺人,质疑英美的反攻能力,提出"究竟这一次的反攻能不能成功呢? 我们敢断言是希望很少,决无达到他们预期的目的。因为联合军的组成,本像历史上末期十字军那样的乌合之众一样,各自为谋,互有利害冲突",所以英美的反攻"决无成功的希望,不过是回光返照,作昙花之一现,徒资谈助之笑料而已"②。死到临头还在用谎言贬低英美军事力量,为自己打气壮胆。

二 排斥英美在汉势力

(一) 打击英美在汉政治势力

在实际活动中,湖北伪省市政府也是秉承日本主子的意旨,竭力排斥英美在汉势力。

武汉沦陷时,英美等国还幻想日本能够多少保留一点他们的在汉利益,日本在口头上也表示予以尊重,但实际上却一步步地进行排挤。日军占领武汉之后,就在全城实行戒严,并对英法租界进行封锁和控制,英美法侨民不得随意出入,虽经英美等国多次抗议,日本亦置之不理,甚至连美国汉口总领事约瑟林亦不能顺利进出③。路透社 1938 年 11 月 1 日报道说,"昨夜此间(汉口)宣布戒严,因此前英租界乃与汉口余处隔绝。寓前租界之英侨二百人于昨晚六时铁门闭后,不许出入","英领事所发而由日宪兵处盖印之特别通行证,竟亦无效"④。11 月 3 日,华中日军司令畑俊六宣布,"扬子江将无期限禁止外人航运,因

---

① 《击灭英美宣传周今第三日,武阳汉分别举行民众大会》,《武汉报》1942 年 5 月 11 日。

② 《社论:英美所谓反攻的脆弱性》,《武汉报》1942 年 11 月 4 日。

③ 《汉日军歧视英人,英将提出强硬抗议》,《申报》1938 年 11 月 2 日。

④ 同上。

'日军必须用之以为运输接济品之用'"，整个汉口也"需要严格之戒备以保护日军"①。日军占领武汉时，困居汉口的英美等国"之外侨在千人以上，彼等均有在战争发生时，被扣为人质之可能"，"数星期来试图离汉口之外侨，在一百三十人以上，但日方拒绝彼等通行"，"汉口外人实类囚犯"②。

　　1939 年 4 月，伪武汉特别市政府成立后，在秘书处设立涉外科，负责管理对外事务。这一机构不仅管辖武汉地区外交事务，而且也管辖湖北省以及江西、湖南一部分地区的外交事务。汪伪政权成立后，伪南京行政院于 1940 年 7 月在湖北设立特派交涉员公署，兼办武汉特别市及湘赣两省对外交涉事宜，武汉特别市政府秘书处涉外科同时撤销。但是，伪武汉特别市政府仍保留除部分对外交涉权力③。在对外事务中，伪武汉特别市政府完全秉承日本的旨意，对在汉欧美国家的势力采取极力排斥和打压政策。1939 年 7 月，汉口法租界因禁止伪武汉特别市政府组织的"七月七日中日战争两周年纪念日"活动在租界内列队游行，伪市长张仁蠡亲自照会法国领事莱纳，提出"赔礼道歉""释放因散发旗帜被捕之杨某"和"发还被没收之旗帜与传单"三项要求，"如未获满意，则当截断法租界水电等之供应"④。后由"日军特务部出面干涉，事态才暂告平息"⑤。1940 年 7 月 5 日，英国长沙轮事务长维泰波托谟醉酒后闯入日军控制的《大陆新报》报社，殴打了华人雇员并破坏了铅字箱。事件发生后，伪汉口市政府立即查办肇事者，迫使维泰波托谟在《大楚报》刊登《谢罪》启事道歉，并保证今后绝不再有此类事件的发生⑥。1940 年 11 月，伪汉口市政府发布训令，清查欧美各国侨民在租界外私购土地，要求各部门迅速详细调查，如有违反，应立即"切

　　① 《汉口第三特区入半戒严状态，领馆门首日军站岗，外侨行走不能自由》，《申报》1939 年 11 月 5 日。

　　② 《汉口外侨日方坚决不许离汉，倘欧战发生有被扣为人质可能，法租界食水亦将成严重问题》，《武汉报》1939 年 4 月 14 日。

　　③ 涂文学主编：《武汉沦陷时期档案史料丛编②：沦陷时期武汉的政治与军事》，武汉出版社 2007 年版，第 9 页。

　　④ 《汉租借有被封锁可能》，《申报》1939 年 7 月 12 日。

　　⑤ 《武汉市府对法租界取消要求》，《申报》1939 年 7 月 20 日。

　　⑥ 《谢罪》，《大楚报》1940 年 7 月 23 日，转引自涂文学主编《武汉沦陷时期档案史料丛编①：沦陷时期武汉的政治与军事》，武汉出版社 2007 年版，第 10 页。

实禁阻或予纠正，以保主权"①。以此排斥打击英美等国在汉口的政治和商业利益。

太平洋战争爆发后，英美对日宣战，汪伪政权也正式把英美视为敌国。日伪对英美在汉的残余利益，采取彻底清剿的政策。他们迅速包围了英美驻汉外交机构，接收和没收了英美等同盟国在汉商行、货栈和银行；宣布英镑和美元为敌性货币，禁止在市面流通和自由兑换。伪汉口市政府协助日军对在汉英美人士进行管制，英美等国驻汉外交官均被驱逐。同时，警察局重新核发外侨居住证，除日本人外，其他国家在汉居民均须重办居住证明，"凡非敌性国人民，其居住证正面中央加印宽约一公分之蓝色垂直线一条，其敌性国人民，则加印同样宽度红色垂直线一条，以资识别"②。日本驻汉当局接管了英美在汉设立的所有教会学校，移交给伪武汉特别市政府，"圣罗以改为市立一女中之校舍，育贤改为师范附小校址，汉光改为市立十九小学校校址，循道会改为市立二女中校址，宣文改为市立五小校址"③。1942 年伪汉口特别市政府外事调查的结果是："自大东亚战争发生，英美敌性产业，均被接收，各种经营，亦均停止"，"外国教堂教会尚有 6个，减少过去英美所设立者 13 个。外国学校共计 11 所。外国医院，减少英美设立 4 家，由德人接收 2 家，共计 6 家"，外国教堂中意大利 3 所，法国、俄国、印度各 1 所。外国学校中日本 3 所，意大利 4 所，法国 2 所，德国 1所。外国医院中日本 2 所，意大利 2 所，德国 2 所④。

1944 年 12 月，美机轰炸武汉，有三名美国飞行员在飞机坠毁后跳伞被日军俘虏。日军在 12 月 8 日 "大东亚战争三周年纪念活动" 中，将三名飞行员游街示众。伪政府还组织部分游行人群向他们扔石头并毒打，"在行进过程中，（日本）宪兵着便装随行"⑤。游行结束后，日伪

---

①　伪汉口市政府：《汉口市政府训令》（府新字第 2456 号），载伪《汉口市政府公报》第 12 期，1940 年 6 月。

②　《水警局核发外侨身份证》，《大楚报》1943 年 2 月 1 日。

③　《市接受英美系学校》，《武汉报》1942 年 8 月 3 日。

④　伪汉口特别市政府：《1942 年汉口市政府外事调查概况》，《汉口特别市四周年市政概况》，1943 年 4 月。武汉市档案馆藏，转引自涂文学主编《武汉沦陷时期档案史料丛编①：沦陷时期武汉的社会与文化》，武汉出版社 2007 年版，第 70—72 页。

⑤　［日］山田清吉：《武汉兵站》，东京图书出版社 1978 年版，第 245 页，转引自涂文学主编《武汉沦陷时期档案史料丛编②：沦陷时期武汉的政治与军事》，武汉出版社 2007 年版，第 430 页。

将三名飞行员全部绞死。

（二）　排斥英美在汉经济势力

除了打击英美在汉的政治势力外，敌伪政府对英美在汉的经济势力也极力排挤。当时，由于战争的破坏和日本排挤，英美在汉企业的经营已相当困难，大部分企业被迫关闭，少数企业勉强维持，也不得不缩小规模，裁减员工，结果导致工潮时有发生。而伪汉口市政府不仅不帮助双方沟通，解决矛盾，反而乘机煽风点火，扩大事端。他们往往首先暗中活动，激化矛盾，然后再由伪政府社会局或涉外科出面"调解"，迫使英美公司让步，或者迫使英美企业倒闭。1941 年 7 月 14 日，英国路透社主办的《英文楚报》（*The Central Chinapost*）因工人要求增加米贴发生工潮，部分工人罢工。本来，资方答应两日内予以答复，双方矛盾渐趋缓和。但是，日本和伪政府方面却暗中插手，唆使工人扩大事态，他们将所有罢工工人集中在"一中国旅馆中，不许与外界通消息，饮食起居皆颇优良，但防守甚严"[1]。工潮期间，一批日本浪人和伪汉口市政府雇佣的地痞流氓还闯入报纸发行人兼路透社代理经理阿却巴利特寓所，"将屋内各物器尽行捣毁，临行更将一中年华籍保姆及厨司架去"，致使报社和"路透社职工仍因受人恐吓不能工作"[2]。最后，英文《楚报》无法满足罢工工人提出的 23 点要求，只好停刊。日伪政府希望取缔该报的目的最终达到[3]。

1941 年，日军为了独占长江航行权，指示伪汉口市政府税捐征稽处第一所于该年 1 月 4 日去函英商和记洋行，通知对方，该行"所有以前租用特一区江岸一段之租约已经终结，自一九四一年二月一日起，本所与贵行前订之租约不发生效力"。2 月 4 日，英国总领事达维森致函伪汉口特别市市长张仁蠡，要求调查此事，"俾该和记洋行得以按照章程与成例获取许可，重订与往年相似之租约"[4]。2 月 25 日，日军汉口

---

① 《汉口禁止英方新闻事业，路透社及〈楚报〉被迫停业》，《申报》1941 年 7 月 24 日。

② 《汉口〈楚报〉发行人寓所被捣经过》，《申报》1941 年 7 月 25 日。

③ 伪汉口特别市政府：《汉口特别市三周年市政概况》，转引自涂文学主编《武汉沦陷时期档案史料丛编①：沦陷时期武汉的社会与文化》，武汉出版社 2007 年版，第 62 页。

④ 达维森：《英商和记洋行请求续租特一区江岸一段》，1941 年 2 月 4 日，武汉市档案馆藏，转引自涂文学主编《武汉沦陷时期档案史料丛编②：沦陷时期武汉的政治与军事》，武汉出版社 2007 年版，第 394 页。

特务部部长指示伪汉口特别市市长："贵府可函复该总领事，略称该江岸日军方面现正考虑使用等语。"① 起初，伪汉口市外事室还对用这种蛮横的口吻回复英方有所顾忌，呈文请示伪汉口特别市政府，要求另定五项理由，作为借口②。但伪汉口特别市政府并不以此为虑，3月20日，以伪特别市市长名义致函英国驻汉总领事署称："该处江岸现因军事方面正在考虑使用，未便再准和记洋行承租。"③ 和记洋行还想交涉，有意拖延，伪汉口特别市政府不予应允。9月24日，汉口日本陆军特务部长、海军特务部长及汉口日本总领事联名致函伪汉口特别市市长张仁蠡，再次对伪汉口市政府施加压力，斥责英方行为，要求对方在以11月底为期限，"撤去其设施"，或者令该行"不妨以合法之手续卖与适宜之中日人"，"倘该行如仍置之不理，市府即将强制撤去"④。10月15日，伪汉口特别市政府警察局、社会局、财政局联合拟定好三项措施报请伪市府批准："（一）由本财政局令饬捐税征收所迅向该行严重交涉，在限期内撤除该地设施；（二）拟请钧府令饬交涉员公署转函英领事馆交涉；（三）最后该行动不如限遵办，即会同友邦宪警强制撤除。"⑤ 在此压力之下，英和记洋行不得不屈服，"结果除江岸抽水机房外，所有趸船及留在码头上之一切起卸设施均迁移撤除"⑥。

1941年7月下旬，美英两国宣布冻结中国汪伪政府在其国内资金。

---

① 《和记洋行请求续租江岸一带，日军方现在考虑军用》，1941年2月25日，武汉市档案馆藏，转引自涂文学主编《武汉沦陷时期档案史料丛编②：沦陷时期武汉的政治与军事》，武汉出版社2007年版，第395页。

② 《外事室拟具的婉拒英商续租理由》，1941年3月10日，武汉市档案馆藏，武汉市档案馆藏，转引自涂文学主编《武汉沦陷时期档案史料丛编②：沦陷时期武汉的政治与军事》，武汉出版社2007年版，第396页。

③ 《江岸现因军事需要，未便再续租》，1941年3月20日，汉口市政府公函，府外政字第2993号，武汉市档案馆藏，转引自涂文学主编《武汉沦陷时期档案史料丛编②：沦陷时期武汉的政治与军事》，武汉出版社2007年版，第395页。

④ 《日方要求强租撤去英商和记洋行江边设施的照会》，1941年9月24日，武汉市档案馆藏，转引自涂文学主编《武汉沦陷时期档案史料丛编②：沦陷时期武汉的政治与军事》，武汉出版社2007年版，第397页。

⑤ 《强拆和记洋行江岸设施的办法》，1941年10月15日，武汉市档案馆藏，转引自涂文学主编《武汉沦陷时期档案史料丛编②：沦陷时期武汉的政治与军事》，武汉出版社2007年版，第397—398页。

⑥ 孔楚材：《英和记洋行撤除江岸起卸设施的情况》，1942年1月30日，武汉市档案馆藏，转引自涂文学主编《武汉沦陷时期档案史料丛编②：沦陷时期武汉的政治与军事》，武汉出版社2007年版，第393页。

汪伪政府财政部随即公布《处理指定人资产办法及诠释原办法》六项，宣布冻结英美在华资产，作为反击。湖北伪省市政府接令后，立即行动。7月29日，伪汉口特别市政府公布《外侨交易暂行取缔办法》，限制外商在汉经营活动。8月1日，又发布《取缔外侨交易办法》，明确规定"美国合众国、美国合众国领属全部，菲列滨联邦，加拿大，大不列颠及北部爱尔兰联合王国"（称"指定国"）之法人、在指定国的"法人之支店及其他营业所""有指定国国籍之人及在指定国有住所或居所之人"，都被剥夺了在汉经营的权利①。8月11日，伪湖北省政府颁布《湖北省属各县市区域内各商民在指定国民堆栈及店铺内存储物件申请登记搬运办法》十条，严格管控存放在英美公司内所有物资的搬运移动。该办法规定：全省区域内各商民存放于英美两国及美领地婆罗洲人之仓库和店铺内的所有货物，应由所有人向市县伪商会或市县伪政府机关申请登记，并"制成统计表二份，呈报省政府备查，再由省政府以一分转送军特务部备查"。货主如需搬出这些货物，"须备具物件搬运申请书向原登记机关请领搬运许可证"，并"应随身携带"以便沿途军警查验②。在如此排挤性的检查控制之下，英美等国商人在湖北的经营基本无法进行。

三　进行浩大反英美宣传

在舆论宣传上，日伪政府故意歪曲中国近现代史，闭口不谈日本军国主义给中国带来的深重灾难，将英美宣传为中国近代最大的仇敌，而日本则是中国乃至东亚的救星。他们通过发表文章、进行广播讲话、张贴标语、主办壁报和活动板报等形式，进行广泛的反英美宣传。为了增强其宣传效果，湖北伪省市政府遵照日本和汪伪政府的旨意，炮制一套自以为足以愚弄和欺骗民众的反动"理论"。其内容是：当今世界分为亚洲黄种人组成的被压迫民族和欧美白种人组成的压迫民族。中国是亚洲最大的民族，日本是亚洲最强的民族。中日两国同种同文，应求军事、政治、经济上的亲善提携，文化上的沟通，共同反对欧美白种人的压迫。在这场黄白两种人的生死决战中，日本是东亚民族的领导者和盟

---

① 《取缔外侨交易办法》，《大楚报》1941年8月2日。
② 《对指定国人堆存货物，省府公布施行登记搬运办法》，《武汉报》1941年8月12日。

主，中国人必须"排除狭义的爱国主义，而要以爱中国的心爱日本"，中日一心一德，"以完成东亚民族解放的任务"①。

还在武汉维持会时期，1939年3月18日、19日两日，《武汉报》就分两期刊登了《欧美各国对华的侵略》的文章，进行仇视英美的宣传，鼓动民众反对欧美各国②。该年5—6月，该报接连刊登十一期《英人惨杀华人痛史》系列文章，挑拨中英关系，煽动仇视英美。

1942年2月，《武汉报》又接连刊登《白人侵略东亚史》，煽动狂热的种族主义和民粹主义情绪，并进行反对英美的宣传活动。1942年8月27—29日，伪湖北政府开展所谓"纪念鸦片战争百周年"活动，别有用心地把矛头指向正在进行抗击德意日法西斯的英美，"发动扩大反英美宣传，借以唤起民众，击灭英美势力，完成东亚建设"。连续三天，伪湖北省宣传处"出动全体宣传员，赴街头讲演南京条约所受之耻辱及英美压迫中国之痛史，并表演反英美的画片剧，同时张贴标语，散发传单"；伪湖北省社运分会、伪东亚联盟中国总会湖北分会、伪汉口特别市政府也派出工作人员"分赴省会各街衢，对民众讲演，并发告民众书"；出动宣传队分赴各重要街市暨各游乐场，"演讲'纪念南京条约一百周年与击灭英美在东亚残余势力'并表演画片剧，又于市区内各通衢悬挂巨型美术布招，同时，市府各机关长官亦将定期广播'英美侵略史'、'鸦片战争史'"，四处张贴"纪念南京条约一百周年，要击灭英美在东亚的残存势力。纪念南京条约一百周年，要拥护贯彻大东亚战争。东亚民族联合起来，击灭英美，湔雪南京条约的奇耻大辱"等标语③。各地方伪政府，也无不按照日伪当局的指示，鹦鹉学舌，纷纷开展纪念活动，鼓吹"大东亚圣战"、宣传反对英美。8月27—31日，伪孝感县政府组织"县府情报部、县青年联盟分会，出动全体宣传人员，组织宣传队十余人，分赴四乡及各大镇市实施宣传，唤起广大民众，发动东亚无敌之驱逐英美大力量，以备建设东亚共荣圈"④。伪黄陂县政府也于8月27—29日，"继续扩大举行鸦片战争百年纪念反英兴亚大会"，"张贴标语，悬挂布招，布置油漆布画，散发传单，出动宣传街

---

① 何庭流：《教育与救国》，《大楚报》1942年6月21日。

② 《欧美各国对华的侵略》，《武汉报》1939年3月18日、19日。

③ 《纪念鸦片战争百周年，省市积极展开反英美宣传》，《武汉报》1942年8月27日。

④ 《雪洗百年耻辱，孝青宣传南京条约》，《武汉报》1942年9月2日。

头演讲，阐述鸦片战争经过及英美诸国侵略东亚之罪恶史"①。

1943 年 1 月 9 日，汪伪对英美宣战。当天下午，伪湖北省政府即在汉口昭和堂举行"国民精神总动员、拥护国民政府参战、击灭英美湖北省民众联合大会"。12—15 日，又接连四天举行宣誓大会和游行示威，"拥护参战、击灭英美"②。同年 8 月，伪汉口特别市政府在其工作报告中提出，该月政府的宣传工作有四项：1. 举行保卫东亚纪念；2. 举行参战纪念；3. 击灭英美巡回电影大会，市民免费观看（1943 年 8 月16—22 日）；4. 敌机残骸展览③。

战争进入 1944 年，日本帝国主义已是强弩之末，中国人民对抗战更加充满必胜信念。而伪湖北省政府仍然在蒙骗民众，甚至幻想引诱国民政府改弦更张，转变政策。在其《民国三十三年度施政方针》中，竟然提出，"大东亚战争在中国大陆作战并非以重庆为对象，是以英美为对象"，"英美利用中国作战场利用重庆做爪牙，使东亚人杀东亚人，这是重庆极大的错误。重庆如能即日觉悟，参加大东亚战争，中国大陆之战祸即可平息，战争即可转移至中国领土之外"④。灭亡前的最后时刻，除了痴人说梦外，仍不忘进行反英美宣传。

---

① 《黄陂扩大举行宣传鸦片战争辱国条约》，《武汉报》1942 年 9 月 4 日。
② 伪湖北省政府秘书处：《湖北省政府 1942 年 10、11.12 月、1943 年 1—7 月工作报告》，中国第二历史档案馆馆藏。
③ 伪汉口特别市政府秘书处：《汉口特别市政府各月工作报告》，1943 年 8 月，中国第二历史档案馆馆藏。
④ 伪湖北省政府秘书处：《湖北省政府施政方针》（1944 年下半年度），中国第二历史档案馆馆藏。

第五章 沦陷区的殖民经济

日伪当局为贯彻"以战养战"的方针，推行野蛮的统制经济和殖民侵略政策，致使湖北沦陷区的工农业生产和财政金融及商业遭受毁灭性打击，莫不陷于衰败和倒退之中，19 世纪末期逐渐发展起来的以武汉为中心的湖北近代工商业，几乎彻底被摧毁。

第一节 日伪的经济统制

日军占领湖北以后，为了推行"以战养战"的侵略方针，在经济上实行统制政策，严格控制沦陷区的一切物资的生产和运销，将湖北沦陷区经济纳入日本的殖民经济体系之中。

一 建立各种统制经济的机构和合作社

1938 年 11 月初，日军占领武汉一周之后，就在汉口占领军第十一军内设立"陆军特务部"，作为指导建立伪政权和掠夺沦陷区经济的总机关。不久，日军又在汉口成立"军需管理委员会"，对武汉地区的物资进行统制管理。11 月 7 日，日本在上海成立"华中振兴公司"，作为它在华中地区经济掠夺的总机构。其后，即在武汉和湖北其他地区设立众多分支机构。陆军特务部和"华中振兴公司"是沦陷时期日军统制和掠夺湖北及华中沦陷区战略资源的主要机构。

伪武汉特别市政府和伪湖北省政府成立以后，日军利用这两个伪政权做工具，进一步加强了对武汉和湖北沦陷区的经济统制。1940 年 7 月 8 日，伪武汉特别市政府组织成立"武汉特别市商会"，以"东亚提携之真精神"，促进中日"经济合作之实践"为其宗旨①。9 月，日军汉口特务部下令成立"武汉经济调查处"，代表日本军方行使经济统制职能②。10 月，伪武汉特别市和伪湖北省一同加入汪伪国民政府后，伪"武汉特别市商会"于次年 6 月 26 日改名为"汉口特别市商会"，并扩大职能，在"社会运动委员会湖北省分会之指导监督暨汉口特别市政府社会局之监督指挥"下，担负鉴定、调查统计汉口市工商企业状况及仲裁工商业之纠纷等任务，"凡在本市区域内经营工商业者均应""登记为会员"③。该会在日伪政权的支持下，势力不断扩张，"改组、归并商人团体，组织各种同业公会"，成为日伪控制武汉工商业的重要工具。到 1942 年底，该会属下有同业公会 89 个，筹备会 19 个，登记商号7431 户④。

1941 年 1 月，汪伪政权正式宣布实行战时经济体制，湖北日伪当局对沦陷区的经济统制推进到一个新的阶段。12 月，太平洋战争爆发，日伪的经济统制进一步升级。年底，汉口日军特务部新设"物价统制委员会"，作为"统制物价机关"。该会以日军汉口军特务部长为委员长，汉口日本军参谋部、经理部、宪兵队、山本（省）部队、海军特务部、日本总领事馆、商工会议所、伪湖北省政府建设厅、民政厅、警务局、伪汉口特别市政府公用局、社会局、警察局等单位代表为委员，全面管制武汉各类战略物资的物价及运销工作⑤。

1942 年以后，随着战争形势的紧张和日本国内战略资源的枯竭，日伪的经济控制进一步加强。1942 年 12 月 24 日，湖北伪省市政府设立"武汉经济统制事务处"，"于湖北省政府主席暨汉口特别市市长指挥监督之下，以担当武汉三镇及武昌、汉阳、黄陂等县中国人方面之经济统制为

---

① 《汉商会成立》，《武汉报》1940 年 7 月 8 日。

② 武汉地方志编纂委员会：《武汉市志·大事记》，武汉大学出版社 1990 年版，第 139页。

③ 伪汉口特别市商会：《汉口特别市商会章程》，伪《汉口特别市政府公报》1941 年第12 期，1941 年 6 月。

④ 伪汉口特别市政府：《汉口特别市 1942 年的商业登记》，伪《汉口特别市政府四周年市政概况·社会》，第 28 页，1943 年出版，武汉市档案馆藏，转引自涂文学主编《沦陷时期武汉档案史料丛编③：沦陷时期武汉的经济与市政》，武汉出版社 2007 年版，第 272 页。

⑤ 汉口日军特务部：《物价统制委员会组织》，转引自涂文学主编《沦陷时期武汉档案史料丛编③：沦陷时期武汉的经济与市政》，武汉出版社 2007 年版，第 422—423 页。

目的"①。1943 年 1 月 8 日，伪汉口特别市为统制日用生活品的流通，分别组织"纱布绸缎呢绒，以及砂糖、卷烟、火柴烛皂等配给四大组合"，"各组合正、副组合长暨理监事全体人选"均"经武汉经济统制事务处圈定"②。5 月，为统制武汉地区的畜产品生产和流通，汉口日军联络部（1943 年 4 月 1 日，汉口日军特务部改名为日军联络部）下令伪汉口特别市政府，"组织武汉畜产物统制公社"③。该公社由中日商人合资组成，理事日方、中方各 6 名，监事日方 1 名，中方汉口、武昌、汉阳各 1 名④。7 月，为进一步加强武汉地区物资统制，汉口日军同伪省市政府共同成立了"武汉物资调查委员会"，作为武汉地区经济统制的最高机关。该会以伪汉口特别市长为"委员长"，委员为伪汉口特别市警察局长、伪湖北省高等法院检察长等政府要员及日军汉口宪兵队警务科长、汉口日本总领事馆警察署长等，该委员会"调查或取缔之对象，并不只限于特定之物资等，而以一切经济现象及一切物资为对象"⑤。"凡属武汉商民，无论隶何国籍，所有之物资均予以随时彻底调查。"⑥ 同月，"全国商业统制总会湘鄂赣分会"在汉口成立，其后，又在应城、沔北等地设立商统分所，重点负责粮食、棉花、油料和其他日用品的统制工作⑦。

抗战后期，随着日本灭亡的临近和其经济形势的日益恶化，日伪对控制区经济的统制更加严格。1944 年 5 月 1 日，"湖北省物资物价调查取缔委员会"成立，它是"省最高而强有力的执行处置经济案件机构"，"并以本省省长兼任委员长"，"隶属于汉口市警察局之前经济警察处，同日撤销，以一事权，而专责成"。该会"中日双方均有委员，实为中日一体之组织"⑧，是日伪统治后期重要的经济统制机构之一。

① 伪汉口特别市政府：《武汉经济统制事务处规则》，载伪《汉口特别市市政府公报》1942 年第 24 期，1942 年 12 月出版。

② 《市卷烟等四大配给组合昨宣告正式成立》，《武汉报》1943 年 1 月 9 日。

③ 伪汉口特别市政府：《准汉口联络部函送〈武汉畜产物统制公社规约〉案》，载伪《汉口特别市市政府公报》1943 年第 9 期，1943 年 5 月。

④ 伪汉口特别市政府：《武汉畜产物统制公社规约》，载伪《汉口特别市市政府公报》1943 年第 9 期，1943 年 5 月。

⑤ 《武汉物资调查委员会组织要领》，《武汉报》1943 年 7 月 26 日。

⑥ 《彻查奸商，取缔囤积行为，谋武汉经济繁荣》，《武汉报》1943 年 7 月 26 日。

⑦ 《应城商统分所下月初成立》，《武汉报》1944 年 6 月 29 日。

⑧ 《省物资调查取缔委员会成立，同时撤销汉口市经济警察处》，《武汉报》1944 年 5 月 2 日。

　　日伪政权在建立起各种经济统制管理机构的同时，还利用各种合作社将统制经济的控制力渗透到城市的每个角落和沦陷区广大乡村。

　　合作社是日伪政府在沦陷区各地设立的垄断性商品运销组织，日军占领湖北以后即在各县相继成立。1941 年 3 月 11 日，日军指使伪湖北省市政府成立"湘鄂赣三省合作社联合会"，5 月 25 日"补行成立大会"。该会的职能是指导和协调沦陷区各县合作社之经营，形成三省范围的商品运销垄断网络。到同年 5 月，"各县合作者已有四十三个单位，其分社亦达二十个左右"[1]。该会《章程》规定："本会在湖北省政府及汉口市政府监督之下"，"聘（日本）顾问若干人为名誉职，对于理事长之咨询事项，得发表意见"。[2]

　　1941 年 2 月，伪汉口特别市教育局拟定《各级学校办理消费合作社通则》，规定从当年春季开学起，统制全市学校师生消费品的供应，"各校消费合作社以各本校教职员学生校工为社员"[3]。12 月 22 日，伪湖北省政府又制定颁布《湖北省政府员工消费合作社章程》，规定由省政府员工消费合作社负责伪省府全体职员日常生活必需品的购销[4]。1942 年 1 月 20 日，"武汉合作社"成立，成为湖北沦陷区最大的合作垄断组织[5]。该合作社"是一个中央合作社的组织，对于各县的地方合作社当然处的是一个领导的地位"，"各县的地方合作社，对于各该县市场每日销售的物品，都是由各县地方合作社派其联络员来向武汉合作社请求购买或搜集"。武汉合作社资本定额为日金 200 万元，社员为汉口市商会会员、武汉军需物产买付搬出组合联合会成员、汉口宣抚用物质配给联合会成员、中支那军票交换用物质配给组合汉口所属各部四个单位[6]。1943 年 2 月 28 日，武汉合作社改组为湖北省各县市合作社联合社，成为湖北沦陷区最大的经济购销垄断组织。日伪规定其职责是，"在目前的战时体制下"，"在政府的支配下，走上计划经济之途"，并

　　① 《湘鄂赣三省合作社联合会正式成立》，《武汉报》1941 年 5 月 26 日。

　　② 《三省合作社联合会章程》，《武汉报》1941 年 5 月 26 日。

　　③ 《市立各级学校组设消费合作社》，《武汉报》1941 年 2 月 1 日。

　　④ 《湖北省政府员工消费合作社章程》，载伪《湖北省政府公报》第 23 期，1942 年 1 月 20 日出版，武汉市档案馆藏。

　　⑤ 《武汉合作社规定内部组织系统》，《武汉报》1942 年 4 月 27 日。

　　⑥ 《经济丛谈：由运销合作事业谈到武汉市的合作组织》，《武汉报》1942 年 8 月 2—3 日。

与保甲制度相结合,"以达到分配合理与实施生产计划、确立治安的目的"。同时,还规定,"关于物资的搜集和配给物价的坚持、物资的统制等,都是合作社的责任"①。

这些经济统制机构,或是日军设立的,或是伪政府设立的,或是二者共同设立的;但是,其控制权都掌握在日军手中,都服从和听命于日本兴亚院。日军正是利用这些机构,把湖北沦陷区牢牢地捆在战时经济的牢笼中,为日本的侵略战争服务。

二　实行物资统制管理

日伪占领湖北沦陷区以后,为了搜刮自身所需的各种战略物资,同时,也为了对国统区和解放区进行经济封锁,对沦陷区的各种物资实行严格统制,严厉禁止各类物资自由流通。

伪湖北省市政府成立初期,似同一个"割据"政权,在经济上也"自成一体"。日伪对各类物资的控制十分严格,对沦陷区内各项物资的进出、生产和运销实行严格管控。日军华中军部控制了全部水陆交通工具,将矿产、苎麻、棉花、牛羊皮、猪鬃、桐油、生漆等列为军用专卖品,除由指定的日商代军部收购外,任何人不得私自买卖,同时实行货物运输许可证制,只有日商才能从日军特务部申请到运货许可证。直至 1939 年 3 月,中国商人才能通过日本商行"洽运由汉至申货物"(棉花、桐油、牛皮、黄丝及麻等不得运输),付给日本商行估本 20%的手续费,另加关税每公担 6 元,水脚每公担 10 元②。

太平洋战争爆发后,日本进一步加强对湖北沦陷区物资的管控。1942 年初,日军在汉口设立"武汉商业统制事务处",对粮食、棉花、纱布、油料和日用品,由指定的日本公司和敌伪政府收购和专卖;对于一些非禁运品,如土纸、火柴、香烟等,也指定由伪省、县、区合作社统制经营,一般中国商人不能染指。

抗战后期,由于日本将主要精力用于太平洋战场,在中国占领区主

---

① 《统一事权致力增加生产,实施计划经济——全省合作会议圆满闭幕》;《实施战时经济统制,力谋必需物资增产》,均载《武汉报》1943 年 3 月 1 日。

② 《由日本商行承办的由汉至申间货运情形》,武汉档案馆藏档案,转引自涂文学主编《武汉沦陷时期档案史料丛编③:沦陷时期武汉的经济与市政》,武汉出版社 2007 年版,第 294 页。

要依靠汪伪政权的力量维持殖民统治，因而更加支持汪伪中央对各伪省市政权的控制。1943 年 1 月 23 日，日本驻汪伪"大使"馆在上海召开驻苏浙皖三省总领事及领事会议，决定将原来对汪伪政权实施的分散控制经济政策改为统一控制的方针①。汪伪政府经济委员会也在 2 月 12 日决定取消区域封锁，实施统一的物资统制②。但是，由于湖北沦陷区同南京伪中央政府相距甚远，中间又有国统区和解放区阻隔，为防止物资运输过程中落入抗战力量手中，汪伪南京政府的政策并未在湖北推行，湖北沦陷区仍然实行严格的区域封锁政策。1943 年 8 月 1 日，湖北省伪政府颁布《长江上游地域物资收买及移动统制暂行规程》（以下简称《规程》），并呈汪伪行政院备案，于 11 月 29 日公布执行。该《规程》规定：长江上游地域（指湘鄂赣三省及汉口特别市）之物资只能在本地区收买、移动，"向敌性地域移动物资，严行禁止之"，在接近抗战区域，其物资的统制，由伪省保安队及警察"协助日本陆海军警备队、宪兵队及国民政府军队"实施，对控制区内物资的统制，"日本人则由日本领事馆警察，中国人则由中国警察，第三国人则由关系机关行之"，"无许可而向地方输出物资或意图输出者，依法以通敌罪处罚"③。

城市之外，湖北伪政府还配合敌伪"清乡"，加强对农村地区的经济统制。1941 年 7 月 10 日，汪伪政府颁布"清乡地区物资统制及运销管理暂行办法"，规定凡封锁线内之枪械弹药、火药及其原料等绝对禁运品，"禁止人民在境内运输或运出运入"；火柴、布匹、烟草、酒、盐、面粉等"其他应征中央捐税之物资"，"凡在境内运输或通过封锁线，须有统税、盐税或其他中央捐税之纳税证明书，或统税局验讫印花，或盐务局之运输许可证"；金属矿石、各种农产品等物资"由境内口岸载运出境，或运往上海，须申请清乡督察专员公署发给产地证明书，并由'登集团司令官'指定之许可机关（支那派遣军总司令部第七号上海出张所），依据该证明书发给规定之许可证，方准载运出境"④。伪湖北省市政府接令之后，通饬各地严令施行。

　　①　参见《中华日报》1943 年 1 月 27 日。
　　②　参见《中华日报》1943 年 2 月 14 日。
　　③　伪湖北省政府：《长江上游地域物资收买及移动统制暂行规程》，1943 年 11 月 29 日，载伪《湖北省政府公报》第二卷第 16 期，1943 年 11 月 30 日出版，武汉市档案馆藏。
　　④　《清乡地区物资统制及运销管理暂行办法》，《武汉报》1941 年 7 月 11 日。

三 严格管控物价

日伪统治时期，为了防止恶性通货膨胀引起社会动荡，危及其殖民统治，同时，为了进一步控制市场，任意掠夺商民财产，实行严格的物价管控制度，对所有物资特别是粮食、燃料、食盐等日用生活必需品，实行严格物价管制。

武汉沦陷初期，由于交通断绝，市场被毁，物资奇缺，全市物价飞涨，市民难以承受。待社会秩序稍有安定之后，日伪当局为了安定人心，控制市场，就决定管制物价。1939 年 6 月，伪武汉特别市政府建设局开始筹组"物价决定委员会"，管理"燃料类、调味类（包括油盐酱醋）、食粮类、鱼肉类价格"①。9 月 7 日，该委员会召开第一次会议，伪特别市长张仁蠡及各局长参加。会议决定对全市食粮、燃料、鱼肉、调味等生活必需物品"评定标准价格，由本会申请市长核准通令遵行"，并由秘书长召集相关各局共同拟定《操纵物价处罚暂行条例》，报伪市长批准后公布施行②。

日伪管制物价的重点是控制粮食和薪炭等生活必需品的价格。为了稳定粮食价格，并严格掌控粮食市场，1940 年 11 月，伪汉口市政府组织"汉口市食粮采购运销处"，在社会局监督下，"选定本市殷实米商若干家，集资办理"，总资本为日金 200 万元。该处采购回来的食粮，由伪政府指定的机构销售，分销价格"由市政府食粮价格评定委员会评定之"③。1941 年 12 月，汉口日军特务部颁布"物价统制办法"，将物价管理与物资管理结合起来。该办法规定：立即实行全市日用品存货调查，"对生活必需品迅速规定最高价格"。大米、小麦粉、薪炭等"经由联保、保甲申告各自所有量"，"业者经由市总商会或其他适当机关申告其别途所有量"，"非业者而所藏为自家用之指定商品超过一个月所要量者，认为囤积，应处罚之"④。次年 2 月，伪汉

---

① 《建设局筹组物价决定委员会》，《武汉报》1939 年 6 月 1 日。

② 伪武汉特别市政府：《武汉特别市市政府物价决定委员会第一次会议记录》，载伪《武汉特别市市政府公报》第 6 期，1939 年 10 月出版。

③ 《汉口市食粮采购运销处简章》，《武汉报》1940 年 11 月 7 日。

④ 伪汉口特别市物价统制委员会：《物价统制办法》1940 年 12 月，武汉市档案馆藏档案。转引自涂文学主编《武汉沦陷时期档案史料丛编③：沦陷时期武汉的经济与市政》，武汉出版社 2007 年版，第 423—424 页。

口特别市政府颁布"取缔操纵物价临时办法"，再次将物价管理与物资申报结合起来。该办法规定："凡存有粮食及生活必需品者，于粮食管理局暨警察局调查时应据实报告之"，"违背规定加价售卖者，按照所加数额处以五倍以上十倍以下之罚金，加价一倍以上者，按照所加数额处以十倍以上二十倍以下之罚金"①。伪市政府还组设了"物价监察委员会"，予以督察②。3 月，伪汉口特别市政府重新订定"取缔物价临时办法八条"，进一步强化粮食及日用品限价政策。根据该办法，"米粮及其他生活必需品，业经本府公定价格者，买卖时不得超过该公定之价格"，违反者"日本军认为系搅乱经济行为，应按照军律严重处罚"③。

在武汉以外的地区，日伪当局也尽力管制粮食及其日用品的价格，以图维持其殖民经济秩序。1942 年 8 月，汉口日军与湖北省伪政府共同决定，自该年 9 月 1 日起，"华中各地，一并实施一般零售物价办法，以本年五月二十六日至二十八日之平均价格为最高标准价格，除有特别原因者外，绝对严禁超出最高标准价格，对必须物资，除设立一元化之配给机构外，同时亦规定公定价格"④。

1944 年 4 月，汪伪国民政府实业部将更为严格的"战时物价管理暂行条例十八条"抄发"各省市经济局遵办"。伪湖北省经济局奉令后，即"令仰本市商会遵照转饬所属各业公会一体遵照"⑤。5 月 10 日，伪湖北省政府通过《湖北省物价评议委员会组织规则》，规定各项物资价格之标准为除该项物资之成本运费事务费及一切捐税等外，批发价格至多增加 10% 之利润，零售价格至多增加 20% 之利润，"成本之决定遵照中央指示办理"⑥。之后，"全商统制总会湘鄂赣分会"又在应城、沔北等地设立商通分所，管理物价⑦。直到临垮台前夕，伪湖北省政府还

---

① 《取缔操纵物价，市府颁布临时办法》，《武汉报》1941 年 2 月 1 日。

② 《物价监察委员会今成立》，《武汉报》1942 年 2 月 6 日。

③ 《汉口特别市政府取缔物价临时办法》，《武汉报》1942 年 3 月 24 日。

④ 《安定华中物价，实施根本统制：中日当局决定一元化抑制政策》，《武汉报》1942 年 9 月 2 日。

⑤ 《战时物价管理条例经省局令各业遵行》，《武汉报》1944 年 4 月 27 日。

⑥ 《物价评议会成立在即，省政会议通过组织规则》，《武汉报》1944 年 5 月 11 日。

⑦ 《应城商统分所下月初成立》，《武汉报》1944 年 6 月 29 日。

在试图"订定本年度米粮谷协定价格","令各县市组遵照实施"①。

四　推行配额供应制度

推行配额供应制度，是日伪在沦陷区实行统制经济的又一重要措施。所谓配额供应，就是对沦陷区民众日常生活所需的粮食、食盐及其他必需品实行定点、定量和凭证供应，其目的，一方面是为了最大限度地掠夺和统制沦陷区的经济，严格控制沦陷区民众生活日用品的销售，防止其流向抗战地区；另一方面是借此加强对沦陷区民众的控制，维持其殖民奴化统制。配额供应是整个沦陷时期日伪政权的基本供应制度。

粮食是沦陷区最重要的物资，也是日伪配额供应的重点。武汉沦陷初期，日伪主要通过控制价格的办法管理粮食的供应。但是，由于战争的破坏和交通的阻塞，武汉市场粮食供应十分紧张，粮价飞涨，米荒迭起。如1939年10月中旬，汉口市场上"最低之米（每市担）尚在六七元间"，到11月上旬，"成色最低之米，已在十元之间，普遍市民所食之米价，连日继续高涨至二十余元"②，到1940年7月，成色最差的六等大米已涨至37元，到1941年4月，上等大米每担更涨到105元③。不仅如此，武汉市场上仍然米荒不断，有价无市。在这一背景下，日伪决定实行配额供应制度。

日伪在武汉的粮食配额供应，大致经历了凭证供应和计口售粮两个阶段。凭证供应从1941年6月开始，伪政府主要是通过以公定价格出售部分存米的办法，弥补市场粮食供应的不足，缓解米荒。该月下旬，伪汉口特别市政府举办所谓"第一期洋米平粜"，并公布"平粜办法"二十条，规定以警察分局为单位，分区分时出售洋米，"市民购米数以每户限购一斗为原则"④。本次"平粜"共销售食米一万一千七百五十石五斗七升⑤。7月，又举办第二期平粜，"粜出洋米四千三百六十三石

---

① 《米粮协定价订定》，《武汉报》1944年9月19日。
② 《本市米价狂涨，急盼当局设法平抑》，《武汉报》1939年11月7日。
③ 分别见1940年8月1日和1941年4月4日《武汉报》之《武汉商情一览》。
④ 《本市第一期洋米明开始平粜》，《武汉报》1941年6月24日。
⑤ 伪汉口特别市政府秘书处：《汉口特别市政府三十年度施政概况》，《武汉报》1942年4月20日。

三斗"①。同年 10 月和 1942 年 4 月，伪政府又先后举办第三期和第四期洋米平粜，每户分别限购一斗和六升，并"印制红蓝白等各种颜色票样"发到各户，作为购买凭证②。凭证供应实行一年之后，尽管日伪当局使出浑身解数，但仍难以解决粮食供应危机，武汉市场米荒不仅无以缓解，而且愈演愈烈。日伪政权黔驴技穷，不得不实行更加严格的计口售粮制度。1942 年 6 月，计口售粮开始，其办法是先"由市警局动员调查全市户口，以为计口售粮根据"，再由伪粮管局制定供应标准和供应办法。具体售粮标准是，"十岁以上六十岁以下为大口，每日售配食粮七合，六十岁以上十岁以下为小口，每日售配食粮五合"③。其后，随着粮食供应的紧张，这一标准不断降低。到抗战末期，随着日伪经济的崩溃，计口售粮制度除伪省市政府公务人员勉强能够配给外，对一般市民则是有名无实，无米供应。1944 年 3 月，伪省府公务人员开始配给食米，每人每月五斗④。5 月，伪汉口市政府公务人员亦开始实行食米配给，"职员食米每人五斗，公役二斗五升"⑤。广大普通民众，则颗粒未配，听天由命。

在武汉以外的地区，日伪也对部分市县集镇居民实行粮食配额供应。如 1941 年 6 月，伪九江（时归伪湖北省政府代管）、黄梅、广济三县政府粮食机关，分别设立"食米贩卖所"，统制本县粮食统购和供应工作。"承受食米配给之一般民众，须持有县政府发给之购米券"，购米数量，"大口每日每人一市升，小口每人半市升，不得买过十日量"⑥。

为了保证配额供应的实行，并最大限度地搜括商民手中的余粮，日伪政府对粮食的收购、销售和存储都实行严格的监管和限制，违者严厉处罚。1941 年 6 月 21 日，伪汉口特别市公布《汉口特别市政府公用局临时调查米粮成交所办法》，规定在伪市政府公用局下设立临时米粮成交所，管理粮食交易。该所在武汉杨家河、戴甲山、特三区二、四码头

---

① 伪汉口特别市政府秘书处：《汉口特别市政府三十年度施政概况》，《武汉报》1942 年 4 月 20 日。

② 分别见《粮管局三期洋米变更公告办法》，《武汉报》1941 年 10 月 15 日；《市粮管局出示举办四期公售洋米，发购买证，每户限购六升》，《武汉报》1942 年 4 月 9 日。

③ 《计口售粮下月即将实施》，《武汉报》1942 年 5 月 19 日。

④ 《省府公务员食米今分区免费配给》，《武汉报》1944 年 5 月 6 日。

⑤ 《市府公务员食米开始配给》，《武汉报》1944 年 4 月 20 日。

⑥ 《九江、黄梅、广济设食米贩卖所》，《武汉报》1941 年 6 月 24 日。

三处设立米粮成交所，负责全市粮食的批发交易。全市各米粮行及米厂店均应向成交所申请登记，由该所"转呈公用局发给粮食交易许可证，以凭营业。未登记者，不得执行业务"，同时，实行销售监督员制度，由米粮成交所向全市米粮交易处所派驻调查人员，监视成交情况，各米粮行"不得于米粮调查员不在场合私行交易，如有私购米粮者，一经查出，即呈请公用局按情节轻重予以停止营业处分并得没收其库米"①。同年 8 月，伪汉口特别市政府又制定《管理米粮对策》，规定全市之米店统一集中在姑嫂树、杨家河、巴江三片集中经营，各轧米厂均应加入公会成为会员，由公会集资统一收买稻谷，严禁自行买卖，各米店依据计口售粮制度按限价配售②。1942 年 3 月，伪市政府又公布"取缔物价临时办法八条"，规定"米粮商于每日买卖之际，应将数量及卖主、买主之住所、姓名，详记于账簿以备当局随时查阅，不得拒绝"③。10 月，伪汉口特别市政府粮管局重订"管理米粮办法"，规定全市粮食由粮食业公会统一收买，经轧米厂轧制后配给米粮店，"依据计口授粮或通账（摺子）制度按现价配给"各户④。在对民众粮食的管控方面，1942 年 2 月，伪汉口特别市颁布"取缔操纵物价临时办法"，规定全市所有居民各户所购存米，按人口计算一律不得超过六个月所需数量，超出者"应随时报告该管警察分局，转报警察局汇转粮食管理局备查"，或由伪政府粮管局"按照公定价格收购"⑤。3 月，又规定市民存粮不能超过其家庭一个月所需，超过者"本府得按指定价格收买"⑥。同年 6 月 28 日，伪汉口特别市政府颁布《调查汉口特别市内现有米粮办法》，规定由公用局印制米粮登记报告表分送各户，将本户现有米粮种类数目切实填明，送交警察局登记，会呈市政府备查⑦。

---

①　伪汉口特别市政府：《汉口特别市政府公用局调查米粮成交办法》，1941 年 6 月 21 日，载伪《汉口特别市政府公报》1941 年第 13 期，1941 年 7 月。

②　伪汉口特别市政府：《管制米粮对策》，1941 年 8 月，中国第二历史档案馆藏。

③　《汉口特别市政府取缔物价临时办法》，《武汉报》1942 年 3 月 24 日。

④　《统制收购，取缔暗盘：粮局订管理米粮办法，联合市警局彻底执行》，《武汉报》1942 年 10 月 23 日。

⑤　《取缔操纵物价，市府颁布临时办法》，《武汉报》1942 年 2 月 1 日。

⑥　《汉口特别市政府取缔物价临时办法》，《武汉报》1942 年 3 月 24 日。

⑦　伪汉口特别市政府：《调查汉口特别市内现有米粮办法》，载伪《汉口特别市政府公报》1941 年第 12 期，1941 年 6 月。

　　食盐是民众生活中不可或缺的物品，因而，也是日伪政权配额供应的重点。在整个沦陷时期，食盐一直是日伪绝对控制、严格配售的生活物品。早在武汉沦陷初期，日伪就在伪武汉治安维持会内设立盐政局，负责食盐的专卖。伪武汉特别市政府成立后，于 1939 年 5 月 1 日颁布《武汉特别市盐政管理法》，规定"食用、药用、工业用及其他一切用途之盐""均属于武汉特别市政府专管"，不得自由买卖①。1940 年，伪湖北省政府又在湖北食盐主产区应城县成立"应城膏盐公司"，统一接管原来公私各盐矿②。所制食盐，由武汉盐政局统购和专卖。与粮食配额供应历经多个阶段、花样不断翻新相比，沦陷时期，日伪食盐配额供应的方法，则相对固定，自始至终都是实行按人头按月定额供应。具体办法是，各伪县政府和伪区署设立"食盐专卖局"，根据各县区人口按照每人每月一斤的定额标准，向驻县日本指导官申请食盐购入证，再向汉口日军特务部申请，获许后向武汉食盐管理局购买，售价由日本指导官核定。各保甲将其居民登记造册，月终汇总县政府，领取购盐证。民众凭证向专卖处及分处购盐。伪汉口特别市（后汉口市）食盐的销售，由各区设立食盐专卖处负责。每县购回定额食盐后，拿出大部分交给敌伪举办的合作社用来交换粮食、棉花、金属等战略物资，一小部分按人口数量配售到户。对于这些所剩不多的凭证售卖的食盐，敌伪政府规定了严格的购买条件。例如，伪云梦县政府规定：凡无购盐证者、未修好公路者、未完纳田赋者、未如期征足苦力者，"均处以不售食盐处分"。购盐时，需将购盐证、安居证（即良民证）、田赋券三者同验，方可发售③。由于多方层层克扣和盘剥，能够配给供应到民众手中的食盐不断减少。例如，1943 年下半年，汉口市食盐配给，"因来源欠佳，每大口由一斤改配半斤，每小口由半斤改配四两（0.25 斤）"。到 1944 年 5 月，再行减少，"将武阳汉三镇户口盐，一律减半配给，即改为每人每月大口 0.4 斤（六两四钱），小口 0.2 斤（三两二钱）"④。而武汉市外各县则干脆暂停供应，"俟来源转畅后，再行决定补配办法"⑤。在

---

① 伪武汉特别市政府：《武汉特别市政府公报》1939 年 8 月，武汉市档案馆藏。
② 田子渝、黄华文：《湖北通史·民国卷》，华中师范大学出版社 1999 年版，第 582 页。
③ 云梦县政府：《云梦县抗战史料》，1948 年，湖北省档案馆藏。
④ 《武汉民需户口盐本月起减半配给》，《武汉报》1944 年 5 月 6 日。
⑤ 《各县食盐暂缓配给》，《武汉报》1944 年 5 月 9 日。

日伪的严厉控制下，食盐成为最为紧缺的物资，沦陷区民众几乎都无法购买到足额生活所需的食盐。

武汉市民生活燃料，向来以煤为主，也是日伪实行配额供应的范围。1941 年，"因鄂属石灰窑、玮源口等镇产不丰，一切木柴及其他可供燃烧之植物，乃纷纷入市，以应燃料之需"①。之后，武汉市民的燃料日感缺乏。1944 年 1 月，伪湖北省政府经济局制定了《管〔武〕汉石炭搬入暂行管理办法》（按："石炭"系日语对"煤炭"的称呼），规定"凡搬入武汉地区之石炭无论数量多寡，除应由本局指定之收买机关悉数收买外，严行禁止卖于其他任何机关、团体、商店、行号"②，并成立"武汉石炭公社"，统一经销煤炭。4 月，为安定人心，武汉石炭公社将 1000 吨煤炭配给武汉全市之 804 家零售店，然对于人口近百万的都市，此等数额的供应，只能"仍属杯水车薪"③。伪政府无可奈何，只能限定零售店每次售煤数量，"每人每次以四十斤为标准"④。经此次煤炭危机之后，"中日关系当局"便"指定三菱、大华、大冶武昌制炼所、品川、武汉煤焦贩运商等六商行""行使购运专权"，进一步垄断武汉市的煤炭配给⑤。

在其他生活日用品方面，日伪也根据其在统制经济中的地位和市场供应的情况，实行临时配额供应。特别是到抗战后期，随着日伪军事的失败和经济的崩溃，其配额供应的范围越来越大，控制也愈加严厉。柴草、肥皂、火柴、蜡烛等都纳入配额供应之列。1943 年 10 月，伪汉口市政府宣布，从该月 20 日起，对所有重要日用品实行凭证配售，"每月各户配给肥皂三块，蜡烛一支，火柴一包"⑥。

第二节　掠夺性的财政和金融

日伪统治湖北期间，为了推行以战养战的经济侵略方针，采取竭泽

① 《汉口特别市两年来施政概要》，《武汉报》1941 年 4 月 20 日。
② 《省经局规定〈石炭搬入暂行管理办法〉》，《武汉报》1944 年 1 月 11 日。
③ 《千余吨石炭将配给煤商》，《武汉报》1944 年 4 月 7 日。
④ 《石炭公社将规定售煤球限量》，《武汉报》1944 年 4 月 13 日。
⑤ 《当局调整石炭运输制定商行专船购运》，《武汉报》1944 年 5 月 5 日。
⑥ 《购买证开始发放，日用品配给在即》，《武汉报》1943 年 9 月 3 日。

而渔的手段，推行掠夺性的财政和金融政策。

一　湖北省伪政权的财政机构和财政状况

（一）财政机构

伪"武汉治安维持会"成立以后，就设有财政局，主管财政和税收工作，下辖武汉税捐总署（下设6个市税稽征所，汉口4个，汉阳、武昌各1）、武汉盐政管理局、武汉戒烟局、统税署，分别征收各种税捐。局内还附设印刷所专司票照印刷事务①。

伪武汉特别市政府成立后，财政局属直辖机构，局长索樾平（系前清安徽巡抚恩铭之子，原伪满洲国外交部秘书官），盐、烟、统各税征收机关划归该局直辖，税捐总署则专管武阳汉6个稽征所。税捐总署署长周朝璋、统税局局长刘权、盐政管理局局长孔楚材、戒烟局局长沈竹痕。印刷所仍旧附设局内。"维持会"时归建设局管辖的汉口屠宰场亦拨归财政局管辖，定名武汉第一屠宰场，并在武昌设武汉第二屠宰场和武汉第一屠宰场汉阳分场。财政局"设一室四科，即秘书室、总务科、监理科、理财科、审计科。总务科计分文书、事务、统计三股；监理科分监征、税制、票照三股；理财科分收支、预决算、簿记三股；审计科分稽核、监查两股"②。

伪湖北省政府成立后，设有财政厅（厅长刘泥清），下辖二室（秘书室、视察室）四科（总务科、赋税科、制用科、审核科）③。加入南京伪政府之后，财政厅设立了"财政人员讲习所"和印刷所④。

为争夺武汉及湖北地区的财政大权，伪武汉市、湖北省、南京中央政府及日本占领当局四方展开了激烈的博弈。抗战前，盐政局、统税局、戒烟局这些机构都不属于地方财政系统，由中央直接管理和征收。伪武汉特别市政府成立后，代行中央一级政权的职权，把这部分财政收入摄入囊中。伪湖北省政府成立后，为争夺地方财税收入，与伪市政府

---

① 伪武汉特别市政府财政局：《武汉特别市市政府成立一年来之财政（1939年度）》，《武汉特别市政府成立周年纪念特刊·财政》，1940年4月出版，国家图书馆藏。

② 同上。

③ 伪湖北省政府秘书处：《湖北省政府分科规程》，1939年12月21日公布，载伪《湖北省政府公报》第1期，1940年3月20日出版，武汉市档案馆藏。

④ 伪湖北省政府秘书处：《湖北省政府各厅处办事细则》，1941年1月18日第24次省政会议通过施行，载伪《湖北省政府公报》第12期，1941年2月20日出版，武汉市档案馆藏。

达成分享财税的协定，于 1939 年 12 月 1 日，将烟、盐、统三局划归省市共设的"武汉参议府"管辖。1940 年 3 月，汪伪政府成立后，为加强对华中地区的经济渗透，又与华中日军协商，成立"财政部湘鄂赣临时财政整理委员会"，负责管理武汉及湖北的财政税收工作，全面接收武汉地区的盐烟统税。1940 年 5 月 31 日，伪湖北省政府和伪武汉特别市政府同意按伪财政部令将武汉省市"财政整理委员会"移交"湘鄂赣财政整委会"接管①。同年 6 月 5 日，"财政整理委员会"正式接管武汉财政事务。该委员会权力很大，它"秉承财政部部长之命"，"指导、监督湘、鄂、赣三省及武汉特别市国税税收机关""保管及汇解国税税款""稽核及册报湘、鄂、赣三省及武汉特别市一切国税账目及情况"，同时，"审查省、市政府之概算、预算及决算，呈报财政部候核"，"清查、考核并计划、整理地方税款"及币制、金融，"遇必要时，对各该税收机关长官得呈请财政部或商由原派机关更换之"。该会还"应将湘、鄂、赣三省及武汉特别市国税税收数目及整理情形按月册报财政部"②。1943 年 5 月，汪伪中央财政部结束了"湘鄂赣财政整理委员会"，改派"湘鄂赣三省财政特派员公署"驻武汉，主管武汉及湖北地区的财税事务。

在沦陷区各县，伪湖北省政府于 1941 年 9 月 20 日，发布了四项法令：《湖北省各县办理县地方财政暂行规则》《湖北省各县县地方款项收支细则》《湖北省各县政府税捐经征处组织规程》《湖北各县县金库规程》，规定各县地方一切收入和支出均由县政府按照核定预算统收统支；随正税征收之税捐附加及县有公产、学产之租课、县有公款存放之息金，均由县经征处分别征解（经征处未设以前，由县政府暂设稽征股办理）；县地方款项之现金出纳与保管，均由县金库（凡县政府所在地已由湖北省银行设有分行办事处或汇兑处者，其县金库委托该分行办事处或汇兑处代理，尚未经省银行设有分行办事处或汇兑处者，应由财政厅商由省银行逐渐筹设县金库）办理，不得另有储金（县金库未设以

---

① 伪湖北省政府、伪武汉特别市市政府：《准财政部咨为设置湘鄂赣临时财政整理委员会转饬武汉省市财政整理委员会移交案》，1940 年 5 月 31 日，载伪《武汉特别市政府公报》1940 年第 11 期，1940 年 6 月 15 日出版。

② 伪国民政府财政部：《财政部湘鄂赣临时财政整理委员会组织规程》，载伪《武汉特别市政府公报》1940 年第 11 期，1940 年 6 月 15 日出版。

前由县政府添设金库股掌理之）；县政府应于每年度开始三个月前将本县地方收支编成预算书，交由财务委员会审查后，缮呈省政府核定；地方收入机关所收款项，须随时缴解县金库，在未划分科目以前不得支用；县政府应支各项经费一律由县金库直接支付，经征处不得坐拨抵解及挪用省税①。

湖北省伪政府还通过历次"县政会议"加强对沦陷区各县财政的监督和管理。在 1942 年第四次伪"县政会议"上，伪财政厅指示各县："田赋启征所有未经清查县份，应迅即着手办理，分期启征"，"并按月照章报解"；各项省税"其未推进区域，务即设法派员前往办理"。"各县经征各项省税需用票照，应遵照迭令来厅领具，不得擅自印制"；"各县征收之营业捐出口税过境税等，凡与省税章则相抵触者，应尊迭令立即取消"②。

（二）伪省市政府的财政状况

伪武汉维持会成立时，因"事变之后，武汉人民逃避几空，财政情况极为紊乱"，"统市税收均极寥寥。唯盐政收入较多，赖以维持现状"。1938 年 12 月，伪维持会入不敷出，不得不"向银行团借款十万元，勉强渡过难关"。经敌伪政府的拼命搜刮，加上局势稍有稳定，到 1939 年 4 月维持会结束时，"除将借款如数偿清外"，"库币尚存二百万元"③。1940 年盐政、戒烟、统税、关税划归汪伪中央，加上伪武汉特别市改为伪汉口特别市，税收征收区域变小，财政收入大大缩减，尽管伪市政府加大了税收的征收力度，但仍远远入不敷出，伪汉口特别市政府的财政支出，主要仰赖汪伪中央政府的补助费。如 1942 年度总收入为 15527432.31 元，其中补助费即高达 1050 余万元④。

伪汉口特别市政府的财政支出主要是用于行政管理和警政开支，此外，还有教育、市政和伪军所需。1941 年和 1942 年支出情况如表 5—1 所示：

---

① 伪湖北省政府：《湖北省各县办理地方财政暂行规则》《湖北省各县县地方款项收支细则》《湖北省各县政府税捐经征处组织规程》《湖北省各县县金库规程》，载伪《湖北省政府公报》第 20 期，1941 年 10 月 20 日出版，武汉市档案馆藏。

② 《鄂县政会议各厅处指示各县应办事项》，《武汉报》1942 年 9 月 19 日。

③ 伪武汉特别市政府：《武汉特别市政府周年纪念特刊·财政》，1940 年 4 月，国家图书馆藏。

④ 伪汉口特别市政府：《汉口特别市政府四周年市政概况·财政》，第 35 页，1943 年出版，武汉市档案馆藏。

表 5—1 　　　　　　　　伪汉口特别市政府财政支出情况 　　　　　　单位：元

	三十一年度（1942年）	三十年度（1941年）	比较增（＋）或减（－）
伪市政府秘书处	4793679.41	3402843.93	＋1390853.83
伪社会局	1008162.80	1325102.80	－316940.00
伪财政局	1121758.73	772715.30	＋349043.43
伪教育局	2726196.70	2103206.17	＋622990.52
伪工务局	1272933.79	2903799.47	－1630865.68
伪卫生局	1573991.27	1778077.83	－204086.56
伪警察局	3038983.71	2496604.63	＋542379.08
伪公用局		586251.46	－586251.46
伪粮食管理局	421834.34		＋421834.34
伪社会运动			
伪指导委员会	122088.80		＋122088.80
伪驻京办事处	57641.10	53923.23	＋3217.86
伪各项事业基金	90000.00	270000.00	－180000.00
伪救灾准备金	34000.00	33000.00	＋10000.00
伪房地清理委员会	86822.01		＋86822.01
合计	16348110.66	15725524.83	＋622585.83

　　资料来源：以上均见伪汉口特别市政府《汉口特别市政府四周年市政概况·各项统计》，1943年出版，武汉市档案馆藏。

　　比较工商业相对发达、税源相对充裕的伪汉口特别市，伪湖北省政府的财政状况更加窘迫。1943年6月，伪省政府在《政府工作报告书》中承认：尽管挖空心思地扩大财政收入，"以之支应省政府之全部支出不敷仍属甚巨，以至中央补助费竟达总额百分之八十以上"，"经费不足，仍是本府最难解决之问题"①。伪湖北省政府历年税收计划和财政预算和几乎从未都完成过。1942年伪省政府预收和实收情况对照表如表5—2所示：

———————————

　　① 伪湖北省政府：《湖北省政府工作报告书》，1943年6月，中国第二历史档案馆藏。

表 5—2 1942 年下半年伪湖北省政府收入统计

单位：元

科目	预算数	实收数	比较
田赋	1103605	748769	– 354836
契税	35167	81879	+ 46712
营业税	4444444	3654512	– 789932
田亩税	555555	159646	– 395909
堤工捐	111112	64704	– 46408
财产收入	111112	57125	– 53987
地方事业收入	144444	155702	+ 11258
地方行政收入	13888	30286	– 16398
地方营业纯益	66667	171177	+ 104510
市税收入	66667	100500	+ 33833
司法收入	66667	79963	13296
其他收入	523333	839653	+ 31632
中央补助	46581189	46581189	
借款	1777778	1777778	
总计	55601628	54502883	– 1098745

资料来源：伪湖北省政府《湖北省政府工作报告书》（1943 年 6 月），中国第二历史档案馆藏。

由表 5—2 可以看出，该年度伪省政府财政预算中中央补助和借款收入占 86.97%，实际收入中，该两款项占 88.72%，扣除中央补贴和借款两项，伪省政府的实际财政收入仅完成预算计划的 84.83%。

伪省政府的财政支出，也是主要用于行政、警务、保安、教育等费用及部分建设开支。1942 年下半年伪省政府支出情况如表 5—3 所示：

表 5—3 1942 年下半年湖北省政府支出统计（1942 年下半年度）　单位：元

科目	预算数		实支数	
	经常费	临时费	经常费	临时费
行政费	4465911	14687444	4465911	13851100
财务费	1111344	129444	1036355	89264
建设费	1661172	6316666	1661172	3111111

续表

科目	预算数		实支数	
	经常费	临时费	经常费	临时费
教育文化费	2375227	437877	2302497	283555
警务费	4403605	711983	4403605	680536
保安费	7361822	963388	736182	954161
宣传费	355255	617777	355255	617230
司法费	2353211	48444	2353211	20666
市政费	495072	62222	495072	62199
卫生费	915811	268333	915811	268333
积累金		277777		
救灾准备金		277777		
退职金		1944444		1944122
奖金				2438093
预备金		3359611		2852404
总计	25498433	30103194	25350714	27142778

资料来源：伪湖北省政府《湖北省政府工作报告书》（1943 年 6 月），中国第二档案馆藏。

至于各伪县政府及县以下地方财政，则更是困难重重。各县伪政府还能保留一点县税收入，伪区政府的各项开支完全依靠伪县政府定额拨款和临时拨充。如伪大冶县第二区公所在 1941 年坦承："本区经费每月县政府发给经费军票三百五十七元，其他应用之款，有临时向县府请领者，有由驻在友军拨助者。"①

二 名目繁多的苛捐杂税

（一）伪武汉（汉口）特别市政府的税收

伪武汉特别市政府成立后，于 5 月 16 日公布（10 月 5 日修正公布）了《武汉特别市统税征收法》，规定统税征收项目为：卷烟、麦粉、棉纱、棉布、火柴、水泥、火酒、汽水、洋酒、啤酒、土酒、熏烟叶、土烟叶等项，其税率根据货物的品质和价格不同，分为若干等级。

---

① 伪大冶县第二区公所：《大冶县第二区公所复兴建设工作概况》，《武汉报》1941 年 4 月 18 日。

同时征收印花税和矿产税。凡"本法规定之各种凭证"均应缴纳印花税，每件依据其种类不同缴纳税额不一样，每件凭证最高额不超过20元。矿产品税方面，"湖北省境内矿产区域所产之矿产品"均应缴纳，税率为5%。大冶铁矿铁砂每吨税额2角，蕲阳广大煤矿（注：指蕲春、阳新、广济、大冶县煤矿）煤每吨税额2角5分，宜昌煤矿煤每吨税额3角5分，应城石膏矿石膏每百公斤税额8分3厘①。

1940年6月1日，伪武汉特别市政府公布了《修正所得税暂行条例》，调整所得税征收办法。该条例规定：所得税征收范围包括营利事业所得、薪给报酬之所得和证券存款所得三大类。第一类所得税率分别为30‰至100‰，最高税率以200‰为限；第二类所得应课之税率分别为所得每10元课税5分至1元2角，最高以每10元课税2元为限；第三类所得应课之税率为50‰。"不依期限报告或怠于报告者"，主管征收机关得科以20元以下之罚锾。"隐匿不报或虚伪之报告者"，除科以20元以下之罚锾外，并得移请法院以漏税额2倍以上5倍以下之罚金，其情节重大者，得并科1年以下有期徒刑或拘役。不依期限缴纳税款"主管征收机关得移请法院追缴"，并处以罚金②。

1941年4月4日，伪汉口特别市公布修正后的《汉口特别市屠宰场征税规则》，规定"屠宰场由汉口特别市政府设立，受卫生局监督指挥，其他任何人不得经营之"。"凡供食用之牲畜须在屠宰场屠杀，屠宰场以外地点不得屠宰牲畜。"③

1942年12月31日，伪汉口特别市政府公布了《修正汉口特别市税捐征收规则》（以下简称《规则》）。该《规则》规定征收下列各种税捐：1.营业税："凡在本市内，无论中外商民，以营利为目的之各种私营业，应一律缴纳营业税。"其税率0.5%—2%；各种"物品贩卖业"税率为0.5%—1%。2.房捐："凡本市区各种房屋以及其他一切建筑物（如酱园、染坊、露天游艺场、晒场等），不论自住、出租，应一

---

① 伪武汉特别市政府：《武汉特别市政府统税征收法》，载伪《武汉特别市政府公报》第7期，1939年11月15日，武汉市档案馆藏。

② 伪武汉特别市政府：《修正所得税暂行条例》，载伪《武汉特别市政府公报》1940年第11期，1940年6月出版，武汉市档案馆藏。

③ 伪汉口特别市政府：《汉口特别市屠宰场征税规则》，载伪《汉口特别市政府公报》1941年第7期，1941年4月，武汉市档案馆藏。

律缴纳房捐。"房捐按月缴纳，捐率为房租金额8%。3.地价税："分改良地、未改良地、荒地三种征收"，其捐率分定为年征地价总额7‰、10‰和20‰。4.车捐："凡在本市区内行驶各种车辆"，从狗头车、大板车、自行车到各种汽车，"其每季应纳捐额依车辆种类分别规定"为每辆17—500元。5.契税："凡在本市区买、典或外侨承租不动产者，应一律缴纳"，其税率买契、典契、外侨租契分别征收产价6%、3%、3%。6.屠税："凡在本市区屠宰场屠宰牲畜者"，"不论大小牝牡，一律按头征税"，每头1.5—6元。7.当税："凡呈经核准在本市区经营典当业者，应先缴纳当税及执照费、领取执照方准开业"，税率为年纳1100—1700元。"凡当商开始营业"，还应"缴纳典当税同额之执照费"，"当商执照有效期间为一年"。8.筵席捐："凡在本市区各中西酒楼、菜馆、饭店、包席馆宴客或包办筵席送至住宅或商店宴饮者，均应缴纳"，其捐率按照各酒菜馆所售宴饮费物品价格总数5%。9.广告捐："凡以文字、图样及其他方法引人注意以广招徕者，均为广告，应纳广告捐。"具体捐额依广告面积而定。游行广告、电影院银幕上插入广告也需缴纳。10.游艺捐："凡在本市区以游艺娱乐营利者"需缴纳游艺捐，捐率按照所售券票金额附加1/10。11.赛马捐："凡在本市区设赛马场者，无论中外国籍，均应缴纳"，捐率为马场总收入金额40‰。12.花捐："凡在本市区营业之乐户妓女均应按月缴纳"，捐额按照妓女营业状况分等征缴10—80元。13.局票捐："凡在本市区之乐户、旅栈、酒楼、游艺场所及住宅堂宴征召妓女者，均应缴纳"，每局票一张征捐6角，每局票一张限征妓女一名。14.牙帖捐（附牙税）："凡在本市区以介绍买卖为业者均称牙行，应遵本规则缴捐领帖，并须完纳牙税"，捐额按照等则分别征缴160—500元。"牙帖有效期间，自填发之年月起算，以一年为限。"牙税税率为原缴帖捐4/10，于领帖时连同帖捐一次缴纳。15.旅栈执照捐："凡在本市区经营旅栈及其他设施场所以安寓客商者，均应缴纳捐款，请领旅栈执照，方许开业。"其税额按规模大小和营业状况分为3等9级，分别为80—1000元，"于请领执照时一次缴足。""旅栈执照有效期自填照之年月起以一年为限"。16.烟酒营业牌照税："凡在本市区制造及售卖华洋烟酒"均须缴纳，"凡土产、机制以及舶来之烟酒均包括在内"。批发者其税率分别规定为每季纳税555元、250元、112元；零卖营业计分四级，每季分别纳税65

元、45 元、22 元、11 元。酒类营业牌照分整卖、零卖两种，整卖营业计分 3 级，分别每季纳税 180 元、135 元、88 元。零卖营业计分 3 级，分别每季纳税 45 元、22 元、11 元①。

伪市政府采取了一系列整理和提高税收的措施，同时，为了刺激税收人员征收更多的捐税，1941 年 6 月，伪汉口特别市政府颁发了《征收税捐奖惩规则》，规定奖励之类别为记功、记大功、奖励金。惩戒之类别为记过、记大过、罚奉或降调②。

在伪市政府成立之初，其各种税收中，盐税是最重要的一项。据武汉盐政总局统计，1939 年共售出食盐 716390.985 市担，盐公卖收入 12213139.50 元③。统税是另一大税收。1940 年国、市税分征后，伪汉口特别市政府上交了盐税、统税的征收权，税收只能主要依靠市税捐，其开支的不足部分，依靠汪伪中央政府补贴。1941 年度、1942 年度，伪汉口特别市政府收入如表 5—4 所示：

表 5—4　　伪汉口特别市政府 1941 年度、1942 年度市税收入构成　　单位：元

名称	1941 年度	1942 年度
合计	2313203.64	2373774.83
房捐	473389.48	518713.20
地捐	71062.07	56279.54
契税	115075.08	129911.93
营业税	904497.21	1175228.28
烟酒牌照税	20414.20	22516.00
屠宰税	71061.30	50864.10
游艺捐	12192.90	14920.92
当税	1800	

① 伪汉口特别市政府：《修正汉口特别市税捐征收规则》，1942 年 12 月 31 日公布，载伪《汉口特别市政府公报》1942 年第 16 期，1942 年 12 月出版。

② 伪汉口特别市政府：《征收税捐奖惩规则》，载伪《汉口特别市政府公报》1941 年第 12 期，1941 年 6 月，国家图书馆藏。

③ 伪武汉特别市政府：《武汉特别市政府周年纪念特刊·财政》，1940 年 4 月，国家图书馆藏。

续表

名称	1941 年度	1942 年度
车辆捐	230326.45	204204.85
旅栈税	5800	5845.00
广告捐	17044.05	12253.40
宴席捐	54757.40	68248.58
江岸租金	15096.98	8527.96
花捐	17051.78	12222.50
牙帖捐税	55118	45962.00
杂捐	237984.00	19334.77
水费剩余		27328.69
罚金	10532.74	1413.11

　　资料来源：伪汉口特别市《汉口特别市政府四周年市政概况·各项统计》，1943 年出版，转引自涂文学主编《武汉沦陷时期档案史料丛编③：沦陷时期武汉的经济与市政》，第 132 页。

（二）伪湖北省政府的税收

　　伪湖北省政府成立之初，其税收状况非常惨淡。当时，由于武汉税收主要被伪武汉特别市政府掌控，各县伪政府又自行其是，并不完全听命于伪省政府，因此，伪省政府的税收十分有限，仅能开征一些地方小税。就是这些小税种，也难以征收到位。到 1940 年 11 月伪省政府成立一年时，它开征的契税，因各县地方经济"极为枯竭"，"较前锐减"，无法征收，"仅孝感、云梦两县呈报启征，收数寥寥"；屠宰税"呈报启征者有武昌、汉阳、黄陂、应城、蕲春、嘉鱼、咸宁、麻城、大冶、汉川等县"，也"比较往者收数大有霄壤之别"；牙帖捐税"呈报启征者，计有武昌、汉阳、黄陂、孝感、麻城、嘉鱼、汉川等县"，然牙行"交易清淡"，"多是请领短期帖证，长期帖证，尚未据报请领"。当税更是"据各县呈报，尚无是项收入"。烟酒牌照税"现仅武阳两区，开始征收外，县均未举办"。市税捐武昌、汉阳"原由武汉特别市政府设所征收。本年九月始准市府划交接管"①。有鉴于此，伪省政府为了扩展税源，增加税收，不断颁发法令，敦促各县伪政府加大征收捐税力度。1941 年 4 月 4 日，伪省政府通过施行《武阳两城区征收短期牙帖

---

　　①　伪湖北省政府财政厅：《财政厅周年财政报告》，《武汉报》1940 年 11 月 5 日。

捐税暂行办法》，规定武阳两城区"短期牙帖捐税合并计算，并带征县地方附捐"①。1941 年 11 月 5 日公布了《通行税暂行条例》，规定："凡飞机、火车、电车、公共汽车、长途汽车及船舶之乘客"，按照票价最高征收 10%，"由财政部委托经营各该项运输业者于乘客购票时附带征收之"②。1942 年 9 月，在第四次全省"县政会议"上，伪财政厅指示各县："屠宰牙帖烟酒牌照等项省税，其未推进区域，务即设法派员前往办理，俾期普及，至未启征县份，亦应赶筹启征，依次推进。"③试图通过这些措施增加捐税收入。

按照伪政府的税收划分，省税的大宗是田赋。对此，伪省政府极为重视，想尽一切办法进行征收。伪省县政府建立之初，沦陷区各县土地档案册籍大多于沦陷时"即已散失，征收无所根据，中断年余"。为了征收田赋，从 1939 年冬开始，伪省府即下令各县清查田亩数字。在整个沦陷时期，清查田亩以确保田赋的征收，始终是伪省县政府的一项重要工作。1939 年开始清查时，伪省政府"曾经拟定清查亩额甲乙两项办法，通饬实施"。然因时局纷扰，截至 1940 年 11 月，先后呈报启征者，不过黄陂、孝感、云梦、应城、武昌 5 县，且"其可征之数，亦不过一小部分而已"，"尚在清查者，计有汉阳、汉川、天门、嘉鱼、蒲圻、通城、大冶、黄冈、鄂城、九江等县"④。1940 年年底，武昌、汉阳、应城、云梦、孝感、黄陂、黄冈、汉川 8 县呈报清查田亩共计393.5551 万亩。1941 年又有鄂城、嘉鱼、蒲圻、广济、阳新、大冶 6县分别呈报。连同前 8 县，比照上年共计增加 167.5378 万亩。1942 年又有应山、京山、咸宁、天门、黄梅、当阳、钟祥、崇阳、随县、宜昌、通山、麻城 12 县呈报着手清查。连同前县，比照增加 229.9383 万亩。按 1940 年应征 63.122 万元，仅实征 9 万元；1941 年应征额为78.4518 万元，实征 13.4 万元。1942 年应征 132.4608 万元，实征22.6 万元⑤。由于实征数额远远低于应征数，伪省政府不断催促各县加

---

① 伪湖北省政府：《武阳地区征收短期牙帖捐税暂行办法》，载伪《湖北省政府公报》第 15 期，1941 年 5 月 20 日，武汉市档案馆藏。

② 伪湖北省政府：《通行税暂行条例》，载伪《湖北省政府公报》第 22 期，1941 年 12 月 20 日，武汉市档案馆藏。

③ 《鄂县县政会议各厅处指示各县事项》，《武汉报》1942 年 9 月 19 日。

④ 伪湖北省政府财政厅：《财政厅周年财政报告》，《武汉报》1940 年 11 月 5 日。

⑤ 均见伪湖北省政府：《政府工作报告书》，1943 年 6 月，中国第二历史档案馆藏。

大田亩清查的力度。在 1942 年 9 月举行的"第四次县政会议"上，伪省财政厅指示筹组整理田赋委员会①，接着，又"由财政厅拟具湖北省各县清查田亩奖励办法"，11 月"由该会签请省府公布施行并通令各县遵照"②。该《办法》规定："各县清查田亩，自本办法公布之日起，限一年办理完竣。"各县县长清查田亩依限办竣者，记功一次；异常努力能在期前办竣者，核予特奖；逾期不能完成者，逾期一月记过、逾期二月记大过、逾期三月撤职。业主匿报或短报田亩，依匿报或短报亩额，每亩（不及一亩者，仍以一亩计算）处 1 元至 3 元之罚金；有人举发匿报或短报田亩，经查实处罚后，在所缴罚金内提奖五成给予举发人。保甲长不能遵期查报者，予以申斥或记过，如查系玩忽公令，故意延宕者，撤职或送司法机关依法治罪③。为强迫各县按时上缴田赋，1942 年下半年，伪湖北省政府规定：自 1942 年 11 月起，各县按月事先如数垫解田赋，待县征收完毕后，再从征获田赋项下扣抵④。

　　由于事关伪政权的财政支柱，各县伪政府也积极着手田亩的清查和田赋的征收。1940 年 8 月 2 日，伪武昌县政府"举行田赋整理委员会成立会"，宣布进行田亩清查⑤。会后，伪武昌县田赋整委会立即召开第一次会议，决定："即日印制册券，准备九月二十日开证，柜设五分所。"⑥ 旬日之内，伪武昌县又召开第三次田赋整委会议，决定除按规定征收田赋外，还要随征堤工捐一成及县政捐和县教育捐⑦。同年 5 月，伪汉阳县政府田赋整理委员会成立，8 月 8 日召开第六次委员会议，规定各区自 7 月 8 日起至 8 月 7 日止，计清查上中下田共计 217041 亩 1 分，预定在 8 月内清查完竣，即行设柜开征⑧。就连动作较晚的安陆县，也于 1942 年 7 月由县财政科"派员分赴各乡，开始调查，并办理登记。

---

①　《省设整理田赋委会》，《武汉报》1942 年 9 月 26 日。

②　《清查田亩奖励办法，省府会议通过》，《武汉报》1942 年 11 月 4 日。

③　伪湖北省政府：《湖北省各县清查田亩奖励办法》，1942 年 11 月，载伪《湖北省政府公报》第 2 卷第 5 期，1942 年 12 月 31 日出版，武汉市档案馆藏。

④　伪湖北省政府：《湖北省政府工作报告书》，1943 年 6 月，中国第二历史档案馆藏。

⑤　《武昌田赋整理委员会昨日正式成立》，《武汉报》1940 年 8 月 3 日。

⑥　《武昌县田赋整委会召开第一次会议》，《武汉报》1940 年 8 月 8 日。

⑦　《武昌县召开第三次田赋整委会议》，《武汉报》1940 年 8 月 17 日。

⑧　《汉阳县政府召开第六次田赋整委会，全县田赋限期整理完成，并预备造册造卷订期开征》，《武汉报》1940 年 8 月 12 日。

俟调查完竣，即行开征"①。

　　战前，田赋征收的标准是一般中等田地每亩一年征收 3 角左右，而伪湖北省政府恣意加重。以沔阳县为例：1943 年田赋征收标准为上田每亩 5 角 6 分，下田 4 角 8 分，特下 3 分。次年改征地价税，每月征收一次，在未实行前，暂由每保先"借"食米 20 市石②。经过清查田亩，沦陷区纳税土地和田赋数额大幅度增加，民众的负担进一步加重。据统计，1942 年同 1940 年相比，全省沦陷区农民的田赋实际负担同比增加150％以上，如表 5—5 所示③。

表 5—5　　　　伪湖北省各县 1940—1942 年清查田亩赋税比较

县份	原有田亩（亩）	原有田赋（元）	1940 年		1941 年		1942 年	
			清查田亩	清查赋额	清查田亩	清查赋额	清查田亩	清查赋额
武昌	1057696	129847	403918	56726	432097	60259	443332	61720
汉阳	675000	78750	556915	77207	602922	81566	645222	88034
应城	473577	55571	459512	55141	同前	同前	同前	同前
云梦	261662	27181	同前	同前	同前	同前	同前	同前
孝感	694756	81298	682326	80382	同前	同前	同前	同前
黄陂	581548	80493	379598	48690	409548	52275	同前	同前
黄冈	881229	163796	449166	107799	同前	同前	同前	同前
汉川	742454	74245	742454	178188	同前	同前	同前	同前
嘉鱼	426469	40336	无	无	393370	36878	同前	同前
钟祥	1357249	130201					142002	11708
当阳	526468	38783					197833	7913
随县	1218136	121816					83625	7901
宜昌	360150	360150					122792	
通山	65265	18264						
麻城	374569	65276						
合计	16120577	2080705	3947453	613220	5622931	784518	7922314	1324608

　　资料来源：伪湖北省政府《政府工作报告书》，1943 年 6 月。

---

① 《安陆整理田赋，派员各乡调查》，《武汉报》1942 年 7 月 2 日。
② 沔阳县政府：《沔阳县抗战史料》，1948 年，湖北省档案馆藏。
③ 伪湖北省政府：《政府工作报告书》，1943 年 6 月，中国第二历史档案馆藏。

虽然日伪当局千方百计地征收田赋，但由于他们并不能完全有效地控制沦陷区的广大农村，而多数沦陷区的农民还要负担国民党政权和新四军等方面的税收，不得不以各种方式抗拒或拖延日伪当局的田赋征缴；加上伪区、县政府官吏的中饱私囊，伪省政府实收田赋远较"应收"数少，1940 年、1941 年、1942 年实收数分别为"应收"数的 14.3％，17％、17％。田赋收入占伪湖北省政府财政总收入的比重也极低。例如：1942 年下半年伪湖北省政府田赋应征为 1103605 元，实际征收 748769 元，仅占同期财政总收入 54502883 元的 1.37％①。

除田赋以外，湖北沦陷区各县民众还要负担下列各种捐税。

田亩捐。是在田赋之外按田亩数量收取的专供各县治安饷粮之用的县级捐税，每亩 1—2 角。如云梦县，全县土地 26.17 万亩，"每亩征一角四分，每月征收一次"②。1942 年下半年度，全省应征 555555 元，实征 159646 元③。

营业税。是市镇商户的主要负担。一般每月按上月销售额总数的 2％征收，1942 年下半年应征额为 4444444 元，实征 3654512 元④。

商品税。分为出产税和落地税两种。税率一般按照货物品价值征收，每 100 元征收 2 元。

屠宰税。根据牲畜不同种类分别不同税额征收。如咸宁县，"猪每头付军票 8 角，牛每头付军票 1 元"⑤。

契税。城乡民众均需负担的法定税收。根据 1941 年 7 月 22 日汪伪政府公布的《契税条例》，买契税税率为 6％，典契税税率为 3％⑥。

统税。根据 1942 年 12 月 29 日汪伪政府公布的《火柴统税条例》和《棉纱统税条例》，火柴和棉纱的统税税率分别为 10％和 6％⑦。

商行登记费。商行登记须请领营业许可证，每证交纳登记费 30 元，

① 均见伪湖北省政府：《政府工作报告书》，1943 年 6 月，中国第二历史档案馆藏。
② 云梦县政府：《云梦县抗战史料》。
③ 伪湖北省政府：《湖北省政府工作报告书》，1943 年 6 月，中国第二历史档案馆藏。
④ 同上。
⑤ 咸宁县政府：《咸宁县抗战史料》，1948 年，湖北省档案馆藏。
⑥ 伪国民政府：《契税条例》，载中国第二历史档案馆编印《汪伪国民政府公报》，第 205 号，江苏古籍出版社 1991 年版。
⑦ 伪国民政府：《统税条例》，载伪《汉口特别市政府公报·中央法规》1943 年第 12 期，武汉市档案馆藏。

有效期一年。

通行许可证费。人民乘火车外出，须向伪县政府及警察所、保安队请求发给通行证明书，交纳费用，如咸宁县，每张征收手续费 30 元[①]。

国防献金。是一种法定赋税之外的摊派。抗战后期，伪政权多次强迫湖北沦陷区民众勒紧裤带，开展"献金"运动。1944 年 5 月，湖北伪省市政府向民间搜索货币、金银达 1000 万元，在沦陷区各省中居第二位，受到汪伪中央政府的"表扬"[②]。

飞机捐献。是日伪政府的另一巧立名目的勒索。1944 年 5 月，伪汉口"市警察局自准武汉献机委员会商请策动全市保甲向每户市民收取献金国币五元"。迨至 6 日该局统计全市市民"献纳"国币 512795 元[③]。"潜江大冶及武汉民众献机委员会，所献之机金国币六百万元。"[④]

鸦片捐税。为了开辟财源，湖北伪政府公开实行鸦片专卖，从中牟利。鸦片捐税月收入颇丰，成为汪伪中央与伪省市财政争夺的重要对象。

同战前相比，抗战期间，湖北沦陷区民众所负担的正税虽然没有太大的增加，但是各种附加税和摊派多如牛毛。以伪汉川县为例：该县征收的省税有：1. 田赋。1940 年 7 月起设柜开征，每亩 2 角 4 分。2. 地课税。1944 年后开征，按每亩田地估计价格 2000 元的 1% 抽取，即每亩 20 元，70% 解省，30% 留县。3. 屠宰税。1940 年 10 月起开征。4. 牙帖税。1940 年 9 月后派员分区登记查验，计一年间共征 127 张，每张共 33 元 8 角（牙税 10 元，省、地税 10 元，申请费 1 元 2 角，印花 6 角，手续费 2 元）。5. 契税。征收的县税有：1. 商铺营业捐。按各商户营业状况派征月捐，全县每月共收 8000 元左右。2. 食盐利益金。为县政经费主要来源。3. 阿片捐。每月烟土额 300 两，每两利益 10 元，并可加重征收。4. 高级纸烟税。主要是对英美进口纸烟征收。5. 国防献金。1943 年 3 月，向各区人民摊派索取储备金 5 万元，呈解省政府。6. 飞机捐献。1944 年，向人民摊派贮备 10 万元，呈解省政府[⑤]。

①　咸宁县政府：《咸宁县抗战史料》，1948 年，湖北省档案馆藏。

②　田子渝、黄华文：《湖北通史·民国卷》，华中师范大学出版社 1999 年版，第 584 页。

③　《市献机金五十万，武汉献机会转呈省府》，《武汉报》1944 年 5 月 7 日。

④　《武汉民众献金六百万元》，《武汉报》1944 年 5 月 11 日。

⑤　汉川县政府：《汉川县抗战史料》，1948 年，湖北省档案馆藏。

沉重的赋税压得人民透不过气来。1941年沔阳县新沟花业代表向伪县府呈请减轻本季农产籽花之县税，"谓省府所定之产销税额，皮花、籽花、棉籽，各征5%，而县税又为2%，一物两税。农民运市销售，连同行佣，共需去费10%"，负担过重。而伪县府以"须详查审议具复以凭核夺"，一推了之①。在苛捐杂税的盘剥下，沦陷区人民的生存状况极其悲惨。如沔阳县民众不但对于各种捐税因"处于淫威之下，亦只能忍痛交纳。其他临时捐献，如慰劳、献机、献粮、保安、驻军给养、修筑军用公路等捐，月必四五起，人民如稍违抗，则有鞭打、拘捕、或致枪杀之虞。以至中产之家，几经波折，成为贫无立锥者，比比皆是"②。

三　垄断金融、滥发伪钞

（一）垄断金融

抗战爆发前，武汉共有中外银行37家。外资银行除日本正金、台湾和汉口三银行外，有英国汇丰及麦加利、德国德华、美国花旗、法国东方汇理、比利时华比、义品放款等银行③。日军占领武汉以后，中资银行除中国农民银行及湖北省银行撤出武汉外，其他各银行奉国民政府财政部指令，退入法租界，公推交通、浙江、上海、大陆、汉商及聚兴诚六家共同维持④。它们多以办事处名义对外营业。但是，在日军的打压之下，这些银行举步维艰，经营困难重重。1941年12月，日伪政权命令汉口中央、中国、交通三大银行停业，不久，即被伪政府接收⑤。外资银行也因日军控制了出口物资，外商无法开展经营，外汇业务陷入停顿状态。1940年，美商花旗银行结束在汉业务，所有账务全部移至上海花旗银行⑥。太平洋战争爆发后，日军将在汉欧美银行全部查封，

---

①　《汉阳新沟花业要求减轻税率》，《武汉报》1941年10月16日。

②　沔阳县政府：《沔阳县抗战史料》，1948年，湖北省档案馆藏。

③　武汉地方志编纂委员会：《武汉市志・金融志》，武汉大学出版社1989年版，第70—71页。

④　聚兴诚银行汉口分行1939年2月"周报第吉号，大事记"，转引自涂文学主编《武汉沦陷时期档案史料丛编③：沦陷时期武汉的经济与市政》，武汉出版社2007年版，第148页。

⑤　武汉地方志编纂委员会：《武汉市志・金融志》，武汉大学出版社1989年版，第70页。

⑥　汉口浙江实业银行：《汉口浙江实业银行1939年下期决算营业报告书》，武汉市档案馆藏，转引自涂文学主编《武汉沦陷时期档案史料丛编③：沦陷时期武汉的经济与市政》，武汉出版社2007年版，第3页。

由正金银行接收。"除将股票、债券及不能兑现的东西仍放原处外，所有库存现金及客存金银宝物等，均被劫取一空。"① 武汉外资银行成为日本一家的天下。沦陷时期，日本三家银行垄断了武汉主要的金融业。其中以横槟正金银行实力最强，它是日本银行之代理店，"根据日本总领事馆之命令"代理日方官方公家资金之出纳，并兼营"和平"区域物质输出之金融业务，与日军特务部往来密切，还掌握着日本军票与法币兑换比率的大权，担当保持日币汇率稳定的任务。其次是台湾银行，它也是日军特务部的工具。日商汉口银行为私营性质，与日本商人来往较多，是沦陷期间为中小日本商人进行融资的主要金融机关②。

在由日本银行控制武汉金融业的同时，日本也注重依托伪政府来控制和掠夺沦陷区。1940 年 5 月 5 日，伪湖北省政府和伪武汉特别市政府共同出资在汉口成立中江实业银行。根据 1941 年 1 月 23 日通过的《中江实业银行条例》的规定：该行之资本总额为 2000 万元，伪省、市政府各担任 500 万元以上，需要时"得呈请（省市）两政府核准增加资本"③。刚成立时，资本实际总额 50 万元，伪省、市政府各占一半股份，汉奸石星川担任总裁和董事长，汉口日本陆军特务部课长五十岚保司任总顾问，一切大权都归"总顾问"掌握。其后，随着敌占区的扩大，该行先后在武昌、九江、沙市设立分行，并在应城、信阳、南昌、岳阳等地设立办事处。其主要职能是：为伪省市县政府发行票据、担保各种证券之贴现或买进；代管伪省市县政府金库业务；并为汪伪中央各机关在武汉机构之委托代管其金库业务，业务范围为鄂、湘、赣、豫南等地。该行实际上是由汉口日军特务部、伪省市政府控制的具有官办性质的银行，代理日伪政权统制鄂湘赣的金融，是日伪在华中地区的金融枢纽。至 1943 年 3 月，该行资本增加到 3000 多万元，主要用于支持日本公司在华收购农副产品和军需物资，为日本的侵略战争服务④。

---

① 中国人民银行武汉分行编：《武汉银行史料》，第 262 页，转引自涂文学主编《武汉沦陷时期档案史料丛编③：沦陷时期武汉的经济与市政》，武汉出版社 2007 年版，第 5 页。

② 涂文学、李卫东：《导论：武汉沦陷时期的经济与市政》，载涂文学主编《武汉沦陷时期档案史料丛编③：沦陷时期武汉的经济与市政》，武汉出版社 2007 年版，第 5 页。

③ 伪湖北省政府、伪武汉特别市政府政府：《中江实业银行条例》，载伪《汉口特别市市政公报》1941 年 1 月第 2 期。

④ 湖北省地方志编纂委员会：《湖北省志·金融》，湖北人民出版社 1993 年版，第 78 页。

1941 年 1 月 6 日，汪伪"中央储备银行"在南京成立，次年 8 月 3 日，在汉口成立分行，并发行伪中央储备券，该分行与中江实业银行一起对武汉和华中地区进行金融垄断和掠夺。

1943 年 2 月，汪伪政府的中国银行、交通银行分别在汉口设立分行。但是，由于中江实业银行和伪中央储备银行汉口分行已经牢牢占据垄断地位，加上敌伪蹂躏下的敌占区百业凋敝，民不聊生，金融惨淡，这两家银行基本无业务可做。

（二）发行伪钞

1938 年 10 月，日军占领武汉以后，就在武汉发行"军用票"。所谓"军用票"，即"大日本帝国军用手票"，又称"军用手票"，是日本在中国占领地区推行使用的临时货币，1937 年 10 月 22 日日本内阁决定发行原则，同年 11 月日本占领杭州以后正式发行。它不能同日元兑换，且只能在中国占领区流通，没有任何发行准备金，全靠日军武力强制推行①。武汉沦陷以后，"军用票"开始在武汉发行，表面上与法币并为通货，但在实际流通中，军票占有优势。伪省市政府规定，凡政府各部门之间的流通结算及日商贸易，一律使用军票②。中国商民往来，虽以法币为本位，但规定法币 10 元以上的票额不能在市场通用。日军有计划地提高军票对法币的比值，物价按法币计算不断上涨，而法币又不能任意兑换军票，这样日本便可以借助军票疯狂掠夺和榨取沦陷区的资源和物资，并轻而易举地将自身的金融危机转嫁到沦陷区人民的头上。

汪伪南京政府成立后，希望能够设立"中央银行"，发行纸币。日本中国派遣军司令部和日本大藏省担心日本军票的地位和日本军费受到影响，一直反对和阻挠。直到 1940 年 7 月 15 日汪伪政权按日本的意旨发表声明，宣布"新中央银行的营运，不但不与军票对策抵触，而且须以相互协力为宗旨"，并接受了 9 月 10 日日本兴亚院作出的《关于新中央银行设立后华中通货处理》的决定（其中包括新中央银行必须以日本人为顾问、该银行的经营不给军票对策造成不利影响等方针）后，才

---

① ［日］浅田乔二等：《1937—1945 日本在中国沦陷区的经济掠夺》，袁愈佺译，复旦大学出版社 1997 年版，第 192 页。

② 《武汉报》1940 年 2 月 6 日。

获得日本的批准，于 12 月 18 日颁布《整理货币暂行办法》，宣布"国民政府授予中央储备银行发行兑换券之特权以期逐渐完成币制之统一"①。1941 年 1 月 6 日，汪伪"中央储备银行"宣布开业，当天就发行了"中储券"作为伪政府统一货币，但其流通区域仅限于上海、南京、杭州及苏、浙、皖三省日军占领区。3 月 13 日，汪伪中央政府公布《妨害新法币治罪暂行条例》，规定中央储备银行所发行之纸币称新法币，"拒绝使用新法币者处三年以上十年以下有期徒刑并科五千元以下罚金"②。"中储券"由兹逐渐进入湖北沦陷区。

太平洋战争爆发后，日本由压制法币转为全面排斥法币。1941 年 12 月 25 日，日本中国派遣军总司令部草拟了《伴随大东亚战争华中通货金融对策暂行要纲》，提出以收回军票为目标，确立华中地区新的通货制度。据此，1942 年 1 月，汪伪最高经济顾问青木一男草拟了《华中通货对策要纲》，提出在 3 月 31 日以前，华中、华南地区全面禁止旧法币流通、全部使用中储券，4 月 1 日以后逐步废止使用军票。3 月 6 日，日本兴亚院会议决定了《伴随大东亚战争的开始华中通货金融暂定处理要纲》，确定了打垮旧法币的目标和具体措施。7 月，汪伪中央政府财政部明确解释《禁止使用旧币办法》，全面禁止使用法币。8 月，汪伪国民政府颁布《整理旧法币条例》，规定收回法币。8 月 10 日，伪汉口市政府下令：在武汉发行伪中央储备券，以两星期为限（后展期至 8 月 31 日）；旧法币与中储券按 1：2 比例兑换，逾期旧法币作废。"中央储备银行汉口支行"经理洪学周 7 日发表谈话，宣布从 8 月 10 日起，指定中日银行 17 家及钱庄 25 家实施新旧币收兑，"旧法币之一切债权、债务等项，应以二对一之比率折合新法币"，"以旧法币订立之一切契约均属无效"③。据伪"中央储备银行汉口支行"称：21 天内，该行以及委托之各代兑机关总共收进旧币约达 3000 万元④。至月底，武汉地区基本兑换完毕。9 月中旬开始，武汉以外各沦陷县份，亦开始兑换。10

---

① 伪国民政府：《整理货币暂行办法》，载伪《汉口特别市市政公报》1941 年 1 月第 2 期。

② 伪国民政府：《妨害新币治罪暂行条例》，载伪《汉口特别市政府公报》1941 年 3 月第 6 期。

③ 《旧币债权应以二对一折合新币，以旧币订立契约均属无效》，《武汉报》1942 年 8 月 8 日。

④ 《武汉旧币全面收兑，总额约达三千万元》，《武汉报》1942 年 8 月 8 日。

月 8 日除安陆、黄梅、应城、皂市等县外，"均已提前实施收兑"。10 月 19 日，伪湖北省政府发布"府财字第 197 号"训令，令各伪县政府遵照中央储备银行汉口支行的要求，"对于该支行在该县地区设置兑换处，办理新旧法币特别交换事宜，尽量予以便利，并饬属保护为要"。1943 年 3 月 12 日，汪伪政府发出布告，宣布彻底根绝法币，各地未兑换完的法币，不仅不准流通，而且不准私藏，违者从严惩处。4 月 1 日，日本军用票停止发行，中储券成为沦陷区唯一的法定货币①。

日本军用票和中储券独霸沦陷区货币地位以后，就成为敌伪掠夺沦陷区的重要工具。为了掠夺沦陷区的物资和财富，支持日本的侵略战争，敌伪实行恶性通货膨胀政策，无限制发行这些货币。军用票的发行数额虽未见公开发表，但据英人耿爱德估计，在 1938 年 11 月间，日军在华中、华南发行数额约为 3000 万日元，1940 年仅在华中地区即达 1.2 亿日元（华南 5000 万日元）。到 1941 年底，军用票在华中各地的流通数量达到 6 亿—12 亿日元②。而中储券的发行数量更大。据统计，1941 年 1 月至 1945 年 8 月，共计发行 43408 亿元，其中，仅在武汉发行的就达 1481 亿元③。中储券最初发行时只有面额 1 元、5 元、10 元三种。1943 年 12 月 11 日，伪中央社记者"晋谒"伪财政部长兼中储总裁，该氏信誓旦旦地"辟谣"说："本行发行机关极为健全，决无发行伍佰元券之必要。本人前已迭次谈话声明，深望社会民众，切勿轻信谣传，自相纷扰。"④ 言犹在耳，中储银行在 1944 年 5 月就发行了 500 元大钞，并运到湖北流通，造成了更加恶劣的通货膨胀。

第三节　对农业的破坏

日军占领期间，由于战争的破坏，以及日伪的掠夺，湖北沦陷区的农业遭到极大的破坏，土地被侵占，人畜被强征，产品被掠夺，农业经

---

① 湖北省地方志编纂委员会：《湖北省志·金融》，湖北人民出版社 1993 年版，第 81 页。

② 献可编著：《近百年来帝国主义在华发行纸币概况》，转引自《湖北省金融志》，1985 年内部印行，第 80 页。

③ 中储券发行额见《财政评论》第 18 卷第 2 期，武汉发行额见汉口《大公报》1946 年 1 月 18 日。

④ 《中储银行机构健全，决不发行伍佰元券》，《武汉报》1943 年 12 月 14 日。

济遭到致命打击。

一　侵占农田

抗战时期，日军在沦陷区的水陆交通运输线经常遭到中国军民的袭击和破坏，因而十分重视空中运输，在其占领区内肆意圈占土地，大量修建机场。1939 年年初，日军就在武汉修建南湖机场，圈占土地 2000亩。1940 年 4 月，应城日军在北门城外修筑机场，占地 4000 余亩[①]。同年 7 月，日军兴建监利白螺机场，占用良田数千亩。[②] 同年，敌人修筑钟祥机场，占地 3000 余亩[③]。1942 年，日军在汉阳县安乐乡慈惠敦建设机场，"占用民田 4000 余亩，均是无条件强迫征用"[④]。1943 年日军修建武昌白浒湾机场，征用良田 5000 余亩，3000 余农民流离失所[⑤]。同年，驻黄冈日军在仓埠北门修筑机场，占用耕地数千亩[⑥]。1944 年，日军修建荆门掇刀机场，占用大片良田[⑦]。据笔者根据所接触的资料初步统计，抗战期间，日军在湖北占领区内共修建机场 20 余个，强占耕地近 10 万亩。

除机场外，日军修筑的其他一些交通和军事设施，如公路、碉堡、军营等，也都强占和破坏了大片良田。

二　强令农民种植蓖麻等 "特殊" 作物和生产酒精

日本是一个贫油国家。在发动侵华战争特别是发动太平洋战争以后，其石油供给十分困难。为了解决这一问题，日本政府和侵华日军决定把蓖麻油作为石油的替代品，强令中国沦陷区民众广泛种植蓖麻。湖北省伪政府指令各县伪政府成立专门机构——"增产委员会"或县合作社 "增产课"，强令农民停种粮食作物，改种蓖麻。日伪当局向各县乡发放蓖麻种子，派遣指导人员，下达种植面积和收购数量，严令各乡、

---

① 应城县政府：《应城县抗战史料》，1948 年，湖北省档案馆藏。
② 陈均、张元俊、方辉亚：《湖北农业开发史》，中国文史出版社 1992 年版，第 265 页。
③ 钟祥县政府：《钟祥县抗战史料》，1948 年，湖北省档案馆藏。
④ 汉阳县政府：《汉阳县抗战史料》，1948 年，湖北省档案馆藏。
⑤ 武汉地方志编纂委员会：《武汉市志·大事记》，武汉大学出版社 1990 年版，第 141页。
⑥ 黄冈县政府：《黄冈县抗战史料》，1948 年，湖北省档案馆藏。
⑦ 荆门县政府：《荆门县抗战史料》，1948 年，湖北省档案馆藏。

保无条件执行。

　　1942 年 3 月 20 日，伪黄陂县政府"召集全县各区长各联保主任举行政务会议，讨论广植蓖麻诸问题"，伪县长及日本辅佐官、指导官主持，"县府各科局队处派员参加"。会上，黑木辅佐官训话："此次太平洋战事发生，仰赖外来之物资，悉被英美列强封锁，我们东亚各国家，自不能不讲求生产办法，以补不足"，"尤其种植蓖麻一事，不能不切实注意"①。5 月下旬，伪孝感县建设科"召开全县农民代表大会"，决议："本年度农村副产，决以蓖麻增殖为主。如是每一乡镇每一保甲，至少须种植蓖麻五千株"，并须"随时呈报被查"。伪县府当局为考察各农村蓖麻增产情况，"出动建设科全员，及当局最高长官，分赴各农村视察，且每至一处，即召集农民训话"②。1943 年，伪浠水县政府在巴河"组织增产委员会，专为发动巴河兰溪两区人民种植蓖麻，到收割时，敌伪无代价缴去，作制造滑机油用途"③。1944 年 5 月上旬，伪监利县农业增产委员会"为确谋蓖麻产量之增加"，"会同县府饬各区署及联保处，发动保甲民众，广为栽培，并已将种子随之附发"，并于当月 19 日"发动各机关职员，集体栽植，以作倡导。届时由彭县长率领县城机关代表一百余人齐赴罗汉寺前面堤旁隙栽种"，"播种面积约三市亩"④。日军以极低的价格收购强令农民种植的蓖麻。在汉阳县"蓖麻一种，全系征派性质，并不给任何物品，仅给伪钞 20 元，换蓖麻 1斗"，总计该县被敌搜括蓖麻 200 担⑤。阳新县伪政府专门通过决议案，要求全县普遍栽种蓖麻，"并从武汉购回蓖麻种子 6000 斤；供 6000 亩地耕种"⑥。汉川县伪政府强令全县种植蓖麻 3200 亩，年产 200 余吨⑦。黄陂县本不产蓖麻，"敌寇指导部乃印制蓖麻种植说明书，连同蓖麻种子分发各伪区公署，勒令民众种植。于是田头屋侧皆种蓖麻。伪保长复鸣锣警众，谓有毁损蓖麻一株者，即抵偿一命，供出量相差过远者，将

①　《黄陂县联保会议讨论蓖麻种植办法》，《武汉报》1942 年 3 月 21 日。

②　《孝感县蓖麻繁殖》，《武汉报》1942 年 5 月 30 日。

③　浠水县政府：《浠水县抗战史料》，1948 年，湖北省档案馆藏。

④　《监利增种蓖麻》，《武汉报》1944 年 5 月 7 日。

⑤　汉阳县政府：《汉阳县抗战史料》，1948 年，湖北省档案馆藏。

⑥　阳新县政府：《阳新县抗战史料》，1948 年，湖北省档案馆藏。

⑦　汉川县政府：《汉川县抗战史料》，1948 年，湖北省档案馆藏。

捉付宪兵队喂犬"。1939—1944年该县敌伪共征集蓖麻2400吨[①]。伪云梦县政府为了完成蓖麻种植任务，将种植指标分解到各区乡和县府各机关，由区长和各部门负责人签字画押，确保种植任务的完成。1940年，该县蓖麻种植任务如表5—6、表5—7所示：

表5—6　伪云梦县各区集团、人民蓖麻栽培面积、株数及配付种子数量供出量

伪云梦县合作支社增产课制

区别 \ 类别 \ 分类栽培		栽培数量（株）	折合亩数（每亩300株）	配付种子数量（斤）	供出数量（斤）	播种日期	备考
伪第一区	集团栽培	250000	833	833	41600	3月22日	
	人民栽培	573000	1910	1910	88500	3月22日	
伪第二区	集团栽培	180000	600	360	30000	3月25日	
	人民栽培	200000	666	400	33000	3月25日	
伪第三区	集团栽培	180000	600	360	30000	3月24日	
	人民栽培	300000	1000	600	50000	3月24日	
伪第四区	集团栽培	40000	133	80	6666	3月26日	
	人民栽培	215930	719	433	29298	3月26日	
合计		1938930	6461	4976	309064		

资料来源：云梦县政府《云梦县抗战史料》，1948年，湖北省档案馆藏。

表5—7　伪云梦县各机关蓖麻栽培面积、株数及配付种子数量供出量

伪云梦县合作支社增产课制

单位 \ 类别	栽培数量（株）	折合亩数（每亩300株）	配付种子数量（斤）	供出数量（斤）	播种日期	备考
伪农事试验场	2000	7	4	330	3月20日	
伪警察局	20000	66	40	3300	3月20日	
伪保安队	30000	100	80	5000	3月24日	
伪壮丁队	30000	100	80	50000	3月21日	
伪中学校	6000	20	10	1000	3月20日	

① 黄陂县政府：《黄陂县抗战史料》，1948年，湖北省档案馆藏。

续表

单位 ＼ 类别	栽培数量（株）	折合亩数（每亩300株）	配付种子数量（斤）	供出数量（斤）	播种日期	备考
伪小学校	5000	16	8	833	3 月 20 日	
伪县府各机关	10000	33	15	1660	3 月 22 日	
伪合作支社	48000	160	96	8000	3 月 17 日	
合计	151000	502	315	25123		
总计	2089930	6963	5291	334187		

资料来源：云梦县政府《云梦县抗战史料》，1948 年，湖北省档案馆藏。

武汉市也被强令广种蓖麻。1942 年，伪武汉特别市政府社会局"指定农地改种蓖麻"，"现已核定面积实行播种，在核定面积内，如有种麦或植其他农作物，应一律改种蓖麻子，并特布告本市区农民，一体周知，不得推诿违误"①。伪政府还命令各中小学校种植蓖麻。为了使蓖麻种植更有成效，伪政府一方面威胁民众，不得有"逐牧践踏情事发生"，"倘敢故违，定将其主人交警严办，决不宽贷"②；另一方面与日本汉口陆军特务部及汉奸报刊联合，举办"蓖麻亚麻展览会"，以扩大宣传和"教育"民众③。到抗战后期，日伪强迫民众种植蓖麻达到几近疯狂的程度。1944 年，伪汉口市农会"除动员全市农民外，并决定将全市之空地广植蓖麻，地点勘定为平汉铁路双洞门至玉带门中间之空地约达一百余亩"。中山路慈善会后面有耕地 1000余亩，该处农民向来"抗命不加入农会"，伪农会"特请求市府，饬令该地农民加入农会，以利指导"，种植蓖麻④。同年 4 月，伪市增产委员会农业组为"策动全市农民播种蓖麻棉花等主要战时物资"，"特定详细计划大纲，决定栽培面积，尽量利用旱地及空地，约计七千五百市亩，由各区农民负责播种"。伪社会局、农林试验场、中青模范园、经济局联合组成"督励班"，市农业试验场及省合作总社增产处

① 《指定地区改种蓖麻子》，《武汉报》1942 年 2 月 6 日。
② 《严禁牲畜践踏蓖麻》，《武汉报》1942 年 5 月 9 日。
③ 《亚麻蓖麻展览今日正式开幕》，《武汉报》1942 年 7 月 1 日。
④ 《蓖麻全面增产，市农会决定广植办法》，《武汉报》1944 年 4 月 27 日。

负责栽种管理等技术，并许诺收获蓖麻 1 市担给盐 30 斤①。6 月，市增产委员会"由督饬班会同各区农会前往调查"，凡蓖麻"种植已长苗，均按照每亩配给食盐二斤"②。

除了强迫农民种植蓖麻外，日伪还强迫沦陷区的民众广种红薯，用红薯和稻谷制造酒精，作为汽油的代用品。在战争的后几年，日军在湖北的重要驻点，几乎都设立了酒精厂。1943 年，驻汉阳县琴断口之日军，强占富源、华兴两砖瓦厂，改做酒精厂，"勒令附近各村农民，将所种禾稼活苗 320 余亩一律铲除，改种红薯，作为制造酒精之原料"。动作稍有迟缓，则立即惨遭屠杀。村民 29 人因此被害，近百人土地被占而生活无着③。1944 年，汉川日军在县城设立酒精厂，"从武汉购买机器，召集全县各槽户摊派酒额，每月搜集白酒 20 余万斤，加以提炼酒精"。为满足该酒精厂的生产所需，全县各区酒厂增加 3 倍，每月酿酒所用粮食数十万斤④。同年，驻通城敌军在县城西门设立酒精厂，"全县设酒灶 30 余处，每日耗谷达 150 余石，平均每日出酒精 1730 斤"⑤。在天门县城和云梦县城设立的天门酒精厂和云梦酒精厂，亦每月生产酒精数万斤，耗费粮食近万石⑥。

敌伪政府还强迫农民利用农田种植毒品。具体情况，后面将详述。

三　强征民夫和牲畜

日军占领湖北沦陷期间，举凡军需物品的运输、军事工程的修建、道路桥梁和电话线路的保护、驻扎部队日常生活的服务、军马饲料的采割等，都大量役使民夫。敌伪强征民夫分三种类型：

（一）常年性的征调

日伪军粮、公粮的运输，军政机关的后勤服务，修建常规工事和

---

①　《全市农民种植蓖麻棉花，种地七千五百亩，增产成绩为去年三倍》，《武汉报》1944 年 4 月 28 日。

②　《市奖励种植蓖麻，规定配给盐办法》，《武汉报》1944 年 6 月 29 日。

③　汉阳县政府：《汉阳县抗战史料》，1948 年，湖北省档案馆藏。

④　汉川县政府：《汉川县抗战史料》，1948 年，湖北省档案馆藏。

⑤　通城县政府：《通城县抗战史料》，1948 年，湖北省档案馆藏。

⑥　天门县政府：《天门县抗战史料》，1948 年，云梦政府：《云梦县抗战史料》，1948 年。

公路等，全靠强征民夫来完成。这部分劳役数量繁多，长年累月持续不断，所需民夫为数巨大。1940 年 6 月，日军占领宜昌以后，将宜昌旧城划为难民区，令伪县政府征派民夫，强取民间木料，沿环城路修建木栅，"绵延十余里之广"。不久，敌又令伪县府派工数千，拆除木栅，"而强取民间砖石，改建围墙"①。日军占领应山县以后，为构筑防御工事，建造房屋，大量征派民役，"每保每甲每户无一幸免，平均每日供应劳役之民夫达 300 人以上"②。黄安县地处武汉外围，战略地位十分重要。日军占领以后，强征大量劳力，在门前湾、尹家河、桃花镇、陡婆河、刘家大山、锞子山、冯寿二、上新集等重要驻点建筑防御工事，征用民工数千人③。1938 年 10 月，驻通城县日军征用民夫及泥水匠修缮城墙，每日达 200 人，为时一个半月，共计征工9000 余个。又挖围城水沟，宽 1 丈，深 8 尺，每日征用民夫 100 余人，三月乃成；征派民夫 120 人，费时四月修建防空洞；征工 500 余人，修建所谓"大东亚纪念碑"一座④。1944 年 4 月，钟祥县供敌伪日常驱使的在册民夫，敌警备队征用 545 人，伪县政府征用 365 人⑤。驻地日军养有军马或日骑兵过境，采割军马饲草也要征派大量民夫。1939 年，大批日本骑兵在汉阳沌口礼马草场汇集，强征当地民夫计男女 600 余人向沌口附近湖山深处刈割马草，规定每人每日须最少割 80斤（每斤 18 两）。达到定额者日发食盐一勺，或洋布一尺，或火柴一封（10 盒）作为报酬；如不足 80 斤者，不仅没有食盐等物，而且要挨鞭打。由于割草人多，马草渐少，"虽终日辛勤，亦难达到要求。是故每日受其鞭打者，比比皆是"⑥。据黄梅县离休老人艾建华回忆，日军占领黄梅县以后，长年累月征用成百上千的民夫从事建造碉堡、炮楼、修筑公路等项工作，一些有钱人家拿钱买工顶替，穷苦人家一年到头有人被征。他本人被日军征做短夫（即不住宿，早出晚归的苦力）长达 5 年之久："都是自带劳动工具和生活用具，没有任何报酬，

---

① 宜昌县政府：《宜昌县抗战史料》，1948 年，湖北省档案馆藏。
② 应山县政府：《应山县抗战史料》，1948 年，湖北省档案馆藏。
③ 黄安县政府：《黄安县抗战史料》，1948 年，湖北省档案馆藏。
④ 通城县政府：《通城县抗战史料》，1948 年，湖北省档案馆藏。
⑤ 钟祥县政府：《钟祥县抗战史料》，1948 年，湖北省档案馆藏。
⑥ 汉阳县政府：《汉阳县抗战史料》，1948 年，湖北省档案馆藏。

只在中午提供一餐粗劣伙食。"① 据初步调查，湖北沦陷区各县供敌伪常年役使的民夫都在千人左右。

（二）临时性的征用

日寇在湖北沦陷区内修建机场等军事设施，都要强征大批劳力。日寇修筑每一座机场所征用的劳力，都十分惊人，一般都达数万人。1941 年日军修筑武昌徐家棚机场，强令该县征夫 2 万余人②。1940 年，日军修建钟祥机场，令各乡征夫，人口较少的洋梓镇日出工即达 5250 人，其他乡更是大大高于此数。该机场经过半年修建才完工，其役使人力之众可想而知③。1942 年，日军在汉阳县安乐乡慈惠敦建设机场，每日在当地强拉民夫 2000余人，均以绳索连锁，带至工地，干活稍有疏怠，即遭鞭打甚至屠杀。每日每人仅发约 10 两之糙米饭团一筒，以充口粮④。1943 年日军在黄冈县仓埠北门修筑机场，征用民工 3 万余人⑤。1944 年日军在黄陂县属横店附近修建大型机场，全县各乡每保派夫 80 名，共计征夫 50000 多人，均自带工具、食物。民夫稍有迟缓，即遭敌伪毒打，致残废者、染疾者直至丧命者无数⑥。敌伪兴建的其他一些大型军事工程，也都役使大批民夫。1940 年，敌人在黄冈县修筑新洲至福禄港公路，1942 年，又修筑仓埠至汪集公路及李集至张店公路，分别征用民夫 5 万余人。驻黄安县日军修筑长 120 余里的宋埠至河口公路，每日征工 5000 人以上。同时，驻该县敌军修筑锞子山工事，工程浩大，山体全是蛮石，要将全山凿穿，分为地下办公室、储藏室、炸药库及环山地下走道。据敌估计，需工 300 万以上。敌伪强迫数千民夫，日夜赶造，"敌驻四年之久，其间休工之日，共计未及十天"，到日军投降之时，该工程仍未完工⑦。1940 年冬到 1941 年 4 月，汉川敌人赶修川新、川水、马南、马蔡、分田 5 条公路，大量征用民夫，全县被征劳力达 5 万名以

---

① 笔者 2001 年 10 月 12 日采访艾建华老人记录。艾建华，1928 年生，湖北省黄梅县人，中国农业银行湖北省黄梅县支行离休干部。13—18 岁给侵华日军做过五年短夫，1947年参军进入解放军四野，1988 年从中国农业银行湖北省黄梅县支行副行长职位离休。

② 陈均、张元俊、方辉亚：《湖北农业开发史》，中国文史出版社 1992 年版，第 265 页。

③ 钟祥县政府：《钟祥县抗战史料》，1948 年，湖北省档案馆藏。

④ 汉阳县政府：《汉阳县抗战史料》，1948 年，湖北省档案馆藏。

⑤ 黄冈县政府：《黄冈县抗战史料》，1948 年，湖北省档案馆藏。

⑥ 黄陂县政府：《黄陂县抗战史料》，1948 年，湖北省档案馆藏。

⑦ 黄安县政府：《黄安县抗战史料》，1948 年，湖北省档案馆藏。

上①。

（三）大量役使民夫随军出征

每当日军出征或部队移防，必征派大批民夫随军行动，运输物资、修筑工事。这类征派，时间不定，数量巨大。应山县地处京汉铁路沿线，战略地位重要，敌人重兵驻扎，移防频繁。每当敌寇出动或移防，所征派民夫"动辄一千两千，以至一万至两万以上"，"如此征夫，每年必在六七次之多"②。1938年11月，日军进攻长沙期间，日军在武昌县武泰区征用民夫400人，青壮劳力用于搬运武器弹药和粮食，老弱者编队送往前线踏探地雷。1941年9月5日，伪云梦县第三区区长余修珊在向伪县政府详细报告了8月底该区隔蒲潭被征随军民夫的情况，从一个侧面可以反映出当时沦陷区被征随军民夫的情形："隔蒲潭因过境与暂驻扎之皇军甚多，共征苦力180名。现在征送运输队之苦力，随皇军出发者34名，留队工作者26名。隔蒲潭之苦力，8月21日随山本部队出发者8名。同月23日，随播磨部队出发者7名。同日随小蒲部队出发者9名。25日，随千叶部队出发者6名。同日随小岗部队出发者11名。26日，随道垣部队出发者6名。27日，随石井部队出发者18名，同日随身内部队出发者14名，随小林部队出发者9名，随内山部队出发者5名，随吉田部队出发者7名，随鬼塚部队出发者7名，随早渊部队出发者14名，随井上部队出发者37名。留高桥经理室工作者2名。共计180名。"③ 1941年秋，日军发动第二次长沙战役时，伪省政府为强征民夫，制定所谓《战时民众动员办法》和《民团义务劳动队组织纲要》，分令各县施行。仅黄陂县伪政府即奉令强征壮丁1万余人，由伪保安队押运，为日军前线输送粮弹和挖掘战壕，修筑工事④。太平洋战争爆发后，日军要求在中国征兵百万，黄冈县又征去壮丁3000人⑤。1943年，日军第二次南侵宜都前，强迫役使民工8万余人修筑沿江的机枪阵地和宝石山等处堡垒。渡江后，又强征农民数万人拆毁国民党军

---

① 汉川县政府：《汉川县抗战史料》，1948年，湖北省档案馆藏。

② 应山县政府：《应山县抗战史料》，1948年，湖北省档案馆藏。

③ 云梦县政府：《云梦县抗战史料》，1948年，湖北省档案馆藏。

④ 黄陂县政府：《黄陂县抗战史料》，1948年，湖北省档案馆藏。

⑤ 黄冈县政府：《黄冈县抗战史料》，1948年，湖北省档案馆藏。

队的工事和炮台①。1944 年日军发动豫湘桂战役，在进攻长沙前，勒令沿线各县征派民夫随军供用，仅伪黄冈县政府即征调民夫 5000 余人。"民夫沿途死伤甚多，逃回的不足三分之一。"② 日军役使随军民夫的次数之多，数量之大，不仅沦陷区的广大民众难以承受，苦不堪言，就连敌伪地方政权有时亦感难以招架，叫苦不迭。1941 年 4 月，伪云梦县第三区三元乡第 41、48、49、50 保保长联名上书伪县政府，陈述征集民夫的困难，请求赦免新的征夫任务："属会邻近应城县属长江埠，交通便利，皇军视为特区。兵站、仓库相继设立。新政伊始，改组为应（城）云（梦）汉（川）三县边区联合办事处，亦为继续供应皇军苦力、物资。新旧数载，有增无减。仅苦力一项，每日需数 800 余名。其他木薪、马料，不时需应。兹奉本钧府命令，为皇军运输吃紧，召集保长会议，命各保征派民夫一名，以备驱使。自属人民应尽义务。然而，经此劫后，民众虎口余生，人民负担已到气尽力竭之秋，恳请豁免。"③

除了强征民夫之外，敌伪还在占领区内强征牲畜。如驻应城日军多次强令征用马匹，限时交付。1939 年 8 月 25 日，日军应城地区警备队征用马匹 25 匹，限 27 日上午 10 时交齐；同月 28 日，警备队又征上好骡马 20 匹，限 30 日交齐；同月 31 日，警备队再征上好骡马 20 匹，限当日交齐。1941 年 1 月 23 日，驻应城日军征马 57 匹；同年 5 月 2 日，驻应城日军政务指导班征驮马 60 匹，限 3 日上午 9 时交齐；3 日，日军在龙王集征马 38 匹。以上数起，共征马匹 221 匹。所有被征马匹，均有征无还。而这些马匹，"均属穷苦百姓借债买来驮运膏盐柴炭，以博蝇头之利，为养眷家之资者"④。马匹被征，他们就完全失去了生计来源。

长期大量征夫的结果，造成了沦陷区劳动力的大量减少和人口的急剧下降，农事常年被耽误，土地大片荒芜，农业生产遭受极大破坏。据统计，许多民夫被征以后，由于不堪繁重劳动和艰苦生活的折磨，或致伤、致残，或途中致死，或被敌杀害，能安全返家者，实属万幸。例如，1941 年 4 月，一敌军部队过境嘉鱼县，"深夜挨户闯门入室拉夫，虽老叟黄童，亦不能免"，计县城拉去者 630 余人，沿途拉去者 500 余

---

① 陈均、张元俊、方辉亚：《湖北农业开发史》，中国文史出版社 1992 年版，第 265 页。
② 黄冈县地方志编纂委员会：《黄冈县志》，武汉大学出版社 1990 年版，第 437 页。
③ 云梦县政府：《云梦县抗战史料》，1948 年，湖北省档案馆藏。
④ 应城县政府：《应城县抗战史料》，1948 年，湖北省档案馆藏。

人。两月后，生还者仅 320 余人。"据闻沿途因无力负荷，致被虐杀者百余人，其余则生死莫测。"① 日军每次进犯长沙，都要从咸宁县拉派民夫，被其强行拉去之民夫，占该县劳力的十分之七。死于火线流弹之中者，达 1000 余人②。沦陷区伤亡人口中，除被日军杀死杀伤的以外，很大一部分是被敌伪征兵征夫而致死、致残的。

四　掠夺农产品

日军占领湖北以后，为贯彻其"以华治华""以战养战"的侵略方针，对沦陷地区的农产品进行疯狂的掠夺。1944 年 6 月 15 日，在敌伪汉川县政府会议上，日本嘱托官牧健三直言不讳地叫嚣："我们现在第一是要供应物资，第二是要供应人力，第三是要供应经济。这是缺一不可的"③，他的这番话充分暴露了日寇"以战养战"的真实含义。

入室抢夺是日军占领初期和敌伪不能完全控制的游击地区进行掠夺的主要方式。在占领初期，日军基本上是采取入户抢夺的方式解决军队的给养。日军所到之处，烧杀掳掠，凡是未来得及转移或藏匿的粮食等物资，均被一抢而光。凡是日伪不能有效控制的游击地区、敌我交界地区，敌伪也都定时下乡扫荡和清乡。对粮食、衣物、鸡鸭、猪羊等便于携带的物资，一律抢夺而去；对一些不易搬运的物品，则卸走其"精华"。如对牛马驴骡，日军用军刀将其后部连带两腿砍下带走④。

在日伪政权比较稳固的地区，虽有田赋等"正常"收入，仍远远满足不了日伪的需求，日伪军队的各项军需物资仍然主要是通过临时摊派来征集。每当有日伪军驻扎或路过，其部队指挥官都会指令伪政权在当地征集粮食、蔬菜、家禽、牲畜以及马料等物资，伪政府再分令各乡保甲按时送达。这种摊派，时间不定，次数繁多，数额巨大，而且多是无代价的索取。摊派成为沦陷区民众的巨大负担。沔阳县"如慰劳、献机、献粮、保安、驻军给养、修筑军用公路等捐，月必四五起，人民如稍违抗，则有鞭打、拘捕、获致枪杀之虞。以至中产之家，几经波折，

---

① 嘉鱼县政府：《嘉鱼县抗战史料》，1948 年，湖北省档案馆藏。
② 咸宁县政府：《咸宁县抗战史料》，1948 年，湖北省档案馆藏。
③ 汉川县政府：《汉川县抗战史料》，1948 年，湖北省档案馆藏。
④ 黄梅县艾建华老人在对笔者的访谈中讲述，他曾多次看见日军用军刀将"牛屁股"砍下带走。笔者 2001 年 10 月 12 日访问艾建华老人记录。

成为贫无立锥者，比比皆是"①。

　　日伪掠夺物资的手段还有两个：一是直接强令低价购买，二是用食盐、火柴、肥皂等严格配给的日用必需品交换粮食、棉花等物资。由于日军的后勤供应点多线长，其交通运输又经常遭到中国军队的破坏，大批日军、各级伪政府和各种名目的伪军都需就地解决生活补给。日伪在湖北沦陷区的各主要农业产区设立了许多农产品收购机关，在各县成立日资洋行和合作社，对粮食、棉花和其他农产品进行强制收购，绝对禁止民间自由买卖。在天门县，日伪成立了三井、三菱、日信、住友等洋行，负责粮食、棉花的收购。孝感县"棉田面积约 7 万亩，（每年）收棉约 3.4 万担。敌人在县内设立华中棉花业改进会孝感办事处和农业指导所，负责办理棉花收集。收集时间是从每年 9 月 1 日到 12 月止，全年应收棉花 3 万担。在未缴足以前，绝对禁止农民纺线弹花及其他种种私用"②。日军的"收购"价极低。1941 年日军在汉阳县的大米收购价格不及汉口市价的 1/3；1942 年沔阳县新堤日军大米收购价格仅仅只有市价的 30.3%。抗战中期汉阳日军和沔阳新堤日军低价征购农产品的情况如表 5—8、表 5—9 所示。

表 5—8　　　　　　汉阳县日军货物厂农产品收买价格与

汉口市场价格对比（1941 年度）　　　　单位：元/每百公斤

名称	日军收购价（A）	汉口市价（B）	A/B
白米（1）	24.65	79.36	31.1
白米（2）	23.20	68.38	33.9
小麦	11.9	39.57	30.1
大麦	10.8	23.88	45.2
玉米	9.35	22.93	40.8
蚕豆	9	29.19	30.8
豌豆	12.5	26.42	47.3
大豆	10.3	22.79	45.2

　　资料来源：汉口日本商工会议所调查部《湖北省三角地带物资移动及收集机构报告书——湖北省汉阳县地区》（1942 年），第 98 页资料。转引自浅田乔二等《1937—1945 日本在中国沦陷区的经济掠夺》，复旦大学出版社 1997 年版，第 66 页。

---

　① 沔阳县政府：《沔阳县抗战史料》，1948 年，湖北省档案馆藏。
　② 孝感县政府：《孝感县抗战史料》，1948 年，湖北省档案馆藏。

表5—9 沔阳县新堤镇日本商行农产品收买价格
与市场价格对比（1942年9月） 单位：元/每百公斤

名称	日商收购价（A）	市场价（B）	A/B（%）
白米	30	99	30.3
小麦	32	44	72.7
大麦	26	28.36	91.7
大豆	18	21.04	85.6
蚕豆	20	31.16	64.2
高粱	22	28.36	77.6

资料来源：汉口日本商工会议所调查部《湖北省三角地带物资移动及收集机构报告书——湖北省新堤地区》（1942年），第145—146页资料。转引自浅田乔二等《1937—1945日本在中国沦陷区的经济掠夺》，第66页。

在"兑换"方面，日寇通过其控制的食盐、火柴、肥皂等老百姓的日常生活必需品来"兑换"粮食、棉花等所需物资。由于日伪实行严格的统制政策，老百姓所需的食盐、火柴等日用品极其短缺，日伪就在销售食盐、火柴等时强令老百姓用粮食、棉花等物资进行交换，否则不予出售。如汉阳县日伪在"城内设立日信、三菱等洋行，利用食盐、香烟等消费品兑换各种物资"。兑换方式系按户配给盐、烟，勒令民众依照规定名品上交兑换物资①。伪湖北省政府也多次通令各市县伪政府，要求他们以各种手段帮助日寇搜刮农业物资。"凡以能力物力直接或间接可为友军之助者，均必竭力以赴之不容稍缓。现以日军所需物资，有增无已，今后友军收买军需物资，应竭力协力"，"尤其粮食、棉花、麻、牛皮……务须尽力协助，期达所需之额"②。

据1946年2月湖北省政府的调查统计，总计日本在占领湖北7年间，掠夺的各种农业物资，计有粮食174454273担，其中稻谷132199723担，麦类20488146担，杂粮21766404担；棉花5749617

---

① 汉阳县政府：《汉阳县抗战史料》，1948年，湖北省档案馆藏。
② 《调整民间贸易，促使金融流通》，《武汉报》1942年9月22日。

担，土布 18020155 匹；耕牛 398772 头；农具 6532787 具①。此外，据战后统计，日军通过日本洋行从武汉运出的掠夺物资有棉花约 469 万担，羊皮 700 万张，芝麻 56 万担，生漆 8.4 万担，桐油 231 万担，茶叶 21 万担，猪鬃 3.5 万担②。汉阳县被敌搜括之粮食，"计麦、米，共计为 600 万石，棉花 800 万斤，蓖麻 200 担"。阳新县被掠夺粮食 506736 石，棉花 70 万斤，被宰杀耕牛 20079 头，猪羊 29970 头，鸡鸭 350000 只。荆门县被掠夺粮食 14806400 石，棉花 11830000 斤，耕牛 17140 头。天门县日伪强迫民众供纳粮食每保上季 90 石，下季 90 石。除游击队控制区域之外，能征粮者有 270 余保。每年所征粮食均在 48600 石以上。浠水县被掠夺粮食 1913824 担，棉花 567146 担，木材 768433 根，耕牛 4256 头，桐油 659487 斤，猪鬃 67824 斤，皮革 4562 张；黄陂县在敌伪统治时被划为六区，每区供出大米数量年在 600 吨以上（如以谷代米，则加一倍计算），且不时追加，计供出数量在 36000 吨左右。敌寇征集杂谷种类为大麦、小麦、蚕豆、高粱、黍米。各品每区每年供出数量亦在 360 吨左右。有的区无此项产品而不得不远赴邻省产地购买，以供苛征。1939—1944 年，全县共被掠夺稻谷 1.5 亿斤，杂粮 1500 万斤，棉花 12000 担，蓖麻 2400 吨，布匹 1090 万匹，农具 88000 件，牲畜 215550 头。黄安县沦陷期间被敌寇掠夺的物资粮食 203160 石，牲畜 4674 头，农具 11777 件。应山县抗战期间被敌寇掠夺稻谷 14222 石、麦子 35393 石、蚕豆 35393 石、玉米 37929 石、棉花 1137621 斤、大牲畜 4740 头③。运经武汉的各种农业产品亦难逃日军魔掌。仅武汉沦陷时，就有大批未及转移的库存物资棉花 120 多万担，桐油 700 吨，牛皮 200 余捆（每捆 300 斤），猪鬃 200 多箱，生漆 500 多吨（每吨价值 5000 美元以上），木耳 2000 多担被日军劫夺④。

五 农业的凋敝

日伪的肆意摧残，严重破坏了湖北沦陷区农业的各种生产要素，导

①　湖北省政府社会处、统计室：《湖北省抗战损失统计》，1946 年 2 月，湖北省档案馆藏。

②　同上。

③　各县数字见各县《抗战史料》，湖北省档案馆藏。

④　皮明麻、欧阳植梁：《武汉史稿》，中国文史出版社 1992 年版，第 613 页。

致湖北沦陷区粮食作物种植面积急剧减少，劳力短缺，土地荒芜，产量下降，农业生产遭受极大破坏。据战后调查，抗战期间，湖北沦陷区农业呈现严重倒退局面，各项指标大幅度下降，全省土地荒芜达 800 万亩，粮食及主要经济作物产量较战前减少一半以上：水稻产量 1945 年全省 34722000 担，比 1936 年减少 44810000 担，减产幅度为 56.34%；棉花产量 964000 担，比 1936 年减少 2158000 担，减产幅度为 69.12%①。烟叶减少 62%，其他豆类、油类减产 25%—55%②。这些荒芜的土地和减产的粮食绝大部分都集中在沦陷区。如云梦县粮食种植面积 1936 年为 46 万亩，1945 年减少到 23 万亩，下降 50%。③ 武昌县战前粮食总产量一般在都 4 亿斤左右，1937 年为 3.4 亿斤，到 1942 年下降到 2.67 亿斤。1937 年该县种棉 4.2 万亩，产棉 240 万斤，到 1942 年下降到 1.9 万亩和 47 万斤④。黄安县 1937 年前，每年产稻谷 150 万担左右，1943 年减少到 82 万担⑤。湖北粮棉主产区的江汉平原 11 县（含第四区除荆门之外的 8 县及第三区的钟祥、天门、京山三县），1936 年棉花种植面积 311 万亩，单产 21.5 公斤，总产 6.7 万吨。1943 年种植面积虽增加到 387.5 万亩，但亩产骤减到 13 公斤，总产量仅为 5.12 万吨⑥。襄樊县 1937 年粮食作物面积为 806.62 万亩，年产粮食 6.71 亿公斤，为历史最高水平。其中水稻面积占 28.14%，产量 35960 万公斤，占总产量的 53.59%；小麦面积占 32.67%，产量 12015 万公斤，占总产量的 17.91%，其余为杂粮。1945 年粮食产量为水稻 3566 万公斤，小麦 1256 万公斤，连同甘薯（折粮 3616 万公斤）、大麦（3348 万公斤）、玉米（2098 万公斤）、高粱（1366 万公斤）、豆类（3094 万公斤），全年总产仅 1.8344 亿公斤，为百年内最低产年份，如

① 湖北省地方志编纂委员会：《湖北省志·经济综述》，湖北人民出版社 1992 年版，第 89 页。

② 同上书，第 92 页。

③ 云梦县地方志编纂委员会：《云梦县志》，生活·读书·新知三联书店 1994 年版，第 192 页。

④ 武昌县地方志编纂委员会：《武昌县志》，武汉大学出版社 1989 年版，第 203、214 页。

⑤ 战前资料见 1934 年《湖北县政概况》，湖北省民政厅编印；1943 年资料见 1943 年《湖北统计年鉴》，湖北省档案馆藏。

⑥ 荆州地区地方志编纂委员会：《荆州地区志》，红旗出版社 1996 年版，第 159 页。

表5—10 所示①。

表5—10　　　　　　　　　1945 年湖北主要农作物产量统计

作物种类	1945 年		与 1936 年比较		
	总产（担）	单产（斤）	总产增减	增减幅度	单产增减
籼粳稻	32865000	335	− 39037000	− 54.3	− 1
糯稻	1857000	291	− 5773000	− 75.66	− 7
小麦	21872000	147	− 8250000	− 27.39	29
大麦	10199000	131	− 12008000	− 554.07	− 35
甘薯	12465000	876	+ 1518000	+ 13.87	+ 109
棉花	964000	23	− 2158000	− 69.12	− 15
油菜籽	2285000	54	888000	− 27.99	− 24

资料来源：陈均《湖北农业开发史》，第 269 页。

　　当然，日伪为了推行其"以战养战"的方针，在其政权稍稍"稳定"之后，也采取了一些刺激农业生产的措施，力图恢复沦陷区被破坏践踏的农业，以为日本的侵略战争提供战略资源。这些措施主要有下列几个方面。其一，发放借款和耕牛贷款，出借农具。1940 年 6 月 12 日，伪湖北省政府发布《湖北省政府贷给借款耕牛分期还款办法及农具借还办法》，规定向农民发放借款和贷给耕牛款，并向农民出借农具。所发借款和贷款，"仅照所借之金额及规定价格，分期取还，并不取息及其他费用"。借款每户以 50 元为限；耕牛根据农户土地数量贷给 1—3 头；农具借给农民使用不取费用，除水车须 3 户以上借给 1 乘外，其他各种农具每户仅借 1 种。农民借款、贷给耕牛和借用农具，需向联保办公处提出申请，并由两家殷实铺保或五家殷实住户提供担保，经保甲长联保主任予以证明后，呈递各县主管机关，审核发给。借款或耕牛两年内分四期偿还，每期还所借金额或规定价额的 1/4；借用农具以六个月为一期，"每届期满后各县则按期催收汇集县府，以备下期借给农民使用"②。1942 年 5 月，伪汉口特别市政府拟定了《金融机关办理农村

————————

　　① 襄樊市地方志编纂委员会：《襄樊市志》，中国城市出版社 1994 年版，第 288 页。

　　② 伪湖北省政府：《湖北省政府贷给借款耕牛分期还款办法及其农具借还办法》，载伪《湖北省政府公报》第 6 期，1940 年 8 月 20 日出版，武汉市档案馆藏。

贷款通则》，规定金融机关应划定资金数额，经由县市政府或特别市主管局，呈转中央主管部办理农村贷款。农村贷款以典当贷款、农仓贷款、耕牛农具贷款、青苗贷款为限。贷放额典当贷款以典当受当物之当本、农仓贷款以农仓凭仓单贷放之债额七成、耕牛农具贷款以担保品之耕牛农具价值六成、青苗贷款按每亩以贷放5元至20元为准。"农村贷款利率至多不得超过月息一分四厘"，"如发现承贷人有用途不实，或其他虚伪情事，无论定期活期，得随时勒令归还贷款本息"①。其二，修建塘堰和水井等农业水利工程。1942年9月第四次伪全省"县政会议"上，伪建设厅指示各县"一律成立苗圃或林场""扩充农场及畜牧试验场""督饬农民开塘、凿井，以防天灾"②。10月，伪湖北省政府颁布《湖北省各县开塘凿井规则》，规定每保至少须开凿塘井各2个；每塘面积在2亩以上，深度为15尺以上；每井井水之深度应为15尺直径为10尺以上；"各县每保塘井工程完竣后由该区保甲长报请县政府验收并呈报省政府民建两厅备查"。各县每保开凿塘井1个，由县政府给予该保新国币200元。借故阻挠或从中破坏者、开凿塘井怠其职务不能依限完成者应予处罚③。12月伪省政府又发布《湖北省政府堤防水利建设法规》，包括《湖北省有堤各县办理民堤修防一切水利办法规程》《湖北省各县水利委员会组织规程》《湖北省各县区水利委员会组织规程》《湖北省各县民垸修防处组织规程》，指令各县进行农业水利建设④。其三，推行垦荒。1941年4月，伪湖北省政府颁布了《各县市推行垦殖考成暂行办法》，规定各县市长可垦荒地全部开垦种植者升等，垦殖满2/3者晋二级，垦殖满1/3者晋一级，垦殖不满1/4者降一级，全部废置未加垦殖者撤职⑤。1942年2月，伪省市政府转发汪伪国民政府《督饬垦荒暂行条例》，规定各县市政府或区公署应将从未垦种之可垦地、前曾垦种现已抛荒之地、不堪居住之废居基地、荒冢地"分别区

① 伪汉口特别市政府：《办理农村贷款规则》，《武汉报》1942年5月7日。

② 《鄂县政会议各厅处指示各县事项》，《武汉报》1942年9月19日。

③ 伪湖北省政府：《湖北省各县开凿塘井规则》，1942年10月，载伪《湖北省政府公报》第二卷第3期，1942年10月出版，武汉市档案馆藏。

④ 伪湖北省政府：《湖北省政府公报》第二卷第5期，1942年12月出版，武汉市档案馆藏。

⑤ 伪湖北省政府：《各县市推行垦殖考成暂行办法》，载伪《汉口特别市政府公报》1941年第8期，1941年4月，武汉市档案馆藏。

段详查"，"问其所有权之何属，均编定字号，列入荒地册籍"。"各县市政府或区公署核准承垦人承垦荒地后，应发给垦荒许可证，权利人自愿实行开垦者亦同。""承垦人依限开垦完竣后，各县市政府或区公署应即发给承垦证确定其有十年承垦之权利。前五年内赋税地租一律免缴，满五年后如系官荒应缴定额之赋税，如系私有之荒地，应与地主协定地租额照缴。"① 其四，动员积谷。1942 年伪安陆县政府令各区积谷："去年该县旱魃为虐，秋收绝望，则全县灾黎，持钱无处购买粮食，只以野菜树皮充饥；此种情景，极为惨痛！该县政府，有见及此，特令各区，在本年新谷未登场以前，拟具积谷办法，迅即储藏，以防不测。"② 十分明显，伪政府的这些鼓励发展农业的法令和政策，虽然名目繁多，规定具体，似乎对沦陷区农业的发展具有一定的促进作用。但是，仔细考察，可以发现，所有这些，全部都是应付上司、欺骗百姓、根本无法实行的官样文章，没有任何实际意义。在耕地被大量强占之时鼓励所谓垦荒，在牲畜大量被征用和掠杀时实行所谓借贷耕牛，在饿殍遍野之时让农民去积谷，这些都不啻是痴人说梦，天方夜谭！即使日伪政府从"以战养战"的方针出发，为了掠夺更多的战略物资，确实愿意推动沦陷区农业的恢复和发展，在当时的战争和日伪政府的双重摧残的背景下，要实现这一目的，也没有任何可能，日伪统治下的沦陷区农业，只能是一步步走向衰竭。

第四节　工业的衰败

沦陷期间，以武汉为中心的湖北工业，遭到空前浩劫，拆迁遗留下来的工厂被日军侵占，为日本的侵略战争服务，残存的民族工业受到严重挤压，没有任何生存和发展的空间，战前已有一定基础的近代工业几乎被破坏殆尽，武汉和湖北地区的工业出现巨大的倒退。

一　日军的侵占和控制

抗战爆发前，湖北工业在全国占有一定的地位，武汉是华中地区的

---

① 汪伪国民政府：《督饬垦荒暂行条例》，《武汉报》1942 年 3 月 15 日。
② 《安陆县令各区亟办积谷》，《武汉报》1942 年 9 月 2 日。

工业中心，军事工业、钢铁业、纺织业、面粉业、机器五金工业、化学工业都比较发达，大冶的钢铁业、水泥建材业、煤炭开采业，应城的膏盐开采业，沙市的电器业，也都有一定的规模和基础。抗战爆发后，湖北工业的骨干和精华大部迁移至西南和西北地区。日军占领武汉时，武汉工业已迁移 57%，被敌机轰炸损失 12%，还有部分工厂被国民党主动破坏，剩下的不足 30%，都是一些规模较小、财力不足或不宜拆迁的中小企业[1]。

武汉沦陷后，日军根据其"以战养战"的侵略方针，制订了对武汉和湖北工业的侵占计划，确定了强占和接收的政策：对那些保留比较完整的工厂，或直接强占，或以"合办""租赁"的名义，交给日本财阀"委托经营"，指令生产军需产品，为日本侵略战争服务；对内迁厂矿留下来的机器和厂房交"华中振兴株式会社"和"军需管理委员会"接收，将其机器设备集中拼凑，设立新的工厂，委托日商经营，以军用票作资本，生产货物，就地推销，充作军费。

日军对武汉残留的工业，首先是直接占领，供日军使用或为日军服务。既济水电公司是武汉较大的民族企业，由于各种原因，战时来不及全部拆迁，日军占领武汉以后，采取强行接管的办法，占领该厂，令其继续经营，产品供日军使用。原武汉楚胜火柴厂，内迁时机器设备没有全部迁移，日军占领后，将其设备没收，建立日资"三井火柴厂"，其产品供日军分配。金龙面粉厂及其他一些中小工厂，在拆迁过程中也都留下了许多机器设备，日军占领以后，全部强行霸占，重新组合，开设新的工厂[2]。英美烟草公司和南洋兄弟烟草公司是武汉的两大烟草企业。1939 年 9 月，被日军强占，后改名南洋烟草公司武汉鬒口制造厂，交给日商东亚烟草公司经营，继续生产。1941 年，在日军的支持下，日本丸三烟草公司又强占英美烟草公司两个卷烟厂，次年改为颐中烟草公司[3]。武汉车辆厂是华中地区重要的机车修理厂，日军占领武汉以后，被日军强占，专门用作修理日军的铁甲车和机车。对于一些工厂拆迁之后遗留下来的厂房，日军也全部占领，作为日军的军事仓库和兵站

---

① 皮明麻、欧阳植梁主编：《武汉史稿》，中国文史出版社 1992 年版，第 597 页。

② 武汉地方志编纂委员会：《武汉市志·工业志》，武汉大学出版社 1999 年版，第 611 页。

③ 同上书，第 912 页。

使用。如著名的汉冶萍公司所属汉阳铁厂、汉阳兵工厂、白沙洲造纸厂和谌家矶造纸厂，其机器设备和人员内迁之后，其厂房基本完整，都被日军占领用作军事仓库。据日本投降前夕的统计，日军在武汉地区像这类直接占领用作军事仓库和兵站的工厂达 100 多个①。

日军对湖北工业的直接占领最典型的是对大冶铁矿的强占和掠夺。始建于 1890 年的大冶铁矿是中国近代第一家钢铁企业汉冶萍公司的组成部分和原料供应地，也是中国近代最著名的铁矿之一。1938 年 7 月，武汉保卫战进行之时，国民政府下令对大冶铁矿和铁厂的部分机器设备进行了拆迁，并对矿山和铁厂进行了破坏。10 月中旬，日军占领大冶以后，强占铁矿，将其委托给日本制铁株式会社经营。日本制铁株式会社在日军的支持和保护下，在大冶成立"大冶矿业所"，将大冶铁厂改为"新厂"，并强迫大冶铁厂矿驻汉保管处提交全部矿山图纸和卷宗，为复工生产做准备。在经过近一年的准备之后，1939 年 10 月，"日铁"划定矿区，将矿山附近 27 个村庄全部外迁，强迫民工和中国军队俘虏7000 余人，开工生产②，所产矿砂全部运往日本八幡制铁所。同时，日军还将该矿库存的 6 万多吨矿石全部运往日本③。为了最大限度地掠夺该矿山的铁矿，沦陷期间，由日军直接控制的大冶矿业所一直紧张生产。据伪汉口特别市政府社会局民众事务所报告，仅在 1940 年该事务所一次就为大冶矿业所招募矿工 4000 名，领工和司账 40 名④。"日铁"不顾矿山的安全和工人的死活进行疯狂的掠夺性采掘。从 1893 年该矿投产到抗战初期的 1938 年，该矿共产矿石 1370 万吨，平均每年生产30.5 万吨，其中，最高的年产量也只有 80 万吨。"日铁"时期，其产量大大超过这一水平，1942 年产量高达 145.5 万吨，所产铁矿，绝大部分运到日本⑤。总计从 1938 年至抗战结束，日本共从大冶铁矿掠夺矿

①　湖北省地方志编纂委员会：《湖北省志·经济综述》，湖北人民出版社 1992 年版，第87 页。

②　政协黄石市委员会文史资料委员会：《汉冶萍大事记》，载《湖北文史资料·汉冶萍公司与黄石史料专辑》总第 39 辑，第 242 页。

③　湖北省地方志编纂委员会：《湖北省志·经济综述》，湖北人民出版社 1992 年版，第86 页。

④　《市民众事务所代大冶矿业所招工四千名》，《武汉报》1941 年 2 月 18 日。

⑤　湖北省地方志编纂委员会：《湖北省志·经济综述》，湖北人民出版社 1992 年版，第86 页。

石500万吨。每年具体数目如表5—11所示：

表5—11　　　　　　　**日本历年掠夺大冶铁矿数量**　　　　　　单位：吨

年份	劫夺数量	年份	劫夺数量
1938	15597	1942	1413054
1939	189700	1943	979775
1940	297660	1944	461145
1941	920459	1945	722340
合计		5000000	

　　资料来源：《华中钢铁公司关于日人劫夺大冶铁矿铁砂数量的调查》，载《汉冶萍公司档案史料选编》（下），中国社会科学出版社1994年版，第755页。

　　日军霸占湖北工厂的另一种形式是所谓的"合办""租赁"和"委托"日商经营。日军占领武汉和湖北以后，对于未来得及拆迁的工厂或拆迁后遗留下来的机器设备和物资，只要稍有利用价值，就采取各种形式，强行霸占，交给日商所有或经营，为日本的侵略战争和殖民统治服务。汉口福兴源漂染整理厂在沦陷前颇有规模，设备齐全。沦陷后，日军对其拆迁遗留下来的机器设备如蒸汽机、锅炉、台车、黑油马达进行收集修理，分别交给日军吕武第六一一部队、大岛屋清酒厂、吉田产业株式会社、福美人酱厂等部门和单位，供其使用[①]。泰安纱厂是日信洋行旗下的一家日资企业，沦陷前，国民政府以敌对国财产的名义搬走了其部分设备。日军进入武汉后，泰安纱厂立刻请求日军帮助强占第一纱厂作为补偿。然因第一纱厂战前欠英安利洋行268万元债务，工厂资产已作抵押，纱厂产权属于英商，而此时日英关系尚未破裂，日信洋行的要求一时未能得到满足。太平洋战争一爆发，日军立即控制第一纱厂，将其交给日信洋行经营，并改名为泰安纺织株式会社，以60万元作经营资本，并从九江英商纱厂和湖北官布局运来部分机器设备，开工生产[②]。沦陷期间，日军霸占中国企业或设备交给日本公司经营的情况，

---

　　①　皮明庥总主编、涂文学主编：《武汉通史·中华民国卷》上，武汉出版社2006年版，第323页。

　　②　武汉地方志编纂委员会：《武汉市志·工业志》，武汉大学出版社1999年版，第611页。

十分普遍，是当时日本公司在武汉开设工厂的一种重要途径。据统计，到抗战中期，日军在武汉设立的 21 家轻工业工厂绝大部分是利用强占的中国工厂和机器设备建立起来的[①]。仅纺织行业，就有白木、后藤、中川、瑞康、中山等洋行和大成布厂、新华布厂、新铭工业社等[②]。此外，还有著名的华中电器股份公司、日华纺织株式会社、日华制油厂、泰安纱厂、华中烟草株式会社、三井火柴厂等[③]。据 1941 年度的统计，该年汉口中国民族工厂 32 家，由日军或日商接管开工的就有 14 家，日军拆迁、占领的 5 家，不能开工的 6 家，与日商"合资"经营的 2 家，自己继续开工的仅仅只有 5 家[④]。

二　伪政府的劫夺

除了日军的侵占和控制外，战时湖北沦陷区的工业还要遭受各级伪政府的劫夺。伪政府为了维持其傀儡统治，支付其各项开支，也对控制区内的各项工业采取强占和掠夺的方针。在这方面，最典型的就是对应城膏盐矿的抢夺。

应城盐矿是华中地区重要的食盐产区，从咸丰三年（1853）开始，获准破禁熬盐。一直到抗战爆发前，该矿每年盐产量都在 30 万担左右。1938 年 10 月，日军占领应城以后，对应城盐矿实行严厉的统制管理。"各盐场未开火者，竟达七十余日"。后因各盐厂先后呈请膏盐商会转敌军宣抚班，要求早日开火，"敌军乃允许各厂，每班每锅抽盐 50 斤，其余之盐，听其自由销售"[⑤]。为了全面垄断食盐生产和销售，1940 年 1 月 25 日，伪湖北省政府成立"应城膏盐股份有限公司筹备处"，颁布筹备处《暂行办法》和《处理应城石膏公司办法》，宣布"筹备处直属于湖北省政府财政厅、建设厅，受财政厅长、建设厅长之指挥监督"[⑥]。同时宣布原应城石膏公司"以后不得在峒山收买石膏"，应城石膏厂所

① 武汉地方志编纂委员会：《武汉市志·工业志》，武汉大学出版社 1999 年版，第 777 页。
② 同上书，第 613 页。
③ 湖北省地方志编纂委员会：《湖北省志·经济综述》，湖北人出版社 1992 年版，第 87 页。
④ 伪汉口特别市政府：《汉口特别市政府三周年市政概况·社会》，1942 年出版。
⑤ 应城县政府：《应城县抗战史料》，1948 年，湖北省档案馆藏。
⑥ 伪应城膏盐股份有限公司筹备处：《应城膏盐股份有限公司筹备处暂行办法》，1940 年 1 月 25 日，载伪《湖北省政府公报》第 2 期，1940 年 4 月 20 日，武汉市档案馆藏。

存之 25 万担石膏由公司自行贩卖，但应按照伪省政府命令之税率纳税，贩卖数量及贩卖范围由省政府指定，"如私自贩卖，一经察觉，当予以严重处罚"，"公司售膏收入，除公司经常费以外之款项，均由省政府财政厅代为存放日本正金银行，动用时须得查定委员会之承认方为合法，其动用之经常费须呈报备查"。"违犯以上各条时，由军部会同省政府严重处罚。"① 1940 年 2 月 12 日，伪湖北省政府颁布《征收应城县石膏税暂行办法》，规定石膏税税率每抬征税 4 角，"税款暂由财政厅事务股代收，以一半解省库，一半拨县"②。5 月 1 日，"官商合办"的应城膏盐公司正式成立，股本总额为 100 万元，伪省政府占 60%，由伪武汉市参议府参议、前伪武汉维持会社会局长杨辉廷任理事长。1940 年 6 月公司制盐部下辖 16 个制盐总厂和 108 个汲卤熬棚。各盐棚分散取卤，总厂集中熬盐，由公司统筹运销。"所有食盐，每月搬出入量及库存量，均须详细列表，以凭查核调整。"③ 日军将这些食盐，都运往武汉，交由其控制的武汉盐政管理局专卖。为了防止食盐走私，日伪派出军队，严厉盘查，对查获无购盐证搬运证者，即加以灌盐水、唆犬咬、"推塔倒地"等酷刑。6 月 6 日，伪湖北省第二次省政会议通过《取缔运销应城私膏办法》，规定"运销私膏，经该公司查获后，除全数没收外，并按照情节轻重，将峒商、运商、贩商分别处罚。由该公司送交地方官署依法办理"，没收之私膏由该公司变价，70% 归公，30% 提除奖金④。1941 年 8 月，伪应城县县长周明钦再次颁发告示：核定除 18 家准予继续制盐外，其余各盐峒限于 8 月 1 日起，一律停止开火熬盐。⑤ 1942 年 4 月，日伪为进一步加强对食盐生产的管制，切断中共鄂中抗日根据地的食盐来源和经济补给，下令焚毁熬棚 100 个，只留 8 家继续生产。5 月 17 日，日寇"将各盐场所设钻洞棚子、盐池棚子焚烧，并将炉齿、铁锅、铁管、铁绳尽行搬去，以为铸兵器之用。总厂材料，

---

① 伪应城膏盐股份有限公司筹备处：《处理应城石膏公司办法》，1940 年 1 月 25 日，载伪《湖北省政府公报》第 2 期，1940 年 4 月 20 日，武汉市档案馆藏。

② 伪湖北省政府：《征收应城县石膏税暂行办法》，1940 年 1 月 25 日，载伪《湖北省政府公报》第 2 期，1940 年 4 月 20 日，武汉市档案馆藏。

③ 应城县地方志编纂委员会：《应城县志》，中国城市出版社 1992 年版，第 258 页。

④ 伪湖北省政府：《湖北省政府取缔运销应城私膏办法》，1940 年 6 月 6 日，载伪《湖北省政府公报》第 6 期，1940 年 8 月 20 日出版，武汉市档案馆藏。

⑤ 《应城县严令各盐峒停止开火煮盐》，《武汉报》1941 年 8 月 13 日。

亦任意撤毁"。各盐场眼睁睁地看着"大好产业，非己所有，使生命几濒绝境。故有洞主陈荫三服毒自杀之惨剧发生"[1]。

三 沦陷区工业的衰败

在日伪的侵占和掠夺破坏之下，战时武汉和湖北地区的工业遭到极大的破坏。据武汉日伪方面的调查统计，战时武汉工业大幅下降，一派肃杀萧条景象。在机械制造业方面，沦陷初期，工厂总数由战前的150多家减少到不足40家，工作母机由3200多台减少到不足600台[2]。沦陷期间，日伪为满足战争需要，在武汉大力提倡机械制造工业。但到1942年，华人机械制造厂仍只有88家，资本总额旧法币81500元，工人414人，年产值15万元，产品主要是各种机械修理，仅有少数几家生产弹花机、袜机、米机、铜水龙头等小型产品[3]。另据《武汉市志》统计，1941年，三镇机器制造厂为72家，资本174万元，至1944年7月，机器工厂虽增加至125家，但总资本反而下降到116.2万元[4]。纺织工业方面，沦陷初期，纱锭数目由战前的32万枚下降到8万枚，布机由3500台下降到1200台，纺织品市场基本被日商厂家垄断。汉阳西乡战前是湖北重要的毛巾织造基地，从事毛巾织造的有130余户，战后，在日伪的双重摧残下，迅速衰败，1940年仅剩70余户在勉强生产，产量也较战前减少1/3—2/3[5]。电力工业，战后发电机容量比战前减少11900千瓦，生产能力下降41.9[6]。食品和印刷业方面，1940年汉口市食品业登记营业的仅剩33家，印刷业只有21家，比1935年减少60%[7]。1944年，汉口市食品制造同业公会登记会员，只剩下冠生园等59家，比战前减少1/3[8]。在工厂总的数

① 应城县政府：《应城县抗战史料》，1948年，湖北省档案馆藏。

② 湖北省地方志编纂委员会：《湖北省志·经济综述》，湖北人民出版社1992年版，第92页。

③ 汉口日本商工会议所调查部：《武汉地区工业调查报告书第二号（机械工业）》，转引自涂文学主编《武汉沦陷时期档案史料丛编③：沦陷时期武汉的经济与市政》，武汉出版社2007年版，第320—331页。

④ 武汉地方志编纂委员会：《武汉市志·工业志》，武汉大学出版社1999年版，第279页。

⑤ 《毛巾业复兴，织造发源地在汉阳西乡》，《武汉报》1940年8月1日。

⑥ 湖北省地方志编纂委员会：《湖北省志·经济综述》，湖北人出版社1992年版，第92页。

⑦ 武汉地方志编纂委员会：《武汉市志·工业志》，武汉大学出版社1999年版，第777页。

⑧ 同上书，第897页。

量方面，据伪"汉口工商会议厅"调查所统计，1942 年，武汉三镇共有工厂 133 家，约为战前工厂总数的 25%，且多是一些用手工、半手工操作的作坊式工厂，年产值为战前的 15.8%，发电能力为战前的 10%①。1943 年，武汉营业的华人工厂仅有 381 家，其中机器工厂 84 家，翻砂工厂 14 家，红炉铁器业 262 家，洋伞骨工厂、袜子工厂等 12 家，总资本额 134508 元，工人人数 1395 人②。日伪对武汉工业的劫夺和三镇工业凋敝的程度可见一斑。武汉以外地区的工业，本来基础就比较薄弱，经过日伪的肆意摧残，更是每况愈下。通城县战前有民营纺织厂 3 个，1944 年 5 月 28 日敌人入侵之后，所有机器财物，全部被敌摧毁。该县麦市乡有民营纸厂 30 余家，"敌犯湘北数经该处，将纸厂机器悉行捣毁，云溪乡亦有纸厂十余所，同被破坏殆尽"③。日本军队对湖北民族工业的掠夺，缺乏完整的统计资料。据 1939 年延安时事问题研究会所编《日本帝国主义在中国沦陷区》一书统计，湖北被占领及破坏的重工业有汉口扬子江厂、汉冶萍汉阳铁厂、汉冶萍大冶铁厂、大冶湖北水泥公司；纺织工业有 7 个工厂，资本 12986294 元（法币，下同），纱锭 308280，布机 2985 架；面粉工业有工厂 10 个，资本 2700000 元；造纸厂 2 个。另据中华民国湖北省政府 1940 年统计，湖北省营业事业财产损失总计 4.8 亿元④。在日伪的摧残和打击下，武汉这个华中的工业中心遭到彻底的破坏，湖北地区从 19 世纪中叶逐渐发展起来的工业遭受到了毁灭性打击，完全丧失了自我发展的能力。

第五节　商业和对外贸易的萧条

日伪的军事破坏、殖民掠夺和经济统制，极大地摧残了武汉和湖北的商业与对外贸易，战前处于内地商业和外贸中心地位的武汉，商业迅速凋敝，对外贸易一落千丈。

① 武汉地方志编纂委员会：《武汉市志·大事记》，武汉大学出版社 1999 年版，第 140 页。

② 汉口日本商工会议所调查部：《武汉地区工业调查报告书第十号（华人铁系金属工业）》，转引自涂文学主编《武汉沦陷时期档案史料丛编③：沦陷时期武汉的经济与市政》，武汉出版社 2007 年版，第 331 页。

③ 通城县政府：《通城县抗战史料》，1948 年，湖北省档案馆藏。

④ 田子渝、黄华文：《湖北通史·民国卷》，华中师范大学出版社 1999 年版，第 582 页。

一　商业的衰败

沦陷时期，由于日伪实行严格的经济统制政策，不仅粮食、棉花、食盐、油料、煤炭等大宗人民日常生活用品作为军事物资实行专卖，全部掌握在日本公司和敌伪政府手中，严禁民间运输和销售，就是一般生活用品，如土纸、火柴、香烟等，日伪也指定由伪省、县、区合作社，统制经营，一般中国商人不得销售。同时，日军强行划定商业区域，强占繁华商业地段，限制中国商人的经营区域。日军占领武汉以后，规定汉口交通路以下原商业繁华地区为日本商业区，由日本洋行在此专营批发，集家嘴至硚口"难民区"为中国商业区，中国商人只能在此开办茶楼、酒馆和日军指定经营的零售业务①。在日伪的这些严厉统制政策之下，地处九省通衢、过去一片繁荣的武汉商业，完全陷入死寂般的萧条。

武汉以外地区的商业，也同样陷入深渊。由于日本飞机的狂轰滥炸，沦陷区战前的一些商业繁华集镇绝大部分都化为废墟。沦陷以后，日伪又实行严格的经济统制政策，对粮食、棉花、油料、食盐、猪鬃、桐油等生活必需品和农副土特产品实行统购专卖，农村商业基本失去了经营空间。许多战前的商业繁华集镇寂寞破败，一些区域商品流通中心生意萧条，交易额大幅度下降。如1938年农历九月十二日，日军占领嘉鱼县城，次日，在将城内各商店未及搬运物资悉数运去之后，"在商务繁华之区，纵火烧毁商店60余家，火光冲天，达2昼夜，损失无算"②。昔日繁荣街市，顿成断壁残垣，一片废墟。大冶县黄石港，地处长江上汉浔之间，是江南江北货物集散中心，大冶县商务精华之所在。"抗战前轮车辐辏，屋宇比栉"，"自象鼻山铁矿开办以后，工厂林立，市面繁荣，颇有长足之进展"。武汉会战开始以后，"敌机肆虐，投弹狂炸，将整个市场原有之商店及民房摧毁达80％以上"③。沔阳县新堤镇地处江汉平原腹地，物产丰富，交通便利，自近代以来就是重要的粮食集散地。但是，沔阳沦陷以后，随着农业的凋敝和产量的剧降，

---

① 皮明庥、欧阳植梁主编：《武汉史稿》，中国文史出版社1992年版，第619页。
② 嘉鱼县政府：《嘉鱼县抗战史料》，1948年，湖北省档案馆藏。
③ 大冶县政府：《大冶县抗战史料》，1948年，湖北省档案馆藏。

农产品上市量急剧萎缩，该市场的农产品交易量大幅度下降，有些品种的上市量甚至不足战前的1/10。具体情况见表5—12。

表5—12　　　　　　　湖北省沔阳县新堤镇主要农产品上市量　　　　　　单位：吨

名称	中日战争前（A）	中日战争后（B）（1941.9—1942.8）	B/A（%）
白米	2000	1590	79.5
稻谷	5000	2062	41.2
大麦	500	461	92
小麦	2500	574	23
高粱	1250	1265	101.2
大豆	10000	3864	38.6
蚕豆	3000	141	4.7
棉花	2000	1382	91.6
麻	1750	156	8.9
总计	28000	11945	42.7

资料来源：根据汉口日本商工会议所调查部《湖北省三角地带物资移动及收集机构报告书——湖北省新堤地区》（1942年）第106页资料，转引自浅田乔二等《1937—1945日本在中国沦陷区的经济掠夺》，第44—45页。

地处武汉外围的汉阳县蔡甸镇，因其优越的地理位置，战前商业一片繁荣，是当地著名的农产品集散中心。汉阳沦陷以后，在日伪的统制政策和严酷掠夺的双重压迫下，该镇商业迅速衰败，各项交易，一落千丈。1942年敌伪对该镇商业贸易情况的调查报告，清楚地反映了该镇商业的衰败情形。该报告说，"蔡甸不仅距离汉口较近，交通便利，而且通过蔡朗公路、蔡万公路等其他小路以及三眼湖、索子长河、鸟凡塞等湖沼与占领区和未占领区前后各乡相接，经侏儒山远通汧阳，经汉水和新沟运入来自天门、汉川、孝感、安陆各地的上市物资，成为县内首屈一指的集贸市场。但是现在由于受治安、统制等因素影响，以及其他县的交通遭到破坏，当地仅靠附近农村的生产勉强满足需要，导致供给不足的贫弱农业正在丧失其作用。比如，事变前当地有13家粮行，现减至6家，而大小200多家花厂现只剩东棉和阿部市下属的13家，民国二十年（1931）原有的三家蛋行现在也垮了，可以说农业经营极度缩小"①。

沦陷时期，敌伪当局为了维持和加强对商业的统制，同时扩大税源和保证敌伪的物资供应，采取了一系列措施，对商业进行管理。

（一）制定商业法规，实行经营许可证制度

为了既统制各项战略物资，又使商业得到一定发展，敌伪政府制定了一系列法规，实行商业经营许可证制度。1939 年，伪武汉特别市政府成立商会筹备委员会并颁发各商店营业执照，共发放特殊商店经营执照 338 个，普通商店营业执照 6683 个②。1940 年 10 月，伪汉口市政府核准颁布《汉口市商会商店登记规则》，规定"凡属中华民国国籍在本市区域内经营商工业者，无论公司、行号，均称商店，应向本会申请登记入会"③。1941 年 1 月 9 日核准、1942 年 12 月 25 日修正的《汉口特别市社会局发行经营许可证办法》，规定"凡在本市区域以内经营工商业，无论店铺、行号、厂栈，除领有专业执照者外，悉应遵照本办法之规定，请领许可证"，经"犹豫期"（定为一个月，自开始营业之日起算）后尚不申请营业许可证者，逾期 10 日处以资本额 1% 罚金，逾期 20 日处以资本额 2% 罚金，以此类推）；营业许可证有效期间为 24 个月，届满后应另备申请书连同旧证申请换发，如有违延，"即依前条之规定处罚"。资本不足储备券 3000 元之小本营业以及摊担负贩不发营业许可证④。1941 年度，伪汉口特别市政府共核发特殊营业许可证 151 件，一般营业许可证 2832 件⑤。1942 年度核发一般营业许可证 2379 件，特殊营业许可证 45 件。该年度汉口市商店开业共 534 家，歇业者共 595 家，实际减少了 61 家⑥。经

① 汉口日本商工会议所调查部：《湖北省三角地带物资运输和采集机构调查报告书》（湖北省汉阳县地区），汉口商工会议所资料第 14 辑，1942 年 11 月，湖北省档案馆藏，转引自涂文学主编《武汉沦陷时期档案史料丛编③：沦陷时期武汉的经济与市政》，武汉出版社 2007 年版，第 10—11 页。

② 伪武汉特别市政府：《武汉特别市市政府工作概况》，1940 年 1 月 10 日，武汉市档案馆藏。

③ 伪汉口市政府：《汉口市商会商店登记规则》，载伪《汉口市政府公报》1940 年第 19 期，1940 年 10 月出版，武汉市档案馆藏。

④ 伪汉口特别市社会局：《汉口特别市社会局发行经营许可证办法》，载伪《汉口特别市政府公报》1942 年第 24 期，1942 年 12 月出版。

⑤ 伪汉口特别市政府：《汉口特别市政府三周年市政概况·社会》，1942 年出版，武汉市档案馆藏。

⑥ 伪汉口特别市政府：《汉口特别市政府四周年市政概况·社会》《汉口特别市政府四周年市政概况·各项统计》，1943 年出版，武汉市档案馆藏。

营许可证制度的实行，引诱一大批汉奸和奸商投机钻营，他们勾结敌伪，获取特许经营，牟取暴利，导致市场进一步混乱。"一般投机成性市侩""忙于运用手腕加入组合玩配给，结果以致各组合员人满为患，应接不遑"，"商业新小组织者莫不如雨后春笋蒸蒸日上，形成极度不正常之发展"①。在此背景下，敌伪当局被迫做出整顿。1943 年 4 月 1 日，伪汉口市经济局决定自即日起，停发香烟业营业许可证，5 月 1 日起，停发食油、砂糖、海味、纱布、呢绒、绸缎、面粉、烛皂、火柴、搪瓷、洋广杂货等业之营业许可证②。

1941 年 2 月 20 日，伪湖北省政府通过《建设厅颁发武昌市区营业许可证办法》，规定："凡在本市区域内经营商业，无论公司行号、厂栈，除另有专业执照者外，均应遵照本办法规定，请领许可证"，违者处罚 20 元以下罚金③。

（二）开设各类市场

为了挽救濒临死亡的商业，并增加税收，敌伪政府决定开设各类市场，建设商业场所。敌伪建设的市场分为三类：批发市场、零售市场和家畜市场。

批发市场。沦陷时期，敌伪除对粮食、食盐、棉花、食油等重要生活物资实行统制专卖外，为了维持市场供应和搜括民财，还设立了一些批发市场，指定特别商号，从事蔬菜、水果、鱼类和土产的批发。1941 年 9 月 1 日，汉口批发市场及永清街、球场街两分市场同时建成开业，开业初期，其批发货物仅限于蔬菜一项。次年 1 月，增加鲜鱼和水果两项。7 月，又在民族路开设分场一所。本部和分场共计有蔬菜经纪人 31 人，干鲜鱼部经纪人 41 人，水果部经纪人 38 人。该年全场收入，手续费 108686.53 元，场址租金 8479.7 元，空地租金 37.5 元，共计 117203.73 元④。1943 年初，汉口日军特务部为加强对武汉市场的控制和掠夺，强令伪汉口特别市政府成立中日合资的"批发市场产销经历公

---

① 《市奸商重演掘金梦，投机商业畸形发展》，《武汉报》1943 年 4 月 20 日。

② 《取缔一般投机商，市经局订定办法》，《武汉报》1943 年 5 月 1 日。

③ 伪湖北省政府建设厅：《湖北省建设厅颁发武昌市区营业许可证办法》，载伪《湖北省政府公报》第 13 期，1941 年 3 月 20 日出版，武汉市档案馆藏。

④ 伪汉口特别市政府：《汉口的市场》，载伪汉口特别市政府《汉口特别市政府四周年市政概况·粮食管理》，转引自涂文学主编《武汉沦陷时期档案史料丛编③：沦陷时期武汉的经济与市政》，武汉出版社 2007 年版，第 282 页。

社"，由伪特别市政府、日本商人和中国商人共同出资 200 万元设立，其实际经营大权由敌伪掌握。从此，武汉全市的所有批发业务完全由日本公司和伪政府掌控经营①。

零售市场。武汉沦陷以后，原有的商业市场被毁于战火或被敌伪侵吞，此外，又有大批难民为维持生计，在街头摆摊小卖。敌伪政府为了加强控制，并收取费用，开始设立零售市场。1938 年全市设立 5 所，1939 年设立 5 所，1940 年设立 3 所，1941 年设立 1 所，1942 年设立 5 所，到该年底，全市共有零售市场 19 所②。敌伪政府设立这些市场以后，就强迫在街市小贩全部迁入，以便收取租金和费用。如 1940 年 6 月，伪市政府以治理市容为名，驱赶、取缔了许多街区的摊贩。14 日，又将大华市场阜昌街面之大门封闭，引起"特三区大华市场全体摊民"投书报纸，呼吁"民等均系良善贫困人民，典资衣物，始租得社会局大华市场一席之地摆设摊担，以谋升斗，幸能勉赡家口维持生命"，现当局将"顾客来源要道之正门封闭，是不啻陷民等于绝境，促民等于速亡"③。7 月上旬，敌伪政府又下令取缔兰陵市场内露天摊贩，导致摊贩代表致函报纸哭诉："近来场方突奉社会局命令，克日驱逐民等出场，不许营业，晴天霹雳，莫知所措。""若一旦被逼出场，则三十余户之家小，势必处于绝境坐以待毙也。"④ 此种情况，比比皆是。据伪《武汉报》1941 年 5 月"中华区之来历及其商业整治"一文披露，武汉沦陷之时，"所有中小商人、贩夫走卒，以及一般凭人吃饭、家无隔夜之粮赤贫人民，率皆迁居"难民区，"各寻搂栖之所，各图生产之路。如是该区上自硚口杨家河、下至新街沈家庙沿途一带，除开张营业之店铺不计外，其有荒货摊、香烟摊、熟食摊、水果摊、菜摊、钱摊等，已是如鳞栉比，塞满街头"。"按该区此类摊贩，迄至现有人数，不下万余。""乃最近因当局整肃市面交通关系，凡此一类摊贩，均在取缔之列。由是若辈摊贩日常生活，遂因之发生问题矣。设摊营业，既为事实

①　伪汉口特别市政府：《汉口特别市批发市场产销经历公社章程》，载伪《汉口特别市政府公报》1943 年第 8 期。

②　伪汉口特别市政府：《汉口的市场》，载伪《汉口特别市政府四周年市政概况·粮食管理》，转引自涂文学主编《武汉沦陷时期档案史料丛编③：沦陷时期武汉的经济与市政》，武汉出版社 2007 年版，第 282 页。

③　《读者呼声：大华市场摊户待援》，《武汉报》1940 年 6 月 20 日。

④　《来函照登：兰陵市场内露天摊贩被驱逐出场》，《武汉报》1940 年 7 月 15 日。

所不许，另图生路，又为环境所不可能，该摊贩等在近数日以来，引起营业均告停顿，全家老小，群起恐慌"①。随着敌伪强迫入场商贩的增加，市场租金收入也不断增长，全市 1939 年度为军票 18000 余元，1940 年及 1941 年增至 32000 余元，1942 年达到 41300 余元②。

家畜市场。1941 年 4 月，伪汉口市政府为控制肉类市场，开始筹备建立家畜市场。次年 3 月开工建设，8 月完成。共建设有市场事务所一栋，商人宿舍一栋，豚舍一栋，牛马系留场棚屋两栋，小禽置场两栋，牛马豚羊检查场各两栋，隔离室两栋，食堂、仓库、浴场等各两栋③。1943 年，为适应敌伪对沦陷区经济进一步统制的需要，伪汉口特别市政府决定撤销家畜市场，在原有市场基础上设立"畜产交易公社"，集合全市"中日家畜关系业者"，"一切业务交由公社经营"，伪市府"监督办理"④。

（三）加强度量衡管理

1940 年 3 月 5 日，伪武汉特别市政府颁布了《度量衡器具检查执行规则》，规定：度量衡器具"定期检查每年两次"，合格的加鉴图印并给予凭证，如发现有增损不合法之情形时得施行临时检查。各机关团体行号不得使用未经检查鉴印、给证之度量衡器具⑤。1941 年伪汉口特别市政府度量检定所一年之内检定制造商店之合格器具 9839 件，使用商店之合格器具计 5502 件，不合格者 1700 余件⑥。1943 年 1 月 26 日伪汉口市政府发布训令，重申执行国民政府工商部于 1930 年终以前度量衡一律使用新制的规定，"如有尚未使用新制者，迅速一律改正"⑦。

---

① 《中华区之来历及其商业整治》，《武汉报》1941 年 5 月 6 日第三版。

② 伪汉口特别市政府：《汉口的市场》，载伪《汉口特别市政府四周年市政概况・粮食管理》，转引自涂文学主编《武汉沦陷时期档案史料丛编③：沦陷时期武汉的经济与市政》，武汉出版社 2007 年版，第 283 页。

③ 同上书，第 284 页。

④ 同上书，第 283 页。

⑤ 武汉特别市政府：《度量衡器具检查执行规则》，载伪《武汉特别市政府公报》1940 年第 5 期，1940 年 3 月出版，武汉市档案馆藏。

⑥ 伪汉口特别市政府：《汉口特别市政府两年来施政概要》，《武汉报》1941 年 4 月 20 日。

⑦ 伪汉口特别市政府：《汉口特别市政府公报》1943 年第 2 期，1943 年 1 月 30 日出版，武汉市档案馆藏。

（四）实行商业小本借贷

伪武汉市政府 1942 年 7 月定了《零售市场代办小本借贷办法》，至 1943 年各场申请借贷者达 260 余户，贷出 10400 元①。

日伪的这些管理和"扶植"，远不能遏制沦陷区商业的凋敝，就连敌伪报纸对此也不能不承认和哀叹。1942 年 10 月，伪《武汉报》载文称，战前"汉口为五大商埠之一，华洋杂处，人口众多，其消耗量至巨，所以各百货商店之营业，十分发达，且当时生活低微，人民过日较易，所以对于服饰上极为讲究，因各物变异，购买力特强。自从事变以还，旧币逐渐贬值，物价日趋上涨，人民之生活程度，因之增高，其指数之飞升快速，与日俱增"。"普通人士莫不顾虑经济，得节省且节省，致消耗量大减。现时各大百货店之营业，较前十分衰颓，目下该业之情形，乃处于货少、价昂，而顾主寥寥之窘局势中。"②

与民族商业的衰败相反的是日本商业资本在湖北沦陷区的急剧扩张。沦陷前日本在汉商行仅 4 家，沦陷后日商数量激增，1939 年已达 60 余家。这些洋行多受日军特务部和日本驻汉领事馆的指挥、控制，协助日军进行"经济进攻"战。例如日信洋行，在武汉沦陷前主要是依靠治外法权做生意。七七事变后，其业务陷于停顿。日军占领武汉以后，日信洋行的全班人马回到武汉，协同日军办理没收中国公司的财产，并利用他们对武汉情况熟悉的优势，为日军搜集情报，直到日军完全控制武汉局势以后，它才开始商业经营活动。在日军的庇护下，它除了商业收购外，还经常采取强占手段扩大其经营，将大量巧取豪夺来的战略物资源源不绝地输往日本。据统计，武汉沦陷 7 年期间，日军通过洋行掠夺湖北的棉花约 4690000 担、羊皮 7000000 张、芝麻 560000 担、生漆 84000 担、桐油 2310000 担、茶叶 210000 担、猪鬃 35000 担③。

二　对外贸易的萎缩

近代开埠以后，武汉便成为我国重要的内陆外贸中心，在全国对外

---

①　伪汉口特别市政府：《汉口特别市政府四周年市政概况·粮食管理》，转引自涂文学主编《武汉沦陷时期档案史料丛编③：沦陷时期武汉的经济与市政》，武汉出版社 2007 年版，第 283 页。

②　《来源断绝存货稀少，市百货店营业衰颓》，《武汉报》1942 年 10 月 27 日。

③　湖北省地方志编纂委员会：《湖北省志·经济综述》，湖北人民出版社 1992 年版，第 86 页。

贸易中占有重要地位，是全国四大对外贸易港口之一。战前 1936 年，直接外贸进出口额 4600 余万元，占全国总额的 2.63%[①]。日军占领武汉后，把进出口贸易作为其经济统制和殖民侵略的重要手段，实行严格控制，所有进出口货物都由日军直接掌控。"凡装运货物，无论出口、进口必先得军部许可。国人之经营斯业者，必假日商名义，并托日商报关装船，再由日商银行承做军票押汇。" 1939 年 "军部准许出口者，仅限于若干种产量不多或利益微薄之货品，他如米麦粮食以及桐油、棉花等大宗物产概在禁止之列。进口则以日货占绝对多数"[②]。在日军严厉的控制之下，华商对外贸易遂均告歇业，外商洋行亦大部分关闭。对于欧美在汉从事外贸业务的洋行，日军一开始就对其采取限制、打压的政策，使其业务急剧萎缩，甚至停业。据伪汉口特别市政府 1940 年初调查统计，当时欧美在汉商行（含部分工厂和保险公司）共 66 家，其中，停业 18 家，暂时停业 1 家，商务减少 28 家，商情缩减 3 家[③]。除少数生产型企业如和利冰厂、雀巢牛乳公司以及公用型企业如汉口电灯公司还在维持营业外，直接经营进出口的贸易商行几乎全部停业；与进出口贸易相关的商行，其经营也大幅下降[④]。太平洋战争爆发后，日军宣布美、英等国在汉洋行及货物均为敌产，予以没收；勒令美英洋行交出所有账册，全部财产由日本接收；并将所有美英在汉洋行人员集中押往上海。自此，美英在汉公司全部被日本霸占，武汉地区的对外贸易也全部落入日商手中。

在战争的破坏和日本公司独家垄断的双重打压下，沦陷时期武汉的进出口贸易急剧萎缩，各项物资的进出口量直线下降，战前传统的大宗货物出口也一落千丈。整个武汉的进出口贸易接近停止。例如，武汉原为内地棉花出口重要港口，1937 年抗日爆发后，受战争的影响，当年就有 19 家经营棉花出口的商行停业，开业的 6 家也只是勉力支撑。棉

---

① 武汉地方志编纂委员会：《武汉市志·对外经济贸易志》，武汉大学出版社 1996 年版，第 85 页。

② 汉口浙江实业银行：《汉口浙江实业银行 1939 年下期决算营业报告书》，转引自涂文学主编《武汉沦陷时期档案史料丛编③：沦陷时期武汉的经济与市政》，武汉出版社 2007 年版，第 2 页。

③ 伪武汉特别市政府：《武汉特别市政府周年纪念特刊》，1940 年 4 月，国家图书馆藏。

④ 皮明庥总主编、涂文学主编：《武汉通史·中华民国卷》，上，武汉出版社 2006 年版，第 326 页。

纱进口也只有日商东棉公司一家销售日产棉纱①。桐油一向为武汉出口的重要商品，主要对象为美国，太平洋战争爆发后桐油外销基本中断②。过去由汉口输出的生皮，每年约 10 万担，多时达到 20 多万担，沦陷后出口量大大减少。牛皮制品过去每月需用 5000 余张，沦陷初期虽生意萧条，每月需用也在千张左右。到 1941 年底，每月需用仅一两百张，主要为日商三井、石士冢、大昌、吉田等洋行经营，"场面十分萧条"③。其他商品如禽毛、杂粮、油脂等，情况也基本相同。"自太平洋战起后，往日从事收购我土产如丝、茶、桐油、猪牛羊杂皮运销美洲、南洋以换取外汇及军需物资之敌商，至是因失掉市场停止营业；而代敌商收购此项土产之中国商民，遂至无事可作。"④ 据统计，1934 年汉口有报关行 52 家，至 1938 年 10 月后全部停业。从进出口贸易总值来看，1937 年汉口对外直接贸易进出口额 4240 余万元（法币），占全国外贸总值的 2.36%，日军占领武汉后，1939 年即下降到 12.18 万元，1940 年下降到 5.8 万元，1941 年和 1942 年更是只有 6535 元和 588 元，1942 年占全国贸易额只有 0.01%。其中，1940—1942 年出口额均为 0⑤。到 1942 年降到了 5880000 元（法币），占全国总值的 0.01%。间接对外贸易方面，1936 年武汉港进出口总额 3.068 亿元（法币），1938 年下降到 1.12 亿元（法币），1939 年降至 12.18 万元（法币）。江汉关 1937 年税收总额达 2582.6 万元，1939 年下降为 19566 元，1940 年为 6744 元，1941 年和 1942 年则分别只有 970 元和 285 元⑥。

---

① 皮明庥总主编、涂文学主编：《武汉通史·中华民国卷》，上，武汉出版社 2006 年版，第 327 页。

② 《桐油外销中断》，《武汉报》1942 年 4 月 28 日。

③ 《闲话本地的牛皮业》，《武汉报》1941 年 11 月 5 日。

④ 湖北银行总行经济研究室：《湖北省各地金融市况》，1942 年度，第 123—129 页，湖北省档案馆藏，转引自涂文学主编《武汉沦陷时期档案史料丛编③：沦陷时期武汉的经济与市政》，武汉出版社 2007 年版，第 7—8 页。

⑤ 武汉地方志编纂委员会：《武汉市志·对外经济贸易志》，武汉大学出版社 1996 年版，第 85 页。

⑥ 资料来源：江汉关历年贸易报告，转引自《汉口港海关税收总额统计表》，载《武汉市志·对外经济贸易志》，武汉大学出版社 1996 年版，第 226 页。

第六章 沦陷区的社会控制

日伪在湖北沦陷区的政权不具有丝毫的合法性，得不到民众的任何认同，时刻受到人民的敌视和反抗。为了维护自己的殖民奴化统治，日伪政府只能一方面不断强化法西斯控制，镇压和防范民众；另一方面虚伪地抛出一些"怀柔"政策，借以欺骗和麻痹民众。

第一节 残暴的法西斯统治

日伪政权在湖北沦陷区的统治，最主要是依靠残暴的法西斯手段来维持。

一 分区控制

日军占领湖北以后，在城市和乡村划分不同类型的控制区，实行分区统治。

日军进行分区统治最典型的是在武汉。在汉口，日军将全市划分为"安全区"、"难民区"、"日华区"、"商业区"和"军事区"；在武昌，划分为"难民区"、"特别区"、"军事区"和"轮渡区"。

（一）"安全区"

所谓安全区，即是由外国人控制的区域。包括德国租界（特一区）、前俄国租界（特二区）、前英国租界（特三区）和法国租界。1938 年 10 月，中国守军撤离武汉之际，汉口租界内的中华基督教循道公会湖北教区长饶永康神父着手筹划设立"安全区"。其范围包括特一区、特二区、特三区和汉口华界一部分。日军侵入后，法租界也被划入安全区。武汉沦陷初期，安全区共收容了无家可归的难民 7.52 万余人，为避免引起日军的干涉，区内中国人完全解除武装①。安全区设立之初，日军对其表示尊重，军队不能随便进入。但其后不久，日军便不再视安全区为禁地，派军队强行进出，进行控制。日军在安全区内不仅对中国人任意欺凌，而且无视国际公法，对于英美侨民的人身和财产也肆无忌惮地进行凌辱和掠夺。英国侨民不能随意出入特三区，连英国军官在特三区江堤登岸时，也必须接受日军的搜查。对安全区内的土地和房屋，也随意侵占。特三区出入口早晨 7 时至下午 7 时为开放时间，过此即禁止通行。1939 年 2 月 15 日起，才延长为早晨 7 时至下午 8 时②。至太平洋战争爆发前，特三区原管理机构市政管理局纳税人董事会虽仍有一定的管理权，但实际大权则由日军通过伪汉口市政府控制。1940年 12 月，伪汉口特别市政府社会局发布布告，称"特三区扬子街一带，业经关系方面（即日军）划为特殊区域"，凡该区居民应于本月 25 日以前"一律另行迁居"③。太平洋战争爆发后，伪汉口特别市政府于1942 年 2 月 9 日"正式令派专员叶春霖为特三区市政管理局监理官"，并增派 5 名助理监理官协助管理该区④。在法国租界，因其暂时能使中国民众躲避日军的屠杀，武汉失守之际，8 万难民涌入其内，连同原来的居民，弹丸之地一时拥挤了 20 余万人。日军以"租界内藏有反日分子"为由，在租界周围扎立木栅，实行封锁，并在江边巡逻。法租界当局为防止更多难民涌入和抗日事件的发生，也关闭了木栅，禁止任何人员进出，使法租界成为沦陷初期武汉的一座孤岛。武汉局势平稳之后，法租界的木栅才逐渐打开，日军允许持有"良民证"的中国商贩进出租界。由于人口激增引起法租界内生活条件极端恶化，特别是房租和物价陡涨，"居民无力负担，纷纷迁出"。到 1940 年 8 月中旬，租界内的居民，减至 26400 名左右⑤。

七七事变爆发时，日本驻汉领事和大批日侨撤离武汉。武汉沦陷

---

① 皮明庥总主编、涂文学主编：《武汉通史·中华民国卷》，上，武汉出版社 2006 年版，第 305 页。

② 《特三区延长开放时间》，《武汉报》1939 年 2 月 16 日。

③ 《特三区扬子江一带即将划为特殊区域，通告该段居民限期迁移》，《武汉报》1940 年12 月 20 日。

④ 《大东亚民族解放声中汉口特区之新动向：推进特三区政务，市府派专员监理》，《武汉报》1942 年 2 月 10 日。

⑤ 《法租界居民仅两万六千》，《武汉报》1940 年 8 月 26 日。

后，两万多名日本商人等随军返汉，他们组织了"居留民团"和"鸡林会"等团体，管理日租界。

（二）"难民区"

日军占领武汉以后，将凡未逃走的中国人一律强行迁入"难民区"，"一般的日本人禁止入内"。汉口难民区设立之初，其范围为今利济路以西、硚口以东，南至汉水江边、北到中山大道，长度约为4.3公里，总面积约2.6平方公里。在武汉沦陷前夕，原在这里居住的有钱人，纷纷逃往重庆、香港和法租界，其他人员则多逃至附近乡村、内地避难，武汉沦陷时，只剩下一些穷苦贫民和长江下游逃来的难民①。日军对"难民区"实行严格的封锁隔离管理，在其四周架设铁丝网，接上电源。难民区设两个进出口：一个在硚口，一个在利济路汉正街口。区内人员出入时必须出示"安居证"（即通行证，称为"派司"）。难民区的中国民众行动受到严格控制，所有出入者必须向门口日本宪兵脱帽、三鞠躬，否则轻则被罚跪，重则拖往日本宪兵队毒打，甚至以游击队嫌疑的罪名处死。

伪武汉维持会成立以后，日伪将"难民区"改名为"中华区"，由伪维持会和伪政府进行管理，在难民区内设立伪行政组织和伪警察局，难民区范围也不断延伸，上至硚口，下到集家嘴。难民区的人口也大量增加，最多时达47390户、255369人，其中包括以船为家的水上生活者2007户、15154人，占当时武汉特别市总人口的40%②。

改名"中华区"后，日军对区内中国民众的歧视和压迫丝毫没有减弱。1940年，武汉霍乱流行，中华区因人口密集，卫生条件极差，疫情蔓延。日军害怕传染给日侨，对中华区实行严密封锁，凡出现疫情的街道，一律全部封锁隔离，所有人员不得进出。整个区内的民众都要强制打预防针，发注射证，凭证出入。出门时，还要喷洒消毒药水。著名汉剧演员黄鸣振因对这种侮辱中国人民的行为不满，出门时

---

① 参见《汉口难民区位置、面积、概况》，转引自涂文学主编《武汉沦陷时期档案史料丛编①：沦陷时期武汉的社会与文化》，武汉出版社2005年版，第239页；秦特征《沦陷后的汉口沦陷区》，载《武汉文史资料文库》第二卷，武汉出版社1999年版，第92页。

② 参见《汉口难民区位置、面积、概况》，转引自涂文学主编《武汉沦陷时期档案史料丛编①：沦陷时期武汉的社会与文化》，武汉出版社2005年版，第240页。

拒绝向日本宪兵脱帽鞠躬，也拒绝喷洒药水，结果，被日军殴打吐血致死①。

武昌的难民区设在新桥街至八铺街，包括白沙洲、金沙洲、下新河、东湖一带。刚建立时，难民区首尾两端设立有木栅，每日上午9时开放，下午3时关闭，进出都要接受严格检查，如同监狱。据估计，1938年年底，武昌东北难民区有人口大约7000人，近郊1万人②。1939年6月，武昌难民区人口增加到5万余人。由于武昌是日军驻扎重地，对中国人在武昌的行动比在汉口限制更加严格，"持有汉口陆海军特务部及武昌分室发给之安居证者，许以通行武汉三镇"，但"持汉口陆海军特务部发给之安居证者，暂停出入于武昌"；"武昌及郊外之通行，须持有军特务部武昌分室发给之安居证，或持有通行证者方得许可"，"其他一切证明书停止通行"③。

（三）"日华区"和"商业区"

"日华区"汉口为民权路至民生路之间一段，是中国商人与日本中下级商人混合居住经商区域，但实际上在这里居住的日本人很少。而民生路至江汉路一段的中山大道，被划为"商业区"，"为全市精华，区内全系日商上级行家，其次者不容插足"④。日军的机关、团体和仓库等也多设置在这一带。

与此相似，武昌设有"特别区"，"指定为日本居留民区者，但除已住之日本军队及日本居留民房屋之外，如房主自住或经许可者，准住之"。"特别区内部另设事务所，而直辖于市政府武昌办事处。"⑤

（四）"军事区"

汉口军事区设在沿江河一带，上至集家嘴，下迄日租界，除日军以

---

① 皮明庥、欧阳植梁主编：《武汉史稿》，中国文史出版社1992年版，第604页。

② 《汉口难民区食量恐慌——某外侨来沪谈》，《申报》1938年12月12日。

③ 《市府复兴武昌问题》，《武汉报》1939年6月3日。

④ 《汉口浙江实业银行1939年下期营业决算报告书》，武汉市档案馆藏，转引自涂文学主编《武汉沦陷时期档案史料丛编③：沦陷时期武汉的经济与市政》，武汉出版社2007年版，第1页。

⑤ 《武昌市民复归工作计划》（日本军特务部武昌分室拟定［1939年5月]），武汉市档案馆藏，转引自涂文学主编《武汉沦陷时期档案史料丛编③：沦陷时期武汉的经济与市政》，武汉出版社2007年版，第625页。

外任何人不准通行。汉口界限路（今合作路）以上归日本陆军管辖，界限路以下归日本海军管辖。直至 1941 年 6 月，日军松田兵站司令部才宣布；军事区内之道路江汉四路于 6 月 10 日、大智路于 6 月 20 日"对一般中日人开放"①，而广雅路（旧名府东四路）迟至 1943 年 4 月 21 日，才"许可一般中日人士通行"②。

武昌的"军事区"，因国民党军队退却时"武昌人民随之离散者十室九空"，实际上占据了全城，"军事区域与商业区域未能划清界限"。1939 年 6 月，伪武汉特别市政府请求日军"将武昌军区缩小，或迁移较远之适当地点，或驻扎南湖左旗、右旗之地"③。但武昌城内许多要地（如武汉大学），仍被日军霸占。

武昌另设有轮渡区。

1942 年 4 月，日军将汉口特三区管理局"移交"给伪汉口特别市政府，1943 年 6 月 5 日，汪伪国民政府又宣布接收汉口法租界。这样，"安全区""难民区"的称谓取消了，伪政权对武汉的分区统治表面上结束。但实际上"军事区"仍然是日军直接控制的殖民据点；特别区（即"安全区"）、中华区（即难民区）、日华区、商业区之间的巨大鸿沟依然存在。

日军在占领湖北的其他中小城市和乡村，也实行分区统治。例如，1940 年 6 月，日军侵占沙市，将大湾至便河路划为军事区，便河路至临让路划为日华区。凡军事区内的中国民众一律迁出，对日华区内的中国民众实行法西斯奴化统治④。同月，在占领宜昌以后，将旧城区划定为难民区，强令中国百姓在区内居住，不得随意进出⑤。在占领潜江、嘉鱼等县城以后，在城内设立军事区，强迫区内居民迁出，拆毁民房，

---

① 《准讼田兵站司令部函知开放江汉四路暨大智路边等路案》，武汉市档案馆藏，转引自涂文学主编《武汉沦陷时期档案史料丛编③：沦陷时期武汉的经济与市政》，武汉出版社 2007 年版，第 667 页。

② 《开放广雅路（旧名府东四路）》，汉口兵站司令部通牒，武汉市档案馆藏，转引自涂文学主编《武汉沦陷时期档案史料丛编③：沦陷时期武汉的经济与市政》，武汉出版社 2007 年版，第 670 页。

③ 《为建设繁荣武昌各项意见请鉴核施行由——武汉特别市政府警察总监部呈》，第 2422 号，转引自涂文学主编《武汉沦陷时期档案史料丛编③：沦陷时期武汉的经济与市政》，武汉出版社 2007 年版，第 633 页。

④ 沙市市志编纂委员会：《沙市市志》，中国经济出版社 1992 年版，第 111 页。

⑤ 宜昌县政府：《宜昌县抗战史料》，1948 年，湖北省档案馆藏。

改建军营，使成千上万的百姓无家可归，流落街头①。在广大农村，日伪当局根据它的实际控制能力、能否较顺利地推行保甲制度而划分"匪区"（即中国军队和政府管理的地区）、"清查区"（即中日双方还在争夺的游击地区）和保甲区（即日伪已较"稳固"统治的地区），分别实行不同的对策。

分区统治是帝国主义对殖民地进行"分而治之"的典型方式，它不但强化了对沦陷区民众的镇压和奴役，而且打断了占领区原先的城市化进程，使其业已形成的城市碎片化，削弱和瓦解了它原先的经济功能。武汉沦陷后的命运就是如此。

二 实行严格的居住证制度

日军占领武汉以后，首先在法租界实行居住证制度，指示伪治安维持会给市民发放"安居证"（俗称"良民证"），持有者可于9时至17时在指定道路上行走。其后，又在日华、商业两区发放。在沦陷初期，日伪在通路、码头设立检查岗，由日军特务部和伪治安维持会派出人员，"检查安居证，如认为必要时得检查行李物件"②。1939年3月，日军特务部扩大居住证发放范围，在中华区"填发安居证"③。1940年8月以后，日军停发安居证，改发市民证及各类通行证，发证工作移交伪武汉特别市政府办理④。伪武汉特别市警察局亦于9月1日正式成立"市民证发给处"，各分局成立分处，法租界巡捕厅成立办事处，负责市民证的发放。根据伪市警察局的规定，凡"已报户口及受保甲编组，年在十岁以上之居民一律发给市民证"，"日租界内市民，由日领事馆警察署将界居民人数函知本局。同时转饬市民向第七分局请领申请书，以凭填发"，"法租界内市民证，由巡捕厅办事处接受人民申请，依照暂行办法填发"，"军区市民未编保甲者，由本局向军部接洽，俟编组保甲后，再行办理"。各机关团体与眷属员役由各

---

① 潜江县地方志编纂委员会：《潜江县志》，中国文史出版社1990年版，第128页；嘉鱼县政府：《嘉鱼抗战史料》，1948年，湖北省档案馆藏。

② 伪武汉特别市政府：《武汉特别市政府周年纪念特刊·市政府》，1940年4月出版，国家图书馆藏。

③ 《中华区填发安居证，武汉各界联合会请当局克日办理》，《武汉报》1939年3月4日。

④ 《友邦海军特务部将停发安居通行证》，《武汉报》1940年8月12日。

该主管机关在申请书上加盖印戳证明，直接送交市民证发给处，填发"特"字市民证①。同年 9 月 20 日，汪伪国民政府将武汉特别市改称汉口市，伪武汉特别市市民证亦改名重发。原证有效期为 5 个月，新证要求在 1941 年 3 月底以前调换完毕。②日伪当局对市民证实行严格的检查制度，规定无证市民一律不许在市内居留③。1941 年 1 月 31 日至 2 月 4 日（农历正月初五至初九），伪汉口特别市警察局接连五天"饬派员警实施总检查，凡无市民证者，即不准通行"④。1941 年 9 月，《汉口特别市发给市民证暂行办法》颁布，规定本市市民凡年龄在 10 岁以上者，均应申请发给市民证，发证时领证人须在户口表指纹栏内按捺指印⑤。

据伪汉口特别市政府警察局统计，1940 年 9 月 1 日至 1941 年 9 月 15 日，第一期共发市民证 621758 份；第二期 1941 年 9 月 16 日至 12 月底，共发市民证 332379 份⑥。

武昌、汉阳划归伪湖北省政府管辖后，伪省政府决定"辖于武昌者发给武昌市民证，发给处设武昌陆军特务部分室内，属于汉阳者发给县市民证，发给处设于汉阳陆军特务部分室内"⑦。1941 年 1 月 24 日，汉口日军特务部武昌分室班长高桥茂次发布布告："武昌省会区域发给市民证"定于 2 月 1 日开始办理，在发给时需将旧用安居证或通行证缴换⑧。

1939 年 1 月，伪武汉警察总监部发布布告，规定船户必须向日军

①　伪汉口特别市警察局：《汉口特别市警察局业务汇刊》，1942 年 9 月，武汉市档案馆藏，转引自涂文学主编《武汉沦陷时期档案史料丛编②：沦陷时期武汉的政治与军事》，武汉出版社 2007 年版，第 214 页。

②　《前发特别市市民证定期调换新证》，《武汉报》1941 年 2 月 10 日。

③　《农历年底施行检查市民证，无市民证不许居留市内》，《武汉报》1940 年 12 月 14 日。

④　《市警局定期举行市民证总检查：旧历新年正月初五日开始，检查五天，无证禁止通行》，《武汉报》1941 年 1 月 24 日。

⑤　伪汉口特别市政府：《汉口特别市发给市民证暂行办法》，载伪《汉口特别市政府公报》1941 年第 17 期，1941 年 9 月，武汉市档案馆藏。

⑥　伪汉口特别市警察局：《汉口特别市警察局业务汇刊》，1942 年 9 月，武汉市档案馆藏，转引自涂文学主编《武汉沦陷时期档案史料丛编②：沦陷时期武汉的政治与军事》，武汉出版社 2007 年版，第 218—219 页。

⑦　《武昌发市民证，汉阳发县民证》，《武汉报》1940 年 10 月 10 日。

⑧　汉口日军特务部武昌分室：《布告》，《武汉报》1941 年 1 月 25 日。

海军特务部申请水上通行证，"水面通行证，与安居证不同，即安居证不适用于水面"。无水上通行证之船划，不准通行，不准到法租界江面；划船限定地区，"出该区之外，不准通行"；"夜间不准通行"①。

1942 年 5 月 9 日汪伪国民政府内政部公布《各省市警察机关发给人民居住证及旅行证明书办法》，规定"凡年在 12 岁以上，60 岁以下之居民，均应请领居住证"，"因特别事故而无居住证者发给旅行证明书"②。7 月，伪湖北省警务处宣布"所有核发县市民证事宜，一律划归警察机关办理，并改订式样为人民居住证"③。伪汉口特别市警察局也拟就《汉口特别市居住证发给处组织规程》《发给居住证暂行办法》等件，报请伪市政府通过，定于 8 月 26 日开始发给居住证。原"市民证"只能在市内使用，离开武汉无效，"欲请领旅行证者""非情况特殊，在万不得已时不许领取"④。9 月，伪湖北省政府又公布《修正湖北省各市县警察局发给居住证暂行补充办法》，规定"凡年在 12 岁以上 60 岁以下之居民，须请领居住证，不分男先女后，按每户人数申请核发"。居民申请居住证应缴之手续费省会地方每人日金 2 角，水上警察局管辖地方及外县每人日金 1 角⑤。伪汉口特别市"凡领证居民，除简任以上官员外，其余均须一律捺印指纹，以昭慎重"⑥。

日伪政权希图用发放"安居证""市民证""居住证"等办法控制沦陷区民众，清除抗日力量，增加民众的精神压力和畏惧感，使沦陷区民众俯首帖耳，甘当"顺民"。居住证制度给老百姓的生活造成了极大的不便和痛苦，由于日军发放"安居证"需要以户籍为凭，没有户籍者无法领证，致使一大批外来难民和本地无户籍居民因为无法领证，不能外出，造成工作和生活的极大痛苦。1939 年 2 月，法租界一位名叫吴志仁者，因无法领到安居证困居法租界，投书报纸，哀叹大批无证者

---

① 《警察总监部布告，维护水陆秩序》，《武汉报》1939 年 1 月 21 日。

② 伪国民政府：《各省市警察机关发给人民居住证及旅行证明书办法》，载伪《湖北省政府公报》第二卷第 1 期，1942 年 8 月 31 日出版，武汉市档案馆藏。

③ 《省警务处统筹办理各县市改发居住证》，《武汉报》1942 年 7 月 26 日。

④ 伪汉口特别市警察局：《汉口特别市警察局业务汇刊》，1942 年 9 月。

⑤ 伪湖北省政府：《修正湖北省各市县警察局发给居住证暂行补充办法》，载伪《湖北省政府公报》第二卷第 2 期，1942 年 9 月 30 日出版，武汉市档案馆藏。

⑥ 伪汉口特别市政府：《汉口特别市政府四周年市政概况》，1943 年，武汉档案馆藏。

"均抱向隅之憾，至今仍坐困其间，望界外而兴浩叹"，"领证不得，出界不能，阮籍图穷，谋生乏术，长此坐困，势必沦为饿殍"①。而汉奸走狗流氓地痞经常借发放各类证件对百姓进行敲诈勒索，民众出门必须随身携带居住证（"良民证"）以备盘查，一遇证件失落，便有被当作抗战分子关押甚至杀头的危险。特别是在农村，那里绝大部分地区并非日伪的"一统天下"，国民党地方政权仍有一定的势力，老百姓要两边应付，稍一不慎，便大祸临头。例如，1938 年 10 月，通城县敌伪警察局要求凡年满 16 岁以上的男女，每人交大洋一块，办理"良民证"。"该证是一块长不到两寸、宽不到一寸五的白棉布头，上面印有姓名、职业、住所，盖有县维持会的方印。""良民证"办了没几天，国民党的游击大队也贴出告示，要百姓去乡公所领取"难民证"，该证同良民证布头一样大，式样差不多，同样交一块大洋，该领不领的以汉奸论罪。老百姓借钱领了两个证，但用起来更加提心吊胆，出门时，既怕遇上游击队，又怕遇上伪警察，只好两证都带在身上；而老百姓又难以分辨谁是国民党游击队，谁是伪警察，加上多不识字，放在一起，分不清哪是"良民证"哪是"难民证"，一旦拿错就要倒霉。水口乡下屋一个叫吴冬香的农民，一天怀揣两个证走亲戚，半路碰到一个便衣，手枪一举，要查证件。吴冬香为了弄清对象好拿证，便问："请问，您是哪一边……？"话音未落，那便衣便知道他带有"双料货"（即两个证），便反问，"你问我是哪一边的，那你说哪一边的好呢？"吴冬香不知其底细，不敢乱说，便说，"国军也好，皇军也好，两边都好，只是我们老百姓不好"。那人一听，即在吴冬香脸上重重打了几个耳光，抢走了他的礼物和买盐的钱，吴冬香始终也没搞清楚那个便衣是哪边的。当时有人编了一个顺口溜讽刺说："花了两个袁大头，买了两块小布头，想保自己一个头。要是你用错了头，糊里糊涂掉了头。"②

三　严密的保甲和户籍制

日伪政府除了实行居住证制度以外，还在沦陷区实行严密的保甲制

①　《法租界困居客民希望当局逾格救济：呼吁之目的在得安居证，俾出外谋生免沦为饿殍》，《武汉报》1939 年 2 月 26 日。

②　吴鼎三等：《通城日伪政权的来龙去脉》，载《通城文史资料》第 1 辑，1985 年 1 月。

和附着于它的户籍制，以此把沦陷区民众从家庭到社会基层，都严密地监控起来。

（一）严密的保甲制度

在湖北沦陷区，从伪维持会成立开始，就实行保甲制度，直到抗战结束敌伪政权覆灭，这一制度一直未有变更。

湖北伪省市政府十分重视保甲工作。1939 年 2 月，伪"武汉治安维持会"警察总监部鉴于"保甲之设，关系于地方治安至钜"，即开始草拟武汉保甲条例及施行细则，24 日在伪维持会第 11 次政务会议上通过施行①。随即，各警署需用保甲事务员名额及经费预算亦"开始填报呈峰签核备案"，保甲编组正式展开②。8 月 3 日，伪武汉特别市警察总监部召开首次保甲会议，会议主席强调"推行庶政端赖保甲协助"，提出"保甲即是无形警察，欲期收进行庶政之效率，自非赖联保主任及保甲长不可"③。8 月 12 日至 9 月 9 日，该部先后召开 5 次会议专门研究建立和完善保甲制度的具体问题④。1942 年 9 月，伪湖北省政府主席杨揆一在第三次县政会议所作的施政方针中公开提出："保甲制度，是个最好的制度"，有了保甲，不但"匪徒不能在地方安身，可以运用它来根绝匪患"，而且"一切行政设施，都可以运用保甲来推进"；伪民政厅长也称其为伪政权统治的基石，指示各县伪政府大力推行和完善⑤。

湖北伪省市政府为了建立和强化保甲制度，采取了一系列重要措施，不遗余力地推进。

第一，在继续利用过去国民党政府的保甲法令和条例的基础上，颁布了一系列新的条例，从各方面强化该项制度。

1939 年 2 月 24 日，伪武汉治安维持会通过《武汉编组保甲暂行条例》及其施行细则，决定在武汉沦陷区编组保甲。这是敌伪政府通过的第一个编组保甲的法令。1940 年 3 月 7 日，伪湖北省政府颁布《各县保甲清查户口暂行条例》，规定保甲编定以户为单位，10 户以上至 30

①　《警察总监部草拟保甲条例，政会已通过，即日着手组编》，《武汉报》1939 年 2 月 26 日。
②　《中华区保甲编组问题，各界联合会协助办理》，《武汉报》1939 年 2 月 28 日。
③　伪武汉特别市政府：《武汉特别市政府公报》第 3 期，1939 年。
④　伪武汉特别市政府：《武汉特别市政府公报》第 4 期，1939 年。
⑤　伪湖北省政府：《湖北省县政会议纪事》；伪湖北省民政厅：《民政厅指示各市县应办事项》，中国第二历史档案馆藏。

户为一甲，置甲长一人，10 甲以上至 30 甲为一保，置保长一人，5 保以上至 10 保为一乡或镇，设一联保办事处，置联保主任一人。寺庙、船户及公共处所以保为单位，另列字号，分别编查。年未满 30 岁者、非本地土著者、曾受处刑之宣告者、不识字者、曾为"匪共"胁从者不得充任联保主任、保长及甲长。联保办事处须设日语通译一人，书记一人协助联保主任工作。保甲长及联保主任的工作主要除负责管区的户口清查外，重点是"注意保甲内居民职业思想言论行动并指导或纠正"，密查和报告各种"通匪"抗日的言行①。1942 年 7 月，伪湖北省政府规定各市县必须设立保甲长训练所，对保甲长加以统一训练②。8月，又颁布《湖北各县市保甲长训练暂行办法》，规定由县市政府所在地轮流抽调各区一部分保甲长集中训练，每期为时四周，训练科目包括精神训话、保甲概要、卫生常识、农村合作、新国民运动纲要、警察概要，等等。"训练教官由县市长指派秘书科长、保安队长、警察局长、学校校长分别担任，遇必要时得延聘学识兼优者充任之。"③ 1943 年 4月至次年 3 月，汪伪国民政府相继颁布了《各县编查保甲户口暂行条例》《各县编订保甲规约样式》《省市县保甲委员会组织规程》④，湖北伪省市政府接令后积极贯彻施行。1943 年 6 月，伪汉口特别市颁布《汉口特别市各区保甲暂行组织规程》，规定各区保甲编制以户为单位，10 户或一巷或一里或一街道为一甲，10 甲或数巷数里数街道为一保，5保以上编 1 联保⑤。

　　为了最大限度地发挥保甲制度控制民众的作用，敌伪政府继承了前国民党政府实行联保连坐、相互监督的封建统治政策。1940 年 3 月伪湖北省政府颁布的《各县保甲清查户口条例》就明确规定了联保的连坐的责任，"清查区内命令各户户长联合甲内其他户户长至少 5 人共具

---

① 伪湖北省政府：《湖北省各县保甲清查户口暂行条例》，1940 年 3 月 7 日，载伪《湖北省政府公报》1940 年第 2 期，1940 年 4 月 20 日出版，武汉市档案馆藏。

② 伪湖北省政府：《湖北省政府工作报告书》，1943 年 6 月，中国第二历史档案馆藏。

③ 伪湖北市政府：《湖北省各县市保甲长训练暂行办法》，1942 年 8 月，载伪《湖北市政府公报》第二卷第 2 期，1942 年 9 月 30 日出版，武汉市档案馆藏。

④ 伪国民政府：《省市县保甲委员会组织规程》，载中国第二历史档案馆编印《汪伪国民政府公报》第 662 号，江苏古籍出版社 1991 年版。

⑤ 伪汉口特别市政府：《汉口特别市各区保甲暂行组织规程》，1943 年 6 月，载伪《汉口特别市政府公报》1943 年第 12 期。

联保连坐切结，结内各户互相监督，绝无通匪、纵匪情事，如有违犯者，他户应密报惩办"。倘瞻徇隐匿，各户应负连坐之责，"除依刑法及其他特别法令惩办外，凡户长甲长及联保各户之户长应各科10日以上30日以下之拘留，如甲长或联保之户长自行发觉据实报告，并协助逮捕得免于处罚"。保甲人员有"侦悉匪徒来袭之企图报告迅速""指导驻军或保安队破获匪共巢穴或擒获匪徒讯明正法""报请驻军或保安队截获匪共偷运军用品或粮秣"或"搜捕匪共异常出力""办事能力优异确有成绩""因检举匪徒致遭报复或抵御搜捕匪共致受伤亡"者，"得由保长联保主任报请县政府分别核奖或给恤，由县政府汇呈省政府备查"①。1942年11月，伪湖北省民政厅在第四次县政会议上，指令各伪县长必须饬令各保甲制定规约，实行联保连坐，并将保甲规"在保内各重要地点墙壁上，用石灰黑烟，逐条书写，俾众周知，用资遵守"；实施联保连坐要兼采"挨户保结"和"意志保结"两种办法，"如有违反规定，立即依法惩办，以儆效尤"②。

第二，建立壮丁队，作为保甲制的武装基础。

伪政府从施行保甲制度开始，就十分注重壮丁队的编组、训练和使用。1941年3月，伪汉口市政府警察局制定了《汉口市政府警察局保甲夜巡队暂行办法》，规定夜巡队人员由大队长（联保主任兼充）、队长（该管联保保长兼充）、班长（该管甲长兼充）、队员（该管甲内各住户男丁轮流派充）组成，每保分两班，每班队员3人班长1人，于夜间9时起至翌晨2时止在该管保内来往梭巡③。1943年3月25日，伪湖北省政府令准施行《湖北省各县壮丁队组织暂行规程》，规定："全省壮丁队由省政府监督指挥，各县壮丁队受各该县县政府之监督指挥。"各县壮丁队以年满18岁至45岁之男丁成之，在外有职业或现充本地之重要公职者、现在学校肄业之学生、确因痼疾不堪劳役者"得暂免其服役"。各县壮丁队之编成以保为单位，一保

① 伪湖北省政府：《湖北省各县保甲清查户口暂行条例》，1940年3月7日，载伪《湖北省政府公报》1940年第2期，1940年4月20日出版，武汉市档案馆藏。
② 伪湖北省政府民政厅：《民政厅指示各县市应办事项》，载伪湖北省政府《湖北省县政会议纪事》，中国第二历档案馆藏。
③ 伪汉口市政府：《汉口市政府警察局保甲夜巡队暂行办法》，载伪《汉口市政公报》1941年第5期，1941年3月，国家图书馆藏。

之壮丁不论人数多寡，概编一小队，一联保联合各保小队编成一联队，小队以下得酌分为若干班，每班 10 人至 15 人，班设班长，由保长指定甲长或壮丁充任之。"各级队长须受主管区长及警察局长之监督指挥。""壮丁队之器械悉用民有梭镖刀矛充之，如需应用枪支时，得由保安队临时借用。"壮丁队"如遇军警施行搜捕戒备或攻剿土匪时，应受军警长官之指挥，尽力协助搜捕追缴，已达本区域以外，亦应受军警长官之指挥，互相应援"。壮丁队的任务有巡逻放哨侦察及警戒、联络报信传递公文、守护与修缮防御工事铁路公路电线杆及一切交通设备、协助军事运输、警戒水火风灾及救护抢险等①。伪湖北省政府还指示各县县长"派员分赴各区督促各级负责人员于本年底编查完成壮丁队，依式册报，并于农隙时以保或联保为单位加强训练"②。1944 年 1 月 21 日，为配合日伪军的"清乡"，伪省政府令准施行《湖北省政府派员分赴清乡地区督编保甲及壮丁队暂行规则》，委派督编委员若干人分赴各县市，会同县市长 3 个月内将该县保甲户口编查完竣，同时将各区壮丁队编组成立③。3 月 26 日伪湖北省政府公布施行《湖北省清乡各县市壮丁训练办法》，规定每县应设立全县壮丁队训练办事处，由县长兼任主任一人，并设教官一人或二人。每区应设立区壮丁队训练办事处，主任由区长兼任；副主任及教练员各一人，由区长遴选有军事常识者呈请县长派充，承主任之命办理全区壮丁队训练事宜。联队长负责办理联保壮丁选送，教练员由联队长指派队附或相当人员担任，并得呈报县长指定驻防保安队官长或警察局长所长巡官指导。每保壮丁队训练事宜由小队长负责办理，其教练员由小队长分别指派小队附或相当人员担任。上列各项壮丁队训练时所需各项经费，由县政府统筹支给。壮丁队训练之内容包括武术训练、政治训练、精神训练、特种训练。训练时间为小队每一星期内须 2 小时、联队每一个月内须 4 小时；全体壮丁队每一季内由区长召集

---

①　伪湖北省政府：《湖北省各县壮丁队组织暂行规程》，1943 年 3 月 25 日，载伪《湖北省政府公报》第二卷第 7、8 合期，武汉市档案馆藏。

②　伪湖北省政府：《湖北省政府呈行政院 1943 年冬季中心工作计划预定表》，中国第二历史档案馆藏。

③　伪湖北市政府：《湖北省政府派员分赴清乡地区督编保甲及壮丁队暂行规则》，1944 年 1 月 21 日，载伪《湖北省政府公报》第二卷第 18 期，1944 年 1 月 31 日出版，武汉市档案馆藏。

全区壮丁或轮流召集若干小队或若干联队校阅；全县壮丁队每半年由县长轮流召集各区壮丁队或若干联队训练①。1944年，伪省政府在施政方针中明确提出：下半年度应"切实办理"训练壮丁队，"俾使协助保警防御匪盗并协助实施清乡工作"。"各市县所属各区公路及乡镇公路完成以后，所有各要隘处、建筑、垒堡即应由保甲壮丁协助保警轮班守望，设递步哨"②，充当日伪的耳目。直至1945年1月，伪"汉口市清乡实施委员会"还制订了"工作实施计划"，分3期1年内完成。该计划欲重新编定保甲，强化连坐法及联防队，以"绝对担任治安促进工作"③。

第三，确保保甲经费。

敌伪政府的保甲经费，主要是向民众摊派。但是，由于沦陷区民众饱经战乱，民不聊生，保甲经费的征收十分困难。如1939年武汉特别市保甲经费，截至该年8月上旬，仅收到8300余元，而每月支付保甲经费约需12300元，不敷甚巨。为此，伪汉口特别市警察总监部命令各警察局"随时督饬，逐户加紧征收"。其后，有人提出"减少联保及保的数量，俾便节省开支以符收支适合原则"，但当局并不考虑，而是以增加摊派的方式来解决，规定市民每户都须编订门牌，每一门牌收费3角5分并收取手续费1角5分，以此增加保甲经费④。1941年5月，伪特别市政府为增加保甲经费收入，将保甲经费由原定3角增加到4角，原2角增加到3角，原收1角的不变⑤。1944年5月，汉口市"关于编组保甲及壮丁队所需户口表册、门牌、旗帜等费，因保甲经费无余拨用"，又"向住户分等征收一次"：计甲等国币20元，乙等15元，丙等10元，丁等5元⑥。伪省政府方面，1940年3月8日，伪省府公布

---

① 伪湖北省政府：《湖北省清乡各县市壮丁训练办法》，1944年3月26日，载伪《湖北省政府公报》第二卷第19期，1944年2月29日出版，武汉市档案馆藏。

② 伪湖北省政府：《湖北省政府施政方针》，1944年下半年度，中国第二历史档案馆藏。

③ 伪汉口市政府：《汉口市清乡实施委员会工作实施计划》，转引自涂文学主编《武汉沦陷时期档案史料丛编②：沦陷时期武汉的政治与军事》，武汉出版社2007年版，第266—268页。

④ 伪武汉特别市政府：《武汉特别市政府公报》第3期，1939年。

⑤ 伪汉口特别市警察局：《汉口特别市警察局业务汇刊》，1942年9月，武汉档案馆藏。

⑥ 《市编练保甲壮丁队分四等征收费用》，《武汉报》1944年5月5日。

《保甲经费收支暂行规程》，规定各县保甲经费取于原有地方公款或公产收益、省政府补助经费、保内殷实绅商捐，"如无上项收入，或不足额定数时，得就住户中分别征收，以收足额定数为限。每户每月最低者五分，最高者一角"①。

在日伪当局的强制推行下，湖北沦陷区的保甲制度基本上逐渐建立起来。

截至 1939 年 7 月 31 日，汉口共设立联保 26 处，保长 222 名，汉阳共设联保办公处 5 处，保长 95 名。不过，"所编组保甲、清查户口概属草率完成"，"仅有其名而无其实"。因此，伪武汉特别市警察总监部饬令汉口、汉阳警察局保安课长督同各署，重新清查，限期呈报。经一年的清查和编组，到 1940 年 8 月，汉口共设 8 区，辖 13 联保，195 保，2745 甲；汉阳设 3 区，辖 7 联保，40 保，404 甲；武昌设 5 区，辖 5 联保，53 保，792 甲；水上设 9 区，辖 20 保，220 甲。为了加强对保甲编组清查的管理，伪警察总监部又下令在汉口、汉阳、武昌各区，各设保甲事务员 1 人，水上各区，各设书记员 1 人，各联保办公处，设书记 1 人，保丁 2 名②。到 1941 年 2 月，汉口市各区保甲"大致编组完竣，惟尚有市区近郊第十一分局辖境之飞机场附近四个乡村，人民约有三千数百人，尚未编组保甲"，伪市警察局与日军"洽商妥当，即将开始在该区内着手编组保甲"③。至该年 4 月，伪汉口特别市编为 12 区，有联保 25 个，直辖 255 保，3649 甲④。湖北沦陷区各县也先后编组了保甲。例如，1939 年 10 月，云梦县"伪县政府奉敌军驻县警备队部颁行《各县保甲制度实施要领》，令行各区，遵照编组保甲，并严令同年 12 月底一致完成"⑤。1940 年 4 月，伪麻城县政府称分三期办理保甲，"第一期组织保甲长，造具保甲长姓名清册，以半个月为限；第二期编查户口，填具住户户口调查表，并填发户牌，以二个月为限；第三期施行住户连

① 伪湖北省政府：《湖北省保甲经费收支暂行规程》，1940 年 3 月 8 日，载伪《湖北省政府公报》1940 年第 2 期，1940 年 4 月 20 日出版，武汉市档案馆藏。

② 伪汉口特别市警察局：《汉口特别市警察局业务汇刊》，1942 年 9 月，武汉档案馆藏。

③ 《市郊机场附近乡村亦将编组保甲》，《武汉报》1941 年 2 月 12 日。

④ 伪汉口特别市政府：《汉口特别市政府两年来施政概要》，《武汉报》1941 年 4 月 20 日。

⑤ 云梦县政府：《云梦县抗战史料》，1948 年，湖北省档案馆藏。

坐切结，并陆续办理户口异动"①。该年 10 月，伪黄陂县政府为推行保甲，"将各维持分会名称，依次改编联保办事处，以符地方行政制度"②。至 1940 年 11 月，应城、安陆、黄冈、阳新、武昌、应山、岳阳、汉阳、通城、黄陂、崇阳、天门、大冶、云梦、信阳、咸宁、嘉鱼、汉川、麻城、沔阳、九江等县已将保甲户口编查完成③。1942 年 9 月，在伪湖北省第三次县政会议上，伪民政厅指示"各县保甲多未组织健全，户口亦未清查确实，亟应依照修正剿匪区内各县编查保甲户口条例，分别限期重新编查，以重要政，而收实效"④。次日，在伪《武汉报》主办的"鄂湘赣豫市县长座谈会"上，伪宜昌王县长称"全县保甲，已编组完成"，伪广济代理县长说：已"实行五家连坐法"，"并令各区保甲长合组情报网，各机关联合成立宣传队"，浠水县代表称"本县已成立两区公所，计十五联保，人口增至三十八万"，伪黄安县长说"年来县政，训练保甲人员，扩充保安队"，伪麻城县长称"本县辖境和平区保甲已编查完竣，并建立保安大队部，保安队枪支原备二十余，今已增至九十余"⑤。可见，各县伪政府对推行保甲制度比较卖力。1943 年 6 月 23 日，伪湖北省保甲委员会成立，各市县保甲委员会也在当年下半年先后成立⑥。

保甲制度是日伪控制沦陷区民众的最基本和最重要的网络和制度。日伪政权对民众的政治控制和经济勒索、劳力摊派，以及地方治安和清乡扫荡，主要都依赖保甲制度推行。特别是保甲的联保连坐制度，结成一张严密的控制网络，成为日伪政权维持其殖民奴化统治的重要基础。日伪政府还依赖保甲制度推行伪政府的各项日常政策。例如，1940 年 10 月 11 日，伪武昌县政府召开区政联席会议。会上，伪财政科将清查田亩"分户调查表"数万张、"田赋整理告民众书"数千本，通过联保发给民众，"以广宣传而利赋政"。伪内政科拟定《各区保甲联合自卫规约》《保甲须知》及《保甲概要》印发各保甲，"通令照办"，以

①　《麻城县政务》，《武汉报》1940 年 8 月 8 日。

②　《黄陂县完整县政机构恢复保甲制》，《武汉报》1940 年 10 月 21 日。

③　《湖北省民政厅一年来施政概况》，《武汉报》1940 年 11 月 5 日。

④　《鄂县政会议各厅处指示各县事项》，《武汉报》1942 年 9 月 19 日。

⑤　《剿匪清乡与复兴农村：三十余县长各抒宏论》，《武汉报》1942 年 9 月 21 日。

⑥　徐旭阳：《湖北国统区和沦陷区社会研究》，社会科学文献出版社 2007 年版，第 410页。

"辅助军警维持治安"①。保甲在伪政权中的职责之重不容小觑。正因为保甲制在日伪基层统治中的地位重要，部分伪保甲长也因此狐假虎威，利用职权，横行乡里，鱼肉百姓。例如，黄陂县长轩岭朱家湾第五保保长朱柏林，"素日为人奸诈，豺狼之性，鬼蜮之心"，于1942年9月，将本湾之朱永贵及妻子砍死，并将其家财搜洗一空。"亲邻虽知之，唯拭泪伤心，因畏朱柏林之匪党，故不敢出头。"② 便是一个典型范例。

（二）严厉的户籍制

户籍编查是保甲制度的基础。抗战爆发以后，各地人口迁移变动极大。湖北省各级伪政府为了推行保甲制度，极为重视户口清查。1939年3月22日，尚在伪武汉治安维持会时期，伪武汉警察总监部即将其制定的人口户数统计表"检送武、汉两警局转饬各署"，命令自4月起，每届半月将所辖境内人口户数查明填表呈送各该警局，汇报警监部，以凭查报③。1940年12月15日，伪汉口特别市警察局下令，"从即日起，由各分局户籍员警，协同保甲人员全体出动，对于普通住户，每日清查户口一次，特别营业者每日至少清查户口两次"，"户口异动须于三日内报告，否则带局严办"④。伪武汉特别市政府在其发布的每期《政府公报》中，都列有户口清查简报和清查数字。

1940年3月，伪湖北省政府公布《各县保甲清查户口暂行条例》，规定，凡新"规复"之地方为清查区，应注重户口清查工作，于两个月内完成清查，成为保甲区；保甲区应严密编查户口，于3个月内办理终结。"户口之清查由县政府指挥监督之"，"抽查由区长偕同联保主任执行，按月至少进行一次"，"户口编查完竣后，由区长按册制就良民证，转交各保各甲，分给户长具领"⑤。同年10月26日，伪湖北省政府通令施行《湖北省政府警务处厘订承办户籍员工作实施条例》《湖北省政府警务处厘订各市县警察局所户籍员警服务规则》《湖北省政府警务处厘订岗警协助户籍暂行办法》《湖北省政府警务处厘订填报户口须

① 《武昌区政联会决定整理保甲》，《武汉报》1940年10月28日。
② 《黄陂县长轩岭保长杀人霸产占妻》，《武汉报》1942年2月6日。
③ 《武汉治安维持会警察总监部实行人口异动统计》，《武汉报》1939年3月23日。
④ 《杜绝不良分子，每日清查户口：如有异动须即报告警局》，《武汉报》1940年12月15日。
⑤ 伪湖北省政府：《湖北省各县保甲清查户口暂行条例》，1940年3月7日，载伪《湖北省政府公报》1940年第2期，1940年4月20日出版，武汉市档案馆藏。

知》《湖北省政府警务处厘订户口异动细则》《湖北省政府警务处厘订户口异动报告细则》等一系列法规和条例，对户口清查作出详细规定①。《湖北省政府警务处厘订户口异动细则》规定：各警察局署所户籍警所管段内户口，每月至少复查 2 次；户籍警调查户口时，遇有形迹可疑之人及察觉有轨外行动等情事时，随时密报该管长官办理；户口异动须随时登记于临时记事簿上，回署时通知值日户籍警登记，交该段户籍警分别办理；举凡住户、商户、船户、特种商户（旅栈工栈属之）、公共处所、寺庙、外侨都要调查填表；居民迁入、迁出、迁移、营业开张、营业闭歇、营业迁移、分户、雇佣、辞退、出生、死亡、男婚、女嫁、继承、出继、收养弃儿、失踪、往来都要办证②。1941 年 8 月 7 日，伪湖北省政府又通过实施《湖北省政府警务处复查户口异动规则》，规定户籍员警每日出查户口时间春、冬季自上午 10 时起至下午 5 时止，夏秋季自上午 9 时起至下午 4 时止。遇有特别事故，得延长之，并得临时抽查。户籍员警复查户口时，遇有往来人员复杂、骤贫及暴富、储藏不相当之物件或违禁物品、不明死伤的，应报告该管长官办理或转呈请核办；对曾受监禁以上之刑、无正当职业又无恒产、地方偏僻人类复杂的人和多人聚集之场所、旅馆饭店茶楼酒馆戏团车站及其他复杂处所、无主管人统属之慈善团体、贫民院所、往来人众行踪可疑之公共处所、已裁撤之局所机关、因案查办之机关会社及其主管人等应特别注意。户籍员警调查户口每月须复查三次，如因分管户口过多或其他情形得稍延长时间，但至少每半月须复查一次，每日需在 80 户以上③。为了使户口编查工作落实到位，伪省政府还对各县伪政府提出了具体的要求。1942 年，伪湖北省政府强调编查户口"为办理保甲之中心工作，亦即判别良莠之具体办法"，要求各县选派编查人员，组织学习保甲法令和编查手续及办法，训练保甲长配合支持。"各县长应于清查前，将所有门牌、册表、切结、保图及保甲规约式样，先

---

　　① 分别见伪湖北省政府：《湖北省政府公报》，第 9 期、第 10 期、第 18 期，1940 年 11 月 20 日、12 月 20 日、1941 年 8 月 20 日出版，武汉市档案馆藏。

　　② 伪湖北省政府警务处：《湖北省政府警务处厘定户口异动细则》，1940 年 10 月 26 日通过，载伪《湖北省政府公报》第 9 期，1940 年 11 月 20 日。

　　③ 伪湖北省政府警务处：《湖北省政府警务处复查户口异动规则》，载伪《湖北省政府公报》第 18 期，1941 年 8 月 20 日，武汉市档案馆藏。

依式印制齐全，分发各区督促实施，计日成功"，"编定门牌及清查户口由甲长执行，复查由保长执行，至少按月一次，抽查由区长执行，至少按季一次，清查时，须详细询问明白，切实填明，不得遗漏或错误"①。各县伪政府遵循办理，如安陆县伪政府"特组织保甲户口临时清查队"，"其组织每保系以军官一、军警各一、保长一为一单位，如奉到命令，实施清查时则全程军警保甲人员，全体出动"②。阳新县伪警局接奉省局命令后，"令饬各区将所辖区内户口异动情形，按月函送该局以凭汇报"③。

四　严密的警察控制

日军攻占武汉时，原武汉市之水陆警察皆随国军撤走，组建一支听命于自己的警察，是日本占领军的当务之急。在"武汉治安维持会"正式挂牌成立的前12天（1938年11月14日），日军指令汉奸刘翰如"约集忠实可靠者数人开始筹备于陶陶旅社"组建伪警察。伪维持会成立时勉强筹集了政费20万元，约半数都拨作警察经费④。11月26日，伪武汉警察总监部与伪武汉治安维持会同时在特三区阜昌街旧商业银行成立，伪警监部在三楼办公，刘翰如出任警察总监，内设秘书室、督察处（辖考勤、训练两股）及第一科（辖人事、会计庶务二股）、第二科（辖警务、治安、户籍、卫生四股）、第三科（辖审讯、侦查两股）；外设汉口、武昌、汉阳、水上各警察局。汉口局、武昌局和水警局内分警务、保安、司法、高等四课，汉口局、武昌局外设第一、第二、第三、第四署，汉阳局内分第一、第二两课（1939年2月改为警务、司法、高等三课），外设第一、第二两署。水警局外设王家巷、谌家矶、皇经堂、鲇鱼套、下新河、青山、汉阳东门、蔡甸、沌口九派驻所。各署之下分设若干分驻所，办理户籍、保甲、卫生、交通各事宜。涉及民、刑违警案件，仍报由各署处理。1939年

---

①　伪湖北省政府民政厅：《民政厅指示各县市应办事项》，载伪湖北省政府《湖北省县政会议纪事》，中国第二历史档案馆藏。

②　《安陆：集合军警保甲，组户口清查队》，《武汉报》1942年1月7日。

③　《阳新警局办理户口异动》，《武汉报》1942年9月10日。

④　伪武汉特别市政府：《一年来之警务》，《武汉特别市政府周年纪念特刊》，1940年4月，国家图书馆藏。

11 月 21 日，警察总监部改称警察厅，下设机构不变①。到 1940 年 6 月，伪武汉警察厅官警夫役共计 5172 名。伪武汉特别市改为伪汉口特别市后，9 月 15 日，奉令将武昌、汉阳、水上等局移交伪省政府，计拨出员警 2985 名②。到 1941 年 4 月，伪汉口市警察局直辖 12 个分局，45 个分驻所，全体员警夫役增加至 3223 名③。1942 年 6 月底，全体员官、长警、夫役合计 4211 名④。

在伪省政府方面，各县伪县政筹备处成立之后，都设立了警察局。伪县政府成立后，普遍在各乡镇设立警察分所，作为派出机构。伪湖北省政府成立后，设有警务厅，作为全省最高警察指挥机关。警务厅"设秘书室、督察室及总务、警务、高等三科，督察室辖考勤、训练两股，总务科辖人事、统计、事务三股，警务科辖治安、外事、户籍、消防、卫生五股，高等科辖情报、侦缉、预讯三股"，船舶管理局裁撤并入水上警察局，专设一科，改组为水警总局⑤。1940 年 4 月 10 日，伪省政府公布《湖北省政府直辖市警察局组织条例》《湖北省各县警察局暨乡镇警察署组织条例》，规定各市警察局直属于湖北省政府警务厅，设局长一人，承警务厅长之命，综理该市全区警务；各县县治（县政府或维持会所在地）设县警察局，直属于县政府，各乡镇设警察署，直属于县警察局。县警察局设局长一人，承警务厅长暨县长之指挥监督，综理局务；各署置署长一人，承县警察局长之命指挥、督率所属官警执行职务；县警察局置股长 3—4 员，巡官 2—3 员，警长警士若干。同时，在县警察局设警士教练所，所长由局长兼任、教务长由督察员兼任，教官若干人由股长或巡官兼任⑥。1941 年 4 月，汪伪国民政府制定《县警察局组织规程》，规定县警察局之设置分为三等：一等局设四课，二等局设三课，三等局设二课。县警察局就该管区域分设警察所、警察分所、

① 伪汉口特别市警察局：《汉口特别市警察局业务汇刊》，1942 年 9 月。
② 同上。
③ 伪汉口特别市政府：《汉口特别市政府两年来施政概要》，《武汉报》1941 年 4 月 20 日。
④ 伪汉口特别市警察局：《汉口特别市警察局业务汇刊》，1942 年 9 月。
⑤ 伪湖北省警察厅：《一年警政报告》，《武汉报》1940 年 11 月 5 日。
⑥ 伪湖北省政府：《湖北省政府直辖市警察局组织条例》《湖北省各县警察局及乡镇警察署组织条例》，1940 年 4 月 10 日，载伪《湖北省政府公报》第 3 期。1940 年 5 月 20 日出版，武汉市档案馆藏。

警察派出所，划段分负职责。警察所设所长一人，巡官各若干人；设警察队、消防队、侦缉队、水巡队，在二、三等局只设警察队与水巡队[1]。1943 年 1 月，伪湖北省政府修正通过《湖北省各县警察队办事规则》，规定："各县警察队附设于县警察局，受局长之监督指挥"，其任务为捕拿"匪共"、搜索"匪"窝、侦探"匪"踪、设置传递哨、日夜巡逻放哨、收集情报，联络通信、与邻县警察队联合围剿"共匪"等。"各县警察队须于每月按旬集合训练"，还规定了对各县警察队官警的奖惩办法[2]。

为使伪警察更好地为日伪汉奸效力，湖北伪省市政府制定了一系列的条例和规章制度，加强对伪警察的管理。1941 年 10 月 4 日，伪汉口特别市警察局颁布《汉口特别市警察人员日文日语测验及奖励规则》，规定测试每 6 个月举行一次，"凡译文与会话平均分数满一百分者晋级，九十分以上者记大功，八十分以上者记功，七十分以上者嘉奖"[3]。对员警平时工作也实行奖惩制度，"对于当场捕获匪犯及破获反动案件出力人员，呈准市府特赏奖金两千元"，其他案件"以案情之轻重定奖金之数量"。截至 1941 年 12 月底，综计奖励员警 3442 名，惩戒员警 1648 名[4]。为了加强对伪警察的控制，防止伪警察人员不死心塌地为敌伪卖命，1941 年 3 月，伪汉口特别市政府制定《各级警察机关员警联保办法》，规定"凡在各级警察机关服务之员警除简任官外，均需填具三人联名保结并向介绍人取具保结"，"被保人如有不轨行为联保人应负举报之责任"[5]。其后，又议定了《长警录用暂行办法》，并转发汪伪中央政府警政部《警士录用规则》，规定各级长警"有因事自请去职者，须经主管长官审核属实后，始予转呈，并饬出具不再请求录用切

---

① 伪湖北省政府：《县警察局组织规程》，载伪《汉口特别市政府公报》1941 年第 7 期，1941 年 4 月。

② 伪湖北市政府：《湖北省各县警察队办事规则》，1943 年 1 月伪湖北市政府第二十次会议修正通过，载伪《湖北省政府公报》第二卷第 6 期。

③ 伪汉口特别市政府：《汉口特别市警察人员日文日语测验及奖励规则》，转引自涂文学主编《武汉沦陷时期档案史料丛编②：沦陷时期武汉的政治与军事》，武汉出版社 2007 年版，第 172 页。

④ 伪汉口特别市警察局：《汉口特别市警察局业务汇刊》，1942 年 9 月。

⑤ 为汉口市政府：《各级警察机关员警联保办法》，1941 年 3 月，载伪《汉口市政公报》1941 年第 5 期，国家图书馆藏。

结。如系因案斥革，或私自潜逃者，除传保勒追外，并将相片通传各局，永不录用"。

为了加强伪警察的统治功能，日伪政府十分重视对伪警察的培养和训练。1939 年 1 月，伪武汉维持会警察总监部设置"巡警教习所"，于 2 月 17 日、18 日招收学警，培训期为 3 个月。第一期招考学警 180 名。因多数青年耻于替日伪卖命，报名者"不足原定数额"，不得不补报①。同年 5 月 3 日该所补行开学典礼，除伪武汉特别市市长张仁蠡等伪高官外，日本陆军特务部部长森冈、宪兵队长美座、教习所日方指导员新坂等也一应出席②。第二期招生名额为 270 人。伪武汉特别市政府成立后，将"巡警教习所"改名"官警教练所"，增设警官班，招考中学以上学生 30 名，由各局署所挑选巡官、巡长 30 名，共 60 名。8 月底开始授课，修业 3 个月。1940 年 1 月 1 日，该所移交武汉训练院管理，改称官警训练所。3 月 1 日，该所拨归伪武汉特别市市警察厅，续办第 3 期警官及第四期警士训练。自第五期起，改为"逐月招考，逐月毕业"。截至 1942 年 6 月底，该所共训练学员 21 期，毕业员警 2134 名。1940 年 6 月 7 日，汪伪"中央警官学校开办特科讲习班"，规定武汉选送警官 8 名，学习期限为一年。9 月 23 日，汪伪警政部训令"中央警校举办特科速成班，指名各地中级警官实施教育"，6 个月为一期；1941 年续办第二期。伪武汉警察局每期派两人受训③。1940 年，伪湖北省警务厅也设立警官讲习所，伪厅长王寿山兼任所长，"调集各县组织警员来省受训"。第一届学员各县 60 余名，于 7 月 22 日开学④。同年底，伪湖北省会警察局还开办"警察干部讲习会"，由日本嘱托中野治制定训练计划，训练时间为 11 月 18 日至 12 月 3 日，主要训练该局课长以下基层员警⑤。1942 年 9 月，在伪湖北省政府县政会议上，伪警务处还指示

---

① 《武汉警察总监部巡警教习所续招学警布告》，《武汉报》1939 年 3 月 2 日。

② 《警察总监部巡警教习所昨行开学典礼》，《武汉报》1939 年 5 月 4 日。

③ 均见伪汉口特别市警察局：《汉口特别市警察局业务汇刊》，1942 年 9 月，武汉档案馆藏。

④ 《省警官讲习所今补行开学礼》，《武汉报》1940 年 8 月 6 日。

⑤ 伪湖北省会警察局：《湖北省会警察局管下警察干部讲习会计划》，转引自涂文学主编《武汉沦陷时期档案史料丛编②：沦陷时期武汉的政治与军事》，武汉出版社 2007 年版，第 171 页。

"各县市警察局应速办长警补习所"，加紧对地方基层伪警察的培训①。

伪警察在日伪的殖民奴化统治中占有重要的地位，他们在日伪军队和宪兵的支持下，利用熟悉当地地理、人文情况的条件，充当日本侵略者的鹰犬，承担维持日伪政府"日常治安"的"重任"。举凡清查户口、编订保甲、巡逻放哨、收集情报、盘查路人、管理交通、缉拿疑犯、管制灯火、火警消防、处理刑民案件等，无不由其负责。1939 年自伪武汉特别市政府成立至该年底，该市伪警察机关受理的案件，刑事案件不计，仅查处违警案件就达 5063 件，查处违警人员 9040 人，1940年查处违警案件 6192 件，10877 人，1941 年查处 5417 件，9476 人②。特别是在对抗日力量的侦缉和搜捕方面，伪警察发挥着重要的作用。1941 年，伪汉口特别市警察局设立侦缉队，"队长一人，队附（副）一人，侦缉员、办事员、书记各若干人"，合计 74 人③，于"市区交通要冲及群众集合场所，划分段落，分派队员，化装密缉""反动分子以及违反刑法各要犯"④。1942 年 5 月，在"全省第二届警务会议"上，德岛课长代表日军特务部长出席讲话，提出"每个警察，都应加紧努力，除暴安良，肃清匪类，同时要协助保安队清乡，完成全面和平"⑤。9月，在第三次全省伪县政会议上，伪湖北省警务处指示各县市警察局，提出搜捕肃清抗战分子是各地警察的主要职责⑥。1939 年 9 月至 1942年 8 月，伪汉口特别市特务、警察机关破获各种重要案件 131 件，属于"组织反动机关，暗杀要人，抛掷炸弹，扰乱秩序，私藏军火，密谋不轨，以及携带手枪炸弹之类""反动类者"计 20 余件⑦。1942 年，"计破获重要反动案共六起，捕获要犯二十四名，搜获手枪一支，子弹三

---

① 《鄂县政会议各厅处指示各县事项》，《武汉报》1942 年 9 月 19 日。

② 伪汉口特别市警察局：《汉口特别市警察局业务汇刊》，1942 年 9 月，武汉档案馆藏。

③ 伪汉口特别市警察局：《汉口特别市政府警察局侦缉队组织规程》，武汉市档案馆藏，转引自涂文学主编《武汉沦陷时期档案史料丛编②：沦陷时期武汉的政治与军事》，武汉出版社 2007 年版，第 247 页。

④ 伪汉口特别市警察局：《汉口特别市警察局业务汇刊》，1942 年 9 月，武汉档案馆藏。

⑤ 《省二届警务会议昨圆满闭幕》，《武汉报》1942 年 5 月 24 日。

⑥ 伪湖北省政府秘书处：《湖北省县政会议纪事》，1942 年 11 月，中国第二历史档案馆藏。

⑦ 伪汉口特别市警察局：《汉口特别市警察局业务汇刊》，1942 年 9 月，武汉档案馆藏，转引自涂文学主编《武汉沦陷时期档案史料丛编②：沦陷时期武汉的政治与军事》，武汉出版社 2007 年版，第 261 页。

发,手榴弹二枚,反动刊物百余份"①。1941 年 12 月 30 日伪汉口特别市政府宣布:重庆军事委员会统计局武汉区行动队第一队第一、二、三、四、五组"各组长暨组员共计十五人,由中日军警协力检举,不分昼夜侦察逮捕。结果,本年十一月中,已一网打尽","除张洪胜处监禁五年外,概处死刑"②。正因为伪警察的作用重要,日伪政府在其经费开支方面,也十分慷慨,1939 年 11 月至 1940 年 10 月,伪湖北省政府在财政收入十分紧张的情况下,共列支省级警务经费592929 元 7 角 8 分,各市县经费,则就地筹措,自征自用③。1943 年上半年,伪省政府警务经费预算高达 4288973 元,占同期伪省财政预算总额的 8.13%,居各项开支的第六位④。

为了充分发挥伪警察的社会管理作用,日伪政府还指令伪警察局组建了一些协助"治安"的团体:1940 年 10 月 3 日,伪汉口特别市政府通过了"警察局组设各区警防团暂行办法",规定团长、副团长、队长、组长分别由区长、联保主任、保长、甲长兼充,团丁由本保壮丁派充。"团丁之派出以保为单位,每保每日轮派四人编组巡查哨,分日夜班之各保境内来往梭巡。"⑤ 1942 年 6 月,美国空军开始将武汉作为轰炸的主要目标之一。9 月,伪湖北省政府"在省会警察局内成立防空团本部",伪省警务处 26 日"设立特别防护团"⑥。伪警察局频繁地组织防空演习。抗战后期,随着美国轰炸的不断猛烈,防护团和伪警察局的防空任务也更加突出,成为敌伪防空依赖的重要力量。

五 组建利用各种御用社会团体

湖北日伪政府为了更好地控制社会各阶层,强化法西斯统治,建立

---

① 伪汉口特别市政府:《汉口特别市政府四周年市政概况》,1943 年,武汉市档案馆藏,转引自涂文学主编《武汉沦陷时期档案史料丛编②:沦陷时期武汉的政治与军事》,武汉出版社 2007 年版,第 261 页。

② 《军警锐意侦捕渝恐怖团》,《武汉报》1941 年 12 月 31 日。

③ 伪湖北省警察厅:《一年警政报告》,《武汉报》1940 年 11 月 5 日。

④ 伪湖北省政府:《湖北省政府三十二年度上半年度支出预算数百分比例表》,载伪《湖北省政府工作报告书》,1943 年 6 月。

⑤ 伪汉口市政府:《汉口市政公报》,1940 年 10 月。

⑥ 《武阳加强防空:省防护团成立,警处亦成立特别防护团》,《武汉报》1941 年 12 月 31 日。

了各种御用社会团体，使其为自己的殖民奴化统治服务。

（一）"和平救国联合会"

日军占领武汉以后，华中占领军原准备在武汉建立一区域性傀儡政权，南京"中华民国维新政府行政院"顾问陈忠孚也积极从中活动，希望促成北平的吴佩孚和南京的汪精卫合并，共同在武汉组织亲日政府。1939 年夏，陈忠孚到武汉活动，南京"维新政府"在武汉成立办事处，并发起组织"和平救国联合会"，以谭希吕任秘书长，"奔走呼号，倡导和平，并设分会于南北"，进行建立傀儡政权的宣传和筹备工作。该会成立以后，积极活动，"半载以来，海内风从，四方响应，对于东亚和平，颇多推进"①。9 月，发行刊物《和平旬报》，自欺欺人地宣传"北吴（指吴佩孚）南汪意见已趋一致，决在武汉树立新中国政权"②。其后，由于吴佩孚坚持民族气节，拒绝与日本"合作"，日本也放弃了在武汉建立单独的伪政权的计划，1940 年 1 月底，"和平救国联合会"遂不得不宣布"即日停止工作"③。

（二）华中青年协会、武汉青年协会、华中东亚青年联盟总会

1939 年 5 月，伪汉口特别市政府指令汉奸田重光等开始筹备成立"华中青年协会"，6 月 11 日，该会正式成立。25 日，"举行首次座谈会"，讨论"对七月七日兴亚纪念日庆祝办法和关于今后会务上一切推进步骤事项"④，其《暂行章程》于 10 月 30 日核准施行，该会标榜"适应时代之需要，团结各界男女青年。集思广益，阐扬东亚和平亲善之精神，发挥中国青年之本能，研讨中国各种问题之改善，奠定中国新基础"⑤。10 月 31 日，该协会在武昌成立分会，11 月 12 日，在汉阳成立支会⑥。12 月底，该会改名为武汉青年协会，会长先后由雷寿荣和谭道南担任。《武汉青年协会章程》规定："本会暂以鄂、赣、湘三省及武汉、南昌两特别

---

① 《陈忠孚莅汉，结束和平救国会》，《武汉报》1940 年 2 月 2 日。

② 《南汪北吴促进和平，决心在武汉树立新政权：和平救国会发行〈救国旬刊〉》，《武汉报》1939 年 9 月 6 日。

③ 《陈忠孚莅汉，结束和平救国会》，《武汉报》1940 年 2 月 2 日。

④ 《华中青年协会举行首次座谈会》，《武汉报》1939 年 6 月 26 日。

⑤ 伪华中青年协会：《华中青年协会暂行章程》，1939 年 10 月 30 日，武汉市档案馆藏，转引自涂文学主编《武汉沦陷时期档案史料丛编①：沦陷时期武汉的社会与文化》，武汉出版社 2005 年版，第 304 页。

⑥ 分别见《武汉报》1939 年 11 月 1 日、1939 年 11 月 13 日。

市为活动区域，设总会于汉口，设分会于省、市政府所在地。"[1] 其行动纲领是"拥护新中央政府，向和平反共建国兴亚的理想迈进"[2]，"一切之政治宣传皆以此为出发点"[3]。除了积极参加和主办伪政府组织的各种宣传纪念庆祝活动如"七七更生纪念""八一三更生纪念""武汉更生纪念"外，它还创办了《武汉青年月刊》《武汉青年周刊》《青协周报》；发行了5种丛书[4]。为了控制和笼络青年，该会还经常组织球类比赛、妇女演讲比赛会、与日军举行联欢宴、举办工作人员训练班等活动。1940年11月，该会还派出由14人组成的代表团赴日本东京参加"东亚青年联盟大会"，并赴各地参观访问[5]。它在一些沦陷县份也成立分会，到1940年年底，"除汉口三个区会而外，计各县已设立分会者有：武昌、汉阳、岳阳、黄陂、蒲圻、汉川、麻城、嘉鱼等十余分会，会员总数计五千六百余人"，"长期发行之刊物计有：《青年月刊》《青协周报》《青年周刊》《农村周刊》《妇女周刊》等十余种"[6]。如应城县青年协会内部设立总务、事业、宣传、组织、农村、妇女六科，"宣传科每三日发壁报十份，分贴城内外各处。会长现拟与宣传科共同创办青年周刊，正在筹划之中"[7]。

1941年6月11日，武汉青年协会决定"作发展式之解消，同时重新组织华中东亚青年联盟会"[8]。7月1日，华中东亚青年联盟总会

---

①　伪武汉青年协会：《武汉青年协会章程》，武汉市档案馆藏，转引自涂文学主编《武汉沦陷时期档案史料丛编①：沦陷时期武汉的社会与文化》，武汉出版社2005年版，第307页。

②　伪武汉青年协会：《武汉青年协会行动纲领》，武汉市档案馆藏，转引自涂文学主编《武汉沦陷时期档案史料丛编①：沦陷时期武汉的社会与文化》，武汉出版社2005年版，第313页。

③　伪武汉青年协会：《武汉青年协会宣传部工作概况》，武汉市档案馆藏，转引自涂文学主编《武汉沦陷时期档案史料丛编①：沦陷时期武汉的社会与文化》，武汉出版社2005年版，第316页。

④　伪武汉青年协会：《武汉青年协会宣传部工作概况》，1940年，武汉市档案馆藏，转引自涂文学主编《武汉沦陷时期档案史料丛编①：沦陷时期武汉的社会与文化》，武汉出版社2005年版，第317页。

⑤　《赴日青年代表团约本月二十返汉》，《武汉报》1940年12月16日。

⑥　《日伪时期的文化团体》，湖北省档案馆藏，转引自涂文学主编《武汉沦陷时期档案史料丛编①：沦陷时期武汉的社会与文化》，武汉出版社2005年版，第412—414页。

⑦　《应城：青年协会组织就绪，内部工作进展，现正筹划青年周刊》，《武汉报》1940年8月6日。

⑧　《武汉青年协会解散，华中东亚青年联盟举行成立典礼》，《武汉报》1941年6月12日。

成立。它的《成立宣言》称：武汉青年协会"经两年来之努力，已拥有会员二万余人，成立各地分会三十余处"，现该会"最初之任务至此已可告一段落"，新组建的华中东亚青年联盟总会，将"以青年实践之精神，推进东亚联盟之理想，为当前之东亚联盟运动作斗争之先锋"，"在全国最高领袖汪主席的领导下，根据整个国策所昭示，由和平建国运动完成东亚联盟之理想，达到复兴中国复兴东亚的目的"①。其《章程草案》称："本会暂以鄂湘赣豫四省及汉口特别市为活动区域，设总会于汉口，设分会于各重要县市。"② 其"行动纲领"提出，"我们精诚团结，服从领袖，恪守纪律，协助政府推行国策，以完成建国的使命"③。该会与汉口日军特务部关系密切，受其严密控制，其经费亦部分来自汉口日军特务部。1942 年 7 月 25 日，华中东亚青年联盟总会训练部"举行第二届干训班学员开学式"，日军特务部近藤课长、日野班长出席。招收学员 150 名，"较之上次，多一半有奇"④。作为湖北地区日伪控制的主要社会团体，该联盟成立以后，不仅在武汉三镇积极组织和参与各类大型的宣传纪念活动，成为武汉地区日伪宣传活动的骨干，同时，还积极活跃于湖北各沦陷地区。例如，孝感县青年协会青年团干部训练所，组织全县青年，"抽调各乡知识青年分子，集中军事训练"，至 1941 年 8 月，共训练完四期⑤。1942 年 7 月，东青联盟汉川分会妇女科举行"第一次妇女恳谈会，计到会青年妇女，百余人"⑥。

（三）亲仁会、武汉留日同学会、武汉中日青年协会

1939 年春成立的"亲仁会"是"武汉唯一之国际团体"，"参加会员皆现时武汉中日两国之学士名流，秉亲仁善邻之古训，期于会员日常行动中切磋互矿作两国思想文化之沟通"。该会后被中日文化协会武汉分会接收，改组为武汉亲仁俱乐部。是年冬成立的"武汉留日同学会"有会员 50 余人，"该会组织宗旨固在联络同学感情、促进国家福利，而

---

① 《东亚青年联盟总会成立宣言》，《武汉报》1941 年 6 月 12 日。

② 《华中东亚青年联盟总会章程草案》，《武汉报》1941 年 6 月 12 日。

③ 《本会行动纲领》，1941 年 9 月，武汉市档案馆藏，转引自涂文学主编《武汉沦陷时期档案史料丛编①：沦陷时期武汉的社会与文化》，武汉出版社 2005 年版，第 386 页。

④ 《青联二届干训班昨举行开学典礼》，《武汉报》1942 年 7 月 26 日。

⑤ 《孝感县青年团四期干训毕业》，《武汉报》1941 年 8 月 29 日。

⑥ 《汉川青分会妇女恳谈》，《武汉报》1942 年 7 月 2 日。

对于友邦各种学术之介绍，尤为其主要之任务也"①。1942 年 2 月 28 日，"由武汉日本青年团和华中东亚青年联盟总会两个青年团体共同组织而成"的"武汉中日青年协会"正式成立，出席成立典礼的除伪武汉绥靖公署主任叶蓬等汉奸外，还有日军特务部部长的代表、日本驻汉田中总领事等日本要员②。这三个团体因其成分的特殊而亲日、媚日色彩最浓。

（四）社会运动指导委员会湖北省分会

1940 年 8 月，汪伪中央政府鉴于湖北省及汉口市"地处和平建国之前卫区域，推进社会运动，极为需要"，饬令"从速成立"社会运动指导委员会湖北省分会③。1941 年 2 月 10 日，该会举行正式成立典礼，到会者计有伪湖北省政府主席何佩镕、伪汉口特别市市长张仁蠡、伪武汉绥靖公署参谋长萧其昌等高官及日本陆军特务部落合部长、海军特务部福田部长、田中代总领事等。汪伪国民政府社会部令派方焕如为主任委员，孙迪堂、王锦霞为副主任委员④。该会"在湖北省及汉口市区域范围内，负责办理人民团体之指导监督，及民众之组织训练事宜"。8 月 10 日，汪伪改派刘存樸为主任委员，熊鹏南为副主任委员。次日，社会运动指导委员会汉口特别市分会成立，孙迪堂为主任委员，倪元为副主任委员⑤。刘存樸上任时发表谈话称：社会运动指导委员会的职权有二：一是指导监督人民团体，二是组织民众"加强和平反共建国的工作"⑥。1942 年 5 月 7 日，伪汉口市社会运动指导委员"召集各社团领袖及重要人员施行集训"⑦。9 月，湖北省社会运动指导委员在第三次鄂县政会议上指示"各县应限期成立社

---

① 《日伪时期的文化团体》，湖北省档案馆藏，转引自涂文学主编《武汉沦陷时期档案史料丛编①：沦陷时期武汉的社会与文化》，武汉出版社 2005 年版，第 412—414 页。

② 《武汉中日青年协会昨隆重成立》，《武汉报》1942 年 3 月 7 日。

③ 伪汉口特别市社会运动指导委员会：《汉口特别市社会运动指导委员会成立经过》，《汉口特别市社会运动指导委员会周年纪念特刊》，1941 年，转引自涂文学主编《武汉沦陷时期档案史料丛编①：沦陷时期武汉的社会与文化》，武汉出版社 2005 年版，第 2—4 页。

④ 《社会运动指导委员会鄂省分会成立盛典》，《武汉报》1941 年 2 月 11 日。

⑤ 伪汉口特别市社会运动指导委员会：《汉口特别市社会运动指导委员会成立经过》，武汉市档案馆藏，转引自涂文学主编《武汉沦陷时期档案史料丛编①：沦陷时期武汉的社会与文化》，武汉出版社 2005 年版，第 2—4 页。

⑥ 《省市社运分会刘孙两主任发表工作方针》，《武汉报》1941 年 8 月 13 日。

⑦ 《明日：保卫东亚纪念日，本市举行首届集训》，《武汉报》1942 年 5 月 7 日。

运指导员事务所，以专责成。并限十月底以前组成"；"迅速组织各县人民团体，实施民众训练，其已具雏形之农会、商会，应由各县长兼社运指导员力谋整理，使其成为合法健全之团体，其尚未恢复之人民团体，则由县长兼社运指导员就各界人士中负有声望者指定若干人，呈由本会核定，令其积极筹备"①。

（五）湖北省战时民众动员会

战争后期，日伪政府企图集中一切力量做垂死挣扎，1943年2月成立了"湖北省战时民众动员会"，其《组织章程》规定："湖北省政府为指导各界民众拥护国民政府参战国策，组织湖北省战时民众动员会。"该会附设于湖北省政府内，并在各县市设立分会，"凡本省所属各界民众，皆得为本会会员"②。但是，这时日本法西斯在世界反法西斯力量打击下，已江河日下，湖北各级伪政权也开始风雨飘摇，战时民众动员会仅徒具形式，丝毫"动员"不了民众，起不到挽救敌伪灭亡命运的任何作用。

六　"清乡"

用武力清乡，是日伪政权维持其殖民统治的最重要也是最直接的手段。1941年3月24日，汪伪国民政府制定了《清乡委员会临时组织大纲》，规定设立"清乡委员会"，为各省市清乡事务最高指导机关。根据汪伪政府的统一规定，日伪在湖北沦陷区的一些地方也多次进行"清乡"。1941年7月，伪武昌县政府发布《告民众书》，宣称"混迹各地的'盗匪'、'游击队'、'共产党'以及地痞流氓各种各色的歹人，扰害乡里，要扫除阻碍，必须把以上这些歹人肃清才好。在此情况下，就不能不有清乡工作，来一个正本清源的大计划"③。1943年6月下旬，伪11师一部在黄冈"清乡"。8月17日，汪伪行政院任命王遇申为伪湖北省"清乡"事务局局长。9月，敌伪将"清乡"推向天门、汉川、洪湖、京山、钟祥、应山、大悟等广大地区。

1944年2月5日，伪湖北省政府令准施行《湖北省清乡干部人员

---

① 《鄂县政会议各厅处指示各县事项》，《武汉报》1942年9月19日。

② 伪湖北省政府：《湖北省战时民众动员会组织章程》，1943年2月5日，载伪《湖北省政府公报》第二卷第7、8合期，1942年2月、3月，武汉市档案馆藏。

③ 《武昌县政府实施清乡工作，发表告民众书》，《武汉报》1941年7月30日。

训练大纲》，规定由湖北省公务员训练所设"清乡干部班"负责训练清乡干部，受训名额暂定 120 名，以年满 25 岁以下男性为限，武昌、鄂城两县各就县内"现任优秀联保主任或联保书记或保长或在军事学校及中学以上毕业者"各保送 30 名、"由公务员训练所就具有中学以上毕业或曾在各机关任职三年以上而有证件者"招考 60 名入班受训，凡"思想不正确，对于和平建国无真正之认识"、体格不健全、曾受刑事处分、"有不良嗜好及品行恶劣者""不得入班受训，如入班后始发觉者，得随时取消其学籍并追赔一切费用"①。4 月，伪湖北省水警局通令各分局所"协力清乡工作扩充全省设防水域"②。1945 年 1 月，伪汉口市政府清乡实施委员会制订了"工作实施计划"。2 月 28 日，伪湖北省政府特设"湖北省清乡讲习会"，"直属于湖北省政府，兼受湖北省清乡实施委员会之监督指导"。省长兼任会长，政务厅长兼任总务组长，湖北省政府清乡局长兼任教务组长，保安司令部参谋长兼任大队长，其他人员"均由会长就湖北省政府及湖北省清乡实施委员会职员中调派兼任"③。

　　同全国其他敌占区一样，湖北省沦陷区的"清乡"始终是在日寇的指挥下进行的。日军汉口联络部（即此前的特务部）1945 年 3 月翻印的湖北省、江西省"清乡"工作参考资料第一辑，对"清乡"的目的、策略、各方职责都作了详细而明确的规定："清乡"工作"重点以武力为骨干，以民众组织为筋肉，使把握民心之血液循环之"。"资料"承认武汉地区实施"清乡""非如下游地区之容易"，"必须要发露爱乡心，必须诱导乡民自动的涌起"，"必须施行集结民意之计划，尤以地方有力者之出马与青年层之获得，及由彼等之活动的重要"，"使用武力同时，并应展开民众运动、政治运动而确立民众组织。尤其对于敌方之残滓（地下组织）应于摧破之"，"清乡即是'清心'，对不良者应予淘汰"。"资料"强调"清乡工作之重点是治安之确保、思想之肃正（尤以大东亚思想之确立），延安军、新四军组织之剿灭破坏，生产之

---

　　① 伪湖北省政府：《湖北省清乡干部人员训练大纲》，1944 年 2 月 3 日，载伪《湖北省政府公报》第二卷第 19 期，1944 年 2 月 29 日出版，武汉市档案馆藏。

　　② 《水警局协力清乡工作，扩充全省设防水域》，《武汉报》1944 年 4 月 8 日。

　　③ 《湖北省清乡讲习会章程》，1945 年 2 月 28 日，武汉市档案馆藏，转引自涂文学主编《武汉沦陷时期档案史料丛编②：沦陷时期武汉的政治与军事》，武汉出版社 2007 年版，第266 页。

增强，促进战时必需物质之供出"。该资料提出，"清乡工作如同砍伐森林然后建筑房屋。（一）先要采伐大树，此为皇军之任务。（二）采伐小树，此乃为国府军、保安队之任务，（三）铲除树苗、杂草，此乃为乡村自卫之壮丁队之任务。（四）削高垫低，使地面平坦坚硬，此乃为保甲之实施"。"县政府准备清乡时，事先应与皇军、国府军方面充分协议"①。

日伪"清乡"的目的之一是维护日军的交通线，日伪要求"省长主宰省清乡爱路委员会""县长主宰县清乡爱路委员会"，"在县政府内设置爱路股"，省县"爱路委员会"都要与日方举行"联络会议"（省每月概为一回，县每月概为两回，其他者必要时行之），"对其决议决定事项立即实行之"；"区长主宰区清乡爱路委员会，又受警备队、宪兵队之指导"，村民应将交通线"匪情及损坏状况之速报"取"一日一报主义"②。

日伪的"清乡"，给各地群众带来了严重灾难。但日伪军此时已是强弩之末，他们一般都是早晨从据点出发，下乡抢夺一番后，傍晚就急速返回据点，生怕遭到中国军民的打击。

要之，正是依靠上述赤裸裸的暴力手段，日伪当局才勉强维持了在湖北沦陷区7年的法西斯统治。

第二节　欺骗民众的"怀柔"政策

诚如列宁所说的那样，任何反动政权都具有"刽子手"和"牧师"两种职能③。湖北日伪政权在不断强化其高压、血腥统治、履行它"刽子手"职能的同时，也假惺惺地采取了一系列"怀柔"政策，扮演起"牧师"的角色，试图给自己的统治涂上一层"合法""亲民"的色彩，以达到欺骗、麻痹民众、收买民心的目的。

---

① 汉口日军联络部：《清乡工作、爱路工作解说》，武汉市档案馆藏，转引自涂文学主编《武汉沦陷时期档案史料丛编②：沦陷时期武汉的政治与军事》，武汉出版社2007年版，第268—279页。

② 同上。

③ 参见列宁《第二国际的破产——五》，《列宁选集》第二卷，人民出版社1960年版，第638页。

同时，战争的破坏和日军的占领使得湖北沦陷区百业俱废，民不聊生。以武昌为例，直到 1939 年 6 月，日军占领 8 个月之后，伪武汉特别市市政府警察总监在呈文中还不得不承认："查武昌自事变后，市民逃避一空，原有房屋多被外侨占用，人民处于特殊情形之下，直接交涉即多顾忌，申请发还又鲜实效，束手无策、望门兴嗟"，"武昌电灯尚未完全恢复，人民均燃洋烛或煤油灯，甚感不便，且易发生火警"，自来水"各处水管龙头多已损坏，不能供给人民使用"，"中西医药各业多已走避"，小学不能开学。社会生产的破坏和人民生活的痛苦，已达极致①。在这种情况下，为了恢复民力，为日本的侵略战争和敌伪的殖民统治提供资源，日伪当局不得不推行一些怀柔政策。

一　"赈济"难民

武汉沦陷时，难民充斥三镇。其来源主要有两部分，一是从日军先期占领的江浙一带逃亡武汉的民众，二是武汉本地和周边地区因战火毁掉了家园的百姓。据当时报纸的粗略估计，1938 年年底，武汉有难民近 10 万人，其中，汉口 7 万人，武昌东北区 7000 人，武昌近郊 1 万人②。这些战争难民，一贫如洗，无家可归，完全丧失生活来源，在死亡线上挣扎。日伪政权建立以后，为了恢复武汉的社会秩序，解决难民生计，采取了一些安置和赈济措施。

（一）遣送外地难民回乡

1939 年 1 月，"武汉治安维持会"谕知社会局，对"长江下游如安庆、大通、芜湖、南京、镇江等地，因事变逃避来汉之难民"分别登记，"经调查确实具报后，再由本会设法觅具船只遣送回籍"③。2 月，武汉各界联合会开会决定，"外地难民如欲回籍者，呈请社会局设法遣送，其附近城乡者由会备办民船遣回原籍，如实因环境关系不能走动者，则导入该会所办难民简易工场工作"④。4 月，伪武汉特别市政府成

---

① 刘翰如：《为建设武昌各项意见请鉴核施行由》，1939 年 6 月 2 日，武汉市档案馆藏。

② 《汉口难民食粮恐慌》，《申报》1938 年 12 月 12 日。

③ 《遣送客籍难民回乡》，《武汉报》1939 年 1 月 21 日。

④ 《武汉各界联合会联席会议决定，开办日语研究分校，设法遣送客籍难民回乡》，《武汉报》1939 年 2 月 25 日。

立以后，对逃亡难民有回家资费的，负责同日军联系，发给长江下游乘船许可证，让其回乡；对无回乡路费者，发给船票，遣送回乡。至6月中旬，共遣送4次，计837人①。8月，伪武汉特别市政府社会局颁布《遣送难民回籍办法》，规定"遣送地点暂以下游安庆、芜湖、大通、南京、镇江、上海六埠为限"；凡客籍难民愿归故土者，应先向各慈善团体请求转送，船资由该局按次与轮船公司接洽，在救济资金项下支给；难民自登船之日起，每人每日发膳费3角，由难民自办伙食，按途中行期预计分别支给②。据统计，1939年5月—1940年1月，由伪武汉特别市社会局协助转请日军特务部颁发长江中下游各埠乘船许可证、自费购票返乡的难民，共计11090人。其中，九江186人，安庆614人，芜湖572人，大通4人，南京2393人，镇江401人，上海6920人。1939年6—12月，伪社会局资助遣送长江中下游各埠难民1478人，其中，安庆25人，芜湖144人，南京289人，上海1020人，共计支出船票7677.3元（日元，下同）、口粮982.9元，杂支284.91元，合计8855.11元③。到1941年，还有一些难民因无回乡路费而滞留武汉。伪社会局"民众事务所"3月"共资助回籍难民14人，共计用款134.8元。其中，回上海2人，用款29.1元，回南京10人，用款86.4元，回芜湖2人，用款19.3元"④。6月26日，伪汉口特别市政府民众事务所制定《民众事务所资遣难民回籍办法》，规定："被遣难民以远省为原则，其本市临近各县难民请求遣送者，应随时呈请社会局核实，另行办理"，"遣送地点以九江、安庆、芜湖、南京、镇江、上海六埠为原则。如须遣送至其他各地者，得酌量情形，呈请社会局核实办理"。申请资遣的难民应检同警察局核发之通行证，并附本人照片，造具名册及申请书，该所根据申请派员按址查报，如认为不合资遣者，批示不准；力能自行购票而无法领到通

① 张仁蠡：《市长施政方针谈话》，载伪武汉特别市政府《武汉特别市政府周年纪念特刊·总纲》，1940年4月出版，国家图书馆藏。

② 伪武汉特别市政府：《遣送难民回籍办法》，载伪《武汉特别市市政公报》1939年9月，武汉市档案馆藏。

③ 伪武汉特别市政府：《武汉特别市政府周年纪念特刊·社会》，1940年4月出版，国家图书馆藏。

④ 伪汉口市民众服务所：《汉口市民众服务所资助难民回籍人数统计月报表》，载伪《汉口特别市政府公报》1941年第8期，国家图书馆藏。

行证者，经具有保证始可代领①。

1940 年 6 月，宜昌沦陷，又有一批人成为难民。伪宜昌县政府协同日军对部分外地难民进行了遣送。据敌伪报告，经"日本特务机关遣送回籍者九千余人，资遣者一千余人，救济院长期收容老弱妇孺三百余人"②。

（二）救济无家可归和武汉本地的难民

武汉沦陷后，一些民间人士和团体自发开展了对难民的救济。1938 年冬，伪武汉治安维持会"召集各慈善团体，筹商冬赈办法，成立救济组负责进行"。参加这次冬赈的有伪社会局、十字会、难民区委员会、华洋义赈会、各界联合会、友善堂、培养堂、慈善堂、奠安堂、济善堂。救济组很快收到求赈名单 1 万余封，按"大口七升，小口四升"的标准，于旧历腊月二十八、二十九、三十兑放赈米③。1939 年 1 月 24 日，伪武汉维持会成立了"难民救济会"，伪武汉维持会会长计国桢兼任会长④。伪武汉特别市政府成立以后，组织了"难民救济委员会"，办理赈济难民事务。伪市政府拨款 10 万元，各方捐助法币 2 万元，日军拨款 4 万日元，1939 年 9—11 月救济武汉三镇难民 48769 名，共发出赈款 70106 元。年底，因"武阳汉三镇嗷嗷待哺之难民尚有六七万人，饥寒交迫，情极可怜"，伪市政府又设立冬赈办事处，拨发冬赈日金 20 万元，于阴历年前发放。同一时期，该会开办了难民免费诊所，至 1939 年年底，对 27953 名难民进行了免费诊治，共计诊疗费 3358.8 日元，法币 4578.75 元⑤。

1940 年，难民问题依然十分严重。11 月 26 日，伪湖北省政府成立武阳冬赈办事处，由省府筹拨 10 万元，设立施粥厂及施放寒衣⑥。伪汉

① 伪汉口特别市政府：《民众事务所资遣难民回籍办法》，载伪《汉口特别市市政公报》1941 年第 12 期，1941 年 6 月，国家图书馆藏。

② 《剿匪清乡与复兴农村：三十余市县长各抒宏论》，《武汉报》1942 年 9 月 21 日。

③ 《武汉维持会救济组调查施赈情形：分配七组全体出动，普遍救济，不收名单》，《武汉报》1939 年 2 月 16 日。

④ 武汉地方志编纂委员会：《武汉市志·大事记》，武汉大学出版社 1990 年版，第 133 页。

⑤ 均见伪武汉特别市政府《武汉特别市政府工作概况》，1940 年 1 月 10 日，武汉市档案馆藏。

⑥ 《省府拨款十万，举办武阳冬赈，贫民福音不绝于缕》，《武汉报》1940 年 11 月 27 日。

口特别市政府也决定拨款日金 20 万元，交社会局组织冬赈办事处①。12 月 1 日，伪社会局冬赈办事处设立筹备处，获各界捐款 10 万余元。截至 13 日，已收到请求赈济信 416 封，每封 5 口至 12 口不等，约计待赈人数 3000 余名，其中，以汉阳最多，五十余岁女性多于男性②。14 日，冬赈办事处正式办理施粥登记手续，贫民登记后发给食粥券一张，券面写有"遗失不补""此券只限一人食粥"等 9 项"食粥须知"。20 日，市民临时施粥厂总务组报告总计收到捐款 143374 元 6 角，已发出粥券 6754 份③。同时，因发现九莲庵、江岸两粥厂所领食米 120 包"俱是潮湿之米，已起化学变化，且有霉烂者，勘查后以不合煮粥"，报告上峰，26 日，伪市长张仁蠡率领伪秘书长及财政、社会两局局长亲赴仓库查究，最后以乡民暗向所售谷米渗水，购米者查验不细、疏忽造大意造成定案④。这次冬赈，汉口从 1941 年元旦开始⑤，武昌、汉阳于 1 月 16 日开始⑥。由于汉口难民早晚两次赴施粥厂就食，多感不便，1 月 9 日起，改为凡已领有江岸、球场区粥厂食粥券之难民，可持券"按照规定领取食米"⑦，每名一次发给赈米 9 升⑧。17 日，"开始发给九莲庵及球场二粥厂贫民已经登记而未领券之赈米"，每人发白米 1 斗，领米人数总计 10467 人⑨。2 月 10 日起，施粥及赈米停止，一律改为折发现金，每名一次发给军票 5 元⑩。据伪市府冬赈办事处统计，自开始办理施粥及发给赈米以来，"贫苦人民得获赈济者不下 10 余万人"⑪。除施粥外，冬赈办事处还收到日本总领事馆及各方捐赠棉大衣 357 件、棉袄棉裤 377 套、棉裤 1823 件、棉背心 745 件，2 月 16 日至 20 日在分水厂、难民区、商业区、特二区、特三区、特一区（日本租界在内）五个地段定

---

① 《市府冬赈处定于下月一日成立，并组督察团》，《武汉报》1940 年 11 月 28 日。

② 《贫民食粥登记踊跃，捐款已达十余万元》，《武汉报》1940 年 12 月 13 日。

③ 《官民施粥厂规定施粥办法：登记今开始，随发食粥券》，《武汉报》1940 年 12 月 15 日。

④ 《市办施粥厂发现大批潮米后，市长甚为重视》，《武汉报》1940 年 12 月 27 日。

⑤ 《市官民两施粥厂元旦正式开放》，《武汉报》1940 年 12 月 31 日。

⑥ 《省武阳两区冬赈设粥厂八处》，《武汉报》1941 年 1 月 6 日。

⑦ 《江岸、球场两区领有食粥券贫民将发放食米》，《武汉报》1941 年 1 月 7 日。

⑧ 《江岸、球场两区首次赈米发完》，《武汉报》1941 年 1 月 13 日。

⑨ 《市九莲菴、球场二区昨发放赈米情形》，《武汉报》1941 年 1 月 18 日。

⑩ 《市冬赈处施放粥米改为折发现金》，《武汉报》1941 年 2 月 7 日。

⑪ 同上。

点发放给贫民①。此外，伪市府在成立日还散发"祝福券"，"七七兴亚节"散发"盐面券"②。伪省政府方面，武昌地区自 1 月 16 日开始施粥，到 2 月 6 日，共用木柴 63685 斤，米 920 包又 2 斗 8 升 8 合，计净米 132521 斤半（同阴历年关发米在内）；汉阳地区自 1 月 17 日起至 2 月 3 日止，共用木柴 31880 斤（尚有芦柴油饼不在内），米 360 石零 5 斗 7 合（连同阴历年关发米在内）③。伪省政府还拨款补助各慈善团体，计两次补助武昌长春观同善会日金 4000 元，武昌天主堂救济院日金 2000 元，汉口敬节云月婴堂日金 1000 元 3 角，又法币 7 角 5 分、汉口红十会日金 500 元④。伪汉口特别市政府还向汪伪"中央"求援，赈济武汉难民。1940 年 11 月，汪记国民党汉口特别市党部"电呈该党中央执行委员会汪主席，请予转函赈务委员会"，"急行遴派干员来鄂，实地查勘，并捐拨巨款，迅予赈济"⑤。12 月，伪汉口特别市政府呈报汪伪政府，称本市"经查无衣无食赤贫人民为数不下十万，如不设法救济，实堪隐忧"，而"本市赈款有限，势难遍予救济"，"俯准转饬赈务委员会划拨巨款，以宏救济"⑥。次年 5 月，汪伪国民政府赈务委员会，拨款 6 万元给汉口特别市政府，赈济汉口特别市灾民⑦。

　　1942 年 1 月，汉口市冬赈办事处开会统计全市待赈之贫民、难民共达 5 万余人，决定发放赈粮，实行冬赈。"首次发赈为蚕豆，二次则为食米。"⑧ 发券日期为 1 月 18 日⑨。22 日，赈券全部发放完毕，24 日开赈。全市领券贫民难民共计 41987 人，赈粮蚕豆 6670 担，每券发给蚕豆 1 斗 2 升，未能登记及未能领到赈券之贫民，俟第一次蚕豆发完，

① 《市冬赈办事处明起施发寒衣》，《武汉报》1941 年 2 月 15 日。

② 伪武汉特别市政府：《武汉特别市政府周年纪念·市政府》，1940 年 4 月，国家图书馆藏。

③ 《省武阳救济委员会开会报告施粥经过：自上月 16 日起至本月 6 日止》，《武汉报》1941 年 2 月 7 日。

④ 伪湖北省民政厅：《湖北省民政厅一年来施政概况》，《武汉报》1940 年 11 月 5 日。

⑤ 《国民党汉市党部电请赈济难民》，《武汉报》1940 年 11 月 22 日。

⑥ 伪汉口特别市政府：《为筹办冬赈呈请转饬赈务委员会拨款协济案》，载伪《汉口特别市政府公报》1940 年 12 月，武汉市档案馆藏。

⑦ 伪汉口特别市政府：《汉口特别市政府呈》，载伪《汉口市政公报》1941 年第 5 期，1941 年 3 月，国家图书馆藏。

⑧ 《市区待赈贫民统计约有五万人》，《武汉报》1942 年 1 月 12 日。

⑨ 《市冬赈干联会议，定放赈日期地点》，《武汉报》1942 年 1 月 17 日。

再行定期补发一天①。3 月 19 日开始施米，要求凡持有赈券者，随带户口单至规定地点，每人逐日领食米 2 升②。3 月 30 日，冬赈宣告结束。同年 5 月 20 日伪市冬赈处召开解散会议，并公布冬赈数字，收入款项共计军票 241556 元 5 角 4 分，法币 100345 元，支出款项共计军票 214526 元 2 角 5 分，实剩军票 22946 元，法币 818 元 7 角 5 分。结余购粮计蚕豆 564 担 2 斗 5 升，白米 155 担 7 斗，"如数转售教养所收用，所售价款仍在社会局作为临时救济之用"③。该年，伪湖北省政府也成立"武阳冬赈办事处"。冬赈人数决定以 9000 人为限。④ 后因贫民实在太多，决定发米武昌 800 担，以 16000 人为限，汉阳 400 石，以 8000 人为限，每人约有食米 5 升，分数次发给⑤。2 月 10 日开始首次发米⑥。

对火灾、空袭等造成的难民，伪政府也做了一定的救济。1940 年 11 月 7 日，武昌第 1 区第 20 保第 8、9 两甲发生火灾，被灾难民 51 名。《武汉报》将各界捐助款项法币 160 元作为救济，获得 5 元者 12 人，10 元者 4 人，15 元者 4 人⑦。1942 年 1 月 21 日，汉口铁路桥外陈家湖发生大火，延烧茅屋达 109 栋，烧死 3 人，损失总值 6 万余元，被害灾民 446 名。伪市府社会局"会同警察局派员散发急赈，按大口每名酌给日金 6 元，小口每名 3 元，总计约需款 2230 元"⑧。《武汉报》派员携带救济费法币 2000 元于 24 日"前往火场发赈"，"市民临时冬赈筹备处"也于 24 日"按照户口依次放赈。每人发给法币五元，并发给单衣一套及棉背心一件，及赈券一张，老贫民并发给棉大衣一件"⑨。同年 8 月 4 日，汉口市铁路桥外造纸巷新马路因居民做饭发生大火，"延烧 246 户，被难各户多系拉车、苦力、小贸，所有衣物被焚一空，厥状至惨"。伪汉口特别市政府社会局于 7 日、8 日两日，"派员携款，会同警察局职

---

① 《汉市冬赈定明发粮，受赈人计 41987》，《武汉报》1942 年 1 月 23 日。

② 《市民冬赈处施米》，《武汉报》1942 年 3 月 19 日。

③ 《市冬赈办事处结束，今开末次解散会议》，《武汉报》1942 年 5 月 20 日。

④ 《武阳城区冬赈，变更受赈人数》，《武汉报》1942 年 1 月 28 日。

⑤ 《武阳城区冬赈决发赈米千二百石，每人获米五升，现赶制赈券》，《武汉报》1942 年 2 月 7 日。

⑥ 《武阳城区冬赈今日开始发米》，《武汉报》1942 年 2 月 10 日。

⑦ 《武汉罹灾难民即日发款》，《武汉报》1940 年 11 月 21 日。

⑧ 《陈家湖火灾》，《大楚报》1942 年 1 月 23 日。

⑨ 《救济陈家湖灾黎》，《武汉报》1942 年 1 月 25 日。

员及该管十二分局人员、保甲长等前往灾区，按户点发"，"计实发大口 835 名，每人施给 6 元，合 5010 元；小口 288 名，每人施给 3 元，合 864 元。两共日金 5874 元"①。1943 年 11 月 6 日，伪湖北省政府公布施行《湖北省战时平民特别救恤办法》，规定组织省、县、市"战时平民特别救恤委员会"，对被炸死亡无力殓埋者予以掩埋或火葬；被炸重伤无力医治者其医药费由该会担负；被炸伤骨体残废，不能从事业务工作无法生活者酌给一次救恤费国币 500 元至 1000 元；虽无伤亡情事，而全部财产房屋悉被炸毁栖身无所衣食无着者，酌给一次救恤费每户国币 100 元至 500 元；一户主要生产人因被炸有上列情事而其直系亲属老弱妇孺生活无着者，60 岁以上之老人及 10 岁以下之幼孩收容或送当地公立救济院所；无人抚养之孤儿临时给予收容外，另由委员会转请政府设法收留教养；60 岁以上 1 岁以下之老弱得酌量情形收容一个月，或给予一次救恤费每人国币 100 元至 500 元②。1944 年 6 月，汉口市空袭灾民救济委员会"指定刘家庙友仁义社第四难民收容所，为各区灾民临时避难所"，并决定于 28 日至 30 日，每天发给生活救济费，大口每日 30 元，小口每日 20 元③。

在沦陷区的一些县、市，各地伪政府有时也搞点难民救济。日寇攻占宜昌后，"流亡载道，难民无以为生"，伪省府"拨款购办食米千石，运往赈济"④。1943 年，云梦等县"遭受水旱之灾，灾情惨重"。伪省府社会福利局拨救济款，沔北、荆门、潜江、汉川、云梦、当阳等县各 6 万元；应城、黄冈、监利、钟祥等县各 5 万元；宜昌、麻城、黄陂、岳阳等县各 3 万元；咸宁、蒲圻、孝感、鄂城、应山等县各 2 万元，全省共计 78 万元⑤。

（三）设立"难民教养所"

伪武汉特别市"难民救济委员会"成立后，即着手筹备"平民工厂"，将"所有能自力生产之失业男女"，"收作艺徒，使其习艺，而不

---

① 《为发放本市铁路桥外造纸街火灾急赈案》，载伪《汉口特别市政府公报》1942 年第 10 期。

② 伪湖北省政府：《湖北省战时平民特别救恤办法》，1943 年 11 月 6 日，载伪《湖北省政府公报》第二卷第 16 期，1943 年 11 月 30 日出版，武汉市档案馆藏。

③ 《市空袭灾民救济会发给灾民救济费》，《武汉报》1944 年 6 月 28 日。

④ 伪湖北省民政厅：《湖北省民政厅一年来施政概况》，《武汉报》1940 年 11 月 5 日。

⑤ 《本省十八县遭水旱灾，拨赈款七十八万》，《武汉报》1944 年 4 月 13 日。

能生产之老幼残废，即设救济院长期留养"。筹设的平民工厂"计分染织、皮革、竹木、草麻以及化学工艺五部"，但是，由于厂址"采择不易"，该厂"迁延数月"未能建成。于是，敌伪决定在"平民工厂"开办之前，先设立"乞丐收容所"，该所于 1940 年 3 月 1 日开始收容，月余之间即收容乞丐 300 余人①。为了收容孤老残疾社会人员，1940 年 2 月，伪武汉特别市又决定设立救济院，予以收容救济。该年 2 月制定的《武汉特别市救济院组织简章》的规定，"救济院隶属于市政府社会局"，收容对象为极贫无依年在 60 岁以上者、残废痼疾不能自谋生活者、流落无依及被压迫求援之妇女、无人抚养之孤儿、被遗弃之婴孩、事变失业无法营生而合该院简易工艺之能力者，收容人数共为 400 人，其开办费用以前武汉特别市救济委员会移交之基金拨充②。到该年底，救济院收容难民即已额满，不能再予收留③。此外，伪汉口市政府还设立有难民寄留所，临时收容无家可归的难民。1940 年 12 月，该所共收容难民 12386 人次，计发放伙食 24772 餐，共支口粮钱 3706.8 元④。

　　1940 年 5 月，救济院、乞丐收容所、平民工厂合并为教养所，其目的"意在使消极救济事业，逐渐演进为自力更生之积极导育机关"。该所分类供养和管理，凡有劳动能力者，须在平民工厂内从事劳动。1941 年该所收容人员中，孩婴占 2%、幼童占 9%、壮年 7%、残废占 54%、衰老占 28%⑤。1943 年 8 月，教养所共有难民 1455 人，其中当月新收 92 人⑥。1941 年 4 月，教养所内部"工艺组"备有布机 60 部，缝纫袜机 40 部，于所内中挑选实习生 35 人操作，另雇用熟练工人 33 人为指导。近半年内，该所以 2 万余元之活动资金，获得纯益金 5600 余元；"养给组"前后收容人数合计已达 12200 余人，共耗资 64883 余元⑦。1942 年 1 月 7 日，该教养所再次开始收容乞丐，仅至 10 日，即

---

①　伪武汉特别市政府：《武汉特别市政府周年纪念特刊·社会》，1940 年 4 月，国家图书馆藏。

②　伪武汉特别市政府：《武汉特别市救济院组织简章》，《武汉报》1940 年 2 月 2 日。

③　《市教养所人满为患，业已拒绝收容》，《武汉报》1940 年 12 月 29 日。

④　伪汉口市政府：《汉口市政府公报》1941 年第 1 期，武汉市档案馆藏。

⑤　伪汉口市政府：《汉口市政府公报》1941 年第 5 期，武汉市档案馆藏。

⑥　伪汉口特别市政府社会局：《1943 年 8 月重要工作月报表》，武汉市档案馆藏。

⑦　伪汉口特别市政府：《汉口特别市政府两年来施政概要》，《武汉报》1941 年 4 月 20 日。

收容 1129 人，而"计前乞丐共有 1672 名"。3 月，教养所收容人数已达 1800 余名，"而继续前往请求者，尚络绎不绝"。该所只好另想办法，"特拟具所民除外习艺暂行办法，呈请市府核准"，"利用市区以内所有各种手工业之工厂与商店，将留所所民，送往习艺，由该所月给津贴"①。

湖北省伪政府也设立了难民收容所。1942 年 10 月，伪省政府共拨救济院经费 7389 元，占同期总开支 463988 元的 1.8%②。1941 年，伪云梦县政府在县城设"游民收容所"，"游民和孤寡残废者由警察局收入该所工作、习艺，每月拨军票 200 元以资救济"③。

二　提供小额贷款，介绍就业

抗战爆发以后，由于战争的破坏和日伪的抢掠，或者工厂被占、店铺被毁而失去工作，武汉和其他部分市镇大批市民就业无门，生活无着，陷入绝境。为了解决这部分民众的生计问题，日伪给一些城镇居民发放小额贷款，助其从事小本经营，并对部分失业者介绍工作。

1939 年 1 月，伪武汉治安维持会社会局"决定办理小本借贷，俾一般肩挑手提小贩，得以从事小卖，自谋生产"④。7 月，伪武汉特别市政府责令社会局筹办小本借贷，所定基金为 3 万元，借贷额以 5 元至 20 元为限，不取利息⑤。8 月，伪社会局制定了《小本借贷简章》，规定借金人须填写申请书，并附有 2 人以上联带保证人（保证人以有 100 元以上之资本者为限）。借金人以 3 个月为限，分三期（每一个月为一期）平均偿还所借金额。若有一期滞纳，即通知保证人催其缴纳。经催告后仍不缴纳，即追缴其他未缴贷金之全部。若借金人经调查证实，确遇水火灾害及病疫，对于未缴之纳入金予以免除⑥。到该年底，伪武汉特别

---

① 《教所救济幼孤暂定习艺办法》，《武汉报》1942 年 3 月 19 日。

② 伪湖北省政府：《1942 年 11—12 月、1943 年 1—7 月工作报告》，中国第二历史档案馆藏。

③ 云梦县政府：《云梦县抗战史料》，1948 年，湖北省档案馆藏。

④ 《小本借贷办法拟就》，《武汉报》1939 年 1 月 21 日。

⑤ 伪武汉特别市政府：《武汉市特别市政府周年纪念特刊·社会》，1940 年 4 月，国家图书馆藏。

⑥ 伪武汉特别市政府社会局：《武汉特别市社会局小本借贷章程》，载伪《武汉特别市政府公报》1939 年 9 月。

市政府共向 2252 户市民提供贷款 411330 元①。1940 年以后，小本贷款工作转由伪社会局民众服务所负责。1940 年贷出总额约计为 86000 元，受贷者共达 2860 余人②，1941 年共贷出 2946 户，计日金 94570 元③。至 1942 年 4 月，伪市政府"三年间小本借贷共放出 220173 元，收回184931 元"④。1942 年年底，伪汉口特别市出台《汉口特别市民众事务所小本贷款章程》，规定"小本贷款以贷予本市一般小商贩及无职业需要资本谋生者为限"，凡在汉口特别市内有一定住所、领有市民证或居住证的市民，在取得两家各有现值 2000 元以上货物之正式商保者，可以申请小本贷款。贷款金额分 50 元、100 元、150 元、200 元和 250 元五种，贷款期限为 5 个月，每月偿还 1/5，不收利息⑤。

伪湖北省政府也对部分市民进行了小额贷款。1941 年 4 月，伪省政府制定《湖北省建设厅设立小本借贷处暂行办法》，规定小本借贷基金定为 5 万元，不足时得呈请省府增加。小本接待处仅负责收受借款申请及调查对保之责，所有收发款项均由伪建设厅直接办理。借贷金额根据每户人口之多少及其营业之大小定为 10—40 元。借金人须有 200 元以上之资本者 2 人做保证人，"遇有特别情事而无上开之保证人，倘经本地各慈善团体或警察官署保证者，亦得贷与之"，借金人凡有鸦片及其他违禁嗜好、以借金为赌博行为或以借金转借他人而图重利，概"不贷与之，其已借者，亦追还之"。所借款项以 4 个月为限，每一个月偿还全部金额的 1/4，若有一期迟滞缴纳，即通知保证人催其缴纳，倘经催告后仍不依限缴纳，即追缴其未缴贷金之全部。如有拖欠情事，应予押追并由保证人负连带责任⑥。6 月，伪湖北省建设厅于该厅第三科正

① 伪武汉特别市政府：《武汉特别市政府工作概况》，1940 年 1 月 10 日，武汉市档案馆藏。

② 伪汉口特别市政府：《汉口特别市政府两年来施政概要》，《武汉报》1941 年 4 月 20 日。

③ 伪汉口特别市政府：《汉口特别市政府三十年度施政概况》，《武汉报》1942 年 4 月 20 日。

④ 张仁蠡：《市政府成立三周年感言》，《武汉报》1942 年 4 月 20 日。

⑤ 伪汉口特别市政府：《汉口特别市民众事务所小本贷款章程》，1942 年 12 月 31 日，武汉市档案馆藏。

⑥ 伪湖北省建设厅：《湖北省建设厅设立小本借贷处暂行办法》，载伪《湖北省政府公报》第 15 期，1941 年 5 月 20 日出版，武汉市档案馆藏。

式设立小本借贷处，办理借贷事务①。有的伪县、区政府也进行了一些小本借贷。如 1940 年 8 月，伪黄冈县第五区团风镇 "拟将该区所领食盐纯益金，全数发出，开办贫民小本借贷处"，借贷范围纯以本市贫苦挑贩小商为对象，其他商店不在此列；贷金为无息借贷，偿还时期暂以 100 日为限，自借贷之日起于每 10 日抽还 1/10；借贷金额自 10 元起至 30 元止；借贷人除本人应填具申请书外，并须邀请本市正当商店 2 家，出具保证书，各贷金人如逾限不偿还贷金，保证人应连带负赔偿之责任②。1941 年，云梦县旱灾严重，伪县政府拨出军票 1 万元给农民借贷，以当年麦收偿还③。

在介绍工作方面，1940 年，伪汉口市政府社会局开始举办职业介绍，为 212 人介绍工作，同时，代大冶铁矿招募矿工 4000 余人④。1941 年 5 月 1 日，伪汉口市警察局 "举办失业市民登记"，凡年在 20 岁以上、50 岁以下者均可登记，"分派夫役工作"，有家属者先给安家费 30 元，以后所得工资，以 1/3 供本人支用，2/3 抵扣安家费⑤。

三 卫生防疫

沦陷期间，湖北沦陷区疫病肆虐，大批民众因得不到治疗而死亡。敌伪政府为了减少疫病流行造成的社会恐慌和动荡，采取了一些卫生防疫措施。

（一）设立卫生医疗机构

武汉沦陷后，三镇医疗卫生机构基本陷入瘫痪，唯有少数民营医院和诊所惨淡开业，连大名鼎鼎的汉口协和医院也因 "自事变后一再搬迁，财力物力损失无算"，"经费万分困难"，只好向各银行募捐，方可维持⑥。伪武汉特别市政府成立以后，为了改变百姓无处就医的

① 《省建设厅设立小本借贷处》，《武汉报》1941 年 6 月 5 日。
② 《黄冈：开办贫民小本借贷处，无息接济商贩》，《武汉报》1940 年 8 月 4 日。
③ 云梦县政府：《云梦县抗战史料》，1948 年，湖北省档案馆藏。
④ 伪汉口特别市政府：《汉口特别市政府两年来施政概要》，《武汉报》1941 年 4 月 20 日。
⑤ 《市警局将分派夫役工作，举办失业市民登记》，《武汉报》1942 年 4 月 27 日。
⑥ 《各银行捐款协和医院》，聚兴诚银行，1940 年 3 月，武汉市档案馆藏，转引自涂文学主编《武汉沦陷时期档案史料丛编①：沦陷时期武汉的社会与文化》，武汉出版社 2005 年版，第 255 页。

状况，开始设立医疗机构。1939 年 4 月 21 日，伪武汉特别市政府着手筹划设立汉口市立医院，决定在医院建立前先设移动诊疗班，并在武昌、汉口、汉阳三处设立施诊所①。其后，又成立防疫委员会，伪市长张仁蠡任会长。8 月，组设汉阳区清洁事务所，分派夫役扫除街巷污秽，疏通沟渠，管理河泊所、维新菜场附近、高公桥三处的尘芥烧弃场②。年底，伪特别市政府成立卫生局，下辖市立医院、传染病医院和妓女检治所；并成立卫生事务所和两所隔离病院，分别负责公共卫生和对 500 多名传染病人的隔离施诊工作③。为了培养医务工作人员，伪市政府还开办了公共卫生人员养成所，设护士、助产士、药剂生、卫生员、注射员、种痘员、接生婆、卫生统计、妇婴卫生等班次，其中卫生员第一期 35 名，1940 年训练期满分发工作；护士训练班第一期 1940 年 10 月录取，训练期限 6 个月。1940 年 2 月 22 日汉口市立医院正式开业，同年 5 月 3 日武昌分院竣工。汉口市立医院1940 年度平均每月门诊约 5000 人次，住院约 100 人次，出诊 50 余人次。1940 年 9 月，收入金额 18200 余元，1941 年 3 月逾 19550 元。1940 年 4 月，伪特别市卫生局又开始办理医药卫生人员登记注册工作，经审查合格准予注册给照者，计医师 80 人，药师 14 人，牙医师7 人，中医士 260 人，药剂士 20 人，助产士 48 人，镶牙士 10 人，西药房 11 家，国药号 230 家。10 月，又设立中医考试委员会，考试审查同时并举，共有 30 人考试及格，157 人审查及格。1941 年 1 月 25日，伪市政府卫生局成立购置药品器材委员会，负责本市各医疗机关药品器材的采购工作④。

为了对农村地区的疫病进行诊治，伪湖北省政府还组织"全省巡回诊疗班"进行巡回诊疗。1939 年 12 月，伪省民政厅计划组织巡回诊疗班 3 班，每班设主任医师、医师、助手、司药、事务员各 1 人，

---

① 伪汉口特别市政府：《汉口特别市政府两年来施政概要》，《武汉报》1941 年 4 月20 日。

② 伪武汉特别市政府：《武汉特别市政府周年纪念特刊·市政府》，1940 年 4 月，国家图书馆藏。

③ 伪武汉特别市政府：《武汉特别市政府工作概况》，1940 年 1 月 10 日，武汉市档案馆藏。

④ 均见伪汉口特别市政府：《汉口特别市政府两年来施政概要》，《武汉报》1941 年 4月 20 日。

护士、公役各 3 人。第一期自 1940 年 3 月 20 日至 5 月 5 日，分配于孝感、黄陂、麻城、咸宁、蒲圻、临湘、黄冈、鄂城、大冶等县，第二期自同年 5 月 28 日至 9 月 10 日，分配于孝感、云梦、应城、咸宁、蒲圻、嘉鱼、黄冈、鄂城等县，两期共计诊疗人数为 23033 人，种痘人数 159260 人。其后，又增设巡回诊疗班 3 班，以第四、第五两班巡回应城、大冶、蒲圻、咸宁、岳州等县，第六班留驻伪民政厅内，专任临时诊疗，供防疫调遣之用。1940 年 9 月 20 日，伪省府民政厅以同仁会医院为校址，开办卫生人员训练班，训练期限一个月，讲师系聘同仁医院医师兼任。招收学员 67 名。同月，伪省政府接管由原伪武汉特别市立传染病医院武昌分诊所改成的传染病院，更名为湖北省立传染病医院，内设主任医师、医员、司药、事务员、消毒员各 1 人，护士 3 人，书记 3 人①。该院除主治鼠疫（黑死病）、虎烈拉（霍乱）、天然豆（天花）、猩红热、白喉、赤痢（包含疫痢）、伤寒、副伤寒、发疹伤寒、急性流行性脑脊髓膜炎、麻疹、疟疾、外儿氏病、回归热之类传染病之外，还"利用空余时间兼办普通病门诊部，以便人民就医，并不收取医药各费"②。1940 年 5 月 15 日，伪湖北省政府通过施行《湖北全省防疫卫生委员会组织规程》，该规程规定，卫生防疫委员会"受湖北省政府之监督指挥，处理全省各县及省会地区防疫卫生事宜"，负责普及卫生思想并宣传卫生要义、整备与扩充卫生设施、处理与实施防疫事项、紧急处置传染病发生、整备与统制防疫药品、收集与编制防疫情报等事项，经费由湖北省政府支给③。11 月15 日，伪省政府又公布《湖北省各县（市）防疫卫生委员会组织通则》，规定："各县市防疫卫生委员会隶属于湖北省防疫卫生委员会，办理防疫卫生事务"，"委员长由县市长兼任，委员由县市政府主管科长、警察局局长、县市立医院院长及各区区长兼任，顾问由县市指导官、联络官聘任；干事由县市政府职员调派兼任"，"经费由县市政府

①　伪湖北省民政厅：《湖北省民政厅一年来施政概况》，《武汉报》1940 年 11 月 5 日。

②　伪湖北省民政厅：《湖北省民政厅武昌传染病诊疗所组织规则》，载伪《湖北省政府公报》第 15 期，1941 年 5 月 20 日出版。

③　伪湖北省政府：《湖北全省防疫卫生委员会组织规程》，1941 年 5 月 15 日第 27 次伪省政会议通过施行，载伪《湖北省政府公报》第 16 期，1941 年 6 月 20 日出版，武汉市档案馆藏。

在地方行政经费项下拨支"①。在 1942 年 9 月第三次"县政会议"上，伪省政府指示"各县市应设立县立医院以广救济"②。在 1944 年下半年度"施政方针"中，伪省政府又提出，要"督促各县切实利用保甲推进各当地之卫生工作以收卫生实效"，要"调查各县法定传染病情况"，"督促各县市从速办理扑灭蚊蝇捕捉鼠虫以杜绝各种疫病原因"，要"从速训练卫生技术人才以资应用"③。在沦陷区各县，也有少数县份组织了医疗卫生机构。例如，大冶县第二区公所创立民众医院 1 所，聘任西医 2 人，看护 6 人，购备各种西药，"施诊施药，不取分文"，还每天派出卫生员，"督率清道夫，打扫街道及厕屋，以重卫生"④。孝感县 1940 年"建设县立医院"，1941 年 2 月 28 日成立防疫委员会，并定 4 月 6 日至 12 日为卫生周，开展"防疫运动"，会同伪"保安队、警察局、学生救国联盟会、青年协会各人员"，分组"检查实施责任，并定期检查各机关，尤其注重公共卫生"，还分途演讲、散发传单、实施消毒、修葺沟渠⑤。

（二）注射疫苗

大战之后往往有大疫。武汉沦陷后，日伪为了防止占领区内大规模疫病流行，也进行了一些卫生防疫工作，其活动主要是注射疫苗。1938 年年底，武昌红十字会医院即开始"举行义务施种牛痘"，月余即"接种市民约万余人"⑥。1939 年夏季，武汉市霍乱流行，发现病人 366 例，死亡 183 人⑦。汉口市立医院成立后，开展"免费种痘及虎列拉预防注射、伤寒预防注射"⑧。7 月 12 日，防疫委员会决定

① 伪湖北省政府：《湖北省各县市防疫卫生委员会组织通则》，载伪《湖北省政府公报》第 22 期，1941 年 12 月 20 日出版，武汉市档案馆藏。

② 《鄂县政会议各厅处指示各县事项》，《武汉报》1942 年 9 月 19 日。

③ 伪湖北省政府：《湖北省政府施政方针》，1944 年下半年度，中国第二历史档案馆藏。

④ 伪大冶县第二区公所：《大冶县第二区公所复兴建设工作概况》，《武汉报》1941 年 4 月 18 日。

⑤ 《孝感：春季防疫开始，实施卫生运动》，《武汉报》1941 年 4 月 22 日。

⑥ 《武昌红十字会，继续义务种痘》，《武汉报》1939 年 2 月 25 日。

⑦ 武汉地方志编纂委员会：《武汉市志·大事记》，武汉大学出版社 1990 年版，第 134 页。

⑧ 伪武汉特别市政府：《武汉特别市政府周年纪念特刊·总纲》，1940 年 4 月出版，国家图书馆藏。

"武汉民众欲往他处者，应于动身前三日将大便送往西村部队防疫部检验，如无传染病菌始能成行。从 13 日开始，实行民船检查和注射"①。到 1939 年年底，全市总共举行了夏、秋两次种痘，夏季种痘110 万人次，秋季种痘 60 万人次②。1940 年，继续举行种痘。伪武汉特别市 1940 年 4 月 1 日至 6 月底夏季第一次种痘期间，共计注射预防霍乱疫苗 691589 人，自 7 月 1 日至 8 月 24 日止，第二次注射 623563人，并"于各通道口及码头，分别举行行人及轮船消毒"。为预防天花，该年春季举行种痘，自 3 月 12 日至 6 月底，共施种 482684 人，秋季种痘自 10 月 1 日至 11 月 30 日，施种 616797 人③。1941 年伪汉口特别市共进行了三次霍乱预防注射，"注射者共 1663610 人次"。春秋两季种痘"共计施种者 1421781 人"；另外，对进港船只进行消毒，全年计被消毒轮船 173 艘，旅客 14953 人④。1941 年 6 月，因长江下游一带，发生霍乱前兆，伪汉口市府规定："以后凡由外埠乘轮入境之商旅，均须经过消毒后方可登岸。"⑤ 1943 年 8 月，伪汉口特别市预防霍乱注射 390787 人次⑥。

1940 年 3 月 12 日，伪湖北省政府公布《管理人民种痘暂行规则》，规定婴儿出生后 6 个月内应种痘一次，其种痘未出者应再补种；儿童于 6—7 岁时应举行第二次种痘；成年人每年种痘 1 次或 2 次；凡天花患者之家属及其接触者，无论已种未种，均需随时补种⑦。是年夏冬，湖北沦陷区各地霍乱流行。伪湖北省民政厅成立夏令防疫组三组，附设于巡回诊疗班 1、2、3 班中，分赴各县重要市镇、乡村，计共注射疫苗 220721 人。又举办秋季种痘，除各县由巡回诊疗班随时

---

① 《防疫传染病，防疫会第三次议决：明日实行民船检查》，《武汉报》1939 年 7 月12 日。

② 伪武汉特别市政府：《武汉特别市政府工作概况》，1940 年 1 月 10 日，武汉市档案馆藏。

③ 伪汉口特别市政府：《汉口特别市政府两年来施政概要》，《武汉报》1941 年 4 月20 日。

④ 伪汉口特别市政府：《汉口特别市政府三十年度施政概况》，《武汉报》1942 年 4月 20 日。

⑤ 《外埠来汉进港商轮一律施行消毒》，《武汉报》1941 年 6 月 22 日。

⑥ 伪汉口特别市政府卫生局：《1943 年 8 月重要工作月报表》，武汉市档案馆藏。

⑦ 伪湖北省政府：《湖北省政府管理人民种痘暂行规则》，载伪《湖北省政府公报》第 2 期，1940 年 4 月 20 日出版，武汉市档案馆藏。

办理外，武昌、汉阳两城区设立种痘班 10 组，分布交通要隘，于 10 月 1 日开始点种，以 3 个月为限①。11 月中旬，实施街头检查及家庭访问，对遗漏未种之市民继续点种。到种痘结束，该年已种者约 20 万人②。1942 年，伪武昌市政处从 4 月 15 日起，举办武昌城区春季防疫注射，全市共设注射班 9 处（固定 7 班，流动班 2 班）③。在沦陷区各县，有的伪县政权也做了一些注射疫苗的工作，例如：应城县 1940 年 6 月 23 日开始给民众注射霍乱防疫针，"计一日即以一医师注射至一千六百名之多"，"城内外注射完毕后，即由湾上镇而至四乡，以务达普通为目的"④。1941 年，黄冈县立医院与伪湖北省府巡回诊疗第三班同时举行春季种痘。该县淋山河发生天花，省立传染病医院"当即遵派医师员役，携带药品驰赴该地"，"对于患者予以隔离治疗，放设器具实行消毒，其未经波及者，施行强迫种痘，以免蔓延"⑤。同年，伪省府巡回诊疗班第五班总计在咸宁县并各区工作历时 18 日，民众种痘者近 3 万人⑥。

（三）整治公共卫生

伪武汉特别市政府成立后，先后举办了一些公共卫生事务："设立屠宰场切实检查肉食，增设垃圾箱，严厉扫除粪秽，筹建公共厕所，疏通下水道"，等等⑦。从 1940 年开始，伪特别市政府"规定每年春秋两季，分别举行清洁大扫除一次，由卫生局督饬各卫生事务所全体卫生人员及保甲长，指导民众举行"。每年 4 月 4 日（"儿童节"），伪市卫生局会同伪青年协会妇女部举办婴儿健康比赛会，择优给奖，并发行专刊灌输妇婴卫生常识。1940 年 6 月，伪武汉特别市政府委托日军防疫部队对"中华区上年疫区住民及饮食接客等业员工检便"；9 月中旬，又"由社会、警察、卫生三局派员会同"对饮食接客等业及公共娱乐场所卫生设备进行总检查，"其不合格各户，并经限期改善，以便派员复查"。这种检查 1941 年"每月一

---

① 伪湖北省民政厅：《民政厅一年来施政概况》，《武汉报》1940 年 11 月 5 日。
② 《省市分别开始防疫注射》，《武汉报》1942 年 4 月 15 日。
③ 《省会秋季种痘即日办理结束》，《武汉报》1940 年 11 月 18 日。
④ 《应城：县民踊跃注射防疫针》，《武汉报》1940 年 7 月 4 日。
⑤ 《黄冈：县属之淋山河地方天花疹突流行》，《武汉报》1941 年 4 月 10 日。
⑥ 《省第五巡诊班抵县施诊续闻》，《武汉报》1941 年 4 月 19 日。
⑦ 《武汉特别市政府周年纪念特刊·总纲》，1940 年 4 月，国家图书馆藏。

次，计全年受检者 130241 人"。斯时武汉苍蝇滋生，老鼠繁衍，传播疾病。1940 年开始，伪特别市政府每年拨专款由卫生局转饬各卫生事务所给价收买苍蝇、老鼠，"随时送局焚化"，"并购制捕鼠器，转发各保甲借给市民使用"。伪汉口特别市政府还添置了一些处理垃圾的设施。1940 年于各街巷口先后添置固定尘芥箱 200 个，铁筋洋灰尘芥箱 124 个，建尘芥烧却场 5 座。1941 年建铁筋洋灰固定尘芥箱 200 个，添置运渣车辆板车 10 辆、手车 100 辆、洒水马车 8 辆。1942 年"于每卫生事务所区内各建焚化炉一座，凡渣内之有机物质，每隔三日焚烧一次"。当时，武汉的公共厕所极其缺少。伪市府 1940 年于汉口繁华之处，先后添建公厕 4 所，改建 1 所，建露天小便池 7 座；在武昌各街巷建筑公厕 20 座、便池 50 座，厕所分特种及甲、乙、丙、丁四种，面积各为 45 平方公尺、50 平方公尺、19 平方公尺、8 平方公尺；在汉阳建公共厕所 4 处，"尚无给水设备"，"每次冲洗任用人工"，每厕建筑面积为 30 平方公尺。1941 年汉口改建公厕 4 座，工程费共计 11686.61 元；修建小便池 22 处，建筑费共计 1242.02 元。1942 年添建公有厕所 3 处，共计建筑费 14495.35 元；在建两处，标价共 12651 元①。"中华区"内没有什么公共厕所，市民只能使用私窖。1940 年，伪特别市政府"饬令各私窖主一律登记，又制定管理取缔各办法，令发各卫生事务所遵照办理，随时查察。遇有建筑不合法即勒令改建"，"各私窖主成立粪窖清理事务所，自行整理改进"②。

伪汉口市政府对食品的安全也给有一定的注意。1940 年"举办肉贩登记，发给合格证者 399 户，办理牛乳登记，发给执照者 52 户，检查乳牛 496 头"。同年 6 月家犬注射 273 只，扑杀野犬 63 只，还办理夏令施茶，设立茶缸 138 处③。

敌伪政府还提倡火葬。经过一年多的修建，1942 年 7 月汉口火葬

---

① 分见伪汉口特别市政府：《汉口特别市政府二周年市政概况·工务》，1941 年 4 月；《汉口特别市政府三周年市政概况·工务》，1942 年 4 月；《汉口特别市政府四周年市政概况·工务》，1943 年出版，转引自涂文学主编《武汉沦陷时期档案史料丛编③：沦陷时期武汉的经济与市政》，武汉出版社 2007 年版，第 555、563 页。

② 伪汉口特别市政府：《汉口特别市政府两年来施政概要》，《武汉报》1941 年 4 月 20 日。

③ 伪汉口特别市政府：《汉口特别市政府三周年市政概况·卫生》，1942 年出版。

场正式使用，"接收市民申请火葬，对于传染病死亡者，一律免费火葬，所有无主抛置之尸棺，亦随时运往焚化"。截至该年 12 月底，共计焚化尸体 5009 具，其中市民申请者 20 具，患传染病者 105 具，余皆无主尸棺①。

有的县、区伪政府也装模作样地搞一下卫生活动。咸宁县 1941 年 4 月 15 日"开始举行春季清洁大扫除。并通令所属各机关、学校，一律于同日同时举行"，"分在县城内外各街道洒扫，并扑杀公共厕所及沟渠间之虫蝇病菌"②。到 1942 年年底，天门、大冶、蕲春、宜昌、九江、云梦、钟祥 7 县设立了"防疫委员会"。云梦县"防疫委员会""每日检查茶楼酒肆，每周举行清洁总检查一次，每季注射预防针及种痘各一次，同时时常派员赴 2 乡办理防疫事宜，并在文昌阁设有隔离病院 1 所，公共厕所 8 处，垃圾箱 20 个"③。

四 组织防洪

武汉市位于长江、汉水汇合处，每年夏季都面临洪水的威胁，防洪是各届政府的头等大事。日伪政权对此也不敢掉以轻心。

为了进行防洪工作，日伪政府制定了一些关于防洪的法规、条例和《办法》。1939 年 8 月 14 日，伪武汉特别市政府核准《本年临时防汛办法》和《堤防管理局工务所各段防水巡堤规则》④。由于当时伪武汉特别市政府负有指导周边各县维持会的职能，因此，伪市政府还制定了《市外干堤防汛暂行条例》，函告沿江各地维持会遵照办理⑤。1940 年 3 月 19 日，伪湖北省政府核准施行《湖北省政府建设厅堤防管理局组织规程》，规定"湖北省堤防管理局直隶湖北省建设

---

① 伪汉口特别市政府：《汉口特别市政府三周年市政概况·卫生》，1942 年出版，转引自涂文学主编《武汉沦陷时期档案史料丛编③：沦陷时期武汉的经济与市政》，武汉出版社 2007 年版，第 655—656 页。

② 《咸宁：县城内外清洁运动，春季大扫除同时开始》，《武汉报》1941 年 4 月 22 日。

③ 云梦县政府：《云梦县抗战史料》，1948 年，湖北省档案馆藏。

④ 伪武汉特别市政府：《武汉特别市市区本年临时防汛办法》《堤防管理局工务所各段防水巡堤规则》，1939 年 8 月 14 日，转引自涂文学主编《武汉沦陷时期档案史料丛编③：沦陷时期武汉的经济与市政》，武汉出版社 2007 年版，第 588—593 页。

⑤ 伪武汉特别市政府：《武汉特别市政府工作概况》，1940 年 1 月 10 日，武汉市档案馆藏。

厅，受建设厅之指挥监督，掌理全省堤防事务"①。7 月，又公布《湖北省防汛委员会简章》，规定"本会在省辖江汉两岸适宜地点分设防汛段九处，办理各该段内防汛事宜，各段办事人员，以堤防管理局原有各临时工务段人员优先充任，不足之额，由本会临时雇用"②。6 月21 日，伪武汉特别市政府核准《武昌汉口汉阳三区防汛委员会组织简章》和《武汉特别市工务局武昌、汉口、汉阳工务所临时防汛段暂行组织章程》③。1941 年 5 月，伪汉口特别市政府公布《环市堤防工程临时督工所暂行组织办法》和《汉口特别市环市堤防工程临时督工所办事细则》④。6 月 7 日，在《汉口特别市防汛委员会临时防汛段防水巡堤规则》中，伪市政府按江汉关水位在 13.5 公尺以下、13.5—15 公尺、15 公尺以上，将巡堤工作"分为普通、紧张及特险三期"⑤。1942 年 6 月 27 日，伪汉口特别市政府核准《汉口特别市防汛委员会组织规程》《汉口特别市防汛委员会临时防汛段暂行组织规程》和《汉口特别市防汛委员会临时防汛段防水巡堤规程》⑥。12 月，伪湖北省政府发布《湖北省政府堤防水利建设法规》，包括《湖北省有堤各县办理民堤修防一切水利办法规程》《湖北省各县水利委员会组织规程》《湖北省各县区水利委员会组织规程》《湖北省各县民垸修防处组织规程》，等等⑦。

　　日伪政府还在每年防汛期间组织一些防洪演习。每年防汛期间，伪市长等官员照例要巡视环市堤防。组织数百人至千余人的防洪演习。1942 年 7 月，伪汉口特别市府召集各局长商讨防洪问题，布置按照全

---

　　① 伪湖北省建设厅：《湖北省政府建设厅堤防管理局组织规程》，1940 年 3 月 19 日，载伪《湖北省政府公报》第 2 期，1940 年 4 月 20 日出版。

　　② 伪湖北省政府：《湖北省防汛委员会简章》，《武汉报》1940 年 7 月 25 日。

　　③ 伪武汉特别市政府：《武昌汉口汉阳三区防汛委员会组织简章》，《武汉特别市工务局武昌、汉口、汉阳工务所临时防汛段暂行组织章程》，1940 年 6 月 21 日，分别见涂文学主编《武汉沦陷时期档案史料丛编③：沦陷时期武汉的经济与市政》，武汉出版社 2007 年版，第 597、601 页。

　　④ 伪汉口特别市政府：《汉口特别市政府公报》1941 年第 10 期，1941 年 5 月，国家图书馆藏。

　　⑤ 伪汉口特别市政府：《汉口特别市防汛委员会临时防汛段防水巡堤规则》，载伪《汉口特别市政府公报》1941 年第 11 期，1941 年 6 月。

　　⑥ 伪汉口特别市政府：《汉口特别市政府公报》1942 年第 12 期，1941 年 6 月。

　　⑦ 伪湖北省政府：《湖北省政府公报》第二卷第 5 期，1942 年 12 月 31 日出版，武汉市档案馆藏。

市人口半数30万人统计，预备两个月食粮、煤、食盐。出险后则由各慈善机关广发馒头给灾民，并设被水灾民收容所300处，计可收容175000人，如遇不敷时，可迁移至武昌收容所居住；"其他维护水电、水道沟渠之处理，防止火灾、雇佣民划、搭盖通行便桥，以及明矾沉淀饮水、防疫救治疾病、掩埋浮尸、处置粪便、防水材料、治安维持，以为防水避难常识之灌输等数十项"事宜也都有所计划①。1943年7月，伪省、市还派出军警人员前往各堤巡视堤防，驻扎要害之处勘察堤身及水势情形，指导防汛事务②。

伪省市政府还进行了一些江河堤坝的维修加固工作，新修了个别堤防工程。1939年伪武汉特别市政府培修张公、武金、江永各堤及建筑汉阳武圣庙护岸工程，共用工款4万元，市区内防水料款计用5万元③。1940年伪武汉特别市政府共用99977.50元加固了张公堤、长丰北垸老堤、江永堤及加筑了武金堤；用23101.26元料款修理了戴家山闸等排水设施，洪水期间关闭武泰、武丰两闸费用382.15元。1941年，用189884.65元完成了长丰北垸新堤（3787米，时任伪汉口特别市市长的张仁蠡，为了吹嘘他"承继"其父张之洞之业绩，故命名为"小张公堤"），用24771.68元完成新堤之建闸工程；用103931.36元加固张公堤、长丰堤及环市堤防。1942年，用724810.83元加宽培高新张公堤、老张公堤、长丰堤及环市堤防④。1943年为汉口市政府呈准省府核拨80万元"作为本市年度防汛经费"⑤。

沦陷期间武汉曾遭遇过两次洪水（其中1942年的洪水较大，7月长江水位一度达到23.18米，持续时间也较长），但都没有造成太大的水灾，伪政府的堤防工程对防止水患应该说起到了一定的作用。但是，

① 《市计划积极防水以备万一：当局亟筹两月民食，规定收容所三百处，抢险动员二万余人》，《武汉报》1942年7月10日。

② 《保卫大武汉堤防：市警大队昨已出动，省方军警定期会勘》，《武汉报》1943年7月18日。

③ 伪武汉特别市政府：《武汉特别市政府成立以来之堤防建设》，载伪《武汉特别市政府工作概况》1940年1月10日，武汉市档案馆藏，转引自涂文学主编《武汉沦陷时期档案史料丛编③：沦陷时期武汉的经济与市政》，武汉出版社2007年版，第571页。

④ 分见伪《汉口特别市政府二、三、四年市政概况·工务》，转引自涂文学主编《武汉沦陷时期档案史料丛编③：沦陷时期武汉的经济与市政》，武汉出版社2007年版，第573—577页。

⑤ 《省防汛会定期成立》，《武汉报》1943年5月7日。

伪省市政府用于水利和堤防建设的经费十分有限，工程规模一般都不大，主要是修补和完善以前的堤防设施，工程质量也较差，相较于日伪给武汉人民带来的巨大灾难，这些所谓的建设，不值一谈。

五　掩埋无主尸体，打捞浮尸

疾病和冻饿每天都在吞噬着沦陷区人民的生命。1939 年伪武汉特别市卫生局统计：4 月发现路亡者 25 名，连同去年 11 月 9 名、12 月 19 名、本年 1 月 17 名、2 月 26 名、3 月 32 名、共计 126 名①。1940 年 11 月，武汉气候骤寒，"竟遭冻毙者，为数已不在少"。伪市警局两日内发现冻毙于街头者已有 5 人②。大量无主尸体和浮尸暴露于街市和长江、汉江，对社会公共卫生和安全造成了极大的威胁。伪市卫生局遂联合各慈善团体组织了汉口尸棺掩埋委员会，对无主尸体和家庭无力埋葬者进行掩埋③。1940 年 10 月伪汉口市政府发布《汉口市政府警察、卫生局处理行路病亡暂行规则》，规定凡行路上有死亡尸体，附近岗警应报告该管警察分局，同时通知该段卫生事务所转报市立医疗机构，在卫生事务所进行场所消毒、警察分局进行勘察后，由尸棺掩埋委员会掩埋尸体④。死于医院、传染病院和救济院的无主病人和家庭无力埋葬者以及打捞上岸的长江浮尸，亦由尸棺掩埋委员会负责掩埋。1940 年下半年，汉口特别市各月从长江打捞的无主浮尸数量是：7 月 21 具，8 月 23 具，9 月 54 具，10 月 35 具，11 月 11 具，12 月 3 具，共计 147 具⑤。1940 年 11 月发现路亡者 9 名，12 月 19 名；1941 年 1 月 17 名，2 月 26 名，3 月 32 名，4 月 25 名。其中病毙者 26 名，饥饿致死者 88 名，鸦片瘾毙者 8 名，自杀者 2 名，触电

---

① 《六个月以来路倒尸统计》，《大楚报》1941 年 5 月 14 日，转引自涂文学主编《武汉沦陷时期档案史料丛编①：沦陷时期武汉的社会与文化》，武汉出版社 2005 年版，第 268 页。

② 《连日天气骤寒乞丐颇多路毙》，《武汉报》1940 年 11 月 24 日。

③ 《市尸棺掩埋委员会业已裁撤，所有工作归并运渣管理处》，《武汉报》1941 年 1 月 6 日。

④ 伪汉口市政府：《汉口市政府公报》1940 年第 19 期，武汉市档案馆藏。

⑤ 伪汉口市政府卫生局：《民国二十九年度汉口市打捞浮尸统计图》，载伪《汉口市政公报》1941 年 2 月第 3 期。

死者 1 名，死因不明者 1 名①。该年 2 月 6 日至 26 日，共收敛掩埋尸体 586 具②。1941 年 1 月，伪汉口特别市政府规定："以后所有收集掩埋事务，均归并运渣车马管理处办理"，并将该处改名为"运埋事务所"③。1941 年 2 月，天寒地冻，"无衣无食之丐民，因行乞困难饥寒而毙，日有所闻"，26 日清晨天一街发现"状若老年乞丐之路毙男尸一具，该尸头发已是白色，下身穿破棉布袄裤，鞋袜均无，僵死地上"④。据伪市卫生局统计，1941 年 5 月伪汉口特别市发现并掩埋路亡尸体共 26 具，其中男性 24 名，女性 2 名。其倒毙原因，鸦片暴毙者 1 人，梅毒病 1 人，病毙者 5 人，因病饿致死者 19 人⑤。另据伪市警察局统计，1941 年上半年全市发现并掩埋路毙者 148 人，其中，1 月 12 人，2 月 25 人，3 月 32 人，4 月 22 人，5 月 23 人，6 月 11 人，7 月 4 人⑥。该年全年发现并掩埋路毙者 349 名，计男性 308 名，女性 41 名。其中冻饿致死者 271 名，病毙者 65 名，鸦片瘾死者 10 名，死于不测者 2 名，猝倒者 1 名⑦。1942 年伊始，汉口市"米贵如珠，一般赤贫小民谋生乏术，因之饥饿而毙命街头者，日渐增多"。据伪市政当局发表数字，2 月因饥饿而毙命道路者，男尸 55 具，女尸 5 具，共计 60 具⑧。1942 年度内，伪市政当局共打捞江汉浮尸 117 具⑨。1943 年 8 月，掩埋路毙尸体 20 具，打捞浮尸 25 具，1—8 月累计掩埋无主尸棺和无力埋葬者 3189 具⑩。战时伪汉口特别市政府掩埋尸棺、收容路毙者和打捞长江浮尸部分数字如表 6—1 所示。

---

① 《六个月以来路倒尸统计》，《大楚报》1941 年 5 月 14 日。
② 《汉口区尸棺掩埋委员会掩埋事务所收集掩埋报告表》，转引自涂文学主编《武汉沦陷时期档案史料丛编①：沦陷时期武汉的社会与文化》，武汉出版社 2005 年版，第 265 页。
③ 《市尸棺掩埋委员会业已裁撤，所有工作归并运渣管理处》，《武汉报》1941 年 1 月 6 日。
④ 《路毙男尸一具，老年饥寒致死》，《武汉报》1941 年 2 月 27 日。
⑤ 《本市上月份路毙统计》，《武汉报》1941 年 6 月 7 日。
⑥ 《汉市警局统计，路倒饿殍日多》，《武汉报》1941 年 8 月 28 日。
⑦ 《路倒死尸，数字惊人》，《武汉报》1941 年 12 月 6 日。
⑧ 《物价飞涨，生活日非，上月份饿死六十人》，《武汉报》1942 年 3 月 29 日。
⑨ 伪汉口特别市政府：《1941 年汉口市掩埋尸棺及打捞浮尸》，载伪《汉口特别市政府三周年市政概况·卫生》，武汉市档案馆藏，转引自涂文学主编《武汉沦陷时期档案史料丛编③：沦陷时期武汉的经济与市政》，武汉出版社 2007 年版，第 654 页。
⑩ 伪汉口特别市政府卫生局：《1943 年 8 月重要工作月报表》，武汉市档案馆藏。

表6—1　伪汉口特别市政府掩埋尸棺、收容路毙者和打捞长江浮尸部分情况

单位：具

时间	打捞浮尸	收容路毙者尸体	掩埋尸体总数
1941 年 4 月	12		497
1941 年 6 月	12		521
1941 年 1—6 月		142	
1941 年 7 月	11	26	975
1941 年 8 月	22	43	600
1941 年 9 月	11	42	
1942 年 4 月	15	80	
1942 年 5 月	23	114	
1943 年 8 月	20	25	372（1—8 月累计 3189 具）

资料来源：1941 年、1943 年资料见伪特别市政府社会局、财政局、教育局、公用局、工务局、房地产清查委员会《重要工作月报表》（1941 年 1—12 月，1943 年 8 月，武汉市档案馆藏；1942 年数字见《汉口特别市政府卫生局工作报告》，1942 年 4—5 月，中国第二历史档案馆藏）。

六　接济学生，奖励"寒士"

湖北日伪政权为诱骗青少年学生、收买无良文人，对他们也施舍了一些小"恩"小"惠"。

（一）补助清寒学生

1940 年 10 月 4 日，伪汉口特别市政府发布《汉口市立中等学校清寒学生补助办法》，规定"凡市立中等学校学生家景贫寒、上学期学业成绩及操行均列优等者"可申请补助，全市每学期补助 30 人，每人补助 80 元[1]。11 月 9 日，伪市教育局分别前往 43 所学校发放津贴，1873 名学生共得到法币 2008 元 7 角 1 分，日金 717 元 8 角[2]。

1941 年 5 月，伪汉口特别市政府公布《发给贫苦学生津贴办法》，规定发给津贴数目按照预算 2500 元范围以内统筹支配。低年

---

[1] 伪汉口特别市政府：《汉口市立中等学校清寒学生补助办法》，载伪《汉口特别市政府公报》1940 年 10 月，国家档案馆藏。

[2] 《市教育局定期发给清寒学生补助费》，《武汉报》1940 年 11 月 7 日。

级组每名津贴日金 6 角，中年级组每名日金 7 角 5 分；高年级组每名日金 9 角①。该年，共计给全市 50 所小学 3606 名学生发放津贴 2475.9 元②。9 月，伪市教育局拨发"清寒学生补助费"，计中学：男中 17 人，女中 16 人，高职 7 人，共计 40 人。每名每学期补助费 80 元。小学：低年级 2340 人，每名 6 角；中年级 1598 人，每名 8 角 5 分；高年级 590 人，每名 1 元 2 角 5 分③。1942 年 3 月，汉口市教育局饬各校校长造具贫寒学生名册，按照本期预算 3500 元统筹支配，发给补助津贴。62 个学校汇送 5570 人，计高年级 821 人，每人津贴 9 角，中年级 1953 人，每人津贴 7 角，低年级 2806 人，每人津贴 5 角④。实际上，1942 年该市共补助中学生 70 名，补助金额 5600 元。"小学方面，凡家景贫困学生，按期饬由教育局津贴书籍文具等费，以示体恤，计历次津贴贫苦生 12123 人，共支金额 8288.47 元。"⑤

　　1941 年 8 月，伪湖北省政府制定《湖北省补助清寒学生办法》，规定省县清寒学生"补助费用由本府及各县结余款项分别拨充之"。补助名额暂定省立中学 10 名，每名每月 20 元；县立中等学校各 6 名，每名每月 15 元，"补助名额将来逐渐增加之"。县政府审核委员会由县长（为主席委员）、县政府秘书、教育局长（未设局者以教育主管科长充任）、财政科长"及地方推举未任公职之正绅一人"组成⑥。1942 年 10 月，伪湖北省政府在其"工作报告"中称：武昌各小学之贫寒子弟经调查结果有 4350 名，由教育厅签准，本季津贴 4000 元购买书籍、文具，"不日即点名发放"。11 月，伪省政府又提出：每学期编制预算，对省属小学生家庭收入毫无者、家庭收入金额不足 20 元者、孤苦无依

---

　　① 伪汉口特别市政府：《汉口特别市政府教育局发给贫苦学生津贴办法》，载伪《汉口特别市政府公报》1941 年第 9 期，1941 年 5 月，国家图书馆藏。

　　② 伪汉口特别市政府：《汉口特别市政府教育局发给贫苦学生津贴各校分组一览表》，载伪《汉口特别市政府公报》1941 年第 9 期，1941 年 5 月。

　　③ 《市贫困生补助费教局即将拨发》，《武汉报》1941 年 9 月 25 日。

　　④ 《救济贫寒学生，各校送交清册》，《武汉报》1942 年 3 月 29 日。

　　⑤ 伪汉口特别市政府教育局：《汉口市政府 1942 年教育概况》，载伪《汉口特别市政府三周年市政概况》，转引自涂文学主编《武汉沦陷时期档案史料丛编①：沦陷时期武汉的社会与文化》，武汉出版社 2005 年版，第 505 页。

　　⑥ 伪湖北省政府：《湖北省补助清寒学生办法》，载伪《湖北省政府公报》第 18 期，1941 年 8 月 20 日出版，武汉市档案馆藏。

者均给予津贴①。伪政府拨出专款，为每名入学学生免费发放校服，单衣校服两套，大衣一件。为与国民政府举办的学校争夺生源，各县伪政府也有一些制定了所谓的清寒学生补助政策。如沙市中学规定不收学费，还借课本给学生用②。伪黄陂县政府对伪学校的教职员"除每月给厚俸外，并享受物资配给"，"学生之膳宿、制服、书籍、一律由校供给"③。

（二）举办"劝学考课"

武汉沦陷后，"失业文人，亦复不少"，喜欢附庸风雅的张仁蠡"特责成社会局"予以关照。1940年2月，社会局开设"劝学考课"，规定"凡本市失业贫寒文人，不分老幼，品端学优者，皆可报名参加"。4日考试，"以文章优劣而定各奖数额"：特等以5人为限，每名法币50元；甲等以15人为限，每名40元；乙等以30人为限，每名30元；丙等以100人为限，每名20元；丁等以125人为限。每名10元④。1941年1月12日，第三次劝学考课"改为寒士考课，专事考奖寒士，以资救济"，参考者约有600名⑤，取录389名，第一名给予奖金30元；第二至第五名给予奖金25元；九十分以上者10名，每名给予奖金20元；80分以上者80名，每名给予奖金15元；70分以上者98名，每名给予奖金7元⑥。

七　"澄清吏治"，"移风易俗"

湖北伪政府为了所谓提高行政效率，同时，为了缓和民怨，营造"社会进步"的氛围，还搞了些"澄清吏治"的措施。

（一）规定公职人员戒除鸦片

伪公务人员吸食鸦片成风，社会影响极坏。1941年2月，伪汉口

---

① 伪湖北省政府：《湖北省政府1942年10月、11月、12月、1943年1—7月工作报告》，中国第二历史档案馆藏。

② 熊贤君：《湖北教育史》（上），湖北教育出版社1999年版，第430页。

③ 黄陂县政府：《黄陂县抗战史料》，1948年，湖北省档案馆藏。

④ 《救济贫寒文人，市府举行年终考课：以文章优劣定奖金多寡》，《武汉报》1940年2月2日。

⑤ 《嘉惠寒儒：市府昨日举行寒士考课》，《武汉报》1941年1月13日。

⑥ 《市府寒士考课得奖名单揭晓：共计三百八十九名，今明两日分别给奖》，《武汉报》1941年1月23日。

特别市市长张仁蠡发布命令，要求公务人员限期戒烟。该命令规定，凡各机关公务人员吸食鸦片成瘾者，自令到之日起，限两个星期内向本管局处报告，听候送往市立医院戒除；"市立医院专设戒烟室为各机关公务人员戒烟之用，免收一切医药费用"；戒烟者到院后，"由医师酌量情形按瘾量轻重，限期一个月至三个月戒除净尽"；限期届满如仍未戒净、或隐匿不报戒者，予以免职①。1941年2月25日，汪记国民党汉口特别市市党部奉"中央党部"命令，转饬各级党部，规定"凡本党同志，应于文到之日起，由每同志自具不吸食鸦片及一切毒品切结"，"于具结后，经发觉或被检举验明吸烟或毒品者，由原机关立予免职，并限其于三个月内戒绝"；"于三个月内仍未戒绝，或戒绝后而再犯者，由原机关呈请中央开除党籍"②。两命令发布后，伪市政府先后组织数批人员入院戒烟，第一、二、三期报名者总达160名以上。4月1日起，伪市政府所属各机关职员开始戒烟③。第一期报戒30人④。5月，伪市卫生局长宣布："市立医院已特辟戒烟房间三十个，选派专门医师，负责戒烟事务"⑤，并通报，"教育局科员顾文达，意志不坚，居然于戒烟期间，私自潜出吸食，事为市长所知，为惩儆其能起见，除将其撤革外，并通饬所属永不录用"。6月，该伪局长称：市职戒烟一事，"六月底以前结束，势难办到。以故现已决定延长一月"⑥。伪汉口市市长"除亲临该院召集戒烟职员训话外，复不断亲往视察，一面严饬该院加紧门禁，以免发生不良情弊"⑦。至9月底，共计戒除132人。1942年4月，伪市府宣布："机关职员，现已无吸烟者。"⑧

　　1941年7月5日，伪湖北省政府煞有介事地通过了《湖北省各县禁烟禁毒奖惩暂行办法》，对禁烟禁毒成绩突出的人员分别给予升用、

---

① 《张市长严令所属戒绝鸦片嗜好》，《武汉报》1941年2月8日。
② 《国民党中央党部令，党员应戒烟毒，汉市党部奉到惩戒办法，将遵照饬党务人员具结》，《武汉报》1941年2月26日。
③ 《首批市属职员戒烟》，《武汉报》1941年4月7日。
④ 伪汉口特别市政府：《汉口特别市政府两年来施政概要》，《武汉报》1941年4月20日。
⑤ 《王卫生局长谈市职戒烟情况》，《武汉报》1941年5月28日。
⑥ 《市职戒烟期限势将延长一月》，《武汉报》1941年6月7日。
⑦ 《市公务员戒烟，严防发生流弊》，《武汉报》1941年7月8日。
⑧ 伪汉口特别市：《汉口特别市三十年度施政概况》，武汉市档案馆藏。

晋级、加俸、记功、嘉奖的奖励;对禁烟禁毒不力人员分别予以免职、降级、罚俸、记过、申戒的处分①。9 月 25 日,伪湖北省政府通过决议:"本省公务人员吸食鸦片,若经查觉","按现行法令开革"。伪湖北省警务处"特饬派大批警员,分赴各售吸所密查检举吸食鸦片之省府公务员"②。

1944 年,伪"湖北省政府、武汉行营、湖北省党部联合发起党政军禁烟运动",4 月 13 日召开组织"禁烟运动委员会"筹备会议,决定组织工作行动队,遴选 30 余名队员,施以严格训练后,出动武汉三镇,实行劝导民众自动戒烟或其他清弭烟毒工作③。"武汉地区及各县市机关职员凡有鸦片嗜好者,限于文到十日内,一律实行登记,如逾期匿不登记,决定从严惩处。已行令知各县市积极实行。"④ 同年 3 月,汪记"中国国民党党务工作人员及党员限期戒烟办法"公布,规定"凡本党党务工作人员及党员"均应自 1944 年 3 月 29 日起,限两个星期内向主管党部出具切结声明并无吸食鸦片或吸用吗啡高根海洛因及其他化合物等毒品情事,并须有同党部总干事以上人员 3 人或党员 3 人出具保结;倘以后查有吸食烟毒情事,除本人应予撤职,并开除党籍及依法治罪外,保证人员应连带受撤职并开除党籍之处分。有因年老疾病吸食鸦片成瘾者,报名后由主管党部限期饬令戒绝,至多以一个月为限。其未戒净者即予撤职并开除党籍。"染有烟瘾之党务工作人员,在实施戒期内,应暂停职务,为奖励自首起见,仍得照支原薪。"伪湖北省党部接令后通知各党部"严令实施"⑤。

(二) 惩治污吏

湖北伪政权官场的腐败与黑暗有目共睹,但它有时也惩处几个作奸犯科的小警察和小官吏,以泄民愤并以此维护官僚机构的"正面形象"。例如,1941 年 2 月 7 日,一贯"性好狎游,不图上进,屡屡在外作奸犯科"的伪汉口警察第三分署警士徐祥,污称两市民"行使伪

① 伪湖北省政府:《湖北省各县禁烟禁毒奖励暂行办法》,载伪《湖北省政府公报》第 18 期,1941 年 8 月 20 日出版,武汉市档案馆藏。

② 《省府召开七届委员会议,决厉行禁烟禁毒,修正条例,公务员吸鸦片者依法开除》,《武汉报》1942 年 9 月 26 日。

③ 《党政军禁烟运动委员会近日召开筹委会》,《武汉报》1944 年 4 月 13 日。

④ 《各县市吸毒职员全面登记》,《武汉报》1944 年 4 月 20 日。

⑤ 《党员戒烟办法公布,限期一月内完全戒绝》,《武汉报》1944 年 4 月 20 日。

币"，敲诈抢夺金戒指一枚，法币 9 元 2 角，被告发后"送交法院惩办"①。伪武汉盐政管理局武昌事务处主任王子吉利用每月经受武昌县及市区、咸宁、通山、金牛五处解款 40 余万元之便，共计挪用公款 16 万元，以其妻之名放高利贷。案发后，于 1942 年 9 月被"判决徒刑五年，处夺公权五年"②。

（三）改良风俗

为了转移民众对日伪殖民统治的不满，营造"皇道乐土"的"盛世"局面，湖北伪政权提倡对社会习俗进行一些"除旧布新"的改良。1941 年 3 月 19 日，伪汉口特别市政府核准《汉口特别市社会局举办集团结婚办法》，规定每年 2 月、5 月、9 月、12 月各举行一次集体结婚典礼，每次至少男女两方须有 10 人，由市长或社会局长任证婚人，申请参加集体婚礼费用每人日金 10 元③。同年 5 月 19 日，伪特别市政府又核准《汉口特别市社会局举行敬老会实施办法》，规定每年春秋季各举行一次"敬老会"，凡在汉口市区域内居住年在 65 岁以上者均可登记参加，活动内容有"表演敬老戏剧""印制敬老标语""发给纪念物品，于开会后举行聚餐"④。7 月，伪汉口特别市"节约运动协进会"拟定"节约运动实施纲要"，号召"勿着华美衣履""减少接触烟酒之嗜好""废止不必要之酬酢""提倡食糙米蔬食及杂粮""住屋力求简单合用，勿过求舒适""室内外布置不必过于华丽"；机关团体"节约文具纸张之消耗""取消无意义之津贴""勿靡费公款做不必要之交际"，等等⑤。伪省政府当局对公务员宴会及送礼，限制"其肴饭仅限于用于肉豆腐蔬菜等物，每席价格不得超过十块，并不许准备香烟"，"除婚丧吊庆外，禁止馈赠任何礼物"⑥。这类活动后来都被纳入 1941 年 11 月汪伪国民党"六届四中全会"提出开展的"新国民运动"之中。当然，

① 《警士恐吓乡下人，渎职诈财被控》，《武汉报》1941 年 2 月 9 日。
② 《盐政局武昌仓库事务主任王子吉挪用侵占公款十六万，汉地院判决徒刑五年，处夺公权五年》，《武汉报》1942 年 9 月 8 日。
③ 伪汉口特别市政府社会局：《汉口特别市社会局举办集团结婚办法》，载伪《汉口特别市政府公报》1941 年第 10 期，1941 年 5 月，国家图书馆藏。
④ 伪汉口特别市政府社会局：《汉口特别市社会局举行敬老会实施办法》，载伪《汉口特别市政府公报》1941 年第 10 期，1941 年 5 月，国家图书馆藏。
⑤ 《市节约运动委员会议定节约实施纲要》，《武汉报》1941 年 7 月 18 日。
⑥ 《鄂省当局训练所属实行倡导节约》，《武汉报》1941 年 7 月 12 日。

日伪政府的这些官样文章，其实质，正如 1941 年 12 月 31 日汪伪"中央政治委员会"通过并颁布的《新国民运动纲要》所言，就是欲通过这些活动，达到"团体要组织化"、全体"国民""要以铢积寸累的精神节约消费"。归根结底，就是要把日伪统治下的民众驯化成忠顺的奴仆，用汪精卫自己的话说，就是让民众"不要问能享多少自由，只要问能贡献多少力量"①，尽其所能地为"大东亚圣战"而牺牲。

综观日伪当局的"怀柔"政策，治标不治本，在减轻、缓解沦陷区民众所遭受的灾难和痛苦方面，并无实效。更重要的是：这些措施不但包藏着为日伪的殖民统治涂脂抹粉、粉饰太平的险恶用心，而且其根本目的是替日本帝国主义的侵略保存和培养战争潜力，不过是日本帝国主义巩固和扩大在中国的殖民统治的另一种手段而已。

---

① 汪精卫：《新国民运动与国民精神总动员》，《中华日报》1942 年 2 月 1 日。

第七章　沦陷区的文化和教育

日军占领湖北后，在实行军事上疯狂扫荡和政治上法西斯统治的同时，在文化和教育方面推行奴化宣传和奴化教育政策，并实行文化统制和教育专制，以图彻底消弭中国人民的反抗思想，培育汉奸走狗和亲日顺民。但是，英勇不屈的湖北人民进行了针锋相对的斗争，坚决抵制和反抗日伪的文化侵略和奴化教育。

第一节　日伪的奴化宣传和文化统制

日伪政权为了维持自己的殖民统治，削弱中国人民的反抗意识，在沦陷区竭力开展奴化宣传活动，并采取各种措施，实行文化统制。

一　宣传奴化思想

为了淡化中国人民的民族观念，摧毁中国人民的反抗意识，实现永久占领中国的野心，日本侵略者在其占领区内指示伪政权组织竭尽全力进行奴化宣传，叫卖日本帝国主义的"中日亲善""东亚共荣""建设东亚新秩序"等殖民侵略理论，配合日军的殖民奴化统治。

各地维持会成立之初，便负有进行奴化宣传之责。当时，由于日伪组织刚刚建立，其头目大多臭名昭著，沦陷区民众视其为瘟疫，躲之唯恐不及，其殖民奴化宣传效果很差。日伪为了吸引民众接受他们的奴化宣传，挖空心思，丑态百出：有的发几斤粮食、卖几两食盐为诱饵；有的用刺刀强迫民众，集中起来听他们宣讲。更有甚者，以搭台唱戏的方式吸引民众。伪黄安县维持会在县城东门坡处搭一戏台，请来戏班演唱群众喜爱的黄梅戏。开戏之前，由维持会会长或日军小队长进行训话，鼓吹一番"中日亲善""东亚共荣""建设东亚新秩序"等①。各县伪县政筹备处和伪县政府成立后，都设有社会科，或在内政科内设立宣传股，专门负责奴化宣传工作。县辖各区也都有专人负责宣传事务。一些县还成立宣传队，进行奴化宣传活动。如在嘉鱼县，日军指使伪县政府成立日语学校，迫令商民学习日语，组设宣传队巡回各乡，出版旬报，宣传奴化言论②。一些伪区政府也积极进行奴化宣传活动，如大冶县第二区公所"屡派通译前往农村，宣传友邦善政，及中日亲善真铨与和平宗旨，俾僻壤乡愚，易于明了"③。

伪武汉特别市成立后，即设有宣传局，编印《宣传汇刊》《标语汇编》及市府周年《纪念特刊》，并组织男、女宣传队，"每日出发至热闹街头及各公共场所演讲，并散发宣传品，实行之后，统计听讲人数超过25万人"。自1939年8月28日起，该市宣传队"逐日轮流分赴各学校演讲"，"每日演讲记录，印成小册，普遍分发各小学生诵读"，"至9月23日，计先后演讲25次，听讲学生计一万余人"。伪市宣传局还"派男宣传队，每日乘宣传汽车赴附近乡村演讲，散发宣传品"。"宣传队举行宣传之前后，恒借重留声机，歌唱各种音乐唱片及名人演讲词，并置有专事宣传之音乐片及演讲片。"1940年5月，宣传局裁撤后，又在社会局之下设立宣传科，接办宣传局主办事务，续编有《新武汉》、市政二周年纪念《市政概况》两种。1941年2月，宣传科改隶市府秘书处，主编《汉声》《市政公报》两种刊物④。

伪湖北省政府成立后，十分重视奴化宣传工作，在民政厅内设立专科负责其事。1941年1月22—25日，伪湖北省政府宣传科召开湖北全省宣传会议，"对于各县实施宣传工作概况、宣传机关之组织机构、宣传刊物、民众团体"等事宜，"详加咨询，以便统筹计划"⑤。出席该次会议的有武昌、汉阳、黄陂、应城、蒲圻、京山、九江、安陆、钟祥、汉川、鄂城、大冶、咸宁、临湘、崇阳、沔阳、当阳、监利、岳阳等县

---

① 邹丰盈：《日寇侵占黄安县城始末》，载《红安文史资料》第二辑，1991年6月。

② 嘉鱼县政府：《嘉鱼县抗战史料》，1948年，湖北省档案馆藏。

③ 《大冶县第二区公所复兴建设工作概况》，《武汉报》1941年4月18日。

④ 均见伪汉口特别市政府秘书处宣传科：《汉口特别市政府秘书处宣传科工作报告》，武汉市档案馆藏，转引自涂文学主编《武汉沦陷时期档案史料丛编①：沦陷时期武汉的社会与文化》，武汉出版社2005年版，第278—284页。

⑤ 《全省宣传会议函各县派员出席》，《武汉报》1941年1月16日。

代表，达二百余人。会议决定各县县政筹备处、各县治安维持总会须专设宣传股，主管全县宣传事宜；各维持分会、各区专设宣传组，分任宣传工作；各县政筹备处，各县维持会每月终须汇齐县区内宣传工作，作成详细报告呈送省府①。8 月 25 日，伪湖北省政府又召开第二届扩大宣传会议，到会的有武昌、天门、随县、孝感、当阳、汉阳等三十九县宣传负责人②。会上，伪省政府主席何佩镕致辞称，"宣传大纲，不外夫和平反共"，此次会议之目的 "不在托之空言，而在征诸实际。诚以宣传为用，贵乎收拾民心"③。1941 年 9 月 5 日，伪汉口特别市政府召开了首次宣传会议④。9 月 17 日，伪湖北省政府再次宣传会议，伪中央社武汉分社、大楚报、武汉报、江汉日报、伪省社运分会、伪教育厅等单位派代表参加⑤。1942 年 9 月，在第四次伪全省 "县政会议"上，伪省政府宣传处指示各县要 "分编预算并酌加宣传经费"；"各县市应设宣传会议或举行宣传联络"；要 "装设收音机购用画片剧"⑥。当时，最便捷的宣传手段是无线电广播。日伪非常重视广播宣传。太平洋战争爆发后，伪省市政府所属各机关主官每月 8 日轮流播音，宣讲 "中日亲善"和 "大东亚主义"。伪广播电台每周五举办周间展望广播，歪曲报道战况，"促进市民对于国际国内之时事认识"。1942 年 10 月 20 日，伪汉口市长为了 "以利宣传"，下令所属机关 "酌量购买"日本制造的收音机⑦。

纵观日伪的奴化宣传，其重点主要有以下几个方面。

（一）强调中日文化交流的重要性

当时，伪政府和汉奸文人都鼓吹，中日两国过去之所以发生摩擦和不快，不是其他原因，"实是由于文化的结果，两国未能从文化入手，

---

① 《根据全省宣传会议案，各县充实宣传机构，省府宣传科厘定办法四项》，《武汉报》1941 年 2 月 1 日。

② 《鄂省府召开第二届全省宣传会议》，《武汉报》1941 年 8 月 18 日。

③ 《湖北省第二届举行扩大宣传会议开幕》，《武汉报》1941 年 8 月 26 日。

④ 《本市第一届宣传会议在市府隆重举行》，《武汉报》1941 年 9 月 5 日。

⑤ 《鄂省政府昨日召开二次宣传会议》，《武汉报》1941 年 9 月 18 日。

⑥ 《鄂县政会议各厅处指示各县事项》，《武汉报》1942 年 9 月 19 日。

⑦ 伪汉口特别市政府：《为奉令酌量购置标准收音机以利广播宣传案》，载伪《汉口特别市政府公报》1942 年 8 月。

使能知己知彼，互相理解，只是各自猜疑，彼此轻视"①，提出，中日战争的原因，"并不在于政治利害的冲突，而在于国民心理之未能协调"，因此，只有加强中日文化交流，才能克服矛盾，在东亚"共存"②。汉奸高伯勋就任伪武汉特别市教育局长后答记者问时直言不讳地说，文化合作是中日合作的根本，"建设东亚新秩序，非文化合作不可"③。伪武汉特别市市长张仁蠡多次声明："将以各种文化事业为交互灌输之机构，以谋中日密切亲善之实现"④；"东亚的团结，端赖中日两大民族的亲诚合作，而真正永久的合作，不是政治上的合作，而是文化的合流"⑤。

(二) 尊孔

1939 年 4 月，高伯勋在就任伪武汉特别市教育局长时提出，中日文化合作应以"提倡我东方中日满共通所固有道德为入手方法"⑥，而汉奸们认为，孔子的思想和言论最符合这一固有道德，因此大力尊孔。1940 年，汪伪国民政府内政部规定每年 8 月 27 日为孔子诞辰纪念日，下令各省市机关举行纪念活动。伪汉口特别市政府"奉电后除饬教育局长代表市长前往孔庙致祭外，并转饬各机关以及市立各学校放假一日，以资纪念"⑦，同时，特派教育局长高伯勋代表市长前往中山路崇圣祠致祭，各学校则于当日上午召集全校学生分别举行纪念仪式⑧。次年孔子诞辰纪念日，伪省市各机关、学校、团体除一律悬旗休假纪念外，伪省、市政府并分别在武昌大成路孔庙、汉口中山路孔庙举行祭祀大典，伪省、市高官及驻汉口日军陆军特务部长、驻汉总领事等众多头面人物出席⑨。1942 年 8 月 28 日，伪省市政府、党部、团体、学校及伪武汉

---

① 吕金成：《中日语文学校成立与中日文化沟通》，《大楚报》1941 年 11 月 10 日。

② 高伯勋：《从七七事变谈到中日文化合作》，载伪《汉口特别市教育公报》第 6 期，1941 年，转引自涂文学、李卫东《导论：沦陷时期武汉的社会与文化》，载涂文学主编《武汉沦陷时期档案史料丛编①：沦陷时期武汉的社会与文化》，武汉出版社 2005 年版，第 15—16 页。

③ 《教育局长高伯勋发表施教谈话》，《武汉报》1939 年 4 月 28 日。

④ 张仁蠡：《市长施政方针谈话》，载伪《武汉特别市政府周年纪念特刊》1940 年 4 月。

⑤ 张仁蠡：《中日文化协会武汉分会周年纪念的感想》，《武汉报》1942 年 4 月 27 日。

⑥ 《教育局长高伯勋发表施教谈话》，《武汉报》1939 年 4 月 28 日。

⑦ 《孔子诞辰本市各机关学校一律放假并举行纪念活动》，《武汉报》1940 年 8 月 27 日。

⑧ 《孔子节本市纪念情况》，《武汉报》1940 年 8 月 28 日。

⑨ 《省市政府分别举行孔子诞辰祭祀大典》，《武汉报》1941 年 8 月 28 日。

行营暨陆军第 29 师照例举行祀孔典礼。29 日，伪湖北省宣传处还"在省府大礼堂举行孔子学术研究座谈会"，伪省政府主席杨揆一亲自致辞，就"孔子与教育""孔子与政治""孔子与宪章"大谈纪念孔子之意义①。汉奸们之所以大肆鼓噪纪念孔子，其险恶用心在于利用孔子的"仁爱"思想，强调"中日和平"，反对抗战。1942 年 9 月，伪湖北省教育厅厅长何庭流在《武汉报》发表《纪念孔子的要义》一文，对纪念孔子的罪恶目的供认不讳。该文说，"我们所当纪念者"一是"孔子的和平主义"，"人与人相处，国与国相交，彼此都要和平。能够和平，则可共存共荣，不能和平，则相争相夺，迄无宁日。照孔子所主张的和平看来，则是共产党所提倡的阶级斗争诸邪说，完全与洪水猛兽无异，我们非将他铲除不可。又可见我国父与汪主席先后所主张的和平，皆有本原"；二是"孔子的亲善主义"，"日本与我同文同种，而又有仁爱于我，我们当与之亲善。……英美是异族之国，传曰：'非我异族，其心必异'。故不但不与之亲善，而且要驱之于大东亚圈外"；三是"孔子的忠恕主义"，"'为人谋当忠，臣事君以忠'。皆是发挥忠字之义"；四是"孔子的德治主义"；五是"孔子的王道主义"②。可以看出，汪伪集团及其湖北伪政府的汉奸们，是把孔子当作他们愚弄百姓、推行奴化宣传和维持日伪殖民奴化统治的工具，与其说是尊孔，不如说是奴化。

（三）标榜继承孙中山的事业

值得注意的是：汪精卫集团为了给自己的傀儡政权涂上一层"合法"的色彩，千方百计地把自己打扮成中华民国和孙中山的继承人。尤其是日本侵略者放弃了在武汉地区扶持一个地方傀儡政权、转而勒令伪湖北省政府从属汪伪中央政府后，湖北伪政权更是假惺惺地展开各种纪念孙中山和为缔造中华民国而壮烈牺牲的革命先烈的活动。1940 年 11 月 12 日，是孙中山先生诞辰纪念日，伪省市政府及武阳汉三镇各机关党部商店，"均一致悬挂青天白日满地红之和平反攻共建国旗帜，表示纪念庆祝"。此外，汪伪中央驻汉各机关、伪省市政府暨各厅局处，以及各民众法团、商会、银行、学校、邮局等，"均放假一天"。伪湖北省政府、伪汉口特别市政府、汉口市汪记国民党部都举行隆重纪念仪

① 《发扬东方道德儒教精神，前晨省市隆重祭孔》，《武汉报》1942 年 9 月 30 日。
② 何庭流：《纪念孔子的要义》，《武汉报》1942 年 9 月 30 日。

式，分别由伪省政府主席报告纪念意义、伪市政府秘书长恭颂"总理遗嘱"、伪党部委员报告"总理生平事迹，及遗教大纲"①。1942 年 3 月 29 日乃黄花岗七十二烈士殉国纪念日，汪记国民党湖北省党部、汉口特别市党部也都"隆重举行纪念大会"②。汉奸们"拉大旗作虎皮"，不光是当了婊子还想立牌坊，更是想刻意混淆视听，挂羊头卖狗肉，把汪精卫倡导的"和平运动"，美化成遵循"国父孙先生之遗训"③，欺世盗名，蒙骗和蛊惑民众。

　　至于汉奸们反共、倒蒋、仇恨英美、亲日媚日的宣传，本书前文已作叙述，在此不再赘述。

二　开展"新国民运动"

　　1941 年 11 月，汪精卫在汪记国民党六届四中全会上提出开展"新国民运动"，其目的是使民众为实现"和平反共建国"树立新的精神和物质基础。太平洋战争爆发后，"新国民运动"进一步发展为要求民众协助日本完成"大东亚战争"的总动员。12 月 31 日，汪伪中央政治委员会决议通过并颁布了《新国民运动纲要》。1942 年 1 月 1 日，汪精卫发表讲话，称新国民运动纲要"就是指出精神总动员的内容和条件"，他要求沦陷区的每一个人都要成为日本的忠顺奴仆，"不要问能享受多少自由，只要问能贡献多少力量"，为"大东亚圣战"牺牲一切④。1942 年 1 月，伪国民政府宣传部拟订《关于新国民运动推进计划》，把运动开展分为普遍宣传、实际训练、全面推广三个时期。在第一时期还要举办万众签名运动，"宣誓"奉行新国民运动。1942 年 2 月 9 日，汪记国民党党务工作会议决定成立"新国民运动促进委员会"。6 月 2 日，伪行政院会议决定该委员会直属其下，由汪精卫兼任该会委员长。1943 年 1 月 13 日，伪最高国防会议决定，将新国民运动促进委员会改隶于伪国民政府，以加强运动之推进。1 月 28 日，伪最高国防委员会通过《修正新国民运动促进委员会组织条例》，将各伪省市长及主持宣传、教育、特务等项活动的汉奸要员，都列为该会委员，并令各伪省市政府

---

① 《省市官民及党部纪念总理诞辰》，《武汉报》1940 年 11 月 13 日。
② 参见《武汉报》1942 年 3 月 29 日、30 日。
③ 《东亚联盟中国同志会组织章程及成立宣言》，《武汉报》1940 年 12 月 4 日。
④ 汪精卫：《新国民运动与精神总动员》，《中华日报》1942 年 2 月 1 日。

普遍成立分会。

湖北伪省市政府积极响应汪伪"新国民运动"计划，称为"复兴东亚之唯一运动"①。1942年2月1日，伪湖北省"新国民运动促进会"成立，同时"令各县市于即日分别成立分会"②。1943年1月26日，伪湖北省政府遵令成立"湖北省新国民运动委员会分会"，由伪省政府主席杨揆一兼任主任委员，并通令各县成立分会。"到1943年6月，已有云梦、汉川、通山、江陵、黄冈等17县"成立了分会③。同年10月，伪汉口特别市"新国民运动促进委员会分会"成立，伪市长张仁蠡兼任主任委员④。这些大小分会，其宗旨和任务与其总会一样，就是培植和训练效忠日本、出卖民族利益和自己灵魂、充当忠顺奴仆的"新国民"。

湖北伪省市"新国民运动"促进会分会成立后，开展了一系列的奴化思想宣传活动。"湖北省新国民运动委员会分会"就设有第二组专门负责宣传事务。1942年1月16日、17日，汪记国民党汉口特别市党部及直属第四区党部分别召集所属"党部人员举行新国民运动扩大演讲会，阐扬新国民运动之意义"⑤，伪市党部还组织宣传队，由"该党部各科工作同志中擅长宣传或对宣传工作有兴趣者暨各区党部工作同志充任"宣传队员，四处宣传新国民运动⑥。2月，伪湖北省政府广泛散发伪南京政府中央政治委员会颁布的《新国民运动纲要》，鼓吹"以官为师，以教为政"⑦。3月9日，汪记国民党汉口特别市党部"召集各机关团体商讨组织'新国民运动万众签誓劝签队'"，10日，又"召集市府宣传科、社运分会、海员党部、东亚联盟、东青联盟、教育协会等团体"，举行"新国民运动万众签誓劝签队"筹备会⑧。3月12日，是孙

---

① 《讨论新国民运动推行方案》，《武汉报》1942年2月11日。

② 《新国民运动鄂促进会昨正式成立发表通电》，《武汉报》1942年2月2日。

③ 伪湖北省政府秘书处：《湖北省政府工作报告》，1943年6月，中国第二历史档案馆藏。

④ 《函：为组织本特别市新国民运动促进委员会分会案》，载伪《汉口特别市市政公报》1942年10月。

⑤ 《阐扬新国民运动真义，汉市党部今举行扩大演讲会》，《武汉报》1942年1月17日。

⑥ 《第四战线生力军，党部成立宣传队》，《武汉报》1942年1月20日。

⑦ 刘立藩：《新国民运动八大纲要释义序言》，载伪《武昌市政处成立周年纪念特刊》1942年2月，湖北省档案馆藏。

⑧ 《万众签誓：省市党部分别动议劝签》，《武汉报》1942年3月9日。

中山逝世十七周年纪念日，湖北省新国民运动促进会"在省府大礼堂举行隆重万众签誓仪式"，"学生由各学校分别负责，民众由保甲负责，同时并由省会警察局派员在街头劝签"①。伪武汉绥靖公署主任叶蓬亦"在武昌绥署大礼堂举行团体官佐士兵签誓"②。4月，伪汉口特别市宣传部将5000册新国民运动纲要小册"分发各机关团体"③。同年10月，伪汉口特别市政府"为求新国民生活之实践改善起见，特订定《新国民运动实践推动办法》"，要求"摘取纲要内实际方法，印制美术化标语，分发各学校社团商店住户及公共场所，永久张贴"；"将市长所著之新国民运动之认识印成小册，分发各学校社团公务员及其他方面研读"；"在中山公园、新市场、蠡园、国府铜像前及其他冲要处所设置大立看报，抄录新国民运动八大纲领，俾众览诵"；"每周年举行新国民运动演讲广播一次，联络广播电台，敦请名流担任之"；"摘取实践纲要要义，编成短句，令发各戏院刊在每天戏单内，以促观众之注意"；"在各电影院放映实践纲要幻灯片"；"征求新国民运动有关之歌曲剧本，指导舞场乐队剧团戏院表演之，并由宣传科歌乐队习练纯熟作演奏之宣传"；等等④。

　　湖北沦陷区的新国民运动表面上搞得热热闹闹，据伪省政府宣传处1942年称："由省社运会派员监督签名，计签名有农民2536人，工人2873人，商人店伙3256人，文化团体及其他4687人，总计13352人。各县庆祝大会民众签名书，亦已陆续呈送省社运会。现已送到崇阳、应山、浠水等多县，每县参加大会民众，约一千到二千人。全省合计总数，不下十万之数。"⑤ 但是，实际上，对于首鼠两端的汉奸卖国贼来说，这不过是欺骗和愚弄民众的把戏和敷衍上司的老套做法；对于广大民众来说，这更是与他们切身利益背道而驰、与其愿望南辕北辙的恶政。因此，其实质和"成效"，除了进一步暴露日伪政府的卖国和奴化本质外，没有任何"新意"和"民意"可言。

---

① 《万众签誓：省市党部分别动议劝签》，《武汉报》1942年3月9日。
② 《推进新运，万众签誓，市政府决定实施办法》，《武汉报》1942年3月8日。
③ 伪汉口特别市政府：《为分发新国民运动纲要小册案》，载伪《汉口特别市市政公报》1942年4月。
④ 伪汉口特别市政府：《新国民运动实践推动办法》，《武汉报》1942年4月15日。
⑤ 《万众签名统计，全省不下十万之众》，《武汉报》1942年3月22日。

三 文化统制

日伪在沦陷区实行严厉的文化统制，对一切怀疑和反抗日伪殖民统治的言论，实行严密的防范和严厉的取缔，严酷的镇压。

1939 年 6 月，日本宪兵队在汉口发布布告，称"本市市民住居法租界内各银行各公司及第三国权益范围内者，往往由无线电听得重庆捏造虚报，宣传全市，致使民心紊乱，像此谣言，实为有害地方治安，若有发现者，不分住居租界或外国权益内，一概严重处罚，决不宽恕"①。

日伪宣传机构一开始就实行严格的新闻和出版审查制度，1940 年 5 月 4 日，伪武汉特别市政府颁布《武汉特别市政府管理出版物条例》11 条，严厉禁止一切反日言论，强化奴化宣传。"条例"规定：一切出版物都必须接受主管部门的审查，严防一切宣传共产主义和不利于"东亚和平运动"的印刷品出版。其后，伪市政府又宣布，沿用中华民国政府 1930 年公布的《出版法》，前项条例于 1940 年 7 月 20 日废止。1941 年 1 月 24 日，汪伪国民政府修正公布《出版法》，湖北伪省市政府立即转饬各主管机关遵照实行②。为防止不利于日伪殖民统治的报刊图书出版，伪省市政府经常组织人员到市面进行大规模检查。1941 年 4 月，伪汉口特别市教育局"为取缔不良图书"，经与教育局嘱托岩崎氏等开会议决，自 10—16 日一周内，"派员按照市区实行调查"，凡遇有"违反国策者"没收，"诲淫诲盗者""荒谬怪诞者""提倡迷信者"酌予警告③。伪汉口特别市市长张仁蠡该年 5 月 5 日转发汪伪警政部"取缔摄影绘画暂行办法"，明令取缔"损害民国尊严或违反现行国策，以及妨害善良风俗并泄露国防及其他军事秘密建筑等情事"之影画④。同年 10 月，日伪再次对全市书摊、书店举行大规模检查，查获并焚毁"不良图书"27000 册。1942 年 4 月，又查获并焚毁"不良图书"4190 册⑤。1942 年 5 月，伪汉口特别市政府教育局"为纠正一般市民及儿童

---

① 伪汉口日本宪兵队：《布告》，《武汉报》1939 年 6 月 21 日。

② 均见伪汉口特别市政府：《汉口特别市政府二周年市政概况》，1941 年 4 月，武汉市档案馆藏。

③ 《市教育局取缔违反国策图书》，《武汉报》1941 年 4 月 9 日。

④ 伪汉口特别市政府：《转发取缔摄影绘画暂行办法案》，载《汉口特别市市政公报》1942 年 5 月。

⑤ 伪汉口特别市政府：《汉口特别市政府四周年市政概况·教育》，1943 年 4 月。

思想意志、以免为神诞诡说所迷惑起见，自本月初起特派科员 3 人，分赴市内各书店及小说摊，切实检查各种图书内容，如发现不良图书，即行没收"①。11 月 20 日，伪市长张仁蠡为彻底取缔"不良图书"，以免"毒害各方"，批准将此前查获没收的"所有封存书籍一律焚毁"②。在机构设置方面，太平洋战争后，为进一步加强新闻控制，汪伪政权在武汉设立"宣传部武汉新闻检查所"，并于 1943 年 4 月 12 日正式开始办公③。该机构设立后，同伪省市相关机构一起，成为武汉地区文化和新闻检查、控制的主要机关。

为防止有人收听"敌台"，了解和传播不利于日伪统治的消息，1942 年 4 月，汪伪国民政府颁布《安装无线电收音机登记暂行办法》；同年 12 月和次年 9 月，又相继颁布《修正无线电收音机取缔暂行条例》和《装设收听广播用无线电收音机暂行办法》，对收音机的装设、申报、登记、管理及其违禁处罚（包括判刑、拘役及罚金）作出严格的规定。湖北省、汉口市伪政府接令后转饬各方严厉实施。1942 年年底，伪汉口特别市政府发出通报，再次警告，"市民之持有收音机者，业经当局颁令着其按章前往警局办理登记在案。至于七灯以上之收音机、550 基罗至 1500 基罗以外之周波收音机以及内部装置自由之发报两用收音机等，一应即交军当局给价收买，或交本市广播电台改造，依法申请认定证，以备应用。……逾期后如查获未经登记之收音机，除由当局予以没收外，并对持有人将加以严厉处分"④。

日伪对影片、戏剧的审查也非常严格，任何未经伪政府主管当局派员检阅的电影和剧目不得上映。1942 年 4 月，伪汉口特别市警察局会同其他机关对全市各剧院、电影院上演的剧本和电影进行审查，共计审

---

① 伪汉口特别市政府教育局：《汉口特别市政府教育局工作报告》，1942 年 5 月，中国第二历史档案馆藏。

② 伪汉口特别市政府教育局：《为取缔不良民众读物案》，《汉口特别市政府市政公报》1942 年 11 月，转引自涂文学主编《武汉沦陷时期档案史料丛编①：沦陷时期武汉的社会与文化》，武汉出版社 2005 年版，第 293 页。

③ 皮明庥总主编、涂文学主编：《武汉通史·民国卷》，上，武汉出版社 2006 年版，第 328 页。

④ 《收音机登记截止期近，限满后不展期》，《大楚报》1942 年 12 月 22 日，转引自涂文学主编《武汉沦陷时期档案史料丛编①：沦陷时期武汉的社会与文化》，武汉出版社 2005 年版，第 302 页。

查中外电影 37 部，对长期以来一直深受中国观众喜爱的京剧、楚剧、话剧等，严格控制演出，"准许开演共计三四件"①。就连唱片，日伪当局也严加审查。1940 年 4 月，伪汉口特别市政府宣布：拥有留声机的家庭和单位，要如实填报拥有唱片的名称、张数，"市上流行之各种留声机唱片，须经由本府宣传局逐一审查后始准发售，其有违反法令及妨害道德风化者，自应严予取缔"②。

第二节　沦陷区的殖民文化宣传团体和报刊

沦陷期间，武汉地区的一批汉奸政客和文人，在敌伪的指令下，组织了一些社会宣传和文化团体，并发行了一批报纸和刊物，充当日伪政权宣传殖民奴化统治的工具。

一　日伪建立的主要文化宣传团体

（一）中日文化协会武汉分会

汉奸文化团体中影响最大和最恶劣的当属"中日文化协会武汉分会"。

1940 年 7 月，日军推动汪伪政府在南京成立"中日文化协会"，其后，各地汉奸群起响应。1941 年 2 月，湖北地区大汉奸何佩镕、张仁蠡、叶蓬、石星川、方焕如、谭道南、程明超，以及日本驻汉代总领事田中、领事松原、日本汉口居留民团团长山崎、日本驻汉商工会议所会长野田、前江汉中学校长齐藤等共同发起，成立"中日文化协会武汉分会"③。18 日，该会召开首次筹备会，推举张仁蠡为筹备委员长，黄实光、高伯勋等六人为干事④。次日，筹委会在四民街市立女中开始办公⑤。3 月 5 日，该会在汉口两仪街东亚花园正式成立。伪武汉绥靖公署主任叶蓬、伪湖北省府主席何佩镕、伪汉口特别市市长张仁蠡及汉口

---

①　伪汉口特别市警察局：《汉口特别市警察局工作报告》，1942 年 4 月，中国第二历史档案馆藏。

②　伪武汉特别市政府：《武汉特别市政府周年纪念特刊·市政府》，1940 年 4 月，国家图书馆藏。

③　《中日文化协会筹设武汉分分，昨开发起会议》，《武汉报》1941 年 2 月 9 日。

④　《中日文化协会昨开首次筹备会》，《武汉报》1941 年 2 月 19 日。

⑤　《中日文化协会武汉分会昨正式办公》，《武汉报》1941 年 2 月 21 日。

日本陆军特务部部长落合、海军特务部部长福田、日本驻汉口总领事田中等出席成立大会。该会《章程》规定：中日文化协会武汉分会"以居住武汉地区之中日人士组织之"，"以沟通中日两国之文化、融洽双方朝野人士之感情，并发扬东方文明以期达到善邻友好之目的为宗旨"。其经费来源主要是靠中日政府提供①。该会以张仁蠡为理事长，庄泗川为总干事。下设观光组（1942 年改为宣导组）、艺术组、出版组、学术组、总务组。每组主任由汉奸担任，副主任则为日本人。该会网罗了武汉的众多社会、文化团体作为其下设组织。1942 年该会"有中日会员459 人"，"得省市政府及友邦日本驻汉陆海外各机关的补助"，"基金军票四十万元以外，每月经常费军票 6200 余元"，"对各外围团体每月共补助军票 36900 元"②。1943 年该会会员总计 829 人③。

　　中日文化协会武汉分会虽名为"文化协会"，但是，其主要成员均为湖北伪省市政权的高层人物。它人数不多，能量却很大，实际上担负了日伪政权文化领导机关的职能。正如庄泗川所言，它"促使武汉文化运动成为一元化，将一切文化团体""均编成为外围团体，使隶于文协这伞下"，"共同团结致力于东亚新文化之创建"。它的"一切事业和目标，正集中在这一点上——战时文化体制的确立"。为确立"推进东亚文艺复兴运动"之"中心机构"的地位，1942 年 4 月 21 日，"中日文化协会"第一次全国代表大会在武汉召开，张仁蠡担任筹备委员会委员长，会期三日，通过议案 42 件，临时动议 6 个④。"中日文化协会武汉分会"搞了许多活动：1941 年 9 月，首创了"中日语演讲比赛大会"⑤。11 月，"创设中日语学校，供给当地中日人士，学习中日文字的机会"，设日语与华语两部，共 10 班，学生 320 人，每月经费日金3000 元；办有定期刊物《两仪》《中日文化周刊》《武汉文化周刊》

---

① 《中日文化协会武汉分会章程》，《武汉报》1941 年 4 月 20 日。

② 张仁蠡：《中日文化协会武汉分会周年纪念的感想》，《武汉报》1942 年 4 月 27 日。

③ 《中日文化协会武汉分会总务组工作报告》，《中日文化协会武汉分会二周年纪念特刊》，1943 年，武汉市档案馆藏，转引自涂文学主编《武汉沦陷时期档案史料丛编①：沦陷时期武汉的社会与文化》，武汉出版社 2005 年版，第 347 页。

④ （伪中日文化协会武汉分会总干事）庄泗川：《中日文化协会武汉分会二年来之回顾》，《中日文协二周年特刊》，1943 年，武汉市档案馆藏，转引自涂文学主编《武汉沦陷时期档案史料丛编①：沦陷时期武汉的社会与文化》，武汉出版社 2005 年版，第 352—355 页。

⑤ 《武汉中日文协主办中日语演讲比赛会》，《武汉报》1941 年 9 月 15 日。

《法学周刊》《国学季刊》5 种，不定期刊物有丛书、特刊、征文等①。1943 年 10 月，伪湖北省长杨揆一继任分会理事长，他表示"努力扫除英美帝国主义之功利腐化思想，以建设我崇高之东亚文化，更望能由都市推进此工作于农村"②。于是，"决扩充组织，改为中日文化协会湖北省分会，预定在各县成立支会"③。经南京总会"第八次常务理事会议通过"，决定从 1944 年 5 月 1 日起改称为湖北省分会④。但是，这时日本帝国主义已是秋后的蚂蚱，"湖北分会"根本不可能在农村有什么作为。

（二）武汉作家协会

武汉作家协会是沦陷时期武汉成立时间较早、影响较大的文艺团体。武汉沦陷后，"新生半月社"和《大楚报》的作者结成了一个笔者俱乐部，1940 年年初，该俱乐部发展为"武汉作家协会"。6 月 28 日，武汉作家协会改组正式为武汉文艺协会⑤。它主办了《文艺月刊》及《文艺周刊》，附刊于《大楚报》，共发行了 27 期⑥。它自诩"虽无标榜的主张，却有同一的信念与热忱"。1942 年 7 月 5 日，它的第二次会员大会对其成员进行了"严格的审查"，会员由原先的 100 多人减为 60 余人，并由"原来是不从属于任何方面的文艺组织，一变而为中日文化协会武汉分会附属的武汉文艺协会了"。这个组织没有过多地渲染自己的政治色彩，强调"文艺的最后使命是'表现人生'、'批判人生'、'改善人生'"，但其"经费的来源仰给于省市政府及武汉青年协会的补助"，其后又接受中日文化协会武汉分会的补助，该组织的政治倾向和功能，也就不言而喻了⑦。

———————————

① 张仁蠡：《中日文化协会武汉分会周年纪念的感想》，《武汉报》1942 年 4 月 27 日。

② 杨揆一：《本会三周年之观感》，《两仪》月刊，四卷第三期，武汉档案馆藏，转引自涂文学主编《武汉沦陷时期档案史料丛编①：沦陷时期武汉的社会与文化》，武汉出版社 2005 年版，第 374 页。

③ 《中日文协改组湖北分会》，《武汉报》1944 年 4 月 25 日。

④ 《中日文化协会湖北分会下月起改称》，《武汉报》1944 年 4 月 28 日。

⑤ 《首都文艺协会电贺，武汉文艺协会成立》，《武汉报》1940 年 7 月 7 日。

⑥ 涂文学、李卫东：《导论：武汉沦陷时期的社会与文化》，转引自涂文学主编《武汉沦陷时期档案史料丛编①：沦陷时期武汉的社会与文化》，武汉出版社 2005 年版，第 20 页。

⑦ 《武汉文艺协会的前前后后》，民国三十二年（1943 年）3 月 21 日，武汉市档案馆藏，转引自涂文学主编《武汉沦陷时期档案史料丛编①：沦陷时期武汉的社会与文化》，武汉出版社 2005 年版，第 400 页。

（三）其他文化团体

除上述两个团体以外，伪汉口特别市的文化教育团体还有武汉特别市教育协会、武汉音乐协会、武汉儿童文化研究会、武汉新闻记者协会等。武汉特别市教育协会"建议于教育行政机关，并供行政机关之咨询，并承办教育行政机关委托事项"①；武汉音乐协会"是由以汉口广播无线电台横山广播科长为主，以人本女子高等学校讲师久保先生为指导"成立的，"把音乐归一到维护政权作为培养新人的指导方针，把自己的职业和发挥自己的兴趣爱好立志为国服务作为目的，精练技术，并努力去为慰问军队和民众而献身"，它的"特点在于日华同台演出"②。武汉儿童文化研究会的宗旨是"把孩子们真正培养成为活泼的'兴亚儿童'，成为将来能担负起建设大东亚共荣圈重任的新中国的新国民"③。武汉新闻记者协会1941年1月19日召开首次全体会员大会并同时举行成立典礼，伪湖北省主席的代表、伪汉口特别市市长、伪中央特派驻武汉绥靖主任公署主任的代表及日军陆军特务部长、海军特务部长、日本在汉各通讯社代表暨日本记者俱乐部代表共百余人到会。会上发表的《成立宣言》称："在国际上全体主义国家与民主主义国家相搏斗、国内和平阵线与抗战阵线相对峙的今日，新闻更带有战争的意义"，"盖战争已进入总力战的时代，宣传战作为总力战的一部，自有不劣于疆场的武力战的重要性"④。由此可见，这些御用文化团体无一不是为日伪当局宣传殖民文化、推行奴化教育服务的。

二　日伪创办的报刊

日伪政权还创办了许多报纸杂志，作为殖民奴化宣传的舆论工具和喉舌。据统计，沦陷时期仅在武汉地区，日伪创办的报纸杂志就有30

---

① 《日伪时期的文化团体》，湖北省档案馆藏，转引自涂文学主编《武汉沦陷时期档案史料丛编①：沦陷时期武汉的社会与文化》，武汉出版社2005年版，第414页。

② 《武汉音乐协会会则》，原载《两仪》月刊，武汉图书馆藏，转引自涂文学主编《武汉沦陷时期档案史料丛编①：沦陷时期武汉的社会与文化》，武汉出版社2005年版，第416—421页。

③ 《武汉儿童文艺研究的进展》，原载艺术委员会会刊《艺术团体概况》，转引自涂文学主编《武汉沦陷时期档案史料丛编①：沦陷时期武汉的社会与文化》，武汉出版社2005年版，第426页。

④ 《武汉新闻记者协会昨宣告成立》，《武汉报》1941年1月20日。

多种。

（一）报纸

沦陷区影响最大的报纸是《武汉报》和《大楚报》。

由华中日军报道班直接控制的《武汉报》创刊于 1938 年 11 月 10 日，此时，距日军占领武汉仅仅两周时间。日军占领武汉后，便指使部分汉奸出版该报，"以和平建国为当前任务，以建设东亚新秩序为终极目标，毅然排除万难，勇往迈进"①。创办之初，该报是油印的，发行量十分有限，其作用"与其说是消息的报道，毋宁说是民族复归复业的指南"。自 17 日起，发行铅字报纸。在日伪的大力支持和扶植下，该报发展很快，成为沦陷时期武汉地区最大的伪报纸和日伪在武汉最大的舆论宣传工具。发行之初，每天出版半大张两版，从当年 12 月 13 日"南京更生纪念日"开始，发行一大张四版，1939 年 4 月 25 日开始，扩大为一大张半六版，当年 7 月 7 日开始"为纪念七七兴亚纪念日"，再次扩版为两大张八版，并创办经济版②。嗣后，因为纸张供应紧张，从当年 8 月 15 日开始，恢复到每天六版。该报主要采用汪伪中央社、日本同盟社的电讯消息，发布国内外新闻，开设国内新闻、国际新闻、社会新闻、经济新闻、湖北各地新闻等版面，还辟有《涛声》《游艺》《社会风景线》等文学艺术和社会问题副刊。报社机构下设编辑、经理、企划、营业、工务五局，并在武昌、南昌、信阳、岳州、上海和东京等地设有分馆和办事处③。到 1940 年，其发行区域不但包括武汉三镇、鄂湘赣豫四省，而且"实力所及之地，举凡全国各主要都市，靡不渐次增加购读单位。大抵发行数，约在九万左右"，并设有汉口中华区办事处、汉口江汉路办事处、武昌分馆、汉阳办事处、信阳办事处、岳州办事处、孝感办事处、新堤办事处（沔阳）、沙市办事处、九江分馆、南昌办事处、上海办事处、东京办事处、南京通讯处、北京通讯处、香港通讯处④。它资金充足，编辑局、经理局、工务处均有日本人参加和决策，号称汪伪政府宣传部旗下五大报之一。1940 年春，汪精卫手书"和平建国"四字的照片"分发中日满三国新闻界"，伪宣传部长林柏

① 伪武汉报社：《本报创刊二周年回顾》，《武汉报》1940 年 11 月 10 日。
② 伪武汉报社：《本报一年来工作报告》，《武汉报》1939 年 11 月 10 日。
③ 同上。
④ 伪武汉报社：《本报创刊二周年回顾》，《武汉报》1940 年 11 月 10 日。

生还特将汪逆手书原稿送至该报①。该报一直发行到 1945 年夏日伪崩溃前夕才停刊。

作为伪汉口特别市政府机关报的《大楚报》创刊于 1939 年 3 月 6 日，与《武汉报》相比，它侧重于国内和武汉地区的新闻报道，也刊登一些具有学术性的论文，并辟有《楚风》副刊。

除上述两大伪报纸之外，还有同为华中日军报道班控制的《鄂中报》及"武汉社会运动指导委员会"主办的《江汉日报》、"武汉青年协会"主办的《江汉晚报》、日本人主办的《武汉大陆新报》（日文版）以及伪汉阳县政府主办的《晴川民报》②。

（二）刊物

"中日文化协会武汉分会"办有《两仪》月刊，张仁蠡在它的发刊词中解释道："这个命名，有两种意义，一是以本会会址的汉口两仪街为会刊名称，二是象征中日文明为东方文化之一元的两体，我们要把它交流错综，产生新文明。"③"武汉文艺协会"办有机关刊物《文艺》月刊及文艺期刊《武汉文学》《译丛》，其宗旨皆为鼓吹"和平文学"，以与"抗战文学"对抗④。"武汉青年协会"办有《武汉青年月刊》，《大楚报》社办有《新生半月刊》，《武汉大陆新报》社办有《新武汉》，此外还有《共和周报》《汉声月刊》《三民半月刊》《总奋起》等。伪汉口特别市政府也办有《汉声》月刊（原名《市声》)⑤。

1939 年 3 月，伪武汉治安维持会"为公示法令及发表各种政务事项发行公报，命名曰《武汉治安维持会公报》"，"采单行本式，每半月发行一次"⑥。随后，伪汉口市政府由秘书处主编有《市政公报》，自 1939 年 8 月付印，首期付印 500 册，预定每月出刊两期，每期一册，

① 伪武汉报社：《本报创刊二周年回顾》，《武汉报》1940 年 11 月 10 日。
② 涂文学、李卫东：《导论：武汉沦陷时期的社会与文化》，载涂文学主编《武汉沦陷时期档案史料丛编①：沦陷时期武汉的社会与文化》，武汉出版社 2005 年版，第 18 页。
③ 张仁蠡：《两仪月刊》发刊词，1942 年 6 月。
④ 朱庆麟：《"新中国文艺"座谈会》，载《文艺》第一卷第 8 期，1941 年 3 月，转引自田子渝、黄华文《湖北通史·民国卷》，华中师范大学出版社 1999 年版，第 590 页。
⑤ 涂文学、李卫东：《导论：武汉沦陷时期的社会与文化》，载涂文学主编《武汉沦陷时期档案史料丛编①：沦陷时期武汉的社会与文化》，武汉出版社 2005 年版，第 18 页。
⑥ 《武汉治安维持会公报简章》，1939 年 3 月 11 日，湖北省档案馆藏。

每册定价法币 2 角①。

武汉以外，其他各县的东亚联盟分会、文化协会，有的也办有刊物，如武汉青年协会汉川分会出版了《汉川青年周刊》②。1943 年，伪湖北省政府要求"各县应详察计划，发行宣传月刊一种（刊物名称自定），用以发扬文化，宣传国策"③。

第三节　沦陷区的奴化教育和反奴化教育斗争

沦陷时期，日伪当局在湖北沦陷区内竭力推行奴化教育政策，培植汉奸人才和亲日顺民。英勇爱国的湖北人民和广大师生誓死不当亡国奴，对日伪汉奸的奴化教育方针进行了坚决的抵制和斗争。

一　沦陷区的教育格局

日军占领湖北前夕，湖北省政府组织了武汉及临战区大中学校的内迁。武汉失守时，由于战前学校的迁移和市民的撤退，除极少数外国教会学校外，几乎所有的学校全部关闭。一些没有内迁的学校，大部分师生也远逃他乡，躲避战火。沦陷区民众朝不保夕，人心惶惶，根本无心顾及子女读书，教育基本处于停顿状态。日伪政权建立后，逐步恢复学校，开展奴化教育。

（一）教育管理机构

日军占领武汉以后，成立了推行奴化教育的各级教育管理机构。伪武汉维持会成立时，在其所属的社会局下设教育科。伪武汉特别市政府成立后，下设教育局，高伯勖任局长。局内设总务、学务、教育行政、编纂 4 科及督学室，不久，又改为总务、学务、小学、中学 4 科及督学室，随后，再改称一、二、三、四科及督学室，执掌未变。另设日本嘱托室④。伪湖北省政府在成立后，下设教育厅，徐慎五任教育厅长，内设秘书室和

---

① 《武汉特别市政府公报出版》，《武汉报》1939 年 9 月 6 日。

② 汉川县政府：《汉川县抗战史料》，1948 年，湖北省档案馆藏。

③ 伪湖北省政府：《湖北省政府呈行政院 1943 年冬季中心工作计划预定表》，中国第二历史档案馆藏。

④ 伪《武汉特别市政府组织系统表》，载伪《武汉特别市政府公报》第 2 期，1939 年 8 月，武汉市档案馆藏；伪《汉口市政府组织规则》（1941 年 3 月），载《汪伪国民政府公报》第 147 期；武汉地方志编纂委员会：《武汉市志·教育志》，武汉大学出版社 1991 年版，第 489 页。

一二三科，分别执掌各项事务。其后，黄实光、何庭流、黄大中、王知生等人先后出任伪厅长①。根据汪伪的《县政府组织暂行条例》，在伪县政府中，一般不专设教育科或教育股，一、二等县由其第三科（股）负责教育，三等县由第二科（股）负责。但由于伪湖北省政府未完全执行此条例，伪县政府组织各行其是，其少数如天门、鄂城等县仍设有教育科。伪县政府以下，伪区署下设建教股，联保下设联小教员职位，专门负责教育事项②。这些敌伪政府的教育厅、局、科、股，同敌伪政府的其他部门一样，其大权都掌握在日本派驻的嘱托或教官手中，所有重大决策都要经过日本嘱托的同意或批准。

伪湖北省政府成立前，武汉三镇的学校都归伪武汉特别市政府教育局管理。伪省政府成立后，省教育厅接管了武昌、汉阳两镇的中小学校，汉口各学校仍由伪武汉特别市（后改称汉口特别市）管理。省内其它各沦陷地区的学校由伪县政府下设科（股）兼管。1943年10月，伪汉口特别市划归伪省政府管辖后，汉口部分中小学改属省办，其余仍归市管③。

（二）各类学校

日伪占领武汉后，为了推行奴化教育，立即着手各类学校的恢复和建设工作。伪武汉治安维持会成立后，其社会局迅速制订了小学复课计划，定于1939年3月底开学④。伪武汉特别市政府成立时，全市已有5所小学开学复课。到年底，全市共设立小学47所，学级数356个，学生13000人⑤。

伪武汉特别市政府成立以后，武汉市区学校的恢复和建设逐渐加快。1939年4月，伪市教育局"开办日语专修学校一所，现有普通班二班，速成班二班"，1940年1月"开办高级职业学校，初设四班，分工商两科，工科有土木组、建筑组各一班，商科有商业组两班"，次年春季"复增设商科一班，现在实有学生130名，教职员23人"。同年春，又"成

---

① 刘寿林、万仁元、王玉文、孔庆泰主编：《民国职官年表》，中华书局1995年版，第1119—1121页。

② 伪阳新县政府：《奉令改区建署案》，阳新县档案馆藏。

③ 熊贤君主编：《湖北教育史》上卷，湖北教育出版社1999年版，第428页。

④ 《武汉各小学复课在即，修理各校校具，该局函各界联合会协助办理》，《武汉报》1939年2月26日。

⑤ 伪武汉特别市：《武汉特别市市政工作概况》，1940年1月，武汉市档案馆藏。

立男中及女中各一所，分设初级高级班次共 26 班，现两校共有教职员 66
人，学生 1231 人"①。到 1940 年 4 月，武汉三镇共有小学 52 所，班次
346 个，学生 11611 人，教职员 399 人②。同年 11 月，伪湖北省政府成
立，武昌、汉阳两区划归湖北省政府后，武昌 9 校、汉阳 6 校同时移交。
同年秋季，伪武汉特别市又增设小学 10 所，全市学校共计 45 所，班次
396 个，学生 16921 人，教职员 498 人。除此之外，1940 年度下学期，伪
市政府又在汉口市平民区及近郊设立简易小学及一年制短期小学各 5 所，
分别招收 6 岁至 13 岁和 10 岁至 16 岁之"贫苦失学儿童"，每所设两个学
级，采用半日二部制，"学生书籍及课业用品均由学校免费供给"③。到
1941 年 4 月，伪汉口特别市共设幼稚园 4 所，学级数 4 个，在园幼儿 220
人；短期小学和简易小学各 5 所，学级数 22 个，学生 890 人；小学 50 所
（其中小学 49 所，教员训练所附小 1 所），学级数 456 个，学生 20341 人；
普通中学男中、女中各 1 所，学级数 26 个，学生 1153 人；高等职业学校
和职业补习班各 1 所，学级数 7 个，学生 170 人。此外，还有教员训练所
和日语专修学校各 1 所，学级数 7 个，学员 293 人④。另有"民众学校十
余所"⑤，私立中学 8 所，学级数 46 个，学生 1840 人，私立小学 8 所，学
级数 56 个，学生 2240 人，私塾 194 所，学生 7789 人⑥，外国教会中学 5
所，学生 1312 人，小学 6 所，学生 1926 名⑦。至 1942 年夏季，伪汉口特
别市教育局共开办小学 62 所，男女中学 6 所，简易及短期小学 20 所，民
众学校 30 所，各级学校学生约 4 万人⑧。教师方面，共"训练毕业教员
787 人，检定合格教员 1887 人"⑨。

伪湖北省政府成立后，也积极进行学校的恢复和建设。到 1940 年

---

① 均见伪汉口特别市政府《汉口特别市政府两年来施政概要》，《武汉报》1941 年 4 月 20
日。

② 同上。

③ 同上。

④ 伪汉口特别市教育局：《汉口特别市教育局民国三十年五月份工作月报表》，武汉市档案
局藏。

⑤ 伪汉口特别市政府：《汉口特别市政府两年来施政概要》，《武汉报》1941 年 4 月 20 日。

⑥ 伪汉口特别市教育局：《汉口特别市教育局民国三十年五月份工作月报表》，武汉市档案
局藏。

⑦ 《高教育局长谈本市教育发展情形》，《武汉报》1941 年 5 月 6 日。

⑧ 《四年来汉口特别市复兴建设之一班》，《武汉报》1942 年 10 月 27 日。

⑨ 张仁蠡：《市政府成立三周年感言》，《武汉报》1942 年 4 月 20 日。

11 月，省会武昌共开办省立小学 9 所，铁道村小学 1 所，附设民众夜校 2 所，日华语学校 1 所，地方（武昌）开办民众学校 12 所①。到 1942 年 10 月，"省会"共有小学 40 余所，中学及师范各 1 所②。1943 年 10 月，伪汉口特别市改归伪省辖后，伪湖北省教育厅的直属学校，有小学 30 余所，中学 5 所（省立武昌高级中学，省立武昌女子高级中学，省立武昌初级中学，省立武昌师范学校，武昌职业学校），还有两所所谓的"大学"：由日军经理部直接办理的湖北省立农业职业学校（后改为湖北省立农学院，不公开招生，由各县保送）和不属于省管的铁道学院（属伪铁道部管）③。

在沦陷区各县，敌伪也尽力恢复和建设中小学校。伪省政府成立后，伪教育厅多次饬令敌占区各县，凡已经成立县府，"应于县城内设立中心小学一所，各区设区立完全小学一所，各联保设联保小学一所"，尚未成立县府的"应尽量恢复学校"④。至 1940 年秋，据沦陷区各县呈报，计已开办中学 11 所，小学 310 所⑤。到抗战中后期，敌伪在沦陷区各县几乎都设立了中小学校。例如，在黄梅县小池和孔垅，敌伪建立了伪黄梅县立中学和孔垅小学⑥；在汉阳县城区和各乡，敌伪开办小学 15 所，日语学校 1 所⑦；在汉川县城，日伪成立中学 1 所，小学 8 所⑧。在咸宁县，敌伪在县城及铁路、公路沿线集镇建立"兴亚小学" 10 所，教员 29 名⑨；在云梦县城，敌伪设立"梦醒中学"，各乡镇设立各类小学 20 多所，全县中小学生 1100 余人⑩。在天门县，敌伪在城关设初等小学 10 所，新添高小 1 所，日语学校 1 所，各区设初小 2.3 所不等⑪。

① 《一年间教育设施摘要》，《武汉报》1940 年 11 月 5 日。
② 吕东荃：《武汉更生四年来之省政概况》，《武汉报》1942 年 10 月 27 日。
③ 湖北省地方志编纂委员会：《湖北省志·教育》，湖北人民出版社 1993 年版，第 142 页。
④ 伪湖北省政府：《湖北省县政会议纪事》，1942 年 11 月，中国第二历史档案馆藏。
⑤ 《一年间教育设施摘要》，《武汉报》1940 年 11 月 5 日。
⑥ 曹荫棠：《抗日期间沦陷区的联合小学——黄梅县孔垄区联合乡镇中心小学校简介》，载政协黄梅县文史资料委员会编《黄梅文史资料》第 7 期，第 134 页。
⑦ 明阶文：《汉阳县城区教育杂谈》，载《汉阳文史资料》1989 年第 3 期。
⑧ 汉川县政府：《汉川县抗战史料》，1948 年，湖北省档案馆藏。
⑨ 咸宁市地方志编纂委员会：《咸宁市志》，中国城市出版社 1992 年版，第 648 页。
⑩ 云梦县政府：《云梦县抗战史料》，1948 年，湖北省档案馆藏。
⑪ 《天门县一年来县政筹备概况》，《武汉报》1940 年 12 月 14 日。

在江陵、公安、监利和潜江等县，敌伪共设立小学 232 所，中学近 10 所①。在嘉鱼县，敌伪设立日语学校，迫令商民学习日语；②在安陆县，敌伪设立兴亚小学 4 所，男女中学各 1 所③；在荆门县，敌伪在沙洋、城关、掇刀石、刘河、新埠河、十里铺、团林铺、后港等地新办小学，设在城关的称荆门县立第一小学，有 1—3 年级 3 个班，后增加到 6 个班，学生 200 人，教师 8 人④。在宜昌县，敌伪在占领区设立 6 所小学和 1 所职业中学⑤；在钟祥县，敌伪设有县立中学 1 所，县立中心小学 2 所，区立小学 4 所，县立初级小学 28 所，各乡联保小学 17 所⑥。在大冶县第二区公所，敌伪设立黄石港小学、石灰窑小学各一所⑦；在黄陂县，敌伪设有县立完小 1 所，班次 10 个，学生 517 名，县立初级中学 1 所，内设两班，学生 75 名，县立维新小学 1 所，内设 4 部，8 个班，学生 262 名。县立初级小学 5 所，每校有班次 4—8 个，各校平均有学生 162 名⑧。在应城县，抗战前原有小学四十余所，完小 5 所，西河初级中学及女子职业各一。"事变后，人民流离，学校停办"，至 1942 年，"城内设立中心小学一所，各重要乡镇小学，均已次第完全恢复"，并"拟在城区筹设初级中学一所"⑨。据不完全统计，到 1943 年 6 月，不包括汉口特别市各学校，日伪在湖北沦陷区共设有中学 23 所，班次 99 个，学生 3165 人。其中，设于省会者有省立师范学校 1 所（省立第一师范学校），计有本科 7 班，特别师范科 2 班，学生 318 人；省立中学 1 所（省立一中），计高中 3 班，初中 13 班，学生 606 人；农村专门学校 1 所，计专修科及本科各 1 班，学生 81 人。设于各县市区者：有县立中学 14 所，初中 57 班，学生 1710 人。县立职业学校 6 所，计 15 班，学生 450 人。小学 686 所，2496 班，学生 86086 人，其中，设

---

① 荆州地区地方志编纂委员会：《荆州地区志》，红旗出版社 1996 年版，第 673—676 页。

② 嘉鱼县政府《嘉鱼县抗战史料》，1948 年，湖北省档案馆藏。

③ 《兴亚小学修理完竣，已迁入新校舍》，《武汉报》1940 年 8 月 6 日。

④ 荆门市地方志编纂委员会：《荆门市志》，湖北科技出版社 1994 年版，第 633 页。

⑤ 黄明金：《日伪统治下的宜昌学校教育》，载《宜昌市文史资料》第 4 辑，第 199 页。

⑥ 钟祥县政府：《钟祥县抗战史料》，1948 年，湖北省档案馆藏。

⑦ 伪大冶县第二区公所：《大冶县第二区公所复兴建设工作概况》，《武汉报》1941 年 4 月 18 日。

⑧ 《黄陂：教育复兴之近况》，《武汉报》1941 年 8 月 29 日。

⑨ 《应城当局筹划初中》，《武汉报》1942 年 7 月 11 日。

于省会者有省立小学 25 所，197 班，6994 人；设于各县的县立小学 389 所，1709 班，68396 人；区立小学 116 所，258 班，9932 人①。

除省立、市立、县立和区立及联保管辖的各级学校外，在敌占区内还有少量的外国教会学校和私立学校。

抗战爆发以后，湖北战区大部分公立学校和教会学校都被迫迁移鄂西后方或本地山区，但是，由德、意、瑞典等国传教士举办的教会学校，或则因其本国政府与日本关系密切，或则因其本国政府持所谓"中立"政策，仍在继续开办，还有一些英美教会学校打着德国的招牌坚持上课。而一些私立学校，无力迁移，在躲过战火之后，也在敌占区内复学开课。据统计，1941 年 3 月，汉口特别市有外国教会学校 12 所，其中日本 2 所，美国 3 所，英国 1 所，意大利 3 所，法国 2 所，德国 1 所②。至 1942 年，武汉三镇由外国人所办的教会小学共有 24 所③。太平洋战争爆发后，汉口市英美所设立之学校，"大部宣告停办，而负笈各校之学生，多有失学之虞"。伪汉口特别市教育局"派员前往各该英美学校，加以调查"，调查结果：美国所办之路德男中（特一区）、汉光中学（特二区）、育贤女中（特一区）、圣罗以女中（特二区）各中学已停办；锡恩小学、道生小学（特一区）仍在上课。英国所办之训女中学补习学校（原设汉阳，事变后迁法租界）、卜乃提小学（美侨子弟，特三区）、首恩堂补习学校（中华区）、格非堂小学（模范区）均在上课，唯博学男中（硚口）停办④。而私立小学，据伪湖北省政府教育厅统计，不包括伪汉口特别市，到 1943 年 6 月，全省有 156 所，332 班，764 人⑤。

（三）教育经费

因为对奴化教育的重视，湖北伪省市政府和各伪县政府对教育经费的下拨也相对较多。1941 年，伪省政府"对于教育经费，每季尽量增加，现已扩充至七十余万元"⑥。1942 年下半年度伪湖北省级教育经费

---

① 伪湖北省政府：《湖北省政府工作报告书》，1943 年 6 月，中国第二历史档案馆藏。
② 伪汉口市政府：《汉口市政府二周年市政概况》，1941 年 4 月，武汉市档案馆藏。
③ 熊贤君主编：《湖北教育史》上卷，湖北人民出版社 1999 年版，第 429 页。
④ 《教局派员调查英美教会学校，准备整理谋新发展》，《武汉报》1942 年 1 月 8 日。
⑤ 伪湖北省政府：《湖北省政府工作报告书》，1943 年 6 月，中国第二历史档案馆藏。
⑥ 《鄂省教育厅将召开全省教育会议》，《武汉报》1941 年 8 月 12 日。

（不含县级经费）2586052 元（伪储备券），占同期财政实际总支出 52493492 元的 4.93%；1943 年上半年度预算支出 3088217 元，约占同期财政预算总支出 52777778 元的 5.85%[①]。

对于乡村教育，敌伪政府也比较注重。1940 年，伪汉口特别市政府准咨伪"国府教育部特订定推进乡村教育办法十七条"，抄发转令教育局遵照，要求各伪县教育行政机关"宽筹兴办乡村小学教育之经费"，其来源是省市之补助、乡镇内原有之学款学产、乡镇内公款共产及自动公议分担之捐款、学费、富户学生家长之乐捐。"乡村小学应利用农民余暇，兼办民众夜校，或短期小学班，以救济失学民众或儿童"，同时"整顿境内私塾训练塾师，改良私塾为代用小学"，"乡村小学附近之公有田地，无主荒地，得由校长依序呈请主管教育行政机关，转呈省政府或市政府发给学校以供生产劳动之用"[②]。

教会学校主要依靠教会捐赠和学生收费来维持开支，而私立学校除了私人赠款、学生收费外，敌伪政府也拨付一定的经费进行补助，以便更有效地进行控制。如 1941 年 4 月，伪汉口特别市政府教育局分别补助市内私立小学 800 元，私立中学 3000 元[③]。

但是，总的来说，日伪统治时期学校的基本教学条件都很差，许多日伪学校校舍破烂，桌椅不足，学生无法正常上课。例如，1939 年伪武汉特别市第七小学成立时，没有校舍，日伪就借第一小学的教室，让两个小学低年级办"二部制"，半天上学，半天放假。第七小学高年级的学生没有教室，只得每天早上用货车将学生拖到中山公园，在树林和土坡上上课，还美其名曰首创成功"野外教学"[④]。

二　推行殖民奴化教育

日伪政府给予教育一定程度的重视，不单是为了稳定社会秩序，更重要的是为了对学生灌输殖民奴化思想，培养甘当亡国奴的亲日顺民。

1939 年 1 月 16 日，伪武汉治安维持会社会局发布布告称："夫教育者，国家百年之大计，一日不可疏忽者也。昔者国民政府视教育为党

---

① 伪湖北省政府：《湖北省政府工作报告书》，1943 年 6 月，中国第二历史档案馆藏。
② 伪国民政府教育部：《推进乡村教育办法》，《武汉报》1940 年 11 月 14 日。
③ 伪汉口特别市教育局：《汉口特别市教育局民国三十年五月份工作月报表》。
④ 刘文藻：《日伪时期武汉小学教育见闻》，载《湖北文史资料》总第 16 辑。

化之工具，而以抗日为方针，于是仁义废颓，礼教坠地，败家破国，自然之结果。本局乃起而纠正一切错误思想，而图谋东方文化之复兴及东亚之和平。"[1] 伪武汉市政府首任教育局长高伯勋在答记者问时直言不讳地提出，应积极"侧重社会教育，宣传建设东亚新秩序之重要意义"[2]。伪湖北省教育厅长徐慎五就任后也提出，"对于今后吾鄂教育，第一步当从纠正青年思想入手，然后再及其他一切教育事宜之改革"[3]。日伪政府举办教育的目的昭然若揭。1944 年以后，随着日本帝国主义灭亡的临近，敌伪进一步加强对学校的控制。该年 12 月，伪湖北省政府颁布中小学教育宗旨，提出中小学教育三项方针：第一，思想动向以爱日本、爱东亚、完全铲除英美思想为最正确之途径，以协力大东亚战争、建设东亚共荣圈、实现大亚洲主义为最终之目的；第二，养成各个国民随时随地要自动发挥心力、体力、财力、物力贡献于大东亚战争，并确信大东亚战争必能得到最后胜利，不受其他任何暴力之震撼或浮言之煽动；第三，养成各个国民在同一战线之内无职务与业务之区别，同为大东亚战士，各人应把握自信心理，埋头苦干，更需彼此有坚强之互信心，一致团结，通力合作[4]。在这一方针指导下，县级伪政府也鹦鹉学舌地重申这一奴化教育方针，如伪黄陂县教育科长制定的"新教育方针"是"阐述中日共存共荣及大东亚主义联盟联系性之关系""阐述南京国民政府（汪伪。——笔者注）现行政纲之概要"[5]；宜昌西坝小学制定的学生信条中强调"要感谢帮助我们的友邦朋友""尊敬友邦朋友""愿与友邦合作，共荣共存"[6]。

为了贯彻奴化教育方针，日伪当局采取了一系列的手段和方法。

（一）软硬兼施，强迫入学

由于沦陷区人民亲身经历了日寇灭绝人性的暴行，痛恨汉奸为虎作伥，不愿将子弟送入敌伪学校。许多老百姓宁愿舍近求远，将子弟送入山区国统区学校或私立学校，甚至辍学在家，也不愿子弟接受亡

---

① 《武汉治安维持会教师登记公告》，《武汉报》1939 年 1 月 21 日。

② 《教育局长高伯勋发表施教谈话》，《武汉报》1939 年 4 月 28 日。

③ 《宣布施政方针，何佩瑢省长就职后对各报记者发表谈话；政财建教警秘厅长各谈抱负》，《武汉报》1939 年 11 月 7 日。

④ 钟祥县政府：《钟祥县抗战史料》，1948 年，湖北省档案馆藏。

⑤ 黄陂县政府：《黄陂县抗战史料》，1948 年，湖北省档案馆藏。

⑥ 宜昌县政府：《宜昌县抗战史料》，1948 年，湖北省档案馆藏。

国奴的教育。因此，敌伪所办学校，不仅普遍缺少老师，而且生源严重不足。许多农村学校每班只有十几个学生，有的甚至只有几个学生，还有一些学校建起来后根本招不到学生，成为空壳学校。例如，黄梅沦陷后，南部平原湖泊地区民众不愿将子女送入敌伪创办的孔垅小学，而转道几十里到独山中国人自己办的孔垅区联合乡镇小学就读。安陆沦陷时，许多家长把孩子送到爱尔兰天主教堂和英国循道会福音堂"难民收容所"的小学就读，而不愿送到敌伪小学[①]。宜昌县因教师及中学以上学生富有爱国思想，不做顺民，而转徙后方，或从军抗战，致使沦陷区既难觅得合格之教师，亦难招收合格之学生[②]。在这种情况下，日伪只得采取各种措施，软硬兼施，强迫、诱骗沦陷区民众子弟入学。日伪首先颁布教育法令，强行关闭占领区其他学校，迫使学生转入自己的学校。例如，伪武汉特别市政府成立后即制定了《武汉特别市小学法》和《武汉特别市小学规程》，伪湖北省政府成立以后，也颁布了《小学暂行条例及小学教职员任免及待遇规程》，强迫学生进入敌伪创办的学校学习。例如，日伪安陆县小学设立后，无人入读，便强行关闭民间学校，迫令所有学生一律进入伪小就读[③]。日军占领黄冈县团风镇后，即将正街私立小学关闭，改为汪伪政权下的"鄂城本部第五小学校"，开设日语课，强令学生入学[④]。在武昌湖泗乡，"敌伪维持会的走狗们奉命到各地去招生并对家长说，'如适龄儿童不到小学里去读书，一经查觉，便与匪同罪，到那时宣抚班长是要下乡捉人的'"[⑤]。另外，敌伪采取一些欺骗的办法和小恩小惠拉拢学生。例如，减免学费，免费发放校服，补助贫困学生，等等。敌伪安陆中学成立时，学生人数不足，为了吸引学生，伪政府拨出专款，为每名入校学生免费发放单衣校服两套，大衣一件。沙市中学规定不收学费，还借课本给学生使用[⑥]。伪黄陂县政府规定，"学生之膳宿、制服、书籍、一律由校供给"，"学生来源，则勒令各保派

---

① 熊贤君主编：《湖北教育史》上卷，湖北人民出版社 1999 年版，第 430 页。
② 宜昌县政府：《宜昌县抗战史料》，1948 年，湖北省档案馆藏。
③ 熊贤君主编：《湖北教育史》上卷，湖北人民出版社 1999 年版，第 430 页。
④ 黄冈县地方志编纂委员会：《黄冈县志》，武汉大学出版社 1990 年版，第 469 页。
⑤ 武昌县政府：《武昌县抗战史料》，1948 年，湖北省档案馆藏。
⑥ 熊贤君主编：《湖北教育史》上卷，湖北人民出版社 1999 年版，第 430 页。

送"①。为了拉拢和欺骗沦陷区学生在敌伪学校就读，各地伪政府大多制定了所谓的清寒学生补助政策。1940 年 10 月 4 日，伪汉口市政府发布所谓的《汉口市立中等学校清寒学生补助办法》，规定，"凡市立中等学校学生家境贫寒、上学期学业成绩及操行均列优等者"可申请补助，全市每学期补助 30 人，每人补助 80 元②。1942 年全市共补助学生 70 名，补助金额 5600 元。小学方面，伪政府规定，"凡家境贫困学生，按期饬由教育局津贴书籍文具等费，以示体恤"，1940 年全市实际共补助 43 所学校，贫寒学生 1873 名，共计补助法币 2008.71 元，日元 717.8 元③。至 1942 年，共计"津贴贫苦生 12123 人，共支金额 8288.47 元"④。1943 年 6 月 7 日，汪伪教育部也公布了所谓的《教育部补助清寒优秀学生办法》，每年补助 100 名大学生、60 名中学生和 20 名小学生，补助金额分别为每月伪国币 60 元、50 元和 20 元⑤。伪湖北省政府也制定了补助贫寒学生办法，通过对部分贫困学生发放补助进行拉拢。1942 年 10 月，伪省政府在其工作报告中提出，"查本省武昌各小学之学生多属贫寒子弟，无力购买书籍。经调查结果有 4350 名之确数，由教育厅签准，本季津贴武昌贫苦学生四千元作为购买书籍、文具之用，不日即点名发放矣"。11 月，该伪政府又提出，"为求教育普及救济失业儿童起见，对于贫苦生特予津贴。每学期编制预算，凡省属小学生有下列情形之一者均给予津贴：（一）家庭收入毫无者；（二）家庭收入金额不足二十元者；（三）孤苦无依者"⑥。为了吸引沦陷区学生进入敌伪学校就读，日伪还采用选派学生到日本留学的方法进行拉拢。1940 年 7 月，汪伪政府"教育部为选送二十九年度留日公费生，分于全国各地招考优秀青年，武汉省市方面亦已遵照举办"，经考试，"全国各省市初试及格名单：武汉 19

---

① 黄陂县政府：《黄陂县抗战史料》，1948 年，湖北省档案馆藏。

② 伪汉口特别市政府：《汉口市政府公报》1940 年第 19 期，武汉市档案馆藏。

③ 《市教育局定期发给清寒学生补助费》，《武汉报》1940 年 11 月 7 日。

④ 伪汉口市政府教育局：《汉口市 1942 年教育概况》，转引自涂文学主编《武汉沦陷时期档案史料丛编①：沦陷时期武汉的社会与文化》，武汉出版社 2005 年版，第 506 页。

⑤ 汪伪国民政府教育部：《教育部补助清寒优秀学生办法》，载《汪伪国民政府公报》第 507 号，江苏古籍出版社 1991 年版。

⑥ 伪湖北省政府：《湖北省政府 1942 年 10 月、11 月、12 月、1943 年 1—7 月工作报告》，中国第二历史档案馆藏。

名，湖北9名，上海19名，安徽3名，浙江9名，南京41名，江苏12名。湖北及武汉考生8月10日举行复试"①。该批学生，"在东亚（语言补习）学校期内，月给日金五十元，考入专门学校后，月给日金五十元，考入大学后，月给日金五十元或六十元。旅费由公家担负"②。第二年，伪湖北省政府又派遣公费留日学生16名③。1944年，全省公费留日学生招考自4月初开始报名，报名者23人④。

（二）培训奴化教育师资

武汉地区沦陷后，大批保持民族气节的教师有的辗转去了大后方和抗日根据地，有的无奈放下了教鞭。日伪当局为恢复教育，首先必须设法组织和培训一批师资。为此，日伪采取了两种办法，其一是进行教员登记，其二是开办师范学校进行培养。1939年1月16—22日，伪武汉治安维持会进行了第一次教员登记，参加登记的资格是中华民国官立、公立师范学校毕业者、中华民国官立、公私立高级中学毕业或与同等以上之学校毕业曾经担任中小学校教员满一年以上者⑤。因响应者寥寥，2月27—30日，又进行了第二次登记，并"分函岳州、信阳、武昌、汉阳、黄冈、黄陂、蒲圻、咸宁、嘉鱼、应城、孝感、鄂城、汉川等县及所属重要镇市之治安维持会，请物色具有中小学教员资格者，尽量推荐，填表送局，以便选调来汉受训"⑥。到1940年4月，伪武汉特别市政府共举办中小学教员登记9次，1940年4月—1941年4月又举办4次，"前后合计审查合格者，中学教员男女共267人，小学教员男女共1337人"⑦。1941年3—12月，继续举办教员登记，登记合格者中学教员78名，小学教员321名，陆续分派市立各中小学担任教职者200余名⑧。伪湖北省政府成立后，伪教育厅

---

① 《省市考试留日公费生名单公布，武汉19名，湖北9名》，《武汉报》1940年7月6日。

② 《本年度内留日公费生预定名额及待遇》，《武汉报》1940年8月10日。

③ 《鄂省公费留日生初试录取学院发表》，《大楚报》1941年5月16日，转引自涂文学主编《武汉沦陷时期档案史料丛编①：沦陷时期武汉的社会与文化》，武汉出版社2005年版，第477页。

④ 《本年留日公费生报名截止，定下旬考试》，《武汉报》1944年5月7日。

⑤ 《武汉治安维持会教师登记公告》，《武汉报》1939年1月21日。

⑥ 《社会局续办二届教员登记》，《武汉报》1939年2月27日。

⑦ 伪汉口特别市政府：《汉口特别市政府两年来施政概要》，《武汉报》1941年4月20日。

⑧ 伪汉口特别市政府：《汉口特别市政府三十年度施政概况》，《武汉报》1942年4月20日。

也多次举办中小学教员登记。在教员培训方面，1939 年 2 月，伪武汉特别市政府成立教员训练所，专门培训教师。到 1941 年 4 月，"共收男女学员 883 人，已毕业分发服务 797 人，尚在训练中者，86 人"①。1942 年秋，该所改为市立师范学校，专门培养小学教师。伪湖北省政府成立以后，为培养教师，设立了省立武昌第一师范学校，校内附设师资训练班，由教育厅长兼任校长②。1941 年 5 月 5 日该校举行开学典礼，伪省主席的代表（秘书长）、落合陆军特务部长的代表（松田课长）等日伪高官出席典礼。该校把初中程度学生编成本科学生，训练期间为 3 年，高中程度学生则编成再训科，训练期间为 3 个月。学生一律免收学费，并供给制服，给予津贴。学生中如有现任教员者，在受训期间仍按原薪照常发给③。

日伪当局从奴化教育的目的出发，十分注重教师的政治训导，成立专门机构教员训练所进行培训。1939 年 3 月 1 日，伪武汉维持会社会局教员训练所补行开学典礼时，日本陆军特务部长森冈、海军特务部长左近允尚正、日本总领事花轮义敬、伪民众救国会长何佩镕、副会长石星川、伪武汉治安维持会会长计国桢等亲自参加典礼，以示重视④。该班培训时间，第一期至第三期为 1 个月，第四期 3 个月。教学科目及教学时间，每周日语 10 小时，教育精神 2 小时，东方道德 2 小时，思想 2 小时，技能 2 小时，各科教法 2 小时，自由研究 2 小时，军事训练 5 小时，课外讲演 2 小时，合计 33 小时。"思想课程由吉纲冈担任，军事训练由来自满洲国的专门人员负责进行。"中学教员"教育科目和小学教育培训的内容大致相同，思想教育时间增至 6 小时，另外，每天晚饭后，按规定召集四五人进行座谈"⑤。教师完成了奴化教育训练后，才能分派到各中小学任教，未经培训者不得担任教师⑥。1939 年，全市共

---

①　伪汉口特别市政府：《汉口特别市政府两年来施政概要》，《武汉报》1941 年 4 月 20 日。

②　《湖北省立师范学校，黄教厅长自兼校长》，《武汉报》1941 年 2 月 10 日。

③　《省立第一师范学校开学典礼盛况》，《武汉报》1941 年 5 月 6 日。

④　《社会局教员培训所补行开学典礼，中日来宾济济一堂》，《武汉报》1939 年 3 月 2 日。

⑤　伊藤猷典："东亚事情，昭和 14 年度海外视察报告"《现势兴亚教育》，湖北省档案馆藏，转引自涂文学主编《武汉沦陷时期档案史料丛编①：沦陷时期武汉的社会与文化》，武汉出版社 2005 年版，第 487 页。

⑥　刘文藻：《日伪时期武汉小学教育见闻》，载《湖北文史资料》总第 16 辑。

登记教员 916 人，接受训练者 417 人①。1942 年，伪汉口特别市政府举办第六届教员训练，"毕业学员 188 名，同时举办童子军教练员训练班，以供恢复本市各中小学童子军之用"②。由于小学数量的增多，训练所培训的人员不敷使用，一些未经培训的人员也进入了学校。敌伪政府又规定，未经培训者只能担任代课教师，经过分批培训以后才能转为正式教师。到 1941 年 6 月，全市共登记中学教员 267 人，小学教员 1337 人，其中经过训练者 797 人③。至 1942 年 9 月，"计共训练毕业教员 787 人，检定合格教员 1887 人"④。

除正式任教前的培训外，敌伪政府每年都要定期或不定期对学校校长和教师开办暑期讲习班，进行集训，灌输奴化教育方针。1940 年暑假，伪汉口特别市政府"创办公私立中小学教员暑期讲习会""参加学员计 338 名，男 189 名，女 149 名"⑤。同期，各伪县政府亦组织教员培训。例如，伪应山县政府教育股在暑假举办了教员讲习会⑥，麻城县立各小学遵令于暑假期间，由伪县政筹备处于 7 月 15 日至月底，召集各小学教师举办讲习会⑦，应城县也举办了"小学教员暑期研究会、指导员联席会议"⑧。1941 年 4 月，伪汉口特别市政府先后选派中小学教员到南京受训，"计派往国立师范学校受中学师资训练者 2 人，受社教训练者 1 人，受体育训练者 5 人"⑨。这年暑假，伪汉口特别市政府举办第三届暑期讲习会，计参加教职员共 273 名⑩。8 月，伪汉口特别市教育局举行"保卫大东亚纪念"第 16 次集训，集中宣讲"保卫大东亚的意

---

　　① 伪武汉特别市政府：《武汉特别市市政工作概况》，1940 年 1 月，武汉市档案馆藏。

　　② 伪汉口特别市政府：《汉口特别市政府三十年度施政概况》，《武汉报》1941 年 4 月 20 日。

　　③ 伪汉口特别市政府：《汉口特别市政府公报》，1941 年 7 月，

　　④ 张仁蠡：《市政府成立三周年感言》，《武汉报》1942 年 4 月 20 日。

　　⑤ 伪汉口特别市政府：《汉口特别市政府两年来施政概要》，《武汉报》1941 年 4 月 20 日。

　　⑥ 《应山：教员讲习会昨日开课，短期民众学校成绩优良》，《武汉报》1940 年 8 月 6 日。

　　⑦ 《麻城：教师讲习会结果均获相当成绩，评定等级，发给证书》，《武汉报》1940 年 8 月 12 日。

　　⑧ 《应城：小学教员暑期研究会，教导员联席会议》，《武汉报》1940 年 8 月 4 日。

　　⑨ 《汉口特别市政府两年来施政概要》，《武汉报》1941 年 4 月 20 日。

　　⑩ 伪汉口特别市政府：《汉口特别市政府三十年度施政概况》，《武汉报》1941 年 4 月 20 日。

义"和"中日联合击灭英美的光辉前景"，全市各校长、馆长 60 余人奉令参加[①]。1942 年 7 月 10 日至 8 月 15 日，伪汉口特别市举行第四届中小学教员暑期讲习会。7 月 13 日，伪省教育厅在武昌举行"省会小学教职员及省师特师科第三届毕业学员暑期讲习会"[②]，全省共有 323 人参加[③]。除暑假训导外，日伪当局还对教师实行所谓的"周训制度"，"由教育厅拟订周训纲要，分令遵行，并饬照拟训育细目实施，以肃正其思想，并达教育之目的"[④]。

日伪政府对教师的思想政治控制十分严厉。伪武汉治安维持会在进行第一次教员登记时，就明确提出："凡任教员者，须认清时局，粉身碎骨贡献于建设新国家之圣业。"[⑤] 1941 年 7 月，伪汉口特别市政府公布《汉口特别市公私立中等学校教职员服务细则》，规定"教职员应拥护和平反共建国之国策"，违反者不能充当教师[⑥]。1942 年 1 月，伪汉口市教育局"通令各级学校校长，嗣后对于各教职员之校内校外一切行动，务须随时严密考查，认真监视，稍有放荡，应即设法纠正，消弭无形。如事态已经发生，亦须立即检举密报，以凭惩办。否者，一经查觉，各校长应受连带处分"[⑦]。1942 年 2 月，伪湖北省教育厅下令：非汪记国民党党员不得担任中学训育主任和公民教员[⑧]。

日伪为了牢牢控制住教师，在教师的薪酬方面实行高薪诱惑。1941 年伪汉口市教育局中学科重订"中等学校教职员每周教学时数及待遇暂行标准"，规定：市立男女中学高中普通科专任教员，每周教学时数为

---

① 伪汉口特别市政府：《汉口特别市政府各月工作报告》，1943 年 8 月，中国第二历史档案馆馆藏。

② 《中小学教员暑期讲习市今开始省亦定则》，《武汉报》1942 年 7 月 10 日。

③ 伪湖北省政府：《湖北省政府工作报告书》，1943 年 6 月，中国第二档案馆藏。

④ 伪湖北省政府：《湖北省政府施政方针（1944 年下半年度)》，中国第二历史档案馆藏。

⑤ 《武汉治安维持会教师登记公告》，《武汉报》1939 年 1 月 21 日。

⑥ 伪汉口特别市教育局：《汉口特别市公私立中等学校交换资源服务细则》，载伪《汉口特别市政府公报》第 13 期，1941 年 7 月。

⑦ 《校长负责监视教员一切行动，发生事件应受连带处分》，《武汉报》1942 年 1 月 14 日。

⑧ 伪湖北省教育厅：《非党员不得充任训育主任、公民教员》，《武汉报》1942 年 2 月 2 日。

16—18 小时，但任国文、外国语、数学三科者，每周为 14—16 小时，薪俸从 140 元起叙；高中级任教员每周教学时数为 12 小时，薪俸从 150 元起叙，但兼初中教学者应从 140 元起叙；高初中兼客之专任教员，每周教学时数为 18 小时，薪俸从 140 元起叙；初中专任教员每周教学时数为 18—20 小时，但任国文、外国语、数学三科者每周为 16—18 小时，薪俸从 130 元起叙；初中级任教员每周教学时数须担足 16 小时，薪俸从 130 元起叙；初中兼任教员每月每小时以 6 元计算，但任国文、外国语、数学三科者，每月每小时以 7 元计算，高中普通科每月每小时以 9 元计算，专科每月每小时以 12 元计算；市立高级职业学校教学实践及待遇与高中相同，唯专科教员每周教学时数应与高中国文外语数学教员相同。日籍教员与讲师待遇更优①。

　　可以看出，日伪当局企图通过严格控制和高薪收买的软硬两手，建立起一支服务于他们奴化教育方针的师资队伍。

　　（三）按照殖民统治的需要重新规划各类学校的设置

　　日伪推行奴化教育的一个重要手段就是压制私塾和私立学校的设置，将部分普通中学改设中等职业学校，创办民众学校，以此来打压中国传统教育规模和思想，确保殖民奴化教育方针的实施。

　　私塾是中国传统教育体系中的一支重要力量，它办学形式灵活便利，收费低廉，弥补了正规学校的不足，颇受下层百姓的欢迎。伪武汉特别市政府成立后，即打着教育正规化的招牌，下令"取缔私塾，推广小学"②，以防私塾脱离他们的殖民教育体制，妨碍奴化教育方针的推行。1940 年 11 月 15 日，伪武汉特别市教育局派员指令中华区各私塾"限在一星期内照样采用国语课本，并将原来教材悉数送局销毁"③。1941 年 1 月，伪特别市教育局"拟定私塾登记办法"，规定"凡在本市市区设立私塾者，须向本局请求登记"，"缴验塾师毕业证书，或检定合格证及关约之类""填具食宿登记表及学生一览表"，"经核准登记后由本局发给许可证方得设塾"。塾师凡有共产党嫌疑者、劣迹显著者、

---

　　① 《市中等学校教职员教学时数及待遇》，《武汉报》1941 年 2 月 19 日。
　　② 伪武汉特别市政府：《武汉特别市政府周年纪念特刊·市政府》，1940 年 4 月，国家图书馆藏。
　　③ 《改良市内私塾，采用国定课本》，《武汉报》1940 年 11 月 17 日。

有不良嗜好者不准登记①。4 月，伪市教育局训令各私校及私塾从速改换教课书，"一律令将旧书缴局，免费换以新书"②。高压之下，旬日之间，经登记及换发教科书之私塾，总计 194 所，学生 7739 名③。各县伪政府也如法炮制，"云梦县拟具甄审规程，凡属真实合格之私塾塾师，一律改为县立小学教员，薪俸由县府发给，不准收受学费，如未经甄审合格者，即予取缔，不准开学"④。天门县"各乡村设私塾改良会，由城关教育研究会编定课本，分发各私塾教员，依式教授"⑤。

对于私立学校，日伪当局根据不同情况，区别对待。1941 年，汉口市私立中学"已正式登记复校者，有高级助产学校、江汉中学两所，尚未补行备案手续者，有法汉中学，上智中学，圣约瑟女中，德肋撒等四校，在事变后开办者，有广雅中学"。私立小学"事变以后数量大减，至本年 12 月止，其已立案设立者，计有广雅小学、皮业小学二校，其尚在进行立案手续者，有安多，法汉等十余校"⑥。这些私立学校多为外侨所办，凡属亲日势力创办的，伪政府高度重视，宠爱有加。如创始于 1922 年的同文书院，1929 年始改称江汉中学，"乃友邦同文东亚会为提倡中日合作、沟通两国文化而设"。该校因事变停顿已近四年，1941 年 9 月 2 日先行开学，并于 10 月 1 日"举行复校开学典礼"，伪汉口绥靖主任叶蓬的代表、伪汉口特别市长、伪湖北省教育厅长、伪汉口市教育局长、日军陆军特务部部长、海军特务部部长、日本驻汉总领事代表及校董事会名誉董事长何佩镕、董事长石星川等都前往捧场。该校教员中有日本人 3 人，中国教员 14 人，学生计共 4 班 158 人⑦。对于英美等国教会所办的学校则多方刁难和限制。1942 年上期始，伪汉口特别市政府规定市属各公私立中学校高初中肄业期满均由市教育局举行

---

① 《市教育局规定改良私塾办法》，《武汉报》1941 年 1 月 13 日。

② 《教局令各私立校塾免费调换新教科书》，《武汉报》1941 年 4 月 9 日。

③ 《全市私塾统计》，《武汉报》1941 年 4 月 19 日。

④ 《云梦：教育当局统一全县教育》，《武汉报》1940 年 8 月 6 日。

⑤ 《天门县一年来县政筹备概况》，《武汉报》1940 年 12 月 14 日。

⑥ 伪汉口特别市政府：《汉口特别市政府三周年市政概况·教育》，转引自涂文学主编《武汉沦陷时期档案史料丛编①：沦陷时期武汉的社会与文化》，武汉出版社 2005 年版，第 507—508 页。

⑦ 《沟通中日文化之江汉中学昨举行复校典礼》，《武汉报》1941 年 10 月 2 日。

集中考试①，实际就是把私立中学教学内容和要求"统一"起来。而关于私立小学，武汉沦陷后"外籍人员不具备在汉开办学校的资格"。太平洋战争爆发后，英美等同盟国在汉所办学校一律被日伪接管。

日伪当局为了铲除中国民族教育的根基，消除中国传统教育的影响，大力发展职业教育，限制设立普通中学，要求将其改设职业学校。1939 年 6 月 5 日，"武汉妇女职业讲习所"举行开学典礼，该所考试录取打字科、缝纫科学生各 40 名，备取生各 20 名，刺绣科学生 20 名②。1940 年 4 月，汉口市立高级职业学校附设商业补习班"招收店员学徒，授以商业上必要之知识及技能，修业期限 3 个月，第一期计男女生共 50 名，第二期计男生 24 名，女生 32 名。后改办簿记、打字班，专收女生，计簿记班学生 27 名，打字班学生 31 名"③。黄陂县也于 1941 年 4 月着手筹备县立女子职业学校，除完小 1940 年度下学期毕业女生 10 名准予免试升学外，经考试正取 50 名，备取 10 名，"该校学生，如膳食、服装、书籍、杂费等项费用，均为校方供给"④，8 月 5 日"正式开学上课，班次分缝纫、刺绣、纺织、洗染等班，教员均系由专门技术者充任"，每一职业科授业一年⑤。1942 年 9 月第四次"鄂县政会议"上，伪湖北省教育厅指示"各县市设立中等学校，应尽先开办农业或工业等职业学校"⑥。10 月 1 日，湖北省立农林专门学校开学。该校分本科与附属农林专修科。本科修业期限为 3 年，入学资格须有初中以上之学历。附属之农林专修科修业期限为 1 年，入学资格须有高小以上之学历。该年度招收本科新生 35 名，"合格者须在校寄宿，每月给津贴日金三十元，毕业后成绩优良者，保送日本留学，或由省政府分配相当职务"。附属农林专修科招收新生 60 名，学生由各县县长推荐，每县限 2 名以内，"该保送之学生由县府每月给与津贴日金三十元"⑦。1944 年汪伪教育部颁布《县市设立中等学校程序》，更明确规定："各县市设立

① 《本市公私立五中学，明联合举行毕业典礼》，《武汉报》1942 年 7 月 2 日。

② 《武汉妇女职业讲习所举行开学典礼》，《武汉报》1939 年 6 月 6 日。

③ 伪汉口特别市政府：《汉口特别市政府两年来施政概要》，《武汉报》1941 年 4 月 20 日。

④ 《黄陂县：县立女子职业学校筹备就绪正式开学》，《武汉报》1941 年 8 月 8 日。

⑤ 《黄陂县：教育复兴之近况》，《武汉报》1941 年 8 月 29 日。

⑥ 《鄂县政会议各厅处指示各县事项》，《武汉报》1942 年 9 月 19 日。

⑦ 《省立农林专门学校十月一日在汉郊外开学》，《武汉报》1942 年 9 月 17 日。

中等学校应尽先开办农业或工业等职业学校"，"现设有中学之各县，应守此种限制，遵照改办，未设立中等学校之各县，应遵照部颁职业补习学校规程，开办各种职业补习学校"[①]。伪湖北省政府接令后，立即转饬各县严令遵行。

日伪当局认为"举凡纠正民众思想，巩固和平反共建国之信念，均有赖于社教之实施，以助其成功"[②]，因此，十分重视社会教育学校的设立。1940年3月，伪武汉特别市政府就在市立各小学中附设民众夜校5所，5月又扩充5所。1941年春，伪特别市政府下令将夜校一律改称民众学校，并增加数量，到该年4月，除遵令划归伪省政府管辖的武昌汉阳两地学校不计外，民众学校数量共增加到16所，20个班，有民众学员计千余名。同年11月，伪汉口特别市政府又开办民众教育馆，"以济芬马路东首三十号民房为馆址，设馆长一人，主任五人，馆员四人，内部组织分为教导、阅览、健康、生计、事务五组。设有阅览室、壁报、民众问字代笔处、演讲厅、民众学校和娱乐室。"[③] 有的县伪政权在这方面也如法炮制。如应山县伪当局"利用暑假期间在县立第二部小学设立夏季短期民众学校"[④]，黄陂县在1940年8月，"开办民众教育馆一所，内分民众阅览部、民众娱乐部、人民问事处，附设民众学校、日语补习班、人民识字、出壁报处""各区立学校及私立私塾学校，设有民众补习班及民众夜校"，计全县有附设民校41处；1941年3月，全县6区共增设30所[⑤]。1942年第四次伪"鄂县政会议"上，教育厅指示各县要"规定社教经费成数""恢复各县社教机关"，"推广民众学校或识字班"[⑥]。

（四）由日本侵略者直接控制学校

由于教育的地位十分重要，因此，日本侵略者对学校实行严厉的

---

① 伪湖北省教育厅：《教育厅指示各市县应办事项》，载伪《湖北省县政会议纪事》，1942年11月，中国第二历史档案馆藏。

② 伪汉口特别市政府：《汉口特别市政府两年来施政概要》，《武汉报》1941年4月20日。

③ 同上。

④ 《应山：教员讲习会昨日开课，短期民众学校成绩优良》，《武汉报》1940年8月6日。

⑤ 《黄陂县：教育复兴之近况》，《武汉报》1941年8月29日。

⑥ 《鄂县政会议各厅处指示各县事项》，《武汉报》1942年9月19日。

直接控制。在日军占领各地之初，一般都对学校直接管理。其后，随着伪维持会和伪政府的成立，日军在名义上将学校交给伪政府管理，但日军仍通过各种手段进行严格控制。日军首先向伪湖北省教育厅和伪汉口市教育局及各县和各中学及重要小学，都派有"嘱托"，由其总揽教育大权。其次，日军还向许多学校分派日本教师，充当学监和特务的角色，监督学校师生。例如，在伪江汉中学，全校教师 17 人，其中，日本教师就有 3 人，中国教师 14 人①。在宜昌中心小学，"一个叫佐藤的日本驻宜特务机关的指导员，几乎每天都要到学校来，不是在办公室坐一坐，就是在校园走一走，看一看。他一来，教师们心里就压郁着一团阴云，总怕引出什么事来"②。在汉口圣若瑟女子中学，日军派到学校教日语的士兵大野三来，终日"身佩军刀，在课堂上只讲东亚共荣和日本武士道精神"③。日军公开要求学校要绝对服从日军的指导。宜昌西坝小学在 1941 年的校务报告中就明文规定："本校隶属西坝维持分会之下，并受宜昌特务机关之命令及指导官之指导。"④ 日军对略有反抗或不满的学校和学生实行严厉镇压。1942 年 6 月，几个日本农场的农工闯入意大利天主教会所办的汉口上智中学，打骂年幼的初中学生。三名高中学生出面交涉，日本农工理屈词穷，表面承认错误，但事后歪曲事实向汉口日军报告。日本宪兵队强行闯入学校，限令师生三天内搬出学校，并派出大卡车将学校桌椅拉走，强行占领上智中学⑤。对意大利法西斯盟友的学校尚且如此，日军在中国人学校里的专横便可想而知。

　　大凡沦陷区学校举行开学和毕业典礼，驻扎在当地的日本要员一般都会前往出席。这不但是显示"中日友好"，更是日本人控制中国教育的象征。例如，1939 年 1 月 20 日，伪汉阳区治安维持会创设的日语专修学校举行开学典礼，"中日长官之前往参加者甚众，颇为一时之盛"⑥。

　　① 《沟通中日文化之江汉中学昨举行复学典礼》，《武汉报》1941 年 10 月 2 日。

　　② 黄明金：《日伪统治下的宜昌学校教育》，载《宜昌市文史资料》第 4 辑，第 199 页。

　　③ 黄康衡：《汉口圣若瑟女子中学》，载《武汉文史资料文库》第四卷，武汉出版社 1999 年版，第 199 页。

　　④ 宜昌县政府：《宜昌县抗战史料》，1948 年，湖北省档案馆藏。

　　⑤ 陈元亨：《上智中学的演变》，载《武汉文史资料文库》第四卷，第 214 页。

　　⑥ 《汉阳维持会设立日语专修学校，昨举行开学典礼》，《武汉报》1939 年 1 月 21 日。

1941 年湖北省立武昌第一中学举行开学典礼，日军特务部落合部长等多位军政高官出席①。1942 年 7 月汉口市立一中、二中、女中及私立江汉、圣若瑟五校举行联合毕业典礼，日军落合部长代表近藤课长、海军武官代表福田大尉等出席②，其用意都是如此。

（五）全面推行奴化教育方针

为了贯彻奴化教育方针，日伪学校的一切教育内容，包括文化教育、思想教育、体育活动、课外娱乐，都围绕"中日两国同文同种""中日提携""东亚共荣"这一指导思想来进行。

首先，日伪教育当局对学校的课程设置和教学内容进行重大调整和改造，使学校教学日本化，向学生大量灌输日本文化，阴谋从根本上铲除学生的中华民族意识。

在课程设置上，日伪学校强化日语教学，减少和淡化国语和中国历史、中国地理的教学，废除英语。武汉市伪市教育局还规定中学日语教师至少有日籍者一人。1940 年 7 月，汪伪政府颁布《关于中小学课程调整之意见》，确定了日语在中小学课程中的至高地位。同年 8 月，汪伪教育部在其颁行的《中小学及师范学校各学期每周各科教学及自习时数表》中，明确规定日语为初中和高中的必修科目。1942 年 8 月，伪教育部又将这一规定以部令形式转发各伪省市教育部门，饬令遵行③。据此，汉口市伪教育局规定：中等以上学校每天上午第一、二节课都必须上日语，年级越高，日语课越多，最多的每周达 6 节，而国语只有 4 节④。伪宜昌市教育局规定："学生从一年级起，必须修日语课程，开课首日由日语翻译担任，后由日语学校毕业生担任。"该县西坝小学在发给学生的成绩单上，日语列为榜首⑤。在武昌县，所有敌伪小学都"不得不遵命改用伪方新订教本，每日排日文口语二小时，四年级以上学生均次按时受课听讲。教师则由敌宣抚班长派敌酋充任。如此长年累月，于是所谓'大巴果''米西''过港'及'日支亲善''东亚和平'

---

① 《省立第一中学开学典礼志盛，中日长官莅至，相继致训勖勉》，《武汉报》1941 年 4 月 15 日。

② 《本市公私立五中学，联合举行毕业典礼》，《武汉报》1942 年 7 月 2 日。

③ 伪汉口特别市政府：《汉口特别市政府公报》，1942 年 8 月，武汉市档案馆藏。

④ 熊贤君主编：《湖北教育史》上卷，湖北人民出版社 1999 年版，第 431 页。

⑤ 宜昌市教育委员会教育志编纂办公室：《宜昌市教育志》，1989 内部印行，第 30 页。

等腔调几成儿童的口头禅"①。对国文课,日伪则尽量减少课时节数,不能超过日语课程的学时。对中国历史和中国地理,也是一概删减,改讲日本历史、地理。1942 年春,太平洋战争爆发后,汪伪当局明令禁止各校开设英语。许多学校对学生其他课程的教学放松要求,只重视日语。学生的成绩好坏、升学就业如何,全看日语成绩②。在武昌的一些学校里,学生在日本翻译和日本临时教员的教授下,"每天写日本字,说日本话,唱日本歌,体日本操,跳日本舞,一切一切都要日本化了"③。如此推崇日语的目的,汉奸们也承认是"日文部省为顺应建设新东亚之大理想,拟将日本语普及于共荣圈内"④。

在课程内容上,日伪是绞尽脑汁,向学生灌输奴化思想,淡化民族意识。一切不利于亲日、降日的内容,统统删除,战前国民党政府所颁布的教材一律停止使用。敌伪学校刚刚建立时,各校"讲授课目,以日语为主,间杂以我国《增广闲文》《千字经》《百家姓》《三字经》等内容,凡战前国民政府教育部审定书籍,概禁学习"⑤。其后,敌伪采用武汉伪政府自编的教材。1940 年 8 月初,汪伪政府"教育部指令,略谓:本部为应秋季始学之需,除已将初小国语、常识各八册、高小国语四册、地理历史四册,编就付印外,其余各种中小学课本,仍续编纂,兹为权宜之计,特将从前各大书局发行之中小学课本,分别予以审查。标明'适用''不适用'及'改正后适用'等字样,在本部编纂各课本未出版之前,暂作为各中小学采用课本之取舍标准"⑥。汪伪政府编订的教材完全为其"反共和平建国"方针服务。在历史课本中,把那些有关中国爱国主义的内容一律删除,把日本对朝鲜、中国的侵略,说成是对两国的帮助,是把两国从白种人的统治下解放出来。日语教材专门歌颂日本民族和日本文化的优越性,引诱学生同日本人"亲善",向日本学习。甚至在体育课中,教师也只教日本体操,对中国体操完全放弃。1943 年上学期,伪汉口特别市政府制定的《各校馆应行注意事

---

① 熊贤君主编:《湖北教育史》上卷,湖北人民出版社 1999 年版,第 431 页。
② 同上。
③ 武昌县政府:《武昌县抗战史料》,1948 年,湖北省档案馆藏。
④ 《拟将日本语普及共荣圈》,《武汉报》1941 年 1 月 25 日。
⑤ 通城县政府:《通城县抗战史料》,1948 年,湖北省档案馆藏。
⑥ 《教育部指令本市,规定采用教科书标准》,《武汉报》1940 年 8 月 7 日。

项》规定：“各校馆对于新国民运动应切实推行，尤应于各学科内加入新国民运动之教材。”①

　　其次，敌伪还在各级学校建立严密的团体组织，以加强对学生的控制。1940 年 8 月，汪伪国府教育部训令全国各省市教育机关恢复中小学童子军训练，“应将‘和平反共建国’之意义，剖切讲述，以端趋向”②。1942 年夏，伪湖北省政府按照汪伪政府的指示，在中小学组织“童子军”，高中学生接受军训，并建立“青年团湖北省团部”，宣扬日本军国主义和武士道精神。该年，武汉三镇即有 6280 人参加“童子军”，588 人参加青年团③。次年春，汪伪政府又将“中国青年团”和“童子军”合并改编为“中国青少年团”，湖北伪省市政府积极响应。伪省政府“除通令各县市遵照总章改编外，复将省会各校限期实行改编完成。共计成立 24 个校团部，并督促各校校长及教练，以新国民运动纲要为训练之准绳，加紧训练，务使学生行动一律军事化、纪律化，成为仁智勇兼备之中国青少年”④。到该年 6 月，汉口市“青年团”数目达到 9 大队，24 中队，69 小队，合计团员 686 人，“少年队”76 大队，216 中队，646 小队，队员 6402 人。青少年两队合计 7088 人⑤。

　　最后，敌伪当局还经常组织各种宣传奴化思想、歌颂殖民侵略的课外宣传和竞赛活动。每逢日军有重要战事的发生，敌伪教育局都要组织中国学生上街游行或举行演讲会、电影招待会，进行庆祝。太平洋战争爆发第二天，伪省市教育机关就组织武汉各校学生上街庆祝“日军的伟大胜利”。安陆县伪县政府亦“转饬县立初级中学校，令从速以男女学生十八名，组织宣传队，赴城乡普遍宣传，以揭发英美阴谋，而与友邦携手迈进”⑥。1942 年 5 月，日军同美军在太平洋的争夺中重新占领了科勒多岛，12 日下午，伪汉口市教育局就遵令“集

---

　　① 伪汉口特别市教育局：《各校馆应行注意事项》，1943 年上季，载伪《汉口特别市政府公报》1943 年 4 月。

　　② 《教育部通令恢复童子军训练》，《武汉报》1940 年 8 月 24 日。

　　③ 熊贤君主编：《湖北教育史》上卷，湖北人民出版社 1999 年版，第 432 页。

　　④ 伪湖北省政府：《湖北省政府工作报告书》，1943 年 6 月，中国第二历史档案馆藏。

　　⑤ 伪汉口特别市政府：《汉口特别市政府各月工作报告》，1943 年 8 月，中国第二历史档案馆藏。

　　⑥ 《安陆：男女中学生，组织宣传队》，《武汉报》1942 年 1 月 7 日。

合中小学生 4200 多人参加游行，并饬令各中小学分别举行演讲会，宣传光复科岛之意义"①。1943 年 7 月 6 日，伪省教育局指令"省立各学校组织学生歌咏慰劳队，分赴省会方面各友邦医院慰问负伤之友军将士"②。

在课外活动和礼仪教育中，敌伪学校全面灌输奴化思想。例如，通城县立小学大量教唱日本歌曲，放映日本电影，要求学生学习日本礼仪，"不准学生唱中国歌曲，犯者严厉惩其家长，并将学生毒殴"③。中国的传统节日和国庆节，照常上课，不举办任何活动，日本的"天长节""陆军节"等节日则放假庆祝。武汉各校连作息时间也一律改为日本东京的标准时间，正午 12 时改为 13 时④。

沦陷区的学校还经常组织歌颂日本侵略的作文比赛。1939 年 8 月，汉口日军特务部发起《征集小学生文艺作品运动》，规定《论对抗日之愚策及停战之必要》《信仰新政权论》《友军何以给我们亲爱》等为作文题目，要求学生作文⑤。

为了粉饰太平、蓄意营造出一种"王道乐土"的假象，日伪当局指示各学校每年都要定期举行运动会、成绩展览会和各种比赛，还要经常举行音乐会、文艺晚会和演讲比赛等，强迫学生参加。同时，各学校都成立各种文体组织，并经常进行校内和校际比赛。例如，沙市中学建有学生音乐队、篮球队，安陆中学有乒乓球队，汉口私立上智中学有"东亚共荣圈"宣传队和歌咏队，并举办过"同种同文的东亚共荣圈"演讲比赛⑥。1940 年 4 月 21 日，伪汉口特别市政府在"中山公园体育场举行政府周年纪念运动会，参加单位中小学共计五十余校，人数达一万以上"⑦。11 月，伪湖北省政府教育厅筹办了省立各

---

① 伪汉口特别市政府教育局：《汉口特别市政府教育局工作报告》，1942 年 5 月，中国第二历史档案馆藏。

② 伪湖北省政府：《湖北省政府 1942 年 10 月、11 月、12 月、1943 年 1—7 月工作报告》，中国第二历史档案馆藏。

③ 通城县政府：《通城县抗战史料》，1948 年，湖北省档案馆藏。

④ 熊贤君主编：《湖北教育史》上卷，湖北人民出版社 1999 年版，第 431 页。

⑤ 田子渝、黄华文：《湖北通史·民国卷》，华中师范大学出版社 1999 年版，第 588 页。

⑥ 熊贤君主编：《湖北教育史》上卷，湖北人民出版社 1999 年版，第 441 页。

⑦ 伪汉口特别市政府：《汉口市政府两年来施政概要》，《武汉报》1941 年 4 月 20 日。

小学成绩展览及联合运动会①。12 月，主办了省会各学校首届音乐大会②。1942 年 4 月，"为纪念市政府成立二周年"，伪汉口特别市教育局组织全市公私立中小学春季运动会，"计参加单位 50 余校，人数达 15000 余人，运动节目分团体、田赛、竞赛三大部，细目有 50 余种"③，还先后举办成绩展览会、音乐会、映书会、作文竞赛会、演讲竞赛会等。日伪教育局还经常组织全省甚至全国性的大型文体运动，以显示其统治的稳固和社会的安详。1942 年 5 月，汪伪为庆祝伪满洲建国十周年，特举办东亚运动会并举行全国球类分区比赛。东亚运动会邀请日本、伪满洲国参加，全国球类分区比赛按区域分成几个大区进行。接到指令以后，伪湖北省和伪汉口特别市政府大张旗鼓地进行宣传准备和动员，在全市各学校选拔学生组成省市代表团到南京参加运动会。5 月 16—19 日，又连续四天在武汉举行第四区球类比赛④。1943 年 8 月，本是暑假时期，天气异常炎热。但是，敌伪教育局仍强迫学生举办各种活动，以此来掩盖日军在太平洋战场上的不利局面。如 8 月上旬，举行汉口全市各校、馆画片剧表演比赛；27 日，举行日本青野技师学术演讲会；28 日，市教育局又同武汉、大楚、汉江三报社共同举办民谣发表会⑤。

　　1943 年 3 月 30 日，是汪精卫南京汉奸政权出笼 3 周年的日子。伪汉口特别市教育局组织汉口市立一中、二中、一女中、二女中、高级职业学校、高级师范学校六所学校选拔出来的 55 名学生组成"汉口特别市青少年代表团"赴南京参加"庆祝大典"。从 2 月初开始，代表团学生即开始训练走步、受检，伪中日文化协会武汉分会所属的国学研究会为代表团写了《黄鹤楼》《岳阳楼》《紫金山》《扬子江》和《雪花飞》五首歌曲，作为代表团向大会庆典的献礼。经过两个多月的排练，这五首歌曲在南京伪政府庆典上受到汉奸走狗们的称赞，伪汉口特别市青少年代表团也因此被评为受检代表团的第一名⑥。

<hr />

① 《省各小学成绩展览及联合运动会消息》，《武汉报》1940 年 11 月 13 日。
② 《省立各学校昨正式举行联合音乐大会》，《武汉报》1940 年 12 月 27 日。
③ 伪汉口特别市政府：《汉口特别市政府三周年市政概况·教育》，武汉市档案馆藏。
④ 伪汉口特别市政府教育局：《汉口特别市政府教育局工作报告》，1942 年 5 月。
⑤ 伪汉口特别市政府：《汉口特别市政府各月工作报告》，1943 年 8 月。
⑥ 徐明庭：《汉口沦陷时期的五首汪伪歌曲》，载《武汉文史资料》1994 年第二辑，总第 56 辑。

三　反对奴化教育的斗争

针对日伪的文化侵略和奴化教育，湖北人民进行了坚决的斗争，国民党湖北省政府和各县政府、沦陷区的广大师生和人民群众，都采取了一系列措施，来抵抗、破坏和反对敌伪的教育侵略。

（一）继续迁移战区学校，保护民族教育基地

武汉失守前，湖北省政府将武汉及其东部临战区的中等学校合并，组成"湖北联中"，迁往鄂西、鄂北，完成了战时湖北中等教育的大转移。1939年以后，战局的发展让鄂南、鄂北和鄂中一大批学校面临着敌寇的威胁。为了避免使这些学校沦为敌伪奴化教育的工具，1939年和1940年，湖北省政府和省教育厅又组织了一些战区学校迁移，少数学校就地迁入山区或本地国民党控制区域，大部分学校长途跋涉，迁入鄂西后方。1938年年初由武汉迁往鄂南通山的武昌初中，在1939年日军侵入鄂南山区后，再度迁往鄂西①；1938年迁往钟祥的私立武昌博文中学、汉口懿训女子中学，1939年再度迁往四川奉节②。1940年，日军进攻荆沙、宜昌前后，省政府组织一批本地学校和外地迁来的学校再度迁往安全地带，如1938年2月迁至宜昌小溪塔的私立武昌大公中学，于1940年5月迁往兴山；1938年迁来鄂西的省高级商业职业学校（巴东）、巴东女子高中、巴东初级工校、巴东初级农校、建始师范学校、秭归职业中学等，也都奉命再度迁移③。湖北联中鄂东分校各县分部，在敌伪加强对鄂东地区的殖民控制以后，也大多在1940年前后相继再度就地迁至本县安全地带，如联中浠水分部在1938年8月迁至离县城40华里的豹龙庙之后，又于1939年春迁至离县城50多华里的洗马畈金谷山④。这些学校迁移，巩固了第一次学校内迁的成果，保护了民族教育的基础，同时，在客观上对日伪的文化侵略和奴化教育也是一个有力的抵制。

---

① 湖北省地方志编纂委员会：《湖北省志·教育》，湖北人民出版社1993年版，第135页。

② 熊贤君主编：《湖北教育史》上卷，湖北人民出版社1999年版，第405页。

③ 湖北省地方志编纂委员会：《湖北省志·教育》，湖北人民出版社1993年版，第136—137页。

④ 湖北省浠水县第一中学校史编辑组：《湖北省浠水县第一中学校史（1904—1989）》，1992年内部发行，第21页。

（二）设立教育督导区和督导员，对抗敌伪的奴化教育

为了防止沦陷区的青年学生为敌伪利用，争取沦陷区学生加入抗日救国阵营，1938 年 6 月，国民政府通过了《沦陷区教育实施方案》，决定在全国沦陷区内设立教育指导区，由教育部选派"意志坚强、富有牺牲精神及教学经验之教育工作人员"为教育督导员，前往各区指导教育工作①。1939 年 5 月，国民政府又正式成立"教育部战区指导委员会"，专门负责指导沦陷区的教育工作，并规定沦陷区教育工作原则是：1. 利用各种方法，继续维持战区各级教育；2. 联络战区教育界忠贞人士，并设法组训之，使之为抗战而努力；3. 联络忠于国家、被逼"服务"日伪的中小学教师，以消灭奴化教育之效能，进而提倡民族国家之意识；4. 招致失学、失业青年来受训，分别辅导就学就业，以免为敌利用②。至 1940 年，全国共设立了七大指导区和 44 个小区，分别派驻教育督导专员和督导员、督导干事指导工作。其中，湖北地区属湘鄂赣大区，设有蕲春、安陆、钟祥和汉口四个指导区，分别驻有督导员和视察员指导工作。教育部规定他们的任务分别有"调查敌伪教育情形""举办私塾讲习会宣传国民党的教育方针""召集青年个别谈话"和"筹办中学"等③。1941 年 10 月，湖北省政府据教育部决议，制定《湖北省沦陷区域破坏奴化教育实施办法》。次年 10 月，湖北省政府在《湖北省战地各县政治战指导纲要》的文化纲领中，规定了沦陷区对敌斗争方针和办法，指示敌占区"文化教育对敌斗争的最高原则，在于发扬三民主义之文化教育，以抗拒敌人之奴化及奸伪之恶化教育；犹应侧重民族精神之振奋刷新，充实战地民众之内心热力，增厚战地民众之坚强意志俾能持久抗敌以争胜利"。针对敌伪强迫、拉拢儿童入学的卑鄙伎俩，该纲领提出："设有中学之县，必须尽量招揽境内及附近各县之小学毕业生，或失学之中学生就学"；"尽可能创设或恢复原有中心学校及国民学校，或以私塾伪装，秘密推行国民教育"；"如正规学校及私立均不

①　中国第二历史档案馆：《中华民国史档案资料汇编》，第五辑，第二编教育（二），江苏古籍出版社 1997 年版，第 291 页。

②　《第二次中国教育年鉴》（四），第 13 编，第一章，转引自熊贤君主编《湖北教育史》上卷，湖北人民出版社 1999 年版，第 434—435 页。

③　中国第二历史档案馆：《中华民国史档案资料汇编》，第五辑，第二编，（二），江苏古籍出版社 1997 年版，第 300—306 页。

能创立或敷设时，应设流动学校，巡回施教"；"劝导和禁止学生进入日伪学校就读"；针对敌伪在学校中的奴化宣传，应利用种种宣传方式，如民间流行山歌、童谣、小调、庙会、集市甚至是算命、测字、看相、说书卖唱等形式和工具，"阐扬三民主义，宣达中央国策，提示本省施政要职，以驳斥敌人荒谬言论，暴露敌人残酷阴谋，并讲解我历史上民族英雄故事，表彰我军民忠勇斗争之光荣事业"，以达到"解释我抗战建国必胜之真理，使战地人民厚植心理建设之基础"①。1941 年 7 月，教育部蕲春指导区将鄂东各县划分为几个小组，分别任命组长指导各县沦陷区进行反对敌伪奴化教育的工作。派驻浠水县巴河、兰溪两沦陷区的指导员，"秘密策动伪维持会人员陈楚屏、阎天民、汪剑青、朱子敬等输诚向内，收集情报，颇著成效，伪巴河小学校长邦俊亦受感动，设计阻止敌酋排列日语课程，密授我方抗战建国教材"，同时，经不断努力，成功地将被敌伪所俘被迫充当伪校教员的原五洲保小教员郭弼臣营救出来，转赴安全地带组设私塾②。

（三）建立后方学校，同敌伪争夺教育阵地

抗战时期，湖北省政府在将受到敌寇威胁的战区学校继续内迁的同时，还设法在敌占区后方设立学校。1939 年 9 月，鄂东行署奉命在黄冈北部三解原设立湖北联中鄂东分校。除本部外，下设蕲春、广济、麻城、礼山、罗田、浠水、黄梅、黄安、英山等分部，在各县安全地带开班上课。1941 年后，各县分部改为县立初中。这是抗战时期湖北省政府在沦陷区建立的规模最大的教育组织，也是国民党在沦陷地区构筑的重要的反奴化教育阵地③。1939 年以后，红安县"为预防敌伪奴化教育""也在余家畈、大有乡等地设立中心小学"，收容学生 500 多人，并"奖励筹办族学，救济失学青年，共开办 40 余班，共计学生达二千余名"，"县府还向鄂东行署采购抗战教材，分发各校，启发其爱国天良，坚定其抗战意志"④。不仅如

①　湖北省政府：《湖北省战地各县政治战指导纲要》，中国第二历史档案馆藏。

②　浠水县政府：《浠水县抗战史料》，湖北省档案馆藏。

③　分见易羽扇《鄂东联中概述》，程慧彬《鄂东联中琐记》，载《黄冈文史资料》第三辑；罗田县教育志编辑办公室《罗田教育志》；湖北省浠水县第一中学校史编辑组《湖北省浠水县第一中学校史》（1904—1989），1992 年内部印行；蕲春县第一高级中学《蕲春第一高级中学校志》（1939—1999），1999 年内部印行，以及上述各县县志。

④　黄安县政府：《黄安县抗战史料》，1948 年，湖北省档案馆藏。

此，沦陷区各县还在后方学校招收沦陷区学生入学，同敌伪争夺教育阵地。如1944年秋，黄梅县孔垄区在独山设立联合中心小学，招收沦陷区学生入学①，浠水县在敌伪占据的巴河、兰溪两地"设立小学两所，并以秘密组织方式，用私塾名义，在沦陷区设校施教"②。应山县政府在迁往县北桨溪店后，"创办抗战小学及初级中学，并与沦陷区青年及爱国分子沟通，作秘密抗战宣传，发动知识青年从军，伪中小学学生应召从军者甚众，伪中学学生逃逸一空""甚至连伪中学校长李汉臣亦参与其事"③。这些敌后学校的成立，不但打破了沦陷初期敌占区敌伪学校一统江山的局面，使广大不愿做亡国奴的青年学生有了求学深造之所，而且成了发展抗日民族教育、反击日伪奴化教育的重要前沿阵地。学生在这里不仅接受了正规的文化教育，同时接受了抗日救国思想的训练和熏陶。蕲春县立中学校歌写道："大别山脉，抗战之营，凉亭道上，济济群英，我们是钢铁的战士，我们是民族之魂。要以科学的头脑战胜敌人，同学们前进，努力前进！"学校还在校园旁斜坡地上，用石头砌成"抗日救国"四个大字，每个2米见方，远处清晰可见④。

（四）设立战区青年招致大队，招募沦陷区青年学生

抗战爆发以后，大批战区青年失学失业，彷徨无助。为了吸引和收容这些青年学生，不致使其为敌所用，1939年12月，国民党军委会制定《战地失业失学青年招训办法纲要》，决定在军委会和各战区设立战地失业失学青年招致训练委员会。1941年年底，这一工作转由国民政府教育部设立的招收训练委员会负责⑤。1942年9月30日，按国民政府的要求，湖北省政府制定公布了《湖北省战区青年招训办法》4条，成立"湖北省战区青年招致大队"，由省教育厅、省干训团、省民政厅

①　曹荫棠：《抗日期间沦陷区的联合小学——黄梅县孔垄区联合乡镇中心小学校简介》，载《黄梅文史资料》第7辑。

②　浠水县政府：《浠水县抗战史料》，1948年，湖北省档案馆藏。

③　应山县政府：《应山县抗战史料》，1948年，湖北省档案馆藏。

④　蕲春县第一高级中学：《蕲春第一高级中学校志》（1939—1999），1999年内部印行，第5页。

⑤　《教育部关于招致训练机构的设置与活动情况致国民党中执委会训练委员会函》，载中国第二历史档案馆《中华民国史档案资料汇编》第五辑，第二编教育（二），江苏古籍出版社1997年版，第335页。

分别负责战区失业失学青年的收容就学、训练和任用分派工作。各地行
署、专员和各县政府负责本地区失业失学青年的招训工作。来自本省战
区、年龄在30岁以下的大中小学学生和外省战区青年，凡符合条件并
验证合格予以登记后，根据年龄大小和文化程度高低及个人意愿，分别
送入各级学校学习，给予公费待遇；或进行专业技能或军事训练后，再
根据情况分别派用①。据统计，抗战期间，湖北省前后招致训练和分发
的省内外学生达400—500人②。

　　湖北沦陷区的广大民众和师生身处日伪魔窟之中，淫威之下，身心
备遭摧残。但是，他们并没有屈服于敌人的屠刀，没有被敌人的花言巧
语欺骗，而是勇敢、机智地对日伪的奴化教育进行了坚决的抵制和
斗争。

　　敌伪学校建立以后，急需学生入学来装潢门面。但是，沦陷区的
民众都以进敌伪学校为耻，不愿进入日伪学校。一些学生被敌伪强迫
入学一段时间之后，也千方百计退学，以摆脱日伪的奴化教育。例
如，伪安陆中学在创办时首届学生原有30多名，毕业时仅剩16人；
第二届入学时有学生80多人，毕业时只有40多人；第三届毕业时，
日寇即将灭亡，学生更是大半就中途退学③。沦陷地区的教师，在敌
人占领之前，大部都逃往外地，少数没有逃走的，宁愿回乡种地甚至
靠典当度日，也不愿同流合污入敌伪学校任职。例如，原安陆中学校
长李伯乐，在安陆沦陷之后，携眷逃往他乡，靠种地和变卖衣物度
日，也决不屈从敌伪要他回城创办中学的威逼利诱④。黄梅县曾经留
学日本的廖居仁先生，一直在家种地，其后设馆收徒，拒不担任日伪
教职⑤。值得我们敬佩和缅怀的，还有为数不少的老师和校长为保持
民族气节拒绝同日伪合作而惨遭杀害。

　　一些被迫或被逼留在敌伪学校的老师和学生，也想方设法对敌人的

---

　　①　湖北省政府：《湖北省战区青年招训办法》，载《湖北省政府公报》第463期，1942
年9月，湖北省档案馆藏。
　　②　熊贤君主编：《湖北教育史》上卷，湖北人民出版社1999年版，第435页。
　　③　陈建平：《安陆城区日伪男女中学》，载安陆市文史资料委员会《安陆近现代文化
教育·文史资料总合》，1994年10月。
　　④　熊贤君主编：《湖北教育史》上卷，湖北人民出版社1999年版，第437页。
　　⑤　曹荫棠：《抗日期间沦陷区的联合小学——黄梅县孔垄区联合乡镇中心小学校简
介》，载《黄梅文史资料》第7辑。

奴化教育进行斗争。敌伪当局强迫学校采用汪伪政府编订的教材，宣传汉奸文化，遭到学校爱国师生的抵制。一些学校教师上课用两套教材，"一种是（国民政府教育）部订的教本，是用来实际教学的，一种是伪编的教本，用来应付敌人的。听说敌人来了，立刻把部订的教本藏起来，将伪编的教本拿上案头，并把每册伪编的教本上面弄些墨迹，以表示始终相伴"①。日伪当局命令学校加强日语教学，而上日语课时，师生并不认真教授和学习。教"日语"一词时，老师和学生多念汉语的谐音："你哄我，我哄你"，以示仇视②。1938 年 10 月，日军在安陆创办"安应日语学校"，强迫当地儿童入学。教日语的日军士兵让学生读"啊依乌厄哦"，学生便联合起来唱："啊依乌厄哦，狗喽罗，狗喽罗"，斥骂鬼子，发泄仇恨，日寇又气又恼，只得停办这所学校③。日军占领蕲春县城之后，设立小学一所，强迫学生学习日语，"幸历任校长及教师如方震寅、方松平、李济川等，良心未泯，阳奉阴违，且暗以历史上民族英雄故事，激发儿童爱国心情，以至敌人奴化教育之实施，并未见效果"④。监利县车湾国民学校校长胡银阶，在学校被敌伪控制以后，"学校设备于形式上虽改旧观，但教授学生时仍以激发学童之爱国精神为宗旨"，后为敌寇所知，将其杀害⑤。由于广大师生的抵制和反抗，1940 年 6 月，日伪召开"全国各省市教育会议"，被迫取消小学的日语课程。

国民党各级政府和湖北沦陷区民众对日伪文化侵略和奴化教育的抵抗和反击，虽不能完全改变沦陷区奴化教育的局面，但在一定程度上打击和抵制了日伪的文化侵略，维护了中华文化的传承，张扬了中国人民不屈不挠的斗争精神，在中国近代教育史和湖北抗战史上写下了光辉的一页。

①　武昌县政府：《武昌县抗战史料》，1948 年，湖北省档案馆藏。

②　熊贤君主编：《湖北教育史》上卷，湖北人民出版社 1999 年版，第 437 页。

③　张仲殷：《安应抗日求益小学》，载安陆政协文史资料委员会《安陆近现代文化教育·文史资料总合》，1994 年 10 月。

④　蕲春县政府：《蕲春县抗战史料》，1948 年，湖北省档案馆藏。

⑤　监利县政府：《监利县抗战史料》，1948 年，湖北省档案馆藏。

第八章 沦陷区的社会生活

战争的破坏和日伪的殖民统治，给湖北沦陷区人民带来了深重的灾难，造成了大量的社会问题。沦陷区的民众，生活在水深火热之中。

第一节 日寇的暴行

侵华战争期间，日军为了打击中国的抗战力量，摧毁中国人民的抗战意志，实行野蛮的法西斯剿灭政策，不分战场内外，不分军队平民，所到之处，狂轰滥炸，烧杀掳掠，无恶不作，给沦陷区人民造成了巨大的灾难。

一 狂轰滥炸

1937 年 8 月 20 日，日军飞机首次飞临武汉上空。次日，日机开始对武汉进行狂轰滥炸。9 月 24 日，日军飞机数十架向汉口汉正街和汉阳襄河两岸投弹 15 枚，炸死市民 302 人，炸伤 542 人，炸毁民房和商店 306 栋。此后，随着日军对华中的进逼，对武汉的轰炸日益频繁。1938 年 3 月 27 日、29 日，日机两次轰炸武汉，总共炸死炸伤中国军民 500 余人，炸毁房屋 300 余栋①。6 月，武汉保卫战开始。日军为了在心理上摧毁中国人民抗战的决心，完全不顾国际公约，针对无辜的武汉平民进行了大规模的轰炸，几乎每周都有飞机来犯，有时甚至一天数次。7 月 19 日，日军出动飞机 39 架，投弹 200 余枚，仅武昌徐家

---

① 武汉地方志编纂委员会：《武汉市志·军事志》，武汉大学出版社 1992 年版，第 409 页。

棚一带就炸毁房屋 500 余栋，死伤 1000 余人[①]。日机还在徐家棚车站附近炸死炸伤北来的难民及由上海南京运来的难童 1000 余人[②]。8 月，日机共轰炸武汉 12 次，在武昌、汉阳市区投弹 1715 枚，炸死炸伤居民 3112 人，炸毁房屋 2298 栋，炸毁民船 35 艘，名胜古迹亦多遭破坏，汉阳县城几乎被炸成一片焦土[③]。据粗略统计，到武汉沦陷时，日机轰炸武汉，炸毁房屋 6000 余栋，炸死炸伤 8000 余人[④]。

抗战时期，湖北沦陷区所有县城和重要城镇，几乎无一例外地遭到了日军的轰炸。地处武汉外围的黄冈县，1938 年 5 月到 1942 年 12 月，共遭敌机轰炸 41 次，炸毁房屋 300 余栋[⑤]。咸宁县 1938 年 7 月 1 日第一次遭敌机轰炸，就炸毁房屋 14 栋，炸死炸伤军民 520 人；其后，经多次轰炸，县城 90% 以上的房屋都被炸毁[⑥]。地处大别山区的礼山县（今大悟县），遭日机大规模轰炸 11 次，仅 1938 年 10 月 26 日，日军就 10 余次出动飞机 45 架次轰炸县城及其他集镇，炸毁民房 257 栋，炸死平民 117 人[⑦]。罗田县遭日机多次空袭，被毁房屋 93 栋。1938 年 10 月 24 日，日机 12 架向黄陂县城投掷燃烧弹，500 多栋房屋被毁，600 多平民被炸死炸伤[⑧]。1938 年 1 月至 1940 年 6 月，日机轰炸宜昌达 95 次，投弹 2709 枚，炸死居民 1863 人，炸伤 1967 人，炸毁房屋 4659 栋[⑨]。1938 年 7 月 13—22 日，日机先后 7 次轰炸蕲春县，7 月 20 日这一天，便有 9 架日机向县城投射燃烧弹百余枚，烧毁房屋 200 余栋，伤亡军民 500 余人[⑩]。1938 年 7—10 月，日机先后轰炸大冶县城 75 次，投弹 259 枚，炸毁房屋数十栋，死伤居民百

①　皮明庥、欧阳植梁主编：《武汉史稿》，中国文史出版社 1992 年版，第 595 页。

②　武汉市人民检察署：《武汉市人民检察署专报》，1952 年 9 月 15 日，转引自中央档案馆、湖北省档案馆编《侵华日军在湖北暴行史料》，中国档案出版社 2005 年版，第 10 页。

③　《江西统计月刊》第一卷第 9 期，1938 年，转引自皮明庥总主编、涂文学主编《武汉通史·中华民国卷》上，武汉出版社 2006 年版，第 284 页。

④　中央档案馆、湖北省档案馆编：《侵华日军在湖北暴行史料》，中国档案出版社 2005 年版，第 11 页。

⑤　黄冈县政府：《黄冈县抗战史料》，1948 年，湖北省档案馆藏。

⑥　咸宁县政府：《咸宁县抗战史料》，1948 年，湖北省档案馆藏。

⑦　礼山县政府：《礼山县抗战史料》，1948 年，湖北省档案馆藏。

⑧　田子渝、黄华文：《湖北通史·民国卷》，湖北人民出版社 1999 年版，第 570 页。

⑨　宜昌县政府：《宜昌县抗战史料》，1948 年，湖北省档案馆藏。

⑩　钟亭华：《日军在鄂暴行综述》，载《湖北文史资料》第 43 辑，1993 年。

余人，炸死中国军队伤员300余人①。1938年9月至1939年3月，日机多次轰炸黄安县城及七里坪、八里湾等集镇，投弹数百枚，炸毁房屋500余间，死伤数十人②。1938年10月16日，日机50多架次轰炸崇阳县城，炸毁房屋1200栋，医院200多伤员全部罹难，城内大火烧了3昼夜，全城化为废墟③。1938年10月17日，日机3次轰炸浠水县城，城内居民及过境难民死伤甚多。随后，日机又对逃往下巴河的难民群进行追踪轰炸，160余人被炸死，200余人受伤④。1938年10月23日，《新华日报》社和八路军驻汉办事处留守人员乘"新升隆"轮向宜昌撤退，途中停靠嘉鱼县燕子窝（今属洪湖市）时，遭9架日机空袭轰炸，25人殉难⑤。1938年10月下旬，日机9架轮番轰炸新洲县城及柳子港、仓埠、阳逻、李集等集镇，炸毁民房257栋，炸死平民117人⑥。1938年11月21人，日机20架轮番轰炸沔阳县城及通海口、峰口等集镇，炸毁房屋500余栋，死伤居民600余人⑦。1938年12月27日，日机3批57架次轰炸京山县城，炸毁民房1000余栋，炸死平民2000余人，伤3000余人⑧。1938年12月至1941年，日机前后5次轰炸监利县城及集镇，炸死炸伤713人，炸毁民房300余栋⑨。1940年2月6日，日机109架次轰炸江陵县城，炸死449人，炸伤1千余人⑩。其他各县被日机轰炸摧毁的房屋也都不下数百栋。据1943年国民党湖北省政府的初步统计，1937年8月至1942年12月，日军对湖北各市县空袭1209次，投弹18296枚，死伤人数23354人，损坏房屋20166栋、41127间。其具体数据如表8—1所示：

---

① 大冶县地方志编纂委员会：《大冶县志》，湖北科学技术出版社1990年版，第16页。
② 红安县地方志编纂委员会：《红安县志》，上海人民出版社1992年版，第14页。
③ 崇阳县地方志编纂委员会：《崇阳县志》，武汉大学出版社1991年版，第17页。
④ 浠水县政府：《浠水县抗战史料》，1948年3月，湖北省档案馆藏。
⑤ 敖文蔚：《兵火奇观：武汉保卫战》，广西师范大学出版社1995年版，第302页。
⑥ 新洲县地方志编纂委员会：《新洲县志》，武汉出版社1992年版，第24页。
⑦ 仙桃市地方志编纂委员会：《沔阳县志》，华中师范大学出版社1989年版，第15页。
⑧ 京山县地方志编纂委员会：《京山县志》，湖北人民出版社1990年版，第12页。
⑨ 监利县地方志编纂委员会：《监利县志》，湖北人民出版社1994年版，第21页。
⑩ 江陵县地方志编纂委员会：《江陵县志》，湖北人民出版社1990年版，第20页。

表8—1　　　　　　　　1937—1943年日军对湖北省空袭统计

时间	空袭次数（次）	投弹枚数（枚）	死伤人数		损坏房屋	
			死	伤	栋	间
1937年8—12月	10	151	315	498	307	1
1938年	305	7751	4304	7257	8397	4678
1939年	195	5341	2937	3189	6297	6769
1940年	397	2827	1518	2015	3732	1546
1941年	159	1636	481	477	1318	1035
1942年	87	109	48	38		
1943年	54	481	174	153	115	48

　　资料来源：湖北省政府社会处《湖北省统计年鉴》，1943年，第602页，湖北省档案馆藏。

　　但根据湖北各县县志和有关资料统计，日军空袭轰炸的次数及其造成的损失，实际上大大超过了上述数据。

二　抢掠纵火，拆毁民房

　　日军入侵武汉后，公然开着汽车、坦克，四处出动，抢夺太平洋、璇宫、扬子江等大旅店的名贵器具和陈设，霸占市民的房屋、家具和其他有价值的物品，交通路、江汉路一带商店的物品基本上被日军洗劫一空。日军"平柳"部队占领武昌徐家棚一带后，809栋民房被日军派4辆汽车系上钢丝绳，拴上房柱拉倒，然后将木料、砖瓦运走。日军还接连几天在三镇疯狂纵火焚烧街市。汉口六渡桥至满春街、花鼓街上段、王家巷以及汉正街等最为繁华的商业区被焚为一片瓦砾，3667户无家可归，邻近汉水旁的商业区亦有近3000户住房被夷为平地，汉口地区受害者多达34640多户，共124300多人无处栖身，占当时武汉总人口的1/10①。日军实行分区治理后，将"军事区"内房屋部分占作兵营或军事机关，其余全部拆毁，取其砖瓦石木建造碉堡和工事。而"安全区"内"各银行之家具物件及特区私人财物"均被搜抢，"如特一区之延庆里、汉中胡同、江海关公寓、五福路孙宅、项宅、怡和太木器店等

---

　　① 皮明庥、欧阳植梁主编：《武汉史稿》，中国文史出版社1992年版，第603页。

处，均被搜抢一空"，"倘遇行人搜得五分之镍币亦被取去"①。1938 年
冬，日军池田龙部及汉阳警备队，拆毁汉阳杨家河及铁厂附近棉花街、
显正街一带房屋 800 栋；11 月，日军池田龙兵站司令部用坦克及钢丝
绳拆毁汉口四马路、五马路、江汉三路、江汉四路、三新横街等地房屋
1 万余栋②。1941 年春，日本驻汉领事馆将汉口三元里民房 200 余栋全
部拆毁，改建该馆及警察署宿舍。1938 年至 1944 年，日本武昌宪兵分
队陆续将武昌武珞路一带民房拆去 2000 余栋。日寇野战军医院占据武
汉大学校址 6 年，拆毁教室、煤气间、饭厅、宿舍共 24 大栋③。据抗战
结束后不久湖北省政府的初步统计，抗战期间武汉三镇共损毁房屋
12794 栋（1952 年 9 月 15 日《武汉市人民检察署专报》统计为 1.4 万
余栋）。其中，除沦陷前遭敌机轰炸损失近 6000 栋外，其余大部均为日
军占领时纵火焚烧或拆毁④。

　　在各县的集镇村庄，日军亦极尽野蛮抢掠、纵火和拆房之能事。
1938 年 10 月中旬，日军侵入浠水县下巴河，将小学附近的房屋全部烧
毁，马儿岗和庙河的瓦房、茅舍，均为日军放火焚烧。10 月下旬，日
军从麻城县宋埠镇向黄安县进攻，一路放火烧毁村庄 70 余个，烧死平
民 5000 余人。10 月 28 日，日军侵入安陆县城，放火烧毁了县内规模
最大、设备齐全的彭裕记榨油坊，又将城内侯家场、殷家庵、四牌路一
带的百余栋民房付之一炬⑤。10 月底，日军侵占应城后，将城内东西南
街及街后地带，划为"军事区"，原居住的中国人一律被强行赶出，房
屋"除少数西式建筑归寇酋居住外，一概统行拆毁，将其木材，作为燃
料之用，砖瓦则作为建筑机场公路之用"⑥。1939 年 4 月，驻崇阳县白
虎桥的日军沿粤汉路南下，"放火烧毁沿线 50 里房屋，大火连绵 7 日，
共烧毁房屋 2000 多栋"。5 月，日军第一次进犯长沙，经过该县桂口

　　① 雨辰：《由武汉带来的一血泪书》，《新华日报》1939 年 2 月 8 日，转引自田子渝、黄
华文《湖北通史・民国卷》，华中师范大学出版社 1999 年版，第 573 页。
　　② 中央档案馆、湖北省档案馆编：《侵华日军在湖北暴行史料》，档案出版社 2005 年版，
第 11 页。
　　③ 同上。
　　④ 湖北省政府社会处、湖北省政府统计室：《湖北省抗战损失统计》（房屋损毁统计），
1946 年 2 月，湖北省档案馆藏。
　　⑤ 田子渝、黄华文：《湖北通史・民国卷》，华中师范大学出版社 1999 年版，第 573 页。
　　⑥ 应城县政府：《应城县抗战史料》，1948 年，湖北省档案馆藏。

乡，再次放火烧毁房屋 4000 多栋，残杀人民 100 多人①。1940 年 6 月，宜枣会战期间，日军第六师团 2000 余人由荆门十里铺沿襄沙公路直扑江陵，沿途烧杀掳掠，长 90 里宽 10 里的广大地区尽成灰烬。同年，日军进攻沔阳王家湾，多次反复焚烧民房。失去安身之所的农民只能躲进芦苇丛中，搭棚栖身②。1940 年 6 月 12 日，日军占领宜昌后，对宜昌城进行了长达 5 天的焚烧，怀远路、和光里、圆觉庵、滨江路、招商局、二马路、通惠路、环城东路、环城南路、大东门外正街、大北门正街、一马路、福绥路等先后被烧，计烧毁房屋数千栋③。8 月，日军血洗玉泉寺，方丈室内珍藏的水晶古佛、古铜小乳斛、古铜擦瓶、大青瓷瓶、灵璧起云玉磬等"镇山八宝"均被盗掠④。整个抗战期间，浠水县损失房屋 2183 栋；黄梅县被日军炸毁和焚烧及拆毁房屋共计 2767 栋；礼山县被焚毁公房 426 栋，私房 3139 栋。地处国民党大别山根据地的罗田县仅被日军途径两次，就被烧毁房屋 3779 间⑤。根据战后调查，沦陷期间武汉损失最大的就是房屋建筑，在日伪统治的七年间，共毁坏房屋 7500 余栋，约 20 万间。按 1945 年 12 月的价格估算，被毁公共和民用建筑价值"三兆零七百六十余亿元"⑥。国民党湖北省政府在 1946 年 2 月的初步调查统计，抗战期间，地处敌占区的第一区 11 县共损失房屋 119331 栋，第二区 11 县损失 150764 栋，第三区 10 县损失 146070 栋，第四区 9 县损失 121993 栋，全省（含汉口市）被敌机轰炸、日军焚烧和拆毁房屋共计 754771 栋⑦。

三 屠杀国人，奸淫妇女

日军在湖北地区的屠杀和奸淫，比比皆是。武汉沦陷的当天，日寇

---

① 崇阳县政府：《崇阳县抗战史料》，1948 年，湖北省档案馆藏。

② 陈钧等、张元俊、方辉亚：《湖北农业开发史》，中国文史出版社 1992 年版，第 265 页。

③ 放文蔚：《日寇对宜昌的狂轰滥炸和烧杀抢掠》，载政协宜昌县文史资料委员会、政协宜昌市文史资料委员会《宜昌抗战纪实》，1995 年内部印行，第 167 页。

④ 周天裕：《玉泉寺僧俗殉难记》，载政协宜昌县文史资料委员会、政协宜昌市文史资料委员会《宜昌抗战纪实》，1995 年内部印行，第 181 页。

⑤ 均见各县《抗战史料》。

⑥ 汉口市政府：《抗战期间汉口市各种损失统计》，载《汉口市政府公报·工作报告》，1945 年 10—12 月，第二编，武汉市档案馆藏。

⑦ 湖北省政府社会处、湖北省政府统计室：《湖北省抗战损失统计》（房屋损毁统计），1946 年 2 月，湖北省档案馆藏。

抓到未及撤走的 15 个中国士兵和乞丐，将其驱至江边，迫令步入江中，待江水过膝时，瞄准击毙，以此取乐[①]。10 月 28 日，日寇又将抓获的中国军民押着穿过难民区和江海关，到达太古码头。日军蹲踞江滨堤岸，"使俘虏自江堤面水拾石级而下，于其行走时，自后枪击之，若干向前扑卧泥淖中，若干则滑足入水，而坠江未立毙者颇多。日军随向彼等挣扎之躯，开排枪数次"。根据当时外国记者报道，"所见被日军如是击毙者，至少达四五十人" "有身御华军军服者，有衣平民服装者"[②]。11 月 2 日，武昌徐家棚居民胡家寿、王老五、王老屏及罗交齐等 "不忍家园摧毁，复由招贤乡潜回。寇军有疑（为残兵）以致被诬枪决"。11 月 6 日，"日寇初盘踞武泰区，即将乔木湾还元寺内拖出我方落伍士兵二名（四川人未知姓名），酷刑致死，抛尸寺外"[③]。

汉口沦陷当天，3 名日军闯进金城银行附近的一家商店，将店老板和他的小孩禁闭起来，轮奸其主妇。次日晚，一名年老商人带领其亲眷到租界避难，半路被日军截住。日军砸死老商人，强奸随行的女眷，其中一名年轻的妇女轮奸后被杀死。同日，"特一区之三阳路、平汉路空车中之难民妇女，于敌人侵入之次夕，均被奸污。共和、鸿顺、永盛、清仁、厚福等里，被奸者数不胜数"[④]。日军不分白天黑夜，公开穿房入户寻找 "花姑娘" 以发泄兽欲，.稍有不从便被杀戮。"武昌下新河的一个防空壕内曾发现十多具裸体女尸，也是寇兵轮奸后杀死的。"[⑤] 连敌酋冈村宁次在其 "回忆录" 中也不得不承认："到汉口接任后，发现所有部队风纪败坏。"[⑥]

在武汉，日寇凶残杀戮中国人的暴行从未停止过。据战后武昌有关方面调查："沦陷期间敌对我地下工作人员及稍有过失之同胞辄报以惨绝人寰之酷刑，施以不忍思忆之毒手。种类之多，难以悉数。其通常所用有如下述：1. 以绳四根各系于大手指及大脚趾上悬之高粱，

① 敖文蔚：《兵火奇观：武汉保卫战》，广西师范大学出版社 1995 年版，第 308 页。
② 《申报》1938 年 10 月 31 日，转引自皮明麻总主编、涂文学主编《武汉通史·中华民国卷》上，武汉出版社 2006 年版，第 285 页。
③ 武昌市政府：《武昌市抗战史料汇编》，1947 年 12 月，湖北省档案馆藏。
④ 雨辰：《由武汉带来的一篇血泪书》，《新华日报》1939 年 2 月 8 日。
⑤ 肖幼三：《日寇暴行见闻片段》，载《武汉文史资料》第 5 辑，1981 年。
⑥ 冈村宁次：《冈村宁次回忆录》，转引自皮明麻总主编、涂文学主编《武汉通史·中华民国卷》上，武汉出版社 2005 年版，第 285—286 页。

腹部累以重石。2. 以小尖刀将肛门剥出驱猎犬紧咬力拖。3. 以煤油洒遍全身点火燃烧。4. 灌酸辣汤、切血块……5. 活埋。"例如，1939年农历三月十七，武泰区何丫头贩米一担至汉口，敌伪将全船渡民一并押解敌宪兵队，"倭宪兵名小田正圣者即率警犬二只，将何丫头周身衣物剥尽，指之遍体抓咬，爪牙并用。于是血肉淋漓因而毙命。其余渡民则罚跪半月释放"。1945年农历五月初六，因汉奸密报，日本宪兵所长佐野将楠木店茶馆主人杨子江拷询，"灌以酸辣汤，死而复苏者数次，最后切作肉块抛入长江"。1943年，"张之洞路岛贯部队军事工厂工人刘贵，暗将日寇制就屠杀我同胞之武器及钢钻多种投入江中，然后外逃。后宪兵队长加藤以张大年等五人及与刘贵同居之吴刚与此事有嫌，乃捕之高悬大梁，腹部压以巨石，竟日彻夜呼喊无声，卒致一一死于绳吊之下。后刘贵亦为捕遭同样牺牲"。长春区民秦忠石经商蒲圻，闲谈中对亲友讲解我抗战必胜，"后经日商告发遭捕，竟令其自掘土坑活埋地下"[①]。

　　除在魔窟酷刑处死外，日军还在武汉郊区及市内被划为军事区的长江边对我爱国志士和无辜人民进行集体屠杀。1952年9月15日《武汉市人民检察署专报》列举了经调查发现的日军大屠杀场所5处：在汉阳渔门乡，从1938年冬至1942年止，日军杀人1.5万人以上；在黄陂刘店乡，被杀的中国人在4000人以上；在武昌临江张公亭，总计7年被杀害的中国人至少有1万人；在汉阳晴川阁，日寇汉阳宪兵队屠杀了千余人；在汉口江汉关，被日寇大孚宪兵队屠杀和沉入江中者超过千人[②]。坦教湖在汉口北郊濡口附近，是日军在武汉市郊设立的十余个行刑场所之一。1939年到1945年，被害者达4000人以上。1952年7月4日，当地农民和有关部门在坦教湖进行现场发掘，发现一个万人坑，挖出掩埋被害人尸体的深沟多达60条，每条长四五丈，宽4尺，共埋人4000多名。发掘现场满地骷髅，其中的第24号沟，仅10尺长、4丈宽、4尺5寸深，掘出的尸骨就有75具之多。从发掘现场看，这些尸骨被一层一层地堆码起来，尸身和头颅分开，显然是被日军用刀砍杀致

　　①　均见武昌市政府：《武昌市抗战史料汇编》，1947年12月。湖北省档案馆藏。
　　②　武汉市人民检察署：《武汉市人民检察署专报》，转引自中央档案馆、湖北省档案馆编《侵华日军在湖北暴行史料》，档案出版社2005年版，第11—13页。

死。尸骨中有的手上还扣着手铐，有的甚至穿着铁丝①。在其他地方日军集体屠杀中国人的事件也屡见不鲜。如 1944 年春，日寇扬子宪兵队在汉口郊区谌家矶头用机枪击沉从汉口开往黄石港"小樱丸"轮船，淹毙中国人 300 余名。日军还在汉口、武昌设集中营至少 4 处，关押我军被俘人员和爱国志士。被关押者不是死于折磨、苦役，就是被集体屠杀。7 年中，仅死于汉口一处集中营的中国人就有 1.5 万人左右②。

日寇在湖北其他沦陷区，也制造了一桩桩惨绝人寰的血案。

1938 年 8 月下旬，日军在占领黄梅县时，在县城西门口一次杀死 129 名当地居民，其中 30 多户被杀绝；强奸妇女 105 名，其中 30 多名被轮奸致死③。9 月 3 日，日军在广济县余川乡杀死群众 245 人，强奸妇女 329 人。10 月 22 日，日军在浠水县竹瓦烧房时，对一位 62 岁的老太婆和一名十三四岁的小女孩强奸④。9 月 6 日，在广济梅川报国庵附近，日军将来不及撤离的中国伤兵 300 余人和医务人员 30 余人捆绑起来，大部拖入弹坑杀死，其中 70 余人被捆绑在龙顶庙的松树上，活活饿死⑤。10 月 17 日，日军在追击从浠水县城逃出的中国军民时，3 小时内射杀和砍杀中国军民 1700 余人⑥。1940 年 8 月 19 日，日军向当阳县玉泉寺发炮 110 多枚，然后集中几百人的兵力，杀死寺内所有僧人⑦。在黄陂县，日寇"于鲁台山麓掘大深坑，活置判死刑者于坑中，掩之以土，仅露头部，复刺以利刃或击以铁锄，使其头破脑出，而后全掩之"⑧。在通城县，日军用勒令食活蛇活蝎活蛤蟆毒死、"倒蒸肉酱"（将人倒悬于灶上，将头插入锅中用水蒸煮）、喂狗、断喉饮血、五马

①　皮明麻总主编、涂文学主编：《武汉通史·中华民国卷》上，武汉出版社 2006 年版，第 290 页。

②　中央档案馆、湖北省档案馆编：《侵华日军在湖北暴行史料》，档案出版社 2005 年版，第 14—15 页。

③　鄂豫边区革命史编辑部：《鄂豫边区抗日民主根据地史稿》，湖北人民出版社 1995 年版，第 58 页。

④　田子渝、黄华文：《湖北通史·民国卷》，华中师范大学出版社 1999 年版，第 572 页。

⑤　钟亭华：《日军在鄂暴行综述》，载《湖北文史资料》第 46 辑，1995 年。

⑥　鄂豫边区革命史编辑部：《鄂豫边区抗日民主根据地史稿》，湖北人民出版社 1995 年版，第 59 页。

⑦　田子渝、黄华文：《湖北通史·民国卷》，华中师范大学出版社 1999 年版，第 572 页。

⑧　黄陂县政府：《黄陂县抗战史料》，1948 年，湖北省档案馆藏。

分尸、油煎火焚、挖心剖腹、活埋等十多种惨绝人寰的方式杀害中国民众[①]。据国民政府战后初期统计,抗战期间,日军在湖北占领区,制造惨案数千起,残害中国平民78.1万人,其中杀死39.9万人[②]。

四 施放毒气

日寇在湖北沦陷区公然违背国际法,施放毒气。据战后被俘日军供认:1940年5月中旬日军进攻宜昌作战、1941年8月上旬在江陵郝穴战斗中、1941年9月侵略荆门的战斗中、1944年6月15日在宜昌县杨树岭战斗中,都公然对中国军队施放毒气。日军还在训练时对中国平民施放毒气。据战后日军供述,日军在武昌西南方4公里约16平方公里的丘陵地带、在武昌西部4公里湖上的小岛、在当阳南方1公里熊家坡等地都投放过毒瓦斯。1943年10月,在宜昌以北约2公里处,日军"有意识地向10户中国人民的住宅进行了放毒"[③]。1944年12月至1945年8月任中国派遣军第6方面军第34军第39师团长的佐佐真之助于1954年8月19日笔供:以战俘供日军"平常时做刺杀教育用"和"试验毒瓦斯教育用"[④]。

第二节 猖獗一时的烟毒、娼妓和江河日下的社会治安

日伪殖民统治下的湖北沦陷区,社会问题成堆,烟毒泛滥,娼妓盛行,盗贼遍地,社会治安江河日下。

一 烟毒泛滥

抗日战争全面爆发前,汉口日租界就是日本毒化华中地区的大本

---

① 通城县政府:《通城县抗战史料》,1948年,湖北省档案馆藏。

② 湖北省政府社会处、湖北省政府统计室:《湖北省抗战损失统计》,1946年2月,湖北省档案馆藏。

③ 分别见《铃木荣口供》(1954年8月3日)、《谷川近口供》(1954年9月13日)、《后口笃文笔供》(1954年9月13日)、《鹈野晋太郎笔供》(1954年8月3日)、《中川胜笔供》(1954年7月18日),载中央档案馆、湖北省档案馆编《侵华日军在湖北暴行史料》,档案出版社2005年版,第329、234、183、30—31、357页。

④ 中央档案馆、湖北省档案馆编:《侵华日军在湖北暴行史料》,档案出版社2005年版,第86—87、187、236、384、271页。

营。日租界内制毒场所和贩毒机关星罗棋布，有出售吗啡店 20 处（其中 3 处由日本人主持）、贩卖红丸场所 6 处和鸦片营业所 2 处，"皆由日领署予以保护，用种种秘密方法运出界外，复有大批毒品以卡车装载，在日军监护之下，运往法租界及特三区之两日商药房"，分销汉口全市及外埠。据 1936 年 1 月汉口市政府的报告，在汉口日租界中有吗啡制造厂四处，各厂之吗啡原料来源除由租界内就地制造外，其余皆由上海日商永福洋行运至汉口，再由汉口日商永进洋行转卖各分销厂。1937 年 8 月日侨退出汉口租界，汉口市公安局查抄日租界内各毒品制造场所，抄获制毒机及吗啡、海洛因等毒品甚多①。抗战期间，日军在中国占领区内的贩毒活动变本加厉，由暗转明，英国一议员 1938 年 12 月 22 日在英国议会演说时揭露道："1937 年日军占领中国各城市，烟毒贩卖，立即实行公开。所有烟毒售吸行店，即随日军以俱来，并用尽各种方法，奖励之提倡之""日本鸦片总行遍设分公司于各地""含有毒品之药剂，兜售于乡村，讹言可以治疗肺病。娼寮妓院以及跳舞场，均被利用为烟毒推广所"②。

武汉沦陷后，日本侵略者全面控制了武汉地区的毒品生意。"自运输以至熬制和贩卖完全由敌人一手经营"，武汉成为华中地区日本人的鸦片中转站。在日军特务部、宪兵、浪人、汉奸、流氓等的指挥和庇护下，兵舰、运输船运来大批鸦片烟、海洛因、红丸、白面，涌进武汉三镇，再转运到周围各城乡镇，"毒品遂遍及远近了"③。

1939 年 10 月，日本兴亚院在东京召开"调整中国鸦片供应关系洽商会"，决定对华鸦片供应应摆脱对外国鸦片的依赖，华中地区也要执行"在所辖地区内指定区域种植罂粟，增加生产"的政策④。在日军的鼓励下，湖北各级伪政府为了募集财政收入，也不遗余力地在沦陷区推行毒化政策，表面上标榜"禁烟禁毒""寓禁于征"，实则鼓励吸毒、大量制毒、公开售毒。

---

① 邵雍：《中国近代贩毒史》，福建人民出版社 2004 年版，第 190—191 页。

② 同上书，第 210 页。

③ 《在铁蹄蹂躏下的武汉》，《新华日报》1939 年 10 月 30 日。

④ 曹大臣、朱庆宝：《刺刀下的毒祸：日本侵华期间的鸦片毒化活动》，福建人民出版社 2005 年版，第 184 页。

（一）各级伪政府设立专门机构、颁布一系列法律，推行毒品专卖，使毒品吸售合法化

1938年11月武汉维持会成立时，在税捐总署下设置特别税署，执掌特税（即烟税）征收事项。1939年1月，特别税署更名为武汉戒烟局，在财政局直接指挥、监督下办理"禁烟"行政及特税征收事务，马行素任局长。戒烟局设总务、事务、监理三科，分别职掌财务、人事、登记烟商烟民、核发执照以及办理缉私、审讯、处罚等事项。局以下设有武汉市检查所（下设派出所）、武汉市土膏公栈、九江和岳阳戒烟分局，以及分散于其他城镇的检查分所。戒烟局长必须每日向日军特务部汇报，日军特务部还派有嘱托常驻戒烟局。伪市政府成立后，戒烟局归市政府领导，戒烟局的收入均解地方金库，由地方开支①。3月1日，戒烟局武昌分局成立②。1939年12月1日，戒烟事务移交伪武汉参议府接收办理，内部设一室三科（秘书室，总务科，事业科、监理科），在汉口、宗关陈家湖、武昌、汉阳设立派出所，其后，又在各县设立12处检查所③。敌伪的所谓"戒烟局"，就是官方垄断烟土买卖、收取烟税的机构。1940年汪伪国民政府在南京成立后，武汉戒烟局扩大为"武汉市戒烟总局"，直属伪中央财政部湘鄂赣三省财政委员会特派员管辖，同时又把专卖烟土利润和烟照税等划归伪中央④。为了管理武汉全市的毒品销售网络，敌伪政府还分别成立了"武汉市土膏店店帮公会"和"武汉市售吸所同业公会"。土膏店专卖生土和熟膏，售吸所只能开灯出售。烟土的货源，一律凭执照向公卖处购进。土膏店每户每月供货50两至300两不等，售吸所每3日供应1次，甲级每次8—12两，乙级6—8两，丙级4—6两，丁级3—4两。

1939年5月4日，伪武汉特别市政府颁布《戒烟法》，7月1日修正公布。这是湖北地区伪政权颁布的第一部"禁烟"法令。它规定："鸦片除依本法及依本法颁布之法令外，不得私自买卖、制造、吸食及

---

① 夏国尧、黄少吟：《日伪武汉戒烟局的黑幕》，载政协武汉市委员会文史学习委员会编《武汉文史资料文库》第六卷（社会民俗），武汉出版社1999年版，第273页。

② 《武昌戒烟分局办理吸户登记》，《武汉报》1939年3月4日。

③ 伪武汉特别市政府：《武汉特别市政府周年纪念特刊·财政》，1940年4月。

④ 夏国尧、黄少吟：《日伪武汉戒烟局的黑幕》，载政协武汉市委员会文史学习委员会编《武汉文史资料文库》第六卷（社会民俗），武汉出版社1999年版，第273页。

其他一切经营使用"，违者处 1 个月至 5 年有期徒刑。"鸦片之买卖及制造由戒烟局掌理之"，"依本法及依本法颁布之法令特许认可经营者并不免其应纳之捐税"。这样，打着"禁烟"的旗号，通过政府专卖制度，毒品买卖就合法化了①。1940 年 3 月 12 日，伪湖北省政府公布《湖北省各县烟民申请登记领换执照暂行办法》，规定各县烟民"均应依限向就地之行政机关申请登记领取执照"；"逾期不申请登记者，以私吸论"②。3 月 20 日，伪湖北省政府又公布《湖北省各县禁烟禁毒暂行条例》，规定："禁烟分禁种、禁运、禁售、禁吸四项。"但禁的只是"私种""私运""私售""私吸"，而"为实施统制销售，并便利烟民购吸起见，得由各县行政机关体察情形就地招商承办土膏店及售吸所"，"特许之土膏店及售吸所出售之土膏应向指定之禁烟专管机关照章领售"。执照费"按照各县烟民情形分别等级，须明白规定吸烟多少，分别缴费多少，其收入暂由各县行政机关充禁烟禁毒事业费，有余留作复兴地方补助费，但每月月终应连同缴纳联造具收支清单呈报核查"③。3 月 22 日，伪湖北省政府公布《湖北省各县分期禁烟暂行办法》，宣布"禁烟暂定分五期禁绝，逐年递减之"。在"分期禁绝"的幌子下，明确规定"烟民应依照湖北省各县禁烟禁毒暂行条例之规定，向各县行政机关申请登记并请领戒烟执照凭照购吸"。戒烟执照分甲、乙两种，甲种照每张每月缴照费 1 元；乙种照每张每月缴照费 5 角。戒烟执照有效期间暂定 1 年④。1941 年 7 月 5 日，伪湖北省政府省政会议通过施行《湖北省各县土膏店及售吸所申请登记领照暂行办法》，规定"土膏店或售吸所执照，均由湖北省政府民政厅制备，交由各县行政机关转发"，土膏店执照每照全年收费分为 4 等：甲等日金 1000 元，乙等日金 800元，丙等日金 600 元，丁等日金 400 元。售吸所之执照每照全年收费亦分 4 等：甲等日金 100 元，乙等日金 80 元，丙等日金 60 元，丁等日金

① 伪武汉特别市政府：《武汉特别市戒烟法》，载伪《武汉特别市政府公报》第 2 期，1939 年 8 月。

② 伪湖北省政府：《湖北省各县烟民申请登记换领执照暂行办法》，1940 年 3 月 12 日公布，载伪《湖北省政府公报》第 2 期，1940 年 4 月 20 日出版，武汉市档案馆藏。

③ 伪湖北省政府：《湖北省各县禁烟禁毒暂行条例》，1940 年 3 月 20 日公布，载伪《湖北省政府公报》第 2 期，1940 年 4 月 20 日出版。

④ 伪湖北省政府：《湖北省各县分期戒烟暂行办法》，1940 年 3 月 22 日公布，载伪《湖北省政府公报》第 2 期，1940 年 4 月 20 日出版。

40 元，"统以半数缴解湖北省政府民政厅，以半数留作各县禁烟或戒烟机关之经费"，"土膏店或售吸所所领执照有效营业区域均以转发执照之机关管辖区域为限，其有效期间均定为一年。如限期届满，应将原领执照缴呈该管行政机关转呈注销，并另行缴费换领执照"①。1943 年 3 月 3 日，伪湖北省政府令准施行《湖北省各县禁烟禁毒暂行办法》，其条文除个别文字做了调整外，和 1940 年的条例完全相同。只是增加了对"禁烟禁毒"不力的区长、县长的处罚条文。滑稽的是，在 1940 年提出 5 年禁绝烟毒 3 年之后，这次又再次提出了"禁吸分五年禁绝，逐年递减"，足以看出伪省政府禁烟禁毒的虚伪性和其条例法律的随意性，说明所谓的禁烟禁毒，实际上完全是烟毒专卖，鼓励吸食，聚敛钱财②。各县伪政府推行毒化政策也不遗余力。在应城，日伪政府于 1943 年 7 月发布告示，宣布全县所有烟民，均可前往县府第二科税务股申请登记，根据吸量大小领取吸户配给券，凭券购吸。每吸一次，交配给券一张及公定价格储备券 10 元，购吸烟膏 2 分。烟民吸户执照费每人每月日元 6 角。无照吸食者，一经查获，即处以日金 50 元以下之罚款③。在浠水，伪县政府每月派员到汉口敌伪商行采购鸦片 300 余两，"公开设立烟馆，按月收捐"④。

1940 年以后，湖北沦陷区被毒化的人口和区域日益扩大，日寇虽增加烟土的输入，但仍供不应求。日寇为了垄断烟土市场，加紧缉私，而暴利所致，私商更加冒险贩运。1942 年，戒烟局特业公栈配售的官土由三四万两剧增到 10 万两以上，官土黑市价高涨 60%。一般银钱业和社会游资把它视为乌金，竞相争购囤积居奇。针对外来私土源源不绝的状况，伪湖北省政府为了"肥水不流外人田"，由民政厅会同财政厅、建设厅、警务处，派员分区分组赴各县调查私土，强化烟土专卖⑤。

---

①　伪湖北省政府：《湖北省各县土膏店及售吸所申请登记领照暂行办法》，1941 年 7 月 5 日公布，载伪《湖北省政府公报》第 18 期，1941 年 8 月 20 日出版。

②　伪湖北省政府：《湖北省各县禁烟禁毒暂行办法》，1943 年 3 月 3 日，载伪《湖北省政府公报》第二卷第 7、8 合期，1943 年 2 月、3 月。

③　应城县政府：《应城县抗战史料》，1948 年，湖北省档案馆藏。

④　浠水县政府：《浠水县抗战史料》，1948 年，湖北省档案馆藏。

⑤　《省令调查各县私土，财建警三厅处分组首途》，《武汉报》1942 年 5 月 17 日。

（二）积极开拓烟土销路，增加烟土供应

1939年武汉戒烟局成立时，将各商户原有土膏查封，限期补税（每两1元日钞）；规定执照费每季一类土膏行1000日元；二类土膏店100日元；三类售吸所（烟馆）又分甲乙丙丁四级，每季执照费几元至几十元。但是，当时市面萧条，人心惶恐，全市只有土膏店32户、售吸所数十户登记，且只是乙、丙两级。同时，沦陷以前，武汉旧烟民长期吸食的土膏主要来自云南、贵州、四川和湖南，其中以川土为多。沦陷后，武汉鸦片主要来自日伪在上海设立的贩毒机构宏济堂，还有一部分来自华北。武汉烟民对日寇运来的进口烟土普遍感觉不习惯，认为波斯土、印度土品质差、火性大，不好抽。因此，戒烟局烟土滞销，库存烟土大量积压，这引起了日军特务部的不满，1939年4月，日伪将曾经当过鸦片贩子的沈竹痕调任戒烟局长①。

沈竹痕上任后，利用过去经营毒品的经验，采取了一系列扩大鸦片销路的措施。1939年6月2日，伪武汉特别市政府财政局向伪市政府呈文，要求降低烟土价格以扩大销路。呈文称"自大批红土（按：指印度土）到汉后，以成本高于原在汉市行销之川、滇、黔货价一倍之多，奸商渔利，吸户贪廉，以致私货充斥，官土滞销"，导致政府烟土库存69400余两，加上行、店两商存货19800余两，"若不亟谋迅速推销办法，影响收入甚大"②。在得到伪特别市政府批准后，6月20日，戒烟局公布鸦片降价决定，批发价格每两由16元减为12元；贩卖人发卖价格每两17元，吸食者分卖价格每两17元4角③。6月24日再次公布降价决定，确定公定价格为，联合公司批发价格每两12元（日币），对吸食者分卖价格，一次购买1000两以上者，每两12.2元；一次购买500两以上者，每两12.3元；一次购买250两以上者，每两12.4元；一次购买250两以下者，每两12.5元。联合公司售卖膏棒价格，每两为13

---

① 夏国尧、黄少吟：《日伪武汉戒烟局的黑幕》，载政协武汉市委员会文史学习委员会编《武汉文史资料文库》第六卷（社会民俗），武汉出版社1999年版，第273页。

② 伪武汉特别市政府财政局：《武汉特别市财政局调整官土价格向市政府的呈文》，1939年6月2日，武汉市档案馆藏，转引自涂文学主编《武汉沦陷时期档案史料丛编①：沦陷时期武汉的社会与文化》，武汉出版社2005年版，第200页。

③ 《武汉特别市鸦片之买卖员数及公定价格表》，武汉市档案馆藏，转引自涂文学主编《武汉沦陷时期档案史料丛编①：沦陷时期武汉的社会与文化》，武汉出版社2005年版，第203页。

元1角6分①。经此降价，鸦片销路果然大增。为使烟民了解和习惯波斯土的口味，伪戒烟局把部分波斯土加工熬制成膏后制成烟棒，并在包装纸上注明烟土的质量、性能等，用以打消吸食者的顾虑；并采用平价推销办法，每支烟棒售价起点为2角，最高亦不超过1元。于是，烟土顿呈供不应求之势："每日赴公司购土者，拥挤不堪。"沈竹痕规定每土膏店熬膏者，每日以购买15两为限，平均吸户每日得购5钱，甲等售吸所限购12两，乙等售吸所限购8两，丙等售吸所限购4两，丁等售吸所限购2两，外埠各验查所规定每所每日限购40两②。同时决定烟土提价：自11月21日起，每两红土公价增加日币2元，共为14元③。随着烟土销量的大增，伪市府收取的烟土税也急剧增长：1940年5月份约计10万余元，6月达到20余万元④。

为了增加烟土的销售，日伪政府还不断增设售烟机构。1939年8月17日，伪武汉特别市政府确定，全市设立土膏行25处以内，土膏店（即售吸所）50处以内⑤。至1940年年初，发展到土膏行汉口30家，武昌、汉阳各1家。售吸所根据业务范围之大小，分为甲乙丙丁四等，计汉口甲等15家，乙等25家，丙等120家，丁等200家，共计360家。武昌、汉阳各有丙等10家，丁等30家。烟民数量，截至1939年11月底，共约2000户⑥。在开放吸户烟照方面，伪政府规定，凡领有吸照的烟民可入馆吸食，也可凭照按月在烟土公卖处官价购买烟土3两或向土膏店购买官价烟膏，回家开灯自吸⑦。烟民数量的增加导致对烟

① 《武汉特别市政府修正武汉特别市鸦片之买卖员数及公定价格表》，武汉市档案馆藏，转引自涂文学主编《武汉沦陷时期档案史料丛编①：沦陷时期武汉的社会与文化》，武汉出版社2005年版，第203—204页。

② 《市戒烟局决定购土办法，平均出售限制多购》，《武汉报》1939年11月3日。

③ 《武汉特别市政府关于批准财政局调高红土公价的指令》，武汉市档案馆藏，转引自涂文学主编《武汉沦陷时期档案史料丛编①：沦陷时期武汉的社会与文化》，武汉出版社2005年版，第208页。

④ 《寓禁于征，试售烟棒成绩甚佳》，《大楚报》1940年7月25日。

⑤ 《武汉特别市政府修正武汉特别市鸦片之买卖员数及公定价格表》，1939年6月24日，武汉市档案馆藏，转引自涂文学主编《武汉沦陷时期档案史料丛编①：沦陷时期武汉的社会与文化》，武汉出版社2005年版，第203—204页。

⑥ 伪武汉特别市政府：《武汉特别市政府周年纪念特刊·财政》，1940年4月，国家图书馆藏。

⑦ 夏国尧、黄少吟：《日伪武汉戒烟局的黑幕》，载政协武汉市委员会文史学习委员会编《武汉文史资料文库》第六卷（社会民俗），武汉出版社1999年版，第273页。

土的需求剧增。1940 年 1 月，伪武汉特别市戒烟局请求汉口日军特务部从北京紧急调购鸦片 10 万两，投放武汉及周边地区①。

（三）鼓励民众吸食鸦片，"优待"烟民

敌伪为了扩大烟毒销量，在其控制区内采取各种措施优待烟民，以其引导和鼓励民众吸食烟毒。在武汉市，吸烟执照可以起到"护身符"的作用。日伪宪警巡逻检查，对烟馆烟民不加干涉，"甚至在岗哨林立的地方，出示烟照亦可通行无阻"，烟照成了变相的护身符。武汉市禁烟局 200 多名职员，40% 领有吸食执照②。在黄冈县，日兵凡遇见吸食鸦片者，即举起拇指，高呼"好良民"，以致"一般无知之徒均以吸毒可以避敌一时，被诱成瘾者不在少数"，伪县政府也以售出烟土数考订各联保的"政绩"③。在应山县，日军"每见鸠形鸭面之烟民，则伸出大手指，比为顶好良民，放宽其监视程度，如遇见卧床烟民，可以不起立，不为其敬礼，以资鼓励"④。在蕲春县，日伪开设烟馆，引诱人民吸食。"每夜深戒严时，敌哨兵如遇口称烟民者，即任其通行。"⑤ 浠水县伪县政筹备处和伪县政府成立后，"为顾虑外方瞻观，烟馆多设于伪政府人员住室内，以宴客名义吸引烟民入内吸食"⑥。

（四）强迫沦陷区人民种植鸦片

沦陷时期，湖北"全省有黄陂、孝感等十数县，由日军特务部督饬伪政府，强迫人民，改种鸦片"⑦。1940 年年初，伪黄冈县政府逼令新洲杨家岗等地农民铲去成熟麦苗 250 亩，改种鸦片⑧。伪黄陂县政府为了强制人民种植鸦片，于 1940 年"以日军小笠原任指导官，成立农林指导所，招收学生，专授种烟知识，就农场内实习，分发各乡，勒令人民种植，以贱价收购"⑨。1940 年，日伪决定在武昌、汉阳两县广种鸦

①　伪武汉特别市政府：《参府委请代购阿片》，武汉市档案馆藏。
②　夏国尧、黄少吟：《日伪武汉戒烟局的黑幕》，载政协武汉市委员会文史学习委员会编《武汉文史资料文库》第六卷（社会民俗），武汉出版社 1999 年版，第 273 页。
③　黄冈县政府：《黄冈县抗战史料》，1948 年，湖北省档案馆藏。
④　应山县政府：《应山县抗战史料》，1948 年，湖北省档案馆藏。
⑤　蕲春县政府：《蕲春县抗战史料》，1948 年，湖北省档案馆藏。
⑥　浠水县政府：《浠水县抗战史料》，1948 年，湖北省档案馆藏。
⑦　汉阳县政府：《汉阳县抗战史料》，1948 年，湖北省档案馆藏。
⑧　黄冈县政府：《黄冈县抗战史料》，1948 年，湖北省档案馆藏。
⑨　黄陂县政府：《黄陂县抗战史料》，1948 年，湖北省档案馆藏。

片烟苗。武昌县由杨缵绪（前伪武昌县维持会会长，伪省政府参事）沟通伪戒烟局，委定杨缵绪之长子杨世华及张子诚二人主持查勘普爱乡之田亩。杨、张于 1 月 1 日在青林寺召集当地士绅、保长开联席会议，鼓动种植鸦片，称"每亩地以产得一斤为及额，多奖少惩。现大批烟苗及科学肥料，已由县府由日方领得，分发各种户按时种植，倘有不服从命令行为，一经察觉即铲除青苗，没收土地，毫无客气"。由于日伪强迫民众种植鸦片，"纸坊之三斗坻内沿东湖以及其他被勘择之田亩，果片罂花，毒气荡溢"①。

除鸦片外，一些日本商人还打着某某洋行的旗号，在日本宪兵队的支持下，经由流氓地痞零售，推销海洛因②。

湖北沦陷区的毒化政策是由日本政府一手制定和掌控的，具体负责的是日军特务部第一课，湖北沦陷区的烟土统由日军特务部在外地（主要是上海"宏济善堂"）配购，交"戒烟总局"发售。七年中该局平均每月售出的烟土达 6.2 万余两，另外由日军特务部直接发售的则无法统计③。

日伪的毒化政策给湖北沦陷区带来了极其恶劣的后果：

其一，湖北沦陷区烟毒泛滥，烟馆林立，烟民遍地，民国以来好不容易取得的一些禁烟成绩毁于一旦。日伪统治时期，在武汉，"一般商业应酬，生意洽谈，以及疏通官府，解决纠纷，大多不在茶楼酒馆，而在售吸所"，"售吸所里的常客不但有商家老板店伙、搞特务的鸡杂鸭杂，也有机关职员、报馆记者、学校教师，甚至还有家庭妇女"④。1941 年，汉口已登记领照之吸户约 7000 人，还有大量未登记之烟民。按当时全市售吸所 440 家，每家平均容纳烟民 50 人计算，共 22000 余人，约占全市总人口 70 万的 4% 强⑤。全市

① 武昌县政府：《武昌县抗战史料》，1948 年，湖北省档案馆藏。

② 程华：《汉口沦陷时期的烟赌毒》，载《武汉文史资料文库》第六卷（社会民俗），武汉出版社 1999 年版，第 304 页。

③ 中央档案馆、湖北省档案馆编：《侵华日军在湖北暴行史料》，档案出版社 2005 年版，第 16 页。

④ 程华：《汉口沦陷时期的烟赌毒》，载《武汉文史资料文库》第六卷（社会民俗），武汉出版社 1999 年版，第 303 页。

⑤ （伪武汉特别市卫生局长兼市立医院院长）王大德：《市医院办理戒烟之经过及感想》，《武汉报》1941 年 7 月 28 日。

鸦片销售量 1939 年为 3 万两以上[1]，到 1942 年，上升到 10 万两以上[2]。沦陷区各县同样烟毒泛滥。应城县 1942 年县城有烟馆 42 家；1943 年 5 月，小镇长江埠人口仅千余，即有烟馆 11 家[3]。汉阳县仅县城一地就设有烟馆 34 家。当时沙市人口约 5 万，竟开有吸售所 500 余家；荆州人口不满 1000，便有售吸所 30 余家。1940 年 6 月沙市和荆州两地伪维持会成立时，每月领烟土 5160 两，（尚不包括敌人洋行和伪合作社销售数字）。伪江陵县政府成立（1942 年 8 月）后，每月派员到汉口敌军特务部照领烟土，年领 82160 两，全县沦陷区公务人员吸食鸦片者约 2/3，人民吸食者 3/10[4]。武昌县烟馆大量设立，纸坊一镇有 3 所，李家桥 1 所，郑家店 1 所[5]。伪宜昌县政府从 1940 年 12 月起每月分发各乡烟土 200—500 两出售，规定价目每两 80 元以上，迫令百姓购买吸食，并以销售鸦片多寡定伪政府办事人员之"优劣"[6]。1942 年冬日本侵略者在荆门县大量运售烟毒，逼迫伪组织代为勒销或强迫汉奸开设烟馆，每月售烟 2 万余两[7]。1943 年 5 月，日本人在云梦等县除公开运销售卖毒品外，并规定伪县府每月销售红土 300 两，伪区署每月 69 两，定价每两 715 元[8]。烟毒泛滥的结果，极大地加重了沦陷区人民的苦难，摧残了他们的身心健康。一些民众染上毒瘾而不能自拔，逐渐走向堕落，丧失健康和良知，倾家荡产，死于贫病。

其二，日伪通过大肆贩卖烟土，搜刮到巨额收入，借以维持其殖民统治。烟土捐税是日伪政府财政收入的重要来源之一。从 1938 年 11 月伪维持会成立到 1939 年 4 月结束，武汉市"戒烟"收入共计 520996.28 元，占同期财政总收入 5758005.68 元的 9%，仅次于盐政收入居各项收入的

---

① 武汉地方志编纂委员会：《武汉市志·税务志》，武汉大学出版社 1992 年版，第 62 页。

② 夏国尧、黄少吟：《日伪武汉戒烟局的黑幕》，载政协武汉市委员会文史学习委员会编《武汉文史资料文库》第六卷（社会民俗），武汉出版社 1999 年版，第 273 页。

③ 应城县政府：《应城县抗战史料》，1948 年，湖北省档案馆藏。

④ 江陵县政府：《江陵县抗战史料》，1948 年，湖北省档案馆藏。

⑤ 武昌县政府：《武昌县抗战史料》，1948 年，湖北省档案馆藏。

⑥ 宜昌县政府：《宜昌县抗战史料》，1948 年，湖北省档案馆藏。

⑦ 荆门县政府：《荆门县抗战史料》，1948 年，湖北省档案馆藏。

⑧ 马模贞等：《中国禁毒史资料》，天津人民出版社 1998 年版，第 1563 页。

第二位①。伪江陵县政府 1942 年 7 月中旬到 1943 年 7 月下旬，售吸所执照费伪币 310829 元，鸦片利益共伪币 4467675 元，官土捐军票 367280 元，为当时伪县政府军政警教各项经费收入之大宗②。伪武昌县政府将大批领得烟土烟具直接配发其控制区域，各保每月配发烟土 2 两 5 钱，每两时值军票 555 元，烟民则持登记执照以食粮柴草苦力与之交换，并加有教育费 2 元③。贩卖烟土所得，伪浠水县政府用来"补助维持会经费"④，伪宜昌县政府不但用它作维持会经费，而且伪政府内办事人员均以鸦片作薪资。荆门县日军宣抚班之经费大多取诸鸦片。日军把毒品大量输入通山，以鸦片配发伪"和平军"及保安队薪饷⑤。曾在日本特务教导队任职的高野洁供认说，他的重要任务就是"每月去汉口购买鸦片，然后把它运回我兼任县政指导官的湖北省的一个县贩卖，每月总要成交 1000 两。县里用赚来的钱筹措日本军队的粮秣"⑥。

其三，日伪政权的吏治更加腐败。烟毒贩卖的垄断给了伪政府官员"权力寻租"的大好机会，而汉奸走狗自己染上毒瘾，便不惜出卖更多的民族利益，对民众进行更加残酷的欺凌和压榨，以此来支付毒品开销。戒烟局的大小官员，通过"大进小出"、将官土投放黑市、贪污受贿等手段，中饱私囊。如当过四年戒烟局长的沈竹痕，搜刮的资财难以估算，仅房产一项，就遍布汉口、上海、青岛、北平等地，光买进上海福开森路一栋别墅，就花费 400 多根金条⑦。上行下效，各地伪政府的官员概莫能外。如宜昌县伪县府专门制定了《阿片专卖处要领》油印散发，明文规定每两鸦片"县政府卖给区戒烟分所 65 元，区戒烟分所卖给乡镇支所 67 元，乡镇支所卖给吸烟所 69 元，卖给一般瘾者 70 元"⑧。层层加码，每层均有差价可赚，各级官吏对贩卖烟土趋之若鹜也就不足为奇。

正如 1939 年 6 月 3 日，蒋介石在林则徐虎门销烟纪念会上对日本

①　《武汉治安维持会和武汉市政府从 1938 年 11 月到 1940 年年底对武汉的统制》，1938 年 11 月—1940 年 12 月，湖北省档案馆藏。

②　江陵县政府：《江陵县抗战史料》，1948 年，湖北省档案馆藏。

③　武昌县政府：《武昌县抗战史料》，1948 年，湖北省档案馆藏。

④　浠水县政府：《浠水县抗战史料》，1948 年，湖北省档案馆藏。

⑤　马模贞等：《中国禁毒史资料》，第 1563 页。

⑥　李守贞：《日本帝国覆灭记》，《参考消息》1995 年 9 月 5 日。

⑦　夏国尧、黄少吟：《日伪武汉戒烟局的黑幕》，第 278 页。

⑧　马模贞等：《中国禁毒史资料》，天津人民出版社 1998 年版，第 1555 页。

帝国主义的毒化政策猛烈抨击的那样："敌寇知道（军事镇压）这种摧残，断断不能消灭诸位同胞的抵抗精神，反而同仇敌忾的情绪必然更加激昂，所以他就双管齐下，施用毒化政策，尽量制造烈性毒品来倾销，企图使诸位同胞，人人都投到自杀路上，只要几年功夫，所有中毒的人都成了冢之枯骨，自然不会抵抗，那时他便可高枕无忧，安闲宰割。同时，敌寇更因作战以来，他们的国内经济已败，竭泽而渔，快要山穷水尽，眼看就不能支持，所以要想从我们沦陷区同胞身上搜刮"，便通过贩卖毒品"来吸收我们民间的法币，以便套取外汇，购买军火，将我们同胞的财富来补充它要崩溃的经济。"① 蒋氏的这番话对日寇毒化政策的狼子野心是一种真实的揭露。

二　悲惨的娼妓业和灭绝人性的"慰安所"

武汉沦陷后，娼妓业首先在法租界恢复起来。法租界的妓女身份较高，以旅馆为据点营业，定期向巡捕房缴纳捐税。法租界以外的妓女由伪市政府警察局管理，1940 年 4 月，伪武汉特别市政府成立妓女登记处，5 月，发布《妓女登记办法》《划定汉口娼区办法》和《取缔私娼办法》，加强对妓女的管理②。伪政府根据营业状况，将妓女分为五等，每月定期征收花捐：头等每月征收 80 元，二等 50 元，三等 30 元，四等 20 元，五等 10 元。除花捐外，"凡在本市区之乐户、旅栈、酒楼、游艺场所及住宅堂宴征召妓女者，均应缴纳局票捐"，每局票一张征捐 6 角，限召妓女 1 名③。

为了保证娼妓业的"健康""持久"发展，1940 年 4 月，伪武汉特别市政府卫生局成立妓女检治所，内分检验、治疗两部。5 月，发布《武汉特别市妓女检治所检治办法》，开始对妓女进行检治，凡经登记之妓女，经检验有梅毒者，即强迫其住所诊治，治愈后复检无毒，始准营业。截至 1940 年年底，"共已检验 7249 人，治愈 1412 人"④。根据

---

①　转引自王宏斌《禁毒史话》，社会科学文献出版社 2000 年版，第 183—184 页。

②　《市警局开始掉换妓女登记证，半年一次业已届期》，《武汉报》1941 年 2 月 5 日。

③　伪汉口特别市政府：《修正汉口特别市税捐征收规则》，载伪《汉口特别市政府公报》1942 年第 16 期，1942 年 12 月出版。

④　伪汉口特别市政府：《汉口特别市政府两年来市政概要》，《武汉报》1941 年 4 月 20 日。

1940 年 5 月的检查结果，绝大部分妓女患有性病，其中以淋病最多，占 75.56%，梅毒占 10.93%，下疳占 6.73%，混合传染占 2.14%，第四性病 11.5%，无病者仅占总数的 4.44%①。妓女在检查时也受尽凌辱，检查由男医生进行，还有其他非医生男性站在一旁，俯视妓女下体，抚弄妓女身体，以此取乐②。即使是得到治疗的妓女，"她们为了生活，仍得继续的出卖着痛苦的肉体，卖了肉体，又得继续的生病，辗转检验，辗转检治，到头来依然是逃不出一个死的圈子"③。

截至 1940 年 12 月，汉口特别市共登记妓女 1398 名，其中甲等 582 人，乙等 519 人，丙等 306 人。省籍分别为浙江、江苏、湖南、湖北、江西、安徽、四川、河南、河北、广东；年龄最小者 11 岁，最大者 40 岁以上④。除登记在册的妓女外，还有众多未登记的暗娼。1940 年 8 月，伪汉口警察第五署报告称，"鉴于所辖特三区一带，妓女及私娼混居者颇多，兹为整饬起见，除已将文华里及智民里之娼妓数家已加以驱逐外，其余私娼尚在继续调查之中。如有发现，即行驱逐"⑤。这些私娼被称为"野鸡"，其实驱逐不尽，罚不胜罚。汉口难民区是这类下层妓女最多的地方。每到夜晚这些妓女便站在街头等待顾客，"她们宛似一群待宰的羔羊，拖着没精打采的躯壳，亭亭玉立在街头巷尾，眼光是那么枯涩，送盼传笑，希翼获得那些陌路人的垂青"。这些妓女的主顾大多是一些下层苦力，收入并不多，"一夜的温存，至多不过五六元的法币。甚至有许多不到十四五岁的小姑娘，也会被龟奴鸨母赶到这种皮肉的市场里去，忍痛负创干卖笑的生活"⑥。当时的报纸报道："野鸡拉客，有伤风化，抓进警局，罚洋两元。这种事实，在过去不但日所必

① 皮明庥总主编、涂文学主编：《武汉通史·民国卷》上，武汉出版社 2006 年版，第 314 页。

② 《妓女检验所工作人员侮辱妓女》，《武汉报》1940 年 8 月 14 日。

③ 《保护市民健康灭除性病传染，妓女登记检治的概观》，《武汉报》1944 年 5 月 5 日。

④ 伪汉口特别市卫生局：《1940 年度汉口市妓女登记统计图表》，载伪《汉口特别市政府二周年市政概况》1941 年 4 月，转引自涂文学主编《武汉沦陷时期档案史料丛编①：沦陷时期武汉的社会与文化》，武汉出版社 2005 年版，第 227 页。

⑤ 《汉警五署整饬特三区娼妓，文华及智民里已加驱逐》，《武汉报》1940 年 8 月 26 日。

⑥ 《汉口难民区巡礼》，《大楚报》1941 年 7 月 10 日，转引自涂文学、李卫东《导论：武汉沦陷时期的社会与文化》，载涂文学主编《武汉沦陷时期档案史料丛编①：沦陷时期武汉的社会与文化》，武汉出版社 2005 年版，第 11 页。

有，甚至日必数十起。所以，当时有'风化两元一个'之趣谚。"①
1943 年 6 月，伪汉口市长干脆下令："着将妓女登记处裁撤，所有经营
事务归并妓女检治所及各卫生事务所统筹办理。"② 除了这些公开的妓
女和暗娼以外，当时武汉"市面上还有一些舞女及食堂侍女，外虽以歌
唱侑酒为营业"，实际上也从事着"秘密卖淫行为"③。

这些从事娼妓业的妇女，多为生活所迫，还有很多是被流氓地痞拐
骗或卖到妓院。她们生活困苦，不仅要忍受客人的兽性蹂躏和老鸨的无
情剥削，还经常受到警察、特务和地痞流氓的欺压。登记过的妓女要按
月交纳花捐，每次"征召"要交票捐，忘带花票就要受罚④。被逼沦为
暗娼的不幸者命运同样悲惨。天声舞台的平剧坤角新云霞，8 岁被父母
抛给师傅学戏，14 岁开始登台。武汉沦陷后，因唱戏维持不了一家生
计，师傅逼她"唱戏是幌子，其他最主要的是'接客'"。新云霞"过
不下去这人间最残酷的生涯"，试图"私奔"，结果成了囚犯⑤。

湖北沦陷区各县同样娼妓泛滥，如安陆县就"特规定娼妓住区"，
对于"潜迹于该划定区域以外者，即行严予驱逐"⑥。

除了娼妓以外，日军还在湖北沦陷区强征大量"慰安妇"，供日军
淫乐。日军进入武汉后，将原来的随营娼妓集合起来，指定区域设立多
处慰安所，名为陆军公娼区、海军公娼区，供日军官兵发泄兽欲。同
时，在武汉和湖北其他占领地区大量抢劫和强征妇女，送入"慰安
所"。当时，汉口的义品里、新联保里、吉庆里、生成里和六合里等地，
都建立有多处"慰安所"，成为日军的淫窟。在湖北其他沦陷区，日军
也设有随军妓院和"慰安所"，大量强征中国妇女。例如，大冶"军妓
院在晚卢，有妓女五六十人"。日军山田浩造 1954 年 10 月 5 日供认他

---

① 《生成里内野鸡多》，《武汉报》1941 年 6 月 7 日。
② 《为裁撤妓女登记处案》，1943 年 6 月 17 日，载伪《汉口特别市政府公报》1943 年 6
月，转引自涂文学主编《武汉沦陷时期档案史料丛编①：沦陷时期武汉的社会与文化》，武汉
出版社 2005 年版，第 231 页。
③ 《保护市民健康灭除性病传染，妓女登记检治的概观》，《武汉报》1944 年 5 月 5 日。
④ 《忘带花票，妓女受罚》，《武汉报》1941 年 11 月 5 日。
⑤ 《一个薄命女子受尽虐待》，《大楚报》1942 年 12 月 22 日，转引自涂文学主编《武汉
沦陷时期档案史料丛编①：沦陷时期武汉的社会与文化》，武汉出版社 2005 年版，第 229—
230 页。
⑥ 《安陆：划定娼区，纠正社会风纪，防免传播梅毒》，《武汉报》1941 年 5 月 6 日。

任大队副官时在江陵"设立过慰安所 2 个，共有 15 个妇女"。黑濑市夫供认他 1942 年 9 月—1943 年任联队副官时在当阳穿心店、1945 年 4 月下旬—5 月上旬当大队长时在当阳县老场都开设过慰安所。鹿田正夫等检举，"佐佐真之助制定'第 39 师团慰安所规定'，在盘踞地区的要点设立'慰安所'，监禁很多中国妇女，在不卫生的环境下虐待。遭受其害的妇女是，步兵第 232 联队盘踞地区内 160 名，步兵第 233 联队盘踞地区内达 51 名之多"①。

三　江河日下的社会治安

在日伪统治之下，各种刑事犯罪案件层出不穷，民众的人身、财产安全，得不到任何保障。当时武汉的敌伪报纸也不得不承认，"际此生命生活发生极度恐慌之中，地方鸡鸣狗盗之流，比比皆是，到处潜伏，是以本市在近年余以来，偷窃案件，屡见不鲜，以至盗风日炽，不可收拾。据熟悉内幕者言，此类盗窃，竟多受有其撑捍者，相当训练，偷窃门道，各有组别，例如有所谓'细钱'、'闯钱'、'步漏水'、'扑灯花'、'赶担'、'飞顶'、'粘麻雀'等，五花八门，手术高妙，在各住户或行人，稍不注意，即蒙损害"②。不但普通百姓天天担惊受怕，就是原来的"富贵人家"也难逃劫难。例如 1941 年 8 月，"孝感人彭鸿藻，年五十余岁，原在政界服务，历三十余年"，武汉沦陷"赋闲家下，久无收获"。"彭于万不得已之中，乃于古历本月初一日，携其全家妻室子女六口由县来汉，意在图谋小贸，以为家计。讵致其所带之微资，及一切衣物行李等，全数失没，一无所有"，一家大小六口抵于汉口后"露宿街头，毫无着落，其状之惨，有不可想象者也"③。

不仅一些惯犯作奸犯科，许多人因饥寒所迫，也铤而走险。"昨据某商界中人谈称：近来街头乞丐，触目皆是。"④ 这些乞丐"亦以乞讨不易，不得不出诸抢夺，以资果腹"。1942 年 5 月，《武汉报》载："本市迩来因粮食价格飞腾，一般无业流民，终日食不一饱，因而在街头掠

---

① 中央档案馆、湖北省档案馆合编：《侵华日军在湖北暴行史料》，档案出版社 2005 年版，第 167、380、173 页。

② 《盗风日炽》，《武汉报》1941 年 8 月 20 日。

③ 《彭姓一家六口路途遇害物资全失》，《武汉报》1941 年 8 月 20 日。

④ 《武汉救济事业稽滞，乞丐又满街巷》，《武汉报》1940 年 8 月 12 日。

夺过往妇孺孩童手中所持食物，以果腹者，时有所闻。"① 有的苦力工人，因忍不住偶尔小偷小摸，竟命丧黄泉。1942 年 10 月，汉口搬运工人刘某于搬运糖包之际，乘间窃取少许糖吃，被同行发觉，工头纠集一伙人"共同殴伤刘某肚腹及小腹等处。移时身死"②。日伪在湖北省统治的中心城市社会治安状况尚且如此，更加动荡的县城、乡村，社会治安就更可想而知了。

毒、娼、盗，固为人类社会的病瘤，然像日伪统治下这么猖獗，足以暴露汉奸政权的腐败和无能。

第三节　沦陷区人民的悲惨生活

在湖北沦陷区，中国民众遭受日本侵略者和伪政权野蛮残暴的屠杀、当牛作马的奴役、敲骨吸髓的压榨、苛捐杂税的盘剥、奴化教育的摧残，种种惨状，前文多有揭示，无须赘述。就沦陷区民众日常生存状况而言，呈现的亦是一幅不堪回首的画面。

一　人格尊严被剥夺

日寇在占领区作威作福，颐指气使，视中国人为战败的奴隶，任意凌辱和宰割。市民被限制于难民区中，如同集中营中的囚犯；市郊的农民菜贩入市卖菜，常被非法拘禁、私刑拷打③；在农村，日军对乡民人格的侮辱和践踏，更是到了灭绝人性的程度。在黄梅县乡村，日军强令民众捐钱捐物，唱日本歌曲，并将一些中国妇女衣服脱光，站在两个石磙上，无钱物可捐或不会唱日本歌曲者，强令其从这些妇女裆下钻过④。日军还在该县龙感湖唯一陆上通道白虎渡设立哨卡，强令中国妇女裸体站于大路中间，迫令过往行人从她们胯下爬行⑤。在黄冈县，日军抓来妇女，将她们"衣服脱净，立于高板凳之上，逼男女在板凳下过

---

① 《制止流民抢物果腹，警社两局会筹办法》，《武汉报》1942 年 5 月 17 日。
② 《工头辣手朋伙殴人，苦力搬糖尝糖送命》，《武汉报》1942 年 10 月 22 日。
③ 《批发市场菜贩与场方纠纷事件内幕探闻记》，《武汉报》1941 年 9 月 20 日。
④ 黄梅县新四军历史研究会、黄梅县党史办公室：《黄梅八年抗战》，武汉工业大学出版社 1996 年版，第 247 页。
⑤ 笔者 2001 年 10 月 12 日采访艾建华老人记录。

路"。"又在团风镇将豆子泼在地下，威胁女子在豆子上行走，数步便滑倒，敌鼓掌大笑。"① 就是伪政府的下级警察，对飞扬跋扈的日军所加诸的凌辱，也只能忍气吞声。1939 年 5 月 11 日，酗酒的日军 3 人无故用刺刀将汉阳五显巷居民萧钟氏等数十人刺伤，再走到永丰堤楼贤寺伪警察岗位时，"警即行礼致敬"，而日军"即上前一掌，下刺一刀，将警腿部刺伤"，"向北城巷而去，复将永丰堤途中挑夫一名刺伤"。结果伪警署以该警察"身受刺伤犹能忍痛服务，勇于职守，请记大功一次，并恳着给奖金"了事②。1939 年 6 月 8 日午后 5 时，武昌一三等警察值勤下班回家路遇一日军，伪警忙敬礼。不料该日军"不由分说，抽起刺刀将警左肩背砍伤而去"。对日军光天化日之下的这种罪行，伪警署只能装聋作哑，不敢过问，反而"集合各警严加劝诫，不唯礼节仍要周到，更须忍让为先，以免误会而重亲善"③。日军的凶残暴戾，伪政权的卑躬屈膝，国人的颜面丧失殆尽，由此可见一斑。

二　物价飞涨，物资匮乏，民不聊生

　　沦陷区普通民众终年食不果腹、衣不蔽体，挣扎在水深火热之中。1941 年 4 月，伪汉口特别市市长张仁蠡在谈到武汉市民生活的困难时，也不得不公开承认，"现在中国已经用不着高深的政治理论，也用不着现代化的政纲政策，率直地说就是救命的问题"④。

　　对民众生计带来威胁的首先是持续不断的物价上涨。以与民众生活息息相关的粮食、食油、食盐和燃料为例，武汉沦陷前米粮主要依靠湘赣两省供应，上等好米每担不过法币 10 元。沦陷后由于交通断绝，粮食采运困难，米价扶摇直上。1939 年 11 月，"成色最低之米"也高涨至 20 余元⑤。根据伪《武汉报》公布的数字，1940 年 8 月，武汉头等

---

① 黄冈县政府：《黄冈县抗战史料》，1948 年，湖北省档案馆藏。

② 《日军酒醉无故刺伤岗警居民多人》，1939 年 5 月 25 日，转引自涂文学主编《武汉沦陷时期档案史料丛编②：沦陷时期武汉的政治与军事》，武汉出版社 2007 年版，第 285—286 页。

③ 《警察雷国奎被日军砍伤》，1939 年 6 月 20 日，转引自涂文学主编《武汉沦陷时期档案史料丛编②：沦陷时期武汉的政治与军事》，武汉出版社 2007 年版，第 286—287 页。

④ 张仁蠡：《当前建国三个必要的问题》，载伪《汉口市政府公报》1941 年第 8 期，1941 年 4 月。武汉市档案馆藏。

⑤ 《本市米价狂涨，急盼当局设法平抑》，《武汉报》1939 年 11 月 7 日。

大米每担法币 37 元，小麦每担 8.7 元，到 11 月，大米"暗盘奇涨，迄无标准售价"，小麦每担涨至 19 元；1941 年 1 月，小麦价格涨至 36元，4 月，米价高达 105 元，小麦涨至 42 元。1942 年 1 月，米价 185元，小麦无市①。到 1944 年 4 月，米价每担更涨到 1800 元以上②。菜油价格，战前每担不过法币三四十元，1940 年 8 月涨至 78 元，11 月达 95元，1941 年 6 月，更涨至每担 160 元③。到了 1942 年 3 月进场价即达每担法币 410 余元，且由于"价格上昂过剧，致无市况可述"④，1943年 11 月油价暴涨至每担 610 元⑤。食盐按口配给后，价格仍不断上涨。1941 年 2 月，伪武汉盐政管理局宣布，武汉盐政管理局及九江分局用盐出库价，每百斤原定军票 20 元，现涨至 25 元；精盐原价 25 元，现涨至 30 元；武汉盐店批发价，每百斤原定军票 35 元，现涨至 40 元，精盐原定 42 元，现涨至 47 元。消费者零卖价钱，每百斤军票 40 元，现涨至 45 元，精盐原定 45 元，现涨至 50 元。而同一天公布的大冶矿冶所招工工资：矿工实习期间每天日币 8 角 5 分，熟练工可得日币 1 元5 角⑥。1943 年 1 月，武汉盐政管理总局汉口、武昌各仓库出库价，每百斤粗盐涨至 47.16 元，精盐涨至 52.20 元；对武汉三镇内汉口、武昌仓库出库批发价，每百斤粗盐涨至 49.50 元，精盐涨至 54.54 元；对武汉三镇内消费者之零卖价钱，每百斤粗盐涨至 67 元，精盐涨至 72 元⑦。武汉市民日常开销的另一大宗是燃料。1944 年，"通常之家庭，每月之燃料费支出，平均竟达一千元以上，其浩繁竟超过米粮费支出"，"中下级家宅"，"十分之六七皆燃烧木材或芦材，尤其燃烧芦材者更占多

---

① 分别见《武汉报》1940 年 8 月 1 日、11 月 1 日，1941 年 1 月 24 日、4 月 4 日，1942年 1 月 29 日《商情一览》。

② 《市当局平抑米价，彻查违限价奸商》，《武汉报》1944 年 4 月 13 日。

③ 分别见《武汉报》1940 年 8 月 1 日、11 月 1 日，1941 年 6 月 25 日《商情一览》。

④ 《百尺竿头更进一步，食油涨势再呈狂高》，《大楚报》1942 年 3 月 4 日，转引自涂文学主编《武汉沦陷时期档案史料丛编①：沦陷时期武汉的社会与文化》，武汉出版社 2005 年版，第 154 页。

⑤ 《到货减少，油市暴涨》，《大楚报》1943 年 11 月 16 日，转引自涂文学主编《武汉沦陷时期档案史料丛编①：沦陷时期武汉的社会与文化》，武汉出版社 2005 年版，第 156 页。

⑥ 分别见《武汉盐政管理局变更食盐价格》《市民众事务所代办大冶矿业所招工四千名》，均载《武汉报》1941 年 2 月 18 日。

⑦ 伪汉口特别市政府：《汉口特别市政府公报》，1943 年 1 月。

数"。而芦材价"日夕猛涨，昨每斤已达四元之巨价"[1]。

其他日用品之价格，亦无不飞涨。因无电灯，武汉市民多用煤油照明，1941 年，"煤油售价，每斤由法币一元四角一斤涨至三元"，之后一直暴涨[2]。青龙牌肥皂 1943 年夏每块储备券 2.2 元，年终为 5 元；1944 年夏为 20 元，年终为 200 元；1945 年竟涨至 1000 元[3]。各种人工费用也不断上涨，如 1944 年，"理发工资，突涨三十元之巨"[4]。

物价上涨带来生活费指数不断攀升。1939 年到 1942 年上半年，汉口市生活费总指数增长 10 倍以上。具体情况见表 8—2（以 1939 年下半年平均指数为 100）。

表 8—2　　　　　　　　　伪汉口市生活费指数上涨情况

时间　指数　名称	肉鱼	蔬菜	面食	燃料	米粮	海味	油盐	杂货	服用	总指数
1940 年 7 月	183.2	112.4	147.7	124.9	222.7	144.5	132.3	205.1	153.3	165.7
1940 年 10 月	234.7	169.8	200.4	142.5	323.9	275.0	178.4	192.9	356.5	243.4
1941 年 1 月	307	188.7	162.2	161.5	354.5	335.4	195.9	365.1	518.8	334.5
1941 年 10 月	503	312	367.4	403	640.8	473.8	317.7	582.2	862.5	582.7
1942 年 3 月	778.3	757.7	662.8	763.8	1303.1	1130.6	529.3	1093.2	1340.1	1004.4

资料来源：分别见《武汉报》1940 年 8 月 6 日，1940 年 11 月 7 日，1941 年 1 月 24 日，1941 年 10 月 24 日，1942 年 3 月 24 日。

疯狂上涨的物价，使得下层社会各阶层民众本已艰难的生活每况愈下。广大底层工人店员，每天辛苦工作 12—16 小时，每月收入所得，

---

[1] 《芦材销路激增，价格日趋上涨》，《大楚报》1944 年 2 月 20 日，转引自涂文学主编《武汉沦陷时期档案史料丛编①：沦陷时期武汉的社会与文化》，武汉出版社 2005 年版，第 163 页。

[2] 《煤油价格暴涨，社局拟谋救济办法》，《大楚报》1941 年 6 月 1 日，转引自涂文学主编《武汉沦陷时期档案史料丛编①：沦陷时期武汉的社会与文化》，武汉出版社 2005 年版，第 153 页。

[3] 涂文学、李卫东：《导论：武汉沦陷时期的社会与文化》，涂文学主编《武汉沦陷时期档案史料丛编①：沦陷时期武汉的社会与文化》，武汉出版社 2005 年版，第 6 页。

[4] 《理发价目限定》，《大楚报》1944 年 1 月 12 日，转引自涂文学主编《武汉沦陷时期档案史料丛编①：沦陷时期武汉的社会与文化》，武汉出版社 2005 年版，第 156 页。

根本无法维持一家人最低生活所需。据汉口日本商工会议所调查部的调
查，1942 年武汉 86 家华人机械制造工厂，工人日工作时间 12 小时的 1
家、11 小时的 82 家、10 小时的 2 家、9 小时的 1 家；而月薪所得，旧
法币 100 元的 12 家、军票 10 元的 1 家、12 元的 1 家、18 元的 24 家、
20 元的 3 家、24 元的 11 家、25 元的 5 家、30 元的 15 家、80 元的 14
家；支付饭钱的 18 家，支付食宿的 16 家，52 家概不支付食宿①。而当
时每市担食米的价格为军票 43—45 元，一个工人一月的工资只能买
20—100 斤大米②。1941 年 6 月，武汉西服业工人"因近来米珠薪桂，
百物高昂，生活突形高涨，请求该业工会代表向资方要求体念工友痛
苦，增加工资"，但遭到拒绝③。为了维持生活，有的银行职员因"困
难到于极点，刻以无法可想"，不得不"向行中借薪三个月以资救
济"④。而那些中小商人也举步维艰，"有开销而又无款可进，坐食山
空，长此以往，唯有看着招牌待毙"，"事实已经是身逢绝境，命如风
前之烛了"⑤。贫苦民众的这种生活状况，就连敌伪控制的报纸，都难
以掩盖。1940 年 11 月 13 日伪《武汉报》第 4 版发表了一篇《吃饭难》
的小杂文，从一个侧面反映了当时武汉市民生活的困难。该文说，"现
在有一句流行语就是'吃饭难'"。"在这'米珠薪桂'的年头儿，每个
人口里不是都在高叫着'不得了'么？什么不得了？不是最明显的
'金钱难赚，物价高昂'么？本来，一月赚钱几十块，自己吃穿都不
够，还有母妻儿友等一大群都正张着口伸着手要'加炭'，虽然有生活
富裕的，但过细数一数，千人之中又有几个呢？"⑥ 不仅普通工人和一
般商人的生活十分艰难，就连伪政府的普通公务员也感日趋窘困。1941

---

① 汉口日本商工会议所调查部：《武汉地区工业调查报告书第二号（机械工业）》，汉口
日本商工会议所资料，第 29 辑，1943 年 3 月，转引自涂文学主编《武汉沦陷时期档案史料丛
编③：沦陷时期武汉的经济与市政》，武汉出版社 2007 年版，第 329—330 页。

② 《武汉商情一览》，《武汉报》1942 年 5 月 6 日。

③ 《本市西服业工人要求增薪发生风潮》，《武汉报》1941 年 6 月 4 日。

④ 《借款条：一行员因生活困难至极点，向银行借款三个月》，聚兴诚银行汉口分行，
1940 年 10 月 23 日，转引自涂文学主编《武汉沦陷时期档案史料丛编①：沦陷时期武汉的社
会与文化》，武汉出版社 2007 年版，第 171 页。

⑤ 特稿：《中小商业和商人向何处去？》，《大楚报》1943 年 9 月 12 日，转引自涂文学主
编《武汉沦陷时期档案史料丛编①：沦陷时期武汉的社会与文化》，武汉出版社 2005 年版，第
190 页。

⑥ 《吃饭难》，《武汉报》1940 年 11 月 13 日。

年 1 月起，伪汉口特别市政府因"各小职员薪给低微，颇难维持现状"，规定"凡在百元以下者，按百分之几酌给米贴"，但 4 个月之后，又予以取消①。9 月，伪湖北省建设厅市政处全体监工致函报社，呼吁"值兹米珠薪桂，生活高涨之际，凡我等低级公务人员，莫不债台百级"，"查去岁监工待遇，月支七十元，今年生活日高，未蒙提高薪资，而反减为月支五十元"②。30 日，伪汉口特别市政府所属低级职员也致函报社，希望提高待遇，"我以笔墨糊口之政府各机关小职员，薪资之规定既有限，生活物价之涨复无已时"，"而月终所入，仍不能维持老小之温饱"③。有份职业和有家店铺者尚且如此，那些失业贫民和无依无靠者生活的悲惨就更可想而知了。1940 年 7 月 6 日，《武汉报》刊发了一张图片：《残余劫后的又一斑》，报道汉口大批贫家妇女成群结队在饭店门口等候收购剩饭残肴充饥，真实记录了当时社会下层市民的悲惨生活④。当时的报纸常报道饥寒交迫之中，卧尸街头的惨事，如 1942 年 3 月 19 日《武汉报》就报道"汉阳人张先春，以一副老骨头充当苦力以谋衣食"，因米贵如珠，收入有限，妻怨子啼，15 日回家之际，"以囊空如洗，无颜入门，致使其顿萌轻生之念。竟至本市一德街江边，跃身投入滚滚江流之中，与大夫为伍"，同天该报还报道了"本市云樵路三码头横街第五十二号应城人危连卿因家境萧条，生活困难，生不如死"，于 17 日夜晚，"乘家中无人之际，悬梁自缢"⑤。走投无路的穷人卖儿鬻女，更是屡见不鲜。如 1942 年 7 月，居住在汉的黄陂人范大臣和妻子童氏，因"家徒四壁，境况惨然"，无钱养育褓褓中的儿子，童氏"百计思维，竟将儿抱出，盘桓街头"，以法币 30 元的价格将婴儿卖掉⑥。

日伪当局对配给民众的生活必需品不但价格不断攀升，而且配额一降再降。武汉市民赖以为生的食粮只能买到用米渣、糠秕和沙砾混合而成的"三合米"或掺有杂质的碎米，难以下咽。食盐是百姓的生活必

---

① 《张市长谈：市府低级职员，取消米贴问题》，《武汉报》1941 年 4 月 29 日。
② 《省建厅等监工员请求加薪》，《武汉报》1941 年 9 月 23 日。
③ 《市府低级职员希望提高待遇》，《武汉报》1941 年 9 月 30 日。
④ 《武汉市民饥寒交迫，收购剩饭残肴充饥》，《武汉报》1940 年 8 月 6 日。
⑤ 《惨闻：生活线上挣扎失败者，一个投江，一个上吊》，《武汉报》1942 年 3 月 19 日。
⑥ 《妻因生活卖子，夫因情深争吵》，《武汉报》1942 年 7 月 11 日。

需品，一直由日伪当局垄断专卖，成人每月供应 1 斤，不及 10 岁者半斤，均由保甲长根据所辖人口呈报联保处转报销盐公会，先收钱，后发盐。但是，经常供应不足，市面无盐可售。1940 年 5 月，汉阳"余森记等二十一家盐商咸称，3 月领盐早经完全售罄，4 月盐政局未放盐"。太平洋战争爆发后，日伪当局宣布"采用战时节约政策"，武汉食盐配给量，从 1943 年下半年开始，每大口改配半斤，每小口改配 4 两。各县食盐配给量也减为六成①。其他生活必需品的配给亦不但数量极少，且经常遭到克扣和掺假。例如，配给市民的煤炭，"规定每石日金 2 元3 角，实售出法币 3 元 7 角价，既擅自抬高又故意掺加泥土不易燃烧。如欲购买较佳者，非 4 元 7 角不可"②。

　　比较武汉市民，沦陷区广大农村民众的生活更加困苦，连最基本的生存条件都不具备。他们食不果腹，衣不蔽体，还要普遍遭受缺盐之苦。日伪县政府将所购回的配给食盐，绝大部分用来交换所需的战略和生活物资，极小部分配给销售给民众。例如，1943 年 11 月，汉川县32.2 万余人，应每月配食盐 32 万余斤。但是，伪县政府将其中的 30万斤交伪县合作社和区署交换粮食 1000 吨，仅剩下 2.2 万斤交给公卖处凭证销售③。日军在汉阳县城内设立日信、三菱等洋行，利用食盐兑换农产品。伪汉阳县政府规定，配额食盐主要以交换粮食的方式出售，"食盐一斤换白米一斗或小麦一斗，或大麦二斗，或棉花一斤"④。1940年 8 月 31 日，伪云梦县政府颁布《食盐交换规则》，规定"凡送卖牛羊肉 100 斤者准售给食盐 20 斤，凡送卖蔬菜瓜果 100 斤者准售给食盐 4斤，凡送卖木薪草类 100 斤者准售给食盐 3 斤，凡送卖谷麦食粮 100 斤者准售食盐 10 斤。凡送卖豆腐 100 斤者准售给食盐 6 斤，凡送卖鸡鸭蛋 100 个者准售给食盐 10 斤，凡送卖鸡鸭 1 只者准售给食盐 4 斤"。1944 年，该县按口每月应售盐 28 万斤，实际按六成发售，仅售盐 17万斤，其余 10 万余斤交给县消费合作社用来交换物资⑤。那些没有粮食

---

① 《本月份户口食盐每口将补发半斤》，《武汉报》1943 年 12 月 14 日。

② 伪武汉特别市政府：《取缔煤商私抬价参加泥土案》，《武汉特别市政府公报》1939 年12 月。

③ 汉川县政府：《汉川县抗战史料》，1948 年，湖北省档案馆藏。

④ 汉阳县政府：《汉阳县抗战史料》，1948 年，湖北省档案馆藏。

⑤ 云梦县政府：《云梦县抗战史料》，1948 年，湖北省档案馆藏。

等物品可供交换的农民，很难购买到所需食盐。各县食盐销售的价格，不仅大大高于战前，而且售价几倍高于进价。例如，1943 年 6 月，汉川县从武汉盐务管理局购买食盐，每石约储备券 460 元，加上本县各种税金，应卖 1500 元，每斤合 15 元，但实际卖价为每斤 60 元。"这多余的盐钱，县政府用于补贴购买军用物资时军价与市价的差额。因为日军每年都指令伪县政府购买大量军用物资，给价极低，无法购买，需要伪县政府大量补贴。伪县政府就用盐余来补贴。"① 日军占领孝感前，该县白谷一石价五元以上，食盐价格每斤一角，一石粮食可以买 50 斤食盐。"敌伪控制食盐和粮食以后，每石白谷给储备洋 900 元，食盐每斤高达 120 元。一石粮食只能买 7 斤半食盐。"② 在浠水县，战前食盐只要一角多钱一斤。日寇控制食盐以后，盐价暴涨，开始 5 角钱一斤，接着又由一元法币涨到一块银元一斤。而当时一石稻谷（140 斤）最多值 4 块银元，只能换 4 斤盐③。黄冈县食盐价格由战前的 1 角 8 分涨到了 3 元 8 角④。与此同时，掌握食盐销售的官吏汉奸，也乘机中饱私囊，他们在销售食盐时，肆意克扣斤两，盐里掺沙，将克扣的食盐拿黑市高价出售。1944 年，云梦县专卖盐每斤 45 元，黑市价格达到 80 元⑤。为了保证对食盐的严厉控制，敌伪对食盐走私绝对禁止。"凡发现食盐走私者，决处死无疑。"1943 年 4 月 6 日，黄安县敌伪捕获盐贩陈贤方，"即将盐灌入其口，迫其吞下，随吞随灌，即至奄息，而敌复以刺刀破其腹"⑥。其他各县也都有盐贩被杀事件的发生。在敌伪的严厉控制和肆意盘剥下，沦陷区的农民既没有多余的物资可供交换，又难以在合作社公卖处购买到配额食盐，只能淡食。在浠水县，民众"吃盐像吃人参一样珍贵，群众只得把腐乳水或盐干菜当盐吃"，有些人甚至自制硝盐来代替食盐。他们将陈砖土捣碎，或挖潮湿的盐碱地皮，弄到大锅里煮，熬成硝盐，人吃了中毒后，全身浮肿，面如菜色，不能劳动，惨不忍睹⑦。即使在盛产食盐的应城县，群众在食盐公卖处所购食盐，"每

---

①　汉川县政府：《汉川县抗战史料》，1948 年，湖北省档案馆藏。

②　孝感县政府：《孝感县抗战史料》，1948 年，湖北省档案馆藏。

③　徐又俊：《难忘八年抗战的艰难岁月》，载《浠水文史》第九辑，1995 年 8 月。

④　黄冈县政府：《黄冈县抗战史料》，1948 年，湖北省档案馆藏。

⑤　云梦县政府：《云梦县抗战史料》，1948 年，湖北省档案馆藏。

⑥　黄安县政府：《黄安县抗战史料》，1948 年，湖北省档案馆藏。

⑦　徐又俊：《难忘八年抗战的艰难岁月》，载《浠水文史》第九辑，1995 年 8 月。

斤只有十两，且人多拥挤，不易购得"，不少民众"改向杂货店买酱菜、豆豉当盐，以为做菜之用。如买不到手，则淡食度日，苦不堪言"①。除了食盐以外，沦陷区的煤油和火柴也极为短缺。即使有时有少量出售，也价格奇高，老百姓无力购买。为了晚上有点光亮，许多群众只得上山砍松树节或"油亮光"（即松树上松香油长得多的地方），劈成小快，放在破缸或破锅里烧，用来照明。许多地方因此把松树几乎全部砍光。一些没有松树的地方，老百姓只得用菜油灯照明，但一般人家吃的油都没有，无油可点，只能摸黑过夜②。

三 沦陷区人口大量减少

战争的破坏，敌伪的屠杀，疾病的肆虐，沉重的赋税和徭役负担，物质生活的凄苦等，造成了湖北沦陷区人民的大量死亡和流亡，沦陷区人口锐减。以武汉为例，自 1927 年 4 月 16 日始，三镇归一，武汉建市，已是人口逾百万的大都会。抗战爆发前，1935 年武汉人口为128.73 万人，是民国时期人口最多的年份。1938 年 6 月，武汉会战爆发前，全市人口为 22.88 万户 118.83 万人③。经过 9 个多月的战争灾难和日伪残暴统治，到 1939 年 3 月上旬，伪汉口警察局 6 个警察署统计，全市人口仅剩 270930 人④，8 月，也只有 9.1 万户 412518 人，比战前下降 2/3 以上⑤。直到日军投降的 1945 年，三镇人口仍然只有 14.35 万户，74.85 万人，比战前减少 1/3⑥。

就全省沦陷区情况来看，抗战期间，湖北全省总人口由 2552 万下降到 2050 万，净减 502 万。其中，属于沦陷区的第一、第二、第三、第四区和武汉市共计减少 390.15 万⑦。抗战八年，战争直接给全省造成

---

① 应城县政府：《应城县抗战史料》，1948 年，湖北省档案馆藏。

② 徐又俊：《难忘八年艰苦岁月》，载《浠水文史》第九辑，1995 年 8 月。

③ 武汉地方志编纂委员会：《武汉市志·总类志》，武汉大学出版社 1998 年版，第 126 页。

④ 《市面繁荣，民众复归，汉市人口激增》，《武汉报》1939 年 4 月 16 日。

⑤ 伪武汉特别市政府：《武汉特别市政府公报》1939 年第 4 期，1939 年 9 月 15 日。武汉市档案馆藏。

⑥ 武汉地方志编纂委员会：《武汉市志·总类志》，武汉大学出版社 1998 年版，第 126 页。

⑦ 战前资料见《湖北省年鉴》（第一回），1936 年 6 月；1945 年资料见湖北省民政厅《本省三十四年度保甲户口统计》，湖北省档案馆藏。

的人口损失是 92.86 万，其中，沦陷区共计损失 57.88 万，占全省总数的 63%。第一区损失人口 20 万，在各区中损失最大[①]。黄冈县 1937 年人口 93 万，到 1946 年只有 873500 人，净减 56500 人[②]。荆门县战前人口 52 万，被敌占领六年，共计伤亡达 89591 人。到战争结束时，全县人口仅 40.89 万[③]。鄂南山区小县通城，战前人口有 18 万，到抗战结束时，仅剩 14 万，损失近 1/4[④]。抗战时期全省和沦陷区人口变化情况见表 8—3 所示。

表 8—3　　　　　　　抗战前夕和抗战时期湖北人口变化情况

年代	全省人口（人）	沦陷区人口（人）	备注
1937 年 6 月	25520000	18240000（第 1、2、3、4 区和汉口市人口数）	①
1942 年 6 月	24190527	17585047	②
1943 年下半年	20887919	14577850	③
1945 年 12 月	20507236	14338532	④

　　注：由于战时湖北省政府并未实际控制全省各地区，因此 1942 年、1943 年两年对敌占区的人口统计只是根据战前数字估计得出，因而全省总数字只是大致概况。

　　资料来源：①湖北省民政厅统计室《湖北省年鉴》第一回，第 106 页，1937 年 6 月；②湖北省民政厅《湖北省三十一年上季保甲户口统计》，湖北省档案馆藏；③湖北省民政厅《湖北省三十二年度保甲户口统计》，湖北省档案馆藏；④湖北省民政厅《本省三十四年度保甲户口统计》，湖北省档案馆藏。

　　人口的锐减，既是战争和日伪殖民统治造成的严重后果，也是日伪统治下湖北沦陷区人民悲惨生活的真实反映。

---

　　①　湖北省政府社会处、统计室：《湖北省抗战损失统计》，1946 年 2 月，湖北省档案馆藏。

　　②　黄冈县地方志编纂委员会：《黄冈县志》，武汉大学出版社 1990 年版，第 67 页。

　　③　荆门县政府：《荆门县抗战史料》，1948 年，湖北省档案馆藏。

　　④　通城县政府：《通城县抗战史料》，1948 年，湖北省档案馆藏。

结　语

1840 年，"英国的大炮破坏了中国皇帝的权威，迫使天朝帝国与地上的世界接触。于外界完全隔绝曾是保存旧中国的首要条件，而当这种隔绝状态在英国的努力之下被暴力所打破的时候，接踵而来的必然是解体的过程，正如小心保存在密闭棺木里的木乃伊一接触新鲜空气便必然要解体一样"①。于是，古老的中国在外力的逼迫下，步履蹒跚地开始了近代化进程。对于幅员辽阔的中国，外力作用的时间、力度在各个地区并不是也不可能等同；更重要的是，中国的近代化虽然是在外力的作用下启动的，但它在各地区前行的速度和深度，归根结底还是要取决于该地区具体的历史遗产、自然条件、居民结构和实践过程。因此，中国近代化进程的一个鲜明的特点是：各地区之间的巨大不平衡。

近代伊始，相较而言，湖北省（尤其是武汉地区）有着持续发展的比较优越的自然条件；其居民的知识水平和社会自治能力，在全国亦属差强人意。虽受欧风美雨的侵袭较东南沿海地区晚，但在中国被迫开放的第二波狂潮中，武汉、沙市均成了开放口岸，与西南边陲、豫陕腹地、西北塞外不可同日而语。太平天国运动虽波及武汉和鄂东，但战乱造成的破坏远不及江浙赣皖。洋务运动中，武汉、湖北，多有兴作。"东南互保"让湖北避开了列强侵略军的蹂躏。清末"新政"，湖北可谓"模范区"。集数十年之努力，湖北、武汉悄然前进，在中国近代化课程的考试中，湖北、武汉可称为"优等生"。武昌首义的成功与光荣，实非偶然。

---

① 马克思：《中国革命和欧洲革命》，《马克思恩格斯选集》第二卷，人民出版社1972 年版，第 3 页。

　　抗日战争全面爆发前夕，湖北、武汉在近代化进程中取得的成绩和达到的水平（不应夸大，也不容忽视），本书已有所交代。以此为参照系，我们不难科学、客观地评估出日本的侵略和对湖北省沦陷区的统治，到底给湖北人民带来了怎样的历史后果。

　　诚然，从根本上说和从总体上看，日本侵略者的入侵，严重地摧残了中国的国力，阻遏、破坏和逼退了中国的近代化步伐。日本侵略者的殖民统治，使沦陷区的中国民众遭受到了巨大的苦难。不过，历史的结果又是由多种力量博弈、具体事件和过程孕育、催生的，可以是多种多样的。抗日战争中，作为中国军民坚持抗战的大后方，西南、西北地区迎来了凝聚国力、经济建设和文化建设的新契机，这些地区得到了空前的发展。日本窃取中国宝岛台湾省半个世纪，客观上也对它做了一些开发。东北是日本帝国主义妄图征服整个中国，乃至征服亚洲和世界的"根据地"，它在那里长期苦心经营，以致之后东北成了中国的工业基地。长江三角洲、江浙一带，夙为中国经济、文化最发达的地区，也是汪伪政权屈指可数的"实际统治"的地盘，日伪在那里不得不竭力维持，还不敢和不能竭泽而渔，将其经济、文化的元气戕伐尽净。故而战后这里仍能在全国保持翘楚地位。反观湖北沦陷区，它是日本侵略军继续进攻中国尚未被占领地区的出发基地，抗拒中国军队反攻的前哨。政治上，日本侵略军原本打算在这里扶持一个地方性的傀儡政权，以对中国分而治之；之后，它虽然命令湖北伪政权"归附"了汪伪"中央政府"，但其要员中仍有许多前清余孽、北洋残渣、地方顽劣。对于中国人民而言，任何汉奸政权都没有丝毫的合法性，而湖北伪政权不但实质上和其他汉奸政权一样，而且它形式上较北伐以后中国政权的"统一"和"训政"，也是一次倒退。经济上，日本侵略者在这里杀鸡取卵，一味掠夺、榨取，毫无建设可言。文化教育方面，精英流散，设施俱毁。且在这里敌我军队犬牙交错，战斗不断，日寇烧杀掳掠，无所不用其极。总之，日本帝国主义在湖北沦陷区的殖民统治，不但从绝对的意义上说，造成了近代化进程的大倒退，而且从相对意义上讲，也使得原本在全国近代化进程中与其他地区相较处于前列的湖北此后很长时期跌至中下游地位。

　　本书以比较充分的资料证实了日本帝国主义对湖北沦陷区的殖民统治给湖北人民带来的深重苦难和给湖北地区近代化造成的悲惨而又深远

的影响，证实这一影响的特殊性（一般性中的特殊性）是为了提醒读者切勿淡漠和忘记那段尚未远逝的历史，也以此纪念和悼念在抗日战争中英勇殉国的先烈和无辜遇难的国人。

参考文献

一 档案资料汇编

1. 涂文学主编：《武汉沦陷时期档案史料丛编①：沦陷时期武汉的社会与文化》，武汉出版社 2005 年版。
2. 涂文学主编：《武汉沦陷时期档案史料丛编②：沦陷时期武汉的政治与军事》，武汉出版社 2007 年版。
3. 涂文学主编：《武汉沦陷时期档案史料丛编③：沦陷时期武汉的经济与市政》，武汉出版社 2007 年版。
4. 中国第二历史档案馆编：《汪伪国民政府公报》，影印本，江苏古籍出版社 1991 年版。
5. 武汉地方志编纂委员会编：《武汉抗战史料》，武汉出版社 2007 年版。
6. 中央档案馆、湖北省档案馆编：《侵华日军在湖北暴行史料》，中国档案出版社 2005 年版。

二 档案资料

（一）湖北省档案馆馆藏档案

1. 《湖北省年鉴》（第一回），1937 年 6 月。
2. 《湖北省统计年鉴》（1943 年）。
3. 《湖北省政府法令辑要》（第一辑）。
4. 《湖北省抗战损失统计》，1946 年 2 月。
5. 《汉冶萍煤铁厂矿有限公司档案》。
6. 黄冈县政府（国民党，下同）：《黄冈县抗战史料》。

7. 大冶县政府：《大冶县抗战史料》。

8. 鄂城县政府：《鄂城县抗战史料》。

9. 浠水县政府：《浠水县抗战史料》。

10. 阳新县政府：《阳新县抗战史料》。

11. 蕲春县政府：《蕲春县抗战史料》。

12. 英山县政府：《英山县抗战史料》。

13. 黄梅县政府：《黄梅县抗战史料》。

14. 黄安县政府：《黄安县抗战史料》。

15. 武昌县政府：《武昌县抗战史料》。

16. 汉阳县政府：《汉阳县抗战史料》。

17. 嘉鱼县政府：《嘉鱼县抗战史料》。

18. 崇阳县政府：《崇阳县抗战史料》。

19. 黄陂县政府：《黄陂县抗战史料》。

20. 礼山县政府：《礼山县抗战史料》。

21. 罗田县政府：《罗田县抗战史料》。

22. 云梦县政府：《云梦县抗战史料》。

23. 应城县政府：《应城县抗战史料》。

24. 汉川县政府：《汉川县抗战史料》。

25. 沔阳县政府：《沔阳县抗战史料》。

26. 天门县政府：《天门县抗战史料》。

27. 监理县政府：《监理县抗战史料》。

28. 石首县政府：《石首县抗战史料》。

29. 公安县政府：《公安县抗战史料》。

30. 江陵县政府：《江陵县抗战史料》。

31. 松滋县政府：《松滋县抗战史料》。

32. 潜江县政府：《潜江县抗战史料》。

33. 京山县政府：《京山县抗战史料》。

34. 武昌事变救济难民实录。

35. 武昌市政府：《武昌市抗战史料》。

36. 咸宁县政府：《咸宁县抗战史料》。

37. 通城县政府：《通城县抗战史料》。

38. 通山县政府：《通山县抗战史料》。

39. 孝感县政府：《孝感县抗战史料》。

40. 应山县政府：《应山县抗战史料》。

41. 钟祥县政府：《钟祥县抗战史料》。

（二）中国第二历史档案馆馆藏档案

1. 汪伪《湖北省政府工作报告》（1940—1943）。

2. 汪伪《湖北省政府1940年第一次至第三次会议及其它会议纪录》，

3. 汪伪《汉口特别市政府各局工作报告》（1942年5月）。

4. 汪伪《湖北省县政会议纪事》（1942年11月）。

5. 汪伪《湖北省政府施政方针》（1944年下半年度）。

（三）武汉市档案馆馆藏档案

1. 伪《武汉特别市政府公报》。

2. 伪《汉口特别市政府公报》。

3. 伪《汉口市政府公报》。

4. 伪《汉口特别市政府社会局、财政局、教育局、公用局、工务局、卫生局、警察局、房地清理委员会重要工作月报表》。

5. 伪《汉口特别市政府各月份工作报告》。

6. 伪《湖北省政府公报》。

7. 伪《武汉报》。

8. 伪《大楚报》。

（四）湖北省图书馆

1. 伪《武汉报》（缩微胶片）。

2. 伪《大楚报》（缩微胶片）。

（五）国家图书馆

1. 伪《武汉特别市政府公报》。

2. 伪《汉口特别市政府公报》。

3. 伪《汉口市政府公报》。

4. 伪《湖北省政府公报》。

5. 伪《武汉特别市政府周年纪念特刊》。

三　地方志类

1. 《湖北省志·大事记》，湖北人民出版社 1990 年版。

2. 《湖北省志·经济综述》，湖北人民出版社 1992 年版。

3. 《湖北省志·人物（上、下）》，湖北人民出版社 2000 年版。

4. 《湖北省志·军事》，湖北人民出版社 1996 年版。

5. 《湖北省志·农业（上、下）》，湖北人民出版社 1999 年版。

6. 《湖北省志·财政》，湖北人民出版社 1995 年版。

7. 《湖北省志·金融》，湖北人民出版社 1993 年版。

8. 《湖北省志·政权》，湖北人民出版社 1996 年版。

9. 《湖北省志·工业》（上、下），湖北人民出版社 1995 年版。

10. 《湖北省志·交通邮电》，湖北人民出版社 1995 年版。

11. 《湖北省志·教育》，湖北人民出版社 1993 年版。

12. 《湖北省志·民政》，湖北人民出版社 1994 年版。

13. 武汉地方志编纂委员会：《武汉市志·总类志》，武汉大学出版社 1998 年版。

14. 《武汉市志·财政志》，武汉大学出版社 1992 年版。

15. 《武汉市志·大事记》，武汉大学出版社 1990 年版。

16. 《武汉市志·对外经济贸易志》，武汉大学出版社 1996 年版。

17. 《武汉市志·工业志（上）》，武汉大学出版社 1999 年版。

18. 《武汉市志·工业志（下）》，武汉大学出版社 1999 年版。

19. 《武汉市志·教育志》，武汉大学出版社 1991 年版。

20. 《武汉市志·金融志》，武汉大学出版社 1989 年版。

21. 《武汉市志·军事志》，武汉大学出版社 1992 年版。

22. 《武汉市志·民政志》，武汉大学出版社 1990 年版。

23. 《武汉市志·商业志》，武汉大学出版社 1989 年版。

24. 《武汉市志·政党志》，武汉大学出版社 1998 年版。

25. 荆州地区地方志编纂委员会：《荆州地区志》，红旗出版社 1996 年版。

26. 鄂州市地方志编纂委员会：《鄂州市志》，中华书局 2000 年版。

27. 黄石市地方志编纂委员会：《黄石市志》，中华书局 2001 年版。

28. 孝感市地方志编纂委员会：《孝感市志》，新华出版社 1992 年版。

29. 武昌县地方志编纂委员会：《武昌县志》，武汉大学出版社 1989 年版。

30. 汉阳县地方志编纂委员会：《汉阳县志》，武汉出版社 1989 年版。

31. 汉川县地方志编纂委员会：《汉川县志》，中国城市出版社 1992 年版。

32. 黄陂县地方志编纂委员会：《黄陂县志》，武汉大学出版社 1992 年版。

33. 宜昌县地方志编纂委员会：《宜昌县志》，冶金工业出版社 1993 年版。

34. 当阳县地方志编纂委员会：《当阳县志》，中国城市出版社 1992 年版。

35. 长阳县地方志编纂委员会：《长阳县志》，中国城市出版社 1992 年版。

36. 荆门县地方志编纂委员会：《荆门县志》，湖北科技出版社 1994 年版。

37. 枝江县地方志编纂委员会：《枝江县志》，中国城市经济社会出版社 1990 年版。

38. 江陵县地方志编纂委员会：《江陵县志》，湖北人民出版社 1990 年版。

39. 松滋县地方志编纂委员会：《松滋县志》，1990 年 7 月，内部发行。

40. 公安县地方志编纂委员会：《石首县志》，汉语大词典出版社 1990 年版。

41. 天门县地方志编纂委员会：《天门县志》，湖北人民出版社 1989 年版。

42. 京山县地方志编纂委员会：《京山县志》，湖北人民出版社 1990 年版。

43. 安陆县地方志编纂委员会：《安陆县志》，武汉出版社 1993 年版。

44. 应山县地方志编纂委员会：《应山县志》，湖北科技出版社 1990 年版。

45. 应城县地方志编纂委员会：《应城县志》，中国城市出版社 1992 年版。

46. 随州市地方志编纂委员会：《随州志》，中国城市经济社会出版社 1988 年版。

47. 云梦县地方志编纂委员会：《云梦县志》，生活·读书·新知三联书店 1994 年版。

48. 黄冈县地方志编纂委员会：《黄冈县志》，武汉大学出版社 1990 年版。

49. 新洲县地方志编纂委员会：《新洲县志》，武汉大学出版社 1992 年版。

50. 麻城县地方志编纂委员会：《麻城县志》，红旗出版社 1993 年版。

51. 黄梅县人民政府：《黄梅县志》，湖北人民出版社 1985 年版。

52. 蕲春县地方志编纂委员会：《蕲春县志》，湖北科技出版社 1997 年版。

53. 红安县地方志编纂委员会：《红安县志》，上海人民出版社 1992 年版。

54. 广济县地方志编纂委员会：《广济县志》，汉语大词典出版社 1994 年版。

55. 大悟县地方志编纂委员会：《大悟县志》，湖北科技出版社 1996 年版。

56. 咸宁市地方志编纂委员会：《咸宁市志》，中国城市出版社 1992 年版。

57. 大冶县地方志编纂委员会：《大冶县志》，湖北科技出版社 1990 年版。

58. 嘉鱼县地方志编纂委员会：《嘉鱼县志》，湖北科技出版社 1993 年版。

59. 蒲圻市地方志编纂委员会：《蒲圻市志》，海天出版社 1995 年版。

60. 崇阳县地方志编纂委员会：《崇阳县志》，武汉大学出版社 1991 年版。

四　学术著作

1. 章开沅、张正名、罗福惠主编，田子渝、黄华文著：《湖北通史·民国卷》，华中师范大学出版社 1999 年版。

2. 皮明庥总主编、涂文学主编：《武汉通史·中华民国卷》（上、下），武汉出版社 2006 年版。

3. 皮明庥、欧阳植梁主编：《武汉史稿》，中国文史出版社 1992 年版。

4. 鄂豫边区革命史编辑部：《鄂豫边区抗日民主根据地史稿》，湖北人民出版社 1995 年版。

5. 鄂豫边区革命史编辑部：《新四军第五师抗日战争史稿》，湖北人民出版社 1989 年版。

6. 军事科学院军事历史研究部：《中国抗日战争史》上、中、下三卷，解放军出版社 1994 年版。

7. 陈钧、张元俊、方亚辉：《湖北农业开发史》，中国文史出版社 1992 年版。

8. 湖北省民政厅：《湖北县政概况》，1934 年。

9. 熊贤君主编：《湖北教育史》上卷，湖北人民出版社 1999 年版。

10. 孙果达：《民族工业大迁徙——抗日时期民营工厂的内迁》，中国文联出版社 1991 年版。

11. 敖文蔚：《兵火奇观——武汉保卫战》，广西师范大学出版社 1995 年版。

12. 中共武汉市委党史研究室：《中国共产党武汉史（1919—1949）》，湖北人民出版社 1999 年版。

13. 军事科学院军事历史研究部：《中国抗日战争史（上、中、下）》，解放军出版社 1994—1995 年三次出版。

14. 苏云峰：《中国现代化的区域研究（1860—1916）——湖北省》，台北，"中央"研究院中国近代史研究所印行，1987 年。

15. 章绍嗣、田子渝、陈金安主编：《中国抗日战争大词典》，武汉出版社 1995 年版。

16. 龚书铎总主编、朱汉国主编：《中国社会通史·民国卷》，山西教育出版社 1996 年版。

17. 张静如、卞杏英主编：《国民政府统治时期中国社会之变迁》，中国人民大学出版社 1993 年版。

18. 郭德宏主编：《抗日战争史研究述评》，中共党史出版社 1995 年版。

19. 葛剑雄主编、侯杨方著：《中国人口史》，第六卷，复旦大学出版社 2001 年版。

20. ［美］费正清主编：《剑桥中华民国史》（上、下卷），中国社会科学出版社 1998 年版。

21. ［日］浅田乔二等著，袁愈佺译：《1937—1945 日本在中国沦陷区的经济掠夺》，复旦大学出版社 1997 年版。

后　记

　　这是一本拖延了好几年才出版的著作。2001 年年初，我和湖北师范学院历史系毕道村教授联合申报中国社会科学院中日历史研究中心的课题《抗日战争时期湖北国统区和沦陷区社会研究》，获得资助，同年 9 月，我的博士生导师苏州大学王国平先生建议我选择其中的国统区部分作为我的博士学位论文选题，以便将博士论文写作同课题的研究结合起来。这样，经过两年半的脱产研究和写作，2003 年 5 月，博士论文《抗日战争时期湖北国统区社会研究》完成并通过答辩。博士毕业之后，我又花了一年多的时间，完成了对湖北沦陷区的初步研究，2005 年 9 月，向中国社会科学院中日历史研究中心提交结项成果《抗日战争时期湖北国统区和沦陷区社会研究》，年底，项目通过鉴定。2007 年 5 月，该项目成果作为中国社会科学院中日历史研究中心的资助文库之一，以《湖北国统区和沦陷区社会研究》为书名，由社会科学文献出版社出版，全书 42.1 万字。

　　从书名便可得知，《湖北国统区和沦陷区社会研究》一书的研究内容包括抗战时期湖北国统区和沦陷区两个部分。但是，凡是读过该书的读者便可发现，这是一本跛腿的著作。其国统区研究部分，由于有博士论文做基础，其史料挖掘比较充分，论证也相对深入，使用的材料基本都是来自档案馆的第一手资料，而沦陷区研究部分，则要浅薄得多。究其原因，主要是做国统区研究时，我在原工作单位湖北师范学院的支持下，三年全脱产读博，又有导师的指导和项目经费的支持，能安心和静心泡档案馆，查阅档案资料，而沦陷区研究部分，则是在博士毕业之后一边工作一边研究完成的，其研究条件和读博时相比，不可同日而语。特别是再也没有大块的时间泡档案馆查阅档案资料了，只能利用课余有限的时间去湖北省档案馆和武汉市档案馆查阅和补充一些档案资料，因此，这一部分所用资料大部分是地方史志和文史资料等二手资料。同时，由于社科院项目结项时间已过，时间一拖再拖，不得已，只能在2005年下半年在自己都不甚满意的情况下提交成果进行结项。而社科院是按照结项成果出书，这就导致了后来跛腿著作出版的局面。这样，该书沦陷区部分研究薄弱，引用资料不够权威，一直成为我的一块心病，我时时刻刻都想找机会予以弥补和完善。

时机终于来了。2008年，在我的硕士生导师东北师范大学程舒伟先生的指导和帮助下，我以《抗日战争时期湖北沦陷区历史研究》为题申报教育部人文社科研究项目，获得资助。这使我有机会再次拾起湖北沦陷区研究这一课题，在原研究基础上进行进一步的拓展研究。在教育部项目这一动力和压力的推动下，我又利用一个寒假和一个暑假近三个月的时间到武汉市档案馆、湖北省档案馆和湖北省图书馆系统查阅沦陷时期湖北的档案资料，主要是系统查阅了武汉档案馆全部对外开放的伪《武汉特别市政府公报》、伪《汉口特别市政府公报》、伪《湖北省政府公报》、伪《武汉报》、伪《大楚报》，并利用相机拍摄相关资料近千页，在湖北省档案馆重新查阅了全省各县1946—1948年编写的《抗战史料》敌伪统治部分（该资料在写前书时曾系统查阅过），在湖北省图书馆查阅了全套的《武汉报》缩微胶片（有缺漏），并通过工作人员拷贝复制胶片八百多版。同时，我通过网络利用国家图书馆"特色资源"之"民国期刊"和"民国图书"查阅了全部的沦陷时期湖北敌伪政府档案资料，包括部分伪《湖北省政府公报》、伪《汉口特别市政府公报》、伪《武汉特别市政府周年纪念特刊》及其他档案资料，并下载和打印了数千页（现在国图的这些资料只能在线部分阅读，不能下载）。所有这些，再加上以前在中国第二历史档案馆、国家图书馆和湖北部分地市县档案馆查阅的档案资料，成为我再次进行湖北沦陷区研究的资料基础。

但是，上述这些资料还不够丰富和完整。要完成湖北沦陷区历史的研究，还需要补充大量的档案资料。幸好，这一时期一些史学同人在这方面的研究成果给我提供了巨大的便利和帮助。这其中最主要的是涂文学主编、武汉市档案馆和江汉大学城市研究所合编的三卷本《武汉沦陷时期档案史料丛编》，该丛编分为《沦陷时期武汉的社会与文化》《沦陷时期武汉的政治与军事》《沦陷时期武汉的经济与市政》三部分，他们将档案馆浩繁的档案资料与编者的慧眼结合，比较详尽地收录了沦陷时期武汉各方面的档案资料，分门别类，考订编纂，为武汉沦陷时期历史的研究提供了极大的方便。本书在写作的过程中，参考和引用了该书大量的档案资料，而这些档案资料又是我在档案馆里没有查阅到或者是无法查阅到的。这些引用的档案资料，我在书中都已一一做出注释，在此，我要向涂文学先生及该书所有编者表示衷心的感谢和崇高的敬意。此外，本书在写作过程中，还参考了其他一些学者的著作，如田子渝、黄华文著《湖北通史·民国卷》、皮明庥总主编、涂文学主编《武汉通史·中华民国卷》（上、下）、熊贤君主编《湖北教育史》，以及《湖北省志》、《武汉市志》及湖北各地市县地方志，在此一并说明并表示感谢。

还有一点需要说明，由于本书是在前述《湖北国统区和沦陷区社会研究》第三编"沦陷区社会研究"的基础上扩充深化而成（原书第三编共三章14万字），可以说是前者的"升级版"。因此，本书无论在框架结构和文字表述上都无法完全摆脱前书的影子，特别是在个别章节中，由于没有新的史料的发现，研究没有新的突破，因此其文字表述难免与原书有少数重复之处，在此特别说明并请读者谅解。

本书的写作得到了湖北师范学院历史文化学院杨秀林教授的大力支持和帮助。在全书结构的设计、资料的查阅、考订和使用，部分章节的写作等方面，杨教授都给予了极大的帮助，付出了辛勤的劳动。本书的完成，凝聚着杨老师大量的心血。

本书责任编辑宋燕鹏先生为本书的编辑出版付出了巨大的劳动。湖北师范学院历史文化学院院长张泰山先生，在我调离湖师的情况下，协助我在湖师报销教育部课题经费，出力甚多。对二位先生的真诚帮助，在此表示衷心的感谢。

由于本人才疏学浅，再加上沦陷时期湖北部分地区敌伪档案资料不易收集，因此，本书的缺点和错误，肯定难免。不足之处，敬请读者不吝指正。

徐旭阳

2015 年 10 月于广东惠州学院教师村